中华武术文库
拳学明镜录之王芗斋拳学专集选

《意拳论》
注解点评

王芗斋 著

马国兴 注解点评

人民体育出版社

王芗斋先生
（1885—1963）

自 序

王芗斋先生一生从事传统拳术攻防之道的修炼、实践、研究与著述工作，先后有《意拳正轨》《拳道中枢》（又名大成拳论）《意拳论》《断手述要》四部拳学著作流传于世。前三部著作曾经以《王芗斋专集选》的形式出版过，《断手述要》乃是20世纪80~90年代以内部资料的形式印发的。

从1911年中华民国建立到1949年中华人民共和国成立的这段历史时期，比较有影响的拳术家数不胜数，然能代表时代的风流人物，至今仍然具有极大影响的，不过有两位先生。

一位是形意拳、八卦掌、太极拳三派合一的孙禄堂先生（1860—1933），其用传统文化的基本观点阐述传统拳术攻防之道的修炼、建体、至用及攻防功夫艺境升华的系列内容，其代表作品是《拳意述真》，属于述而不作的代表人物。

另一位是王芗斋先生（1885—1963），他用自己独特的中西文化结合的方法与观点，阐述传统拳术攻防之道的修炼、建体、至用及攻防功夫艺境升华的系列内容。王芗斋先生是属于继承而又有创新著作的代表人物。

由于王芗斋先生的拳学著作存在继承传统拳学、运用西方文化创新解释拳学的两重性，对于现代的人来说，要清楚地认识王芗斋先生所论述的传统拳术攻防之道的系列内容，自然就增加了许多无形的困难。故而，李紫剑先生提出了《大成拳问疑》数十个疑问。

为了走近王芗斋先生，彻底了解王芗斋先生所论述的传统拳学宗旨，认识传统拳术攻防之道及其对后学的深远影响，就有必要将其所有著作进行系统的注解、点评和全面的释疑，避免生出种种不必要的误解、讹传及造成不良的后果！这就是撰写并出版本作品的目的与愿望。因为王芗斋先生的著作内容丰富，故以分册注解、点评的方式，即以《意拳正轨》《拳道中枢》《意拳论》《断手述要》4本分册的形式来进行论述。

为了更好地认识、理解王芗斋先生所论述的拳学宗旨，就要以传统拳术攻防之道的理法进行比较对照。就要运用传统拳术各门派、拳种的理法及传统文化的理法概念来分析、认识王芗斋先生所论述的拳学宗旨的精旨妙谛。

为什么选择这样的方法，其好处在哪里呢？

因为王芗斋先生是修炼传统拳术攻防之道的人，运用传统拳术各门派、拳种的理法及传统文化的理法概念来分析、认识王芗斋先生所论述的拳学宗旨的精旨妙谛，乃是理所当然的事情。好处是将王芗斋先生所论的拳学，即拳术攻防之道与传统拳术攻防之道，自然地纳入一个系统内容来看待，则体用、本末根源的脉络就清楚了，就能够从拳学整体的体系上把握得更为清楚明了。由于我没有传统拳术的门派观念，故能够较公正而少偏倚地从传统拳术攻防之道的立场上来认识王芗斋先生的拳学宗旨。

明确地阐述我的上述观点，是为了更好地理解、发扬王芗斋先生所论述的传统拳术攻防之道的修炼、建体、至用及攻防功夫艺境升华系列内容的精旨妙谛。

姑且以此为序。

马国兴

2007年10月10日

点评者之前言

一代宗师意拳创始人王芗斋先生，名政和，又名尼宝，字宇僧，晚年自号"矛盾老人"，1885年生于河北深县魏家林村。

自1894年从郭云深大师学习形意拳，因其终年苦修苦练，寒暑不辍，深究拳理，备受郭老青睐，故尽得郭老毕生拳学之精髓。弱冠之年，已成为一代名师。

先生学拳之始，就不拘泥于拳术的派系门户之见。他认为：我国拳术历史悠久，不同时期、不同地区的有成就的拳术家，都具有不同的风格与特长。这正是我国拳术之所以源远流长、繁荣兴旺的原因。

先生对拳理的着眼点并不是一技、一得的局部学识，他用毕生精力探索和研究拳家学术领域里的真谛。1907年前后，芗斋先生为开阔眼界、增长见闻，离师出游。1918年后，又前往河南、湖南、湖北、福建，在福州任过武术教官。以后先生北上，在天津开始讲学。在这段时间里，先生在大江南北遍访当时各派著名拳术家。他在河南时，曾到嵩山少林寺访问当时的心意拳（又名形意拳）传人衡林和尚，并与之切磋技艺。形意拳和心意拳同出一源，因此从学术研究的角度来看，先生对少林寺的访问，具有重大的意义。19世纪20年代中期，先生对大量搜集来的第一手材料加以整理、研究之后，创建了"意拳"。这是先生多年心血的结晶。意拳的创建无疑是对我国传统武术的一次重大革新。意拳重在健身与技击两个方面。健身锻炼要求"顺乎自然，合于需要"，具体地说就是应该符合人体生理机制和所应达到的功能状态。因此先生指出：重要的在于"凝神定意、舒适自然"；同时使从事锻炼者的中枢神经系统的机能得到改善，使身体素质得到提高。在拳术锻炼方面，意拳的创建摒弃了延习数百年的"套路"和"固定招法"，返朴归真，显示了我国拳术的原貌并赋之以新的理论内涵。意拳认为：拳术锻炼如果只着眼于技击的技术和技巧，只偏于某一姿势或某一招式的刻板方法，就会背离拳术的总体要求。芗斋先生所总结和倡导的训练方法，不仅丰富了我国传统拳术的训练方法，而且对现代体育运动同样具有重要的借鉴意义。目前在国际上不论是球类、田径、体操、跳水的竞技训练，还是宇航员在航天器里的健身运动，都已运用精神集中、肌肉放松和心理训练，这与意拳的理论和训练方法在某些方面是一致的。

以上文字，乃是时人对他的评价。是否如此呢？只有认真地对其全部拳学著作加以研究，方能得出正确的结论，才能比较出上述说法有多少出入。

马国兴

书于养德书屋

目录

一、总则……………………………………………………（1）

二、桩法……………………………………………………（4）

三、技击……………………………………………………（15）

    （一）提纲………………………………………………（15）

    （二）拳式………………………………………………（35）

    （三）试力………………………………………………（49）

    （四）发力………………………………………………（52）

    （五）实作………………………………………………（69）

四、力量……………………………………………………（97）

    （一）总纲………………………………………………（97）

    （二）分布………………………………………………（98）

    （三）运用………………………………………………（105）

五、诗词……………………………………………………（171）

　　（一）七言排句………………………………………（171）

　　（二）五言排句………………………………………（182）

　　（三）七言绝句………………………………………（183）

　　（四）五言排句………………………………………（187）

　　（五）七言律诗………………………………………（189）

　　（六）长短句…………………………………………（195）

　　（七）七言……………………………………………（209）

六、杂谈……………………………………………………（215）

　　（一）养生……………………………………………（215）

　　（二）论舞……………………………………………（240）

　　（三）桩功与四形……………………………………（246）

　　（四）论桩功之境界…………………………………（254）

　　（五）论四形…………………………………………（259）

　　（六）论意拳之哲理根据……………………………（301）

一、总　则

（1）以形为体，以意为用，以静为和①。

（2）以形取意，以意象形，形随意转，意自形生，式随意从，力由意发②。

（3）松即是紧，紧即是松，松紧紧松勿过正。实即是虚，虚即是实，实虚虚实得中平。动即是静，静即是动，动静静动互根用。顾即是打，打即是顾，发手便是处③。

（4）静中求动，动中求静，动中不动动犹静，静中不静静犹动、动中之静是真静，静中之动是真动，动静互根，错综为用④。

（5）神不外溢，意不露形，形不破体，力不出尖⑤。

（6）内空虚，外脱化，随时注意，遍体轻灵⑥。

【题名解】

"总则"就是修炼意拳总法则的意思。一旦明白了"总则"的内容，也就清楚了"意拳"修炼、建体、至用的内容了。

意拳，根据"意即是气，气即是意"的说法来理解，就是"意气君来骨肉臣"的拳法。意拳要点就是论述说明"意气君来骨肉臣"拳法之修炼、建体、至用的系列方法和要点内容的，而这要点归纳论述了6点内容。这6点内容的基本法则就是遵依"内气、外形主从论"的"二一一二"法式之内容而论述的。而这一法式又是遵从《易经》天人合一学说"乾，阳物也；坤，阴物也。阴阳合德，刚柔有体。以成天地之撰，以通神明之德"的法则立论的。只有从这一点着眼，才能知道"意拳要点"中所论述的体、用之精义。

【注解】

①以六合之形为体，以意统领内劲为至用的根本，以松静自然的"听探之良知"和与对方"无争为争"的法则和以制胜的"和谐"法式为主要攻防内容。

和：这里是指自身内"意气君来骨肉臣"的和谐，在攻防较技的时候要借助"静以待动有上法，动中处静有借法"的运用与这种内在的和谐制胜。此乃传统拳术攻防之道的无上法式。

②攻防较技，我无所意，随对方的形态、形式而得出我的意，就是"以形取意"的精义；我之意动则形随之以动，就是"以意象形"的精义；我的形体是随意的变化而变化的，就是"形随意转"的精义；我的攻防意图、形态、姿势，是随着对方的形态变化而变化的，这就是"形随意生"的精义；我的攻防形式是随着我的攻防意图而产生的，而我的攻防意图是根据对方的形式生发而来的，这就是"式随意从"的精义；而攻防的力是由"意"的引领、内劲催发出来的，这就是"力由意发"的精义。

取：这里当"出"字解。

③内劲、外形，阴阳逆从，劲形反蓄的暗劲法式所形成的攻防拳势："外形松就是内劲紧，外形紧就是内劲松，外形、内劲的松紧匹配不要过于呆板，保证中正安舒，才是正确的法式。"如果内劲、外形的匹配以虚实法说，则外形实而内劲配以虚，外形虚则内劲配以实，内劲、外形虚实匹配要中正平和而不能"力出尖"才是最佳的状态。如果以"动出静收"的法式立论，外形动则内劲配以静，外形静则内劲配以动，这样才能达到内劲、外形匹配如一的"驭静以动，动中亦静，静动互为其根"的最佳运用。如果从攻防技法"顾与打"的方面立论，则顾即是打，打即是顾，发手便是处，不犹豫乃为佳。

松紧：论说的是自身之内劲和外形柔外刚中、匹配如一的"阴阳逆从、劲形反蓄"的法式。

④如果以听探为静，顺化为动的法式来认识：听探中求得动的明白，顺化中亦要听探得清楚；顺化中不妄动是为了听探得清楚，听探中不静是为了听探得明白；顺化中的静是真正听探功夫的体现，听探中的顺化才是真的顺化功夫之体现；所以，动静互为其根，内劲、外形匹配如一之攻防，要阴阳错综以为用，才能达到制胜的预期效果。

⑤神回身中气自固，意不露形神难知，形不破体自安稳，力不出尖无空隙。

⑥身内空虚便于内劲的腾挪；外形脱拙化灵则善变无形又无穷；随时都要注意自己遍体轻灵如羽。正如前贤所说，"来无影，去无踪，一阵轻风倏忽"，此乃上乘攻防功夫艺境了。

【点评】

"意拳要点"的六点内容，反映了传统拳术攻防之道修炼、建体、至用的一个根本法则。意气君来骨肉臣，说出了传统拳术攻防之道中的一个攻防功夫艺境；轻灵如羽，善变无形又无穷的上乘功夫境界，阐发了传统拳术攻防之道与生俱来的一个根本功能及听探之良知、顺化之良能、相互为用的自动化攻防机制和能力。

由此可以清楚地看出：王芗斋先生所论的"意拳"，与传统拳术各门派、拳种的修炼、建体、至用的法则，攻防功夫艺境升华的层次、艺境等说法，基本上是一致的，并没有什么特殊的地方。而"意拳"的说法，本就是传统拳术攻防之道中的中成"气、意拳懂劲"的艺境。这种认识基本上是正确的。要说有区别的话，就是王芗斋先生特别强调基础功夫"站桩"法式的修炼法则、境界和至用的功夫艺境而已。

二、桩　法

（1）站好姿势，意念放大，先由头部开始，逐渐使全身毛孔放松，有过堂风吹拂之感，然后左右伸展，挺拔项部肌肉使之起变化，要求达到虚灵守默、具体悠扬、毛发如戟之感①。

（2）初练时宜远看，静观宇宙，默念全机。觉得有懒惰心情，再将全身舒放，身形中正，腹内空虚，悠然荡然如浮太空之中②。

（3）绵绵若存，似有若无，身在烘炉大冶中，无物不包容③。

（4）练功时不可有执着之心，从虚无中求实际，不可着象，着象的非真④。

（5）神动，意动，力量动⑤。

（6）劲断意不断，意断神犹连⑥。

（7）形体不动，意念不住，精神充沛，气血犹如汪洋大海，波澜壮阔，滔滔不绝⑦。

（8）心比烘炉，杂念若雪花纷飞，入炉即熔，从而心胸开阔，胆气壮大，正气旺盛，邪气自败，犹如烈日当空，浓雾消散，舒适缓中，以应无穷。运动时保持浑圆，动作如一，不拘形式，不可执着，一法不立，无法不备⑧。

（9）在松静中求挺拔，在运动中求舒放，寂静调息，内外温养，内轻松而外脱化，由动而静，接近神明，使气血肌肉处于氤氲太初之中，生生不息，蕴灵虽动，仍须保持静中原状⑨。

（10）神动得自有象外，意存妙在无念中⑩。

（11）只求神意足，不求形骸似⑪。

（12）站桩的单双重，不偏不倚的调配方法，使浑身内气运行曲折，路线适当，要使曲折面积得力，无处不有单双重、松紧、虚实、轻重之别。调配有养息、治疗、锻炼之分，总之是因病设式，因人而异⑫。

（13）加强锻炼，一定要解除疲劳才可以加强锻炼，总要留有余力、留有余兴，不超过身体负担能力为适当⑬。

（14）练功时切莫发急，先找个适宜场地，凝神静心，调息站立，身躯宜直，两足分开与肩齐，浑身关节都含有似曲非直的一点意思，内空灵外清虚，

二、桩法

两手慢慢轻松向上提，高不过眉、低不过脐，臂半圆、腋半虚，左手不往身右来，右手不往身左去，往怀抱不沾身，向外推不逾尺，双手变化在范围里，不计较姿势好坏繁简和次序，须察全身内外得力不得力、守平庸，莫好奇，非常原来极平易，这种运动也算真稀奇，不用脑，不费力，行站坐卧都可练，这里边蕴藏无限神思、精金和美玉，钻研起来生天趣，有谁能知这种自娱能支配虚空宇宙力，锻炼的愉快难比喻，飘飘茫茫随他去，精力充沛神不疲，注意头顶有如线系，遍体松净力如泥，慧眼默察细胞系，如醉如迷，如疯如痴，虚灵独存，悠扬相依，浸在海阔天空涤万虑，管他日月星球在转移，只要恒心去站立，就有意想不到的舒适，此即前人不传的秘诀⑭。

【题名解】

桩法十四条，论述的是以站桩的方法来修炼内功养生之道，其目的在于求得内劲的种种运用方法和外形的脱拙换灵，达到内气、外形浑化如一，全体透空的太极艺境和无形无象的无极艺境。这就是"意拳"站桩修炼的内容和目的。

站桩修炼内劲、外形，浑化合一这样的观点，近则源于《少林秘诀》中"欲求技击妙用，须以站桩换劲为根始，所谓使其弱者转为强，拙者化为灵"的说法；远则源于《黄帝内经·上古天真论》中所说："余闻上古有真人者，提挈天地，把握阴阳，呼吸精气，独立守神，肌肉若一，故能寿敝天地，无有终时，此其道生"的论述。

【注解】

①站好预备的姿势，运用内功修炼的方法，先由头部开始依次将自己浑身放大成为顶天立地的巨人形象，全身毛孔松开，就会出现有过堂风吹拂之感觉；然后再做左右手臂伸展极远的景象，这时浑身自然产生放松而又宁静的感觉；要求达到人心虚灵，道心感知默默守之，自己法身具体而又悠扬自得，再作毛发如戟的假想而能觉知到毛发确实如戟之坚利，这些都是内功"幻身"感觉之描述。

意念放大：内功养生之道修炼到"大乐俱生双运报身"的幻身艺境时，可有"象天法地"的法身景象变化，如自身像天一样大，成为巨人的形象，又可以产生全身毛孔呼吸的现象，似过堂风吹拂的感觉；又有浑身骨节伸展极远的现象。这可以观读拙著《内功心法篇》《修真九要·注解》两部著作，其中都有功法的详细介绍。

②初期修炼时宜远看,这种远看的方法有睁眼修炼的极目之远看,有闭目垂帘的神观之远看。静心默想圆融地观看宇宙,就是神观。还要默念自身内外与宇宙相合为一体,就是"默念全机"的意思,也就是内外观照,没有很好的内功修为是不容易做到的。默观全机的过程中,觉得自身心意存在懒惰的情景,再运用心意念头将全身松静地舒放开来。要求达到身形中正安舒,体会腹内松静气势腾然;自身悠然荡然犹如浮在太空之中一般。

③体会自身内外和真气运行,都呈现出绵绵若存,似有若无的状态,身体虚化得好像在硕大烘炉的冶炼之中,自身能够无物不包容。

④练功时,不可存在执着的心情,要见景生情,随之而变,从虚无的景象中求得自身的实际松静自然;又不可执着于景象的幻化中,着于象则不是身形松静自然的真功夫;亦不是内劲的真功夫。这就是体现"假借可修真"站桩修炼的精旨妙谛。

⑤心动谓之神动;神动则意便动,因为意是神的使者,唯神命是从;意动则气动,意乃内气的克星也;气动就是力量动,因为,气体运动自然会产生力量,这就是站桩的内在机制。如果再加上形体运动的话,这句话就是神动则意动,意动则气动,气动则形动,乃是产生拳势内主外从机制的动变顺序。

⑥如果在修炼的时候,出现内劲断了就要运用意念的方法连接;如果意念断了,就要运用神的念头连接使之不断。

⑦站桩修炼的特点就是形体安静不动,意念不断地率领内气在周身内外运行。人心灵、道心知,此为精神,精神充沛,内气犹如汪洋大海,波澜壮阔,滔滔不绝,生生不已,景象万千。

⑧心如烘炉,头脑中杂念如雪花纷纷飞入炉中随即熔化,从而心胸开阔虚空若谷,正气旺盛,阴邪退尽,胆气壮大,邪气自败。神明犹如烈日当空朗照,浓雾消散,自身舒适和缓中正,正是"枢得环中,以应无穷"。就是在攻防运动时也要保证一气浑圆的态势,动如如一。尤其是不拘招法形式,不可以执着;要做到"有无两不立,无法不备"的应对机制,才能见景生情,随机而变,这才是施手用招、施招用手制胜的根本保证。

⑨不管是修炼还是攻防至用,都要在外形松静的形态中求得内劲的挺拔,在攻防运动中求得内劲、外形的舒放自然,在内寂静的调息,做到内气、外形的温养适中;内劲松静运行自然,外形脱拙化灵;由激烈攻防动变中而达到静以待动的功夫状态,自然能够神知,自能阶及神明,使自身气血、肌肉处于氤氲的太初之无极状态,则能攻防施招用手、施手用招生生不已,虽然攻防较技运化灵机、虽然动变不已,仍然要保持自身处在无形法身道体的松静自然状态。

⑩神明的自动化能力来自修炼内功的景象之外,意念存在对方有形的动变之

中。此论正是拳诀"形无形,意无意,无意之中是真意"的意思表述。

⑪传统拳术攻防之道的修炼、建体、至用,只求得"听探之良知、顺化之良能相互为用"的自动化能力;不追求外表的形骸相似。

⑫站桩修炼中的单双重问题,要遵守"单重则灵,双重则滞"的法则及中正安舒不偏不倚的调配方法,亦要遵从"四象法则,阴阳逆从,劲形反蓄"的法则。要是自己浑身内气运行细腻熨帖而又曲折,内气运行的路线虽然繁杂亦要适当;要使曲折处的面积自然得力;浑身无处不存在单重、双重、松紧、虚实、轻沉的分别。调配的方法有养生调息,治疗疾病、拳病,技击煅炼之方法、目的等不同划分。总是因病设计的法式运用,要因人而异。

⑬加强煅炼,就是过去所说的"熬功夫"。"熬功夫"的修炼,一定要在消除了身体疲劳感觉后才可以加强煅炼;否则对身体有害无益。就是加强煅炼的时候,要做到身心都留有余力、留有余兴,不超过身心负担的能力。否则会产生"厌烦的情绪",这对正常修炼是不利的。

⑭修炼桩功时切莫心里发急,要平心静气。先找个适宜的场地,收视返听,凝神静心,调息站立,身躯宜直,两足分开与肩平,周身松静自然,浑身关节似曲非直,内心空灵,外形清松虚静,两手慢慢向上提起,高不过眉、低度不过脐,臂半圆、腋半虚,手心向内,双手指尖遥遥相对,左手不往身右来,右手不往身左去,双手往怀中抱要不沾身,向外推不逾尺,双手变化在这个范围里,不计较姿势好坏、繁简和次序,须察全身内气、外形得力不得力、守平庸中和,莫好奇猎怪求异,特殊的其实极平常,这种内功养生之道的内气运行也算世间真稀奇了,不用脑,不费力,行站坐卧都可练,这里边蕴藏无限神思情景、精金和美玉,钻研起来妙生天然情趣,有谁能知这种自娱能支配虚空"道"体的能力。内功养生之道、锻炼之情景快活得难以形容比喻,内气景象飘飘茫茫随他去,精力充沛神不会疲倦,神意观住头顶有如线系,遍体松净力绵如泥,慧眼默察细胞系,情态如醉如迷,如疯如痴,道心虚灵独存,悠扬相依,沉浸在广阔的宇宙中,排除一切忧愁思虑,管他日月星球在转移,只要恒心这样平心静气地站立,功夫到了就会有意想不到的舒适,此即前人内功养生之道的不传秘诀。

【点评】

看一看前贤关于内功养生之道的修炼是如何运行的?能够达到什么样的目的和效果?为以资对照,录并解之如下:

气贯周身法

夫气起于丹田，升于泥丸，降于背，入于肩，流于肘，抵于腕，至十指尖，此气之上贯也。气生丹田，入于两肾间，降于涌泉，此气之下贯也。气随心到，心逐气穿，心能普照，气自周全，久而力自加焉。式如行云流水，无停无滞，瞬息存养，动静清轻而灵，入手神妙，可以进退如意，形无定门，非斜非横，忽高忽蹲。功夫到此，可谓通真。

阐释：

修炼传统手战之道以炼气为先，内气为根本，外形技法为末。内气为文体、外形技法为武备。内外双修，虚实相需，内外一贯，内气直养无害，随时习练，炼至体用浑化寂感而通，始足以称之浑元功。则能时时处处"以柔用刚"之攻防，方是"真刚"的功夫。

至于贯气之法，是在炼精化气，真气生成之后，周身上下内外行气搬运的总称。而《易筋经·贯气诀》一书，乃专门为传统手战之道的练用而专设的。其法不外乎炼精化气、炼气化神、炼神还虚，自达真人艺境，与太虚同体之艺境。由于历来所传之法不同，故贯气之法、运行之道路、所历之境界亦不完全相同。由于功法不同，所得内气质量亦会不同。但最终目的、效果却是相同的。

而不同的贯气之法，对自身内之精、气、神、血所产生的益生效果也有侧重和不同；对自身外之筋、骨、皮、肉所造成的脱胎换骨、脱拙换灵的效果也有侧重和不同。如以修炼传统手战之道而言，产生文体武备的攻防艺境，亦不相同。鉴于此点，针对传统手战之道的攻防特点，每个修炼者应当掌握相当数量的贯气方法，便于配合武备而修之，能更快、更好地提高攻防技击质量和艺境水平，此即"富有者阔"的富武之实质。

关于贯气法，本经文所言的"六字诀""三字诀""通七壳"等诸法，都是很好的方法，此贯气法也是要经常修炼的方法之一。

丹田乃气海，内气积聚、生成、归宿之所在。内气由阴阳精相交而生成，初成之内气，阴性太盛，尚无灵性，必须通过运行，在全身周游，方可逐渐地去其阴性以成纯阳，最终神气归一，具有"神以知来，智以藏往"之功能，自能统全身以为战，并有成为攻防之势的主要成分，即"将帅"。又有内动不令人知的神奇妙用。故拳家说："十年练拳，十年养气。"即养此真元之气，训其成太和之气，而训之法，即贯气法。同时又可调理外形，使之脱拙换灵。于此可知贯气法于攻防较技中的重要作用，之所以尊为君主的地位，而外形乃为臣民的地位，就

二、桩法

是因内气的主导功能作用而决定的。内气，平时修炼任"宰相"之职，可怀柔外形，使之安宁舒和；攻防之时，内气为"将帅"之职，统领一身以为战，施"以柔用刚"技法，则战必胜。又因内气乃外形的根本，根本健则基础固，修炼传统手战之道之所以能强体、健身、长寿，乃从内气根本处入手。内气乃性命之根枢。正所谓"枢得环中，应变无穷"。健身、技击，同此一法尔，即"文兼武全将相身"之精义，说明"内气"中枢根本的功能作用。

此贯气法的内气起于丹田中，沿腹、胸、颈腔内直升泥丸。此处泥丸乃百会穴，降于背、降于肩、流于肘、抵于手腕、至于十指，此乃内气之上半身的贯气法。

泥丸，丹书多言泥丸宫，泥丸宫非百会穴，而另有一所在。此泥丸宫在囟门下靠前，位于太阳穴连线的正中，在印堂、天目内有一圆形空洞球体，此空洞球体的直径大约5厘米，此为泥丸宫。为何名之泥丸？蜣螂，俗名"屎壳郎"。常把粪便滚成球形，送入地下二、三尺深，以作幼虫的食物，待幼虫出窝即不复归来。经雨水流灌，细泥注满此泥丸之空间。儿童偶然玩耍，可能挖出此圆洞，内壁光滑。古人依此而将头中炼丹存神所在的位置称为"泥丸"。以此与之形状大小类似，又有一物可借而喻之，那就是保定特产之——保健阴阳球。其球体大小与"泥丸"宫空洞之大小形状几乎相同。然此泥丸宫非一定方法不能启开。故有妙开泥丸宫之法，此泥丸宫开启后，可为炼丹成丹之所在。至于其他妙用，在"涵神壳开"条目中已经言清，此不复言了。

气生于丹田，入于两肾间，即会阴穴。分两股至左右环跳穴，经大小腿、踝至涌泉穴，此内气运行之下贯之法；亦可通命门至环跳穴而下贯；还由命门至会阴复返环跳，皆是下贯之法。

此贯气法的上下两贯乃同时进行的，自可成上下的两夺之势，即现时所言的对拉拔长或对争之义。此只指内气而言。

拳自心生，捶由意发。心到气到，气随心到，主从明矣。心之使者，意也。故心到意到气到、力亦到，即内外一贯一至之意也。心逐气穿，逐者，驱使也。气无所不入，可入于无间，凡气所达之处，心能普照何处。此即为何言"开七壳"是通心气之法了。心之所明，借气之所行而成之，心气不通，则心昧不明。可知贯气之法，就是明心见性之法。当心能普照之时，也是明心见性之刻。那攻防较技的施招用手，随机应变，意在人先之前知，是明心普照之所为，故施招用手虽如行云流水，但不用思索，此之故也。古拳论中说："交手者不可思误，思误者寸步难行。"可知攻防之道，修炼于平日，各种攻防招法运用变化精熟，致用之时，成竹在胸，唯有见景生情之施用，何用思索之？此中有妙法，即顺随的"从之以为进退"的四两拨千斤之方法。运用纯熟，即可再修"逆力以为揭献"的借力打人之方法。两法精熟后，方可与人实战较技。只有此时方为"心能普照，气自周全"之功夫艺境。也就同时明白，为何前贤论内功修法皆言"贯气"，为什么不言"灌气"了。贯者，一气贯串之意，而"灌"者，乃灌满之意。故知贯乃一气通畅，灌则滞矣。"虚实相需、内外一而贯之"，方可以柔用刚，才有攻防之妙用。然灌者，填实之病也。故不取灌而取贯，亦"君子有所不为"之义尔。

久而力自加焉。此句最难解之处在"力"字。首先要知道此"力"字乃指"先天自然之能力"，即"内主外从"的"气力"。此"力"即可直以"内气"来言。其有"不力自力"之妙用。一身之坚融的"接骨斗榫之刚"破之不能开，撞之不能散。接骨九曲珠之柔，善变无形又无穷，不疾不速乃真宰。乃此先天自然之力所为之。又有"如龙灵变，用力不见力而山莫能阻；似虎快利，出爪不见爪而物不能逃"。皆先天自然之力所能为之。此为刚柔力，即"柔用刚的柔行气、刚落点之能力加强"了。

如果将"久而力自加焉"，理解成后天有为力法，如肌肉爆发力、举重之力，或尚气用蛮力的筋努骨突之力量，就差之毫厘，谬以千里了。通观剑经所论，毫无此后天有为力法之言。倒有"是统三才于一致，内而精气神无少缺欠，外而筋骨皮一息坚融，至是则内空灵，而外灵便。此浑元功验之所以然也"一段论述，讲的是先天自然之听探、顺化的能力，即以柔用刚的攻防至用之能力。

如果积先天自然之力，即以柔用刚的攻防能力，即可至极巧、极妙的神化艺境。施手用招化于无形，以此为"功力"而言，此"功力"的体现是粘走相生的"一羽不能加，蝇虫不能落"的无形无象的神拳境界，即以柔用刚攻防能力所达到的无形无象之境界。

如果积后天有为力法，乃尚气用力筋努骨突之辈，施手用招皆以有形力法而用，以此为"功力"而言，此"功力"的体现是"笨拙莽撞愚、呆滞僵蛮横"。此种人即使是修炼一辈子，也至死不知"有形练到无形处，练到无形是真功"究竟如何解释，也不知以柔用刚之攻防技术方法为何意旨。

以"功力"的两种艺境便得出两种解释、两种结果。一个是传统手战之道的以神为主，以气为充，形从而利的正门修炼；另一个是似是而非的以形为制，以力为用，神从则害的俗学、旁门之盲练、蛮干。

今观世人修炼手战之道，崇尚后天有为力法者，比比皆是；而崇尚先天自然之力法者，凤毛麟角。正应了古人一句练功之格言："从无入有皆如是；以有入无能几人？"故此，以现在修炼者的时髦言语来论说"功力"二字的精义，将正统修炼和旁门、俗学之修炼的本质区别剖析明白，以免习练者自误，已误者应自行按法纠偏。

内气、外形的刚发柔化之力度掌握得愈加细腻、诚密，越可"分厘毫丝忽"无差，越能以柔用刚，顺其势、借其力。也即或者从之以为进退，逆力以为揭献，时时处处恰到好处，无过不及，几于中和的虚灵妙境。自能心在规矩中，神游规矩外。此皆"气随心到，心逐气穿，心能普照，气自周全"之故尔。故能"发之则弥六合，卷之退藏于密，卷放得其时中"。故能"不期然而然，不期至而至"，则"应无不当"了。

自己平时修炼，也以"以柔用刚"之法行招用势，势如行云流水，生生不已，无停无滞，瞬息存养，动静转化清轻而灵，刚柔变化劲势方圆曲直分明。

以此动静转化清轻而灵，刚柔变化劲势方圆，曲直分明的功夫境界与人较技，施招用手神妙，可以进退自如，皆因人不能知我，而我能独知人。顺势借力，毫不着意。他意既是我之意；机在人先，形不妄动，他形便是己之形。故形无定势，意无专注，视正犹斜，视斜犹正，非斜非横，以正用奇，随高就高，随低就低，功夫修炼至此，可谓已通传统手战之道的练、体、用之真谛了，可谓修炼之真人尔。

功能至此，谓之炼气化神、炼神还虚之文体成、武备精的功德技艺硕果双收。此乃贯气法的持久修养，结合攻防技法的修炼，内外双修而得的结果。故修炼传统手战之道不能丢弃内气功夫不练，而专习技击的技能。不知以柔用刚的攻防技术方法，而妄想功能大成，无异水中捞月，终将一场空也。

再看一看前贤内功养生之道中"松、空、静"等种种景象之论述，录而并解之如下，以资对照：

桩法的多样性及功夫艺境论述

又有三步睡功夫。一曰仰卧，两腿直，十足指回勾腰控，存想涌泉，双手搭扣撑住；二曰左偏卧，头枕左足尖，左手搬左足跟，右换如之；三曰伏卧，双手抱头，足跟朝天，十足指尖用力向地，存想泥丸。随便卧时，头腰腿要三直。立时足勿实踏，双手齐垂，目光四射，时或垂帘。行步必活稳轻急，宜自跟撇尖碾，行非无跟之轻跳。闲息时，有引气下行之法，乃六字诀，连念到下丹田存在。久则气不涌出，亦能久而无倦，用力少而成功捷。

前所云六字诀，传列于后——提、催、灵、闰（音按）、妙、工。

此乃通天彻地功夫，宜得暇即用，久可却疾，添益精气，培补下元，活涌泉穴。此穴开通，则身中筋骨血络，皆舒展自如，乃千古不宣之妙，宜当时习之即觉也。提者，自涌泉直上泥丸；催字，自天目中少停，绕头三转，自左而右；灵字，至玉枕，归一度喉间；闰字，分入两肩，从臂内降至十指尖，由手背上穿缺盆夹脊，横穿前后心，降脐中少停；妙字，自腰眼小小穴三转，少停至海底（丹田）气海多住，降肛前肾后（海底）少住，至尾闾多住；工字，入环跳穴多住，至膝胫达涌泉，反上胫间，膝后多停，升到肾前九转，至下田停住。九转为满，此坐功完也。

阐释：
刚刚讲完手法运用之精髓，又讲桩功练用之精髓。桩功者，内功修法之形式。桩功有站、坐、卧三种基本形式。

站桩有形体桩功和意念桩功的分别。站桩形态，多种多样，数不胜数。可一桩之形态、练多种功夫内容；亦可多种桩之形态，练一种功夫内容。故意念桩随意性强，而形体桩则是固定内容之修炼，主要是抻筋拔骨、展筋伸骨，亦可配合意念功法修之。

坐、卧桩功，多以内练为主。凡桩功所练，皆基础功夫。桩功所出乃动手较技应用功夫之基础。有此基础功夫，方可言说技击之修炼。修炼技击之技后，方可言动手较技之运用能力。此乃练功顺序也。不要认为站了桩功，就有了技击之技术、功夫的应用能力了。如果这样认为，就不觉而进入认识上的误区。

此文所论，三步睡功夫，即三种卧练功法。以现今而说，乃三个卧桩练法。

一曰仰卧。两腿伸直，十足趾回勾，用腰控制，存想涌泉，双手插花，手心向头顶方向撑住。此乃足向下、手向上的全身对拉拔长的练法。只在用意，不能用力，存想涌泉，内气从涌泉向上，沿身体内部向腿、腹、胸、头、手臂劳宫穴运行，再复返而降至涌泉穴，周而复始，内气循环往复。此乃卧式的"天一生水"沐浴法，既可修炼内气运行，又可修炼肌肤骨节处处开张，亦属气形双修之法。

二曰左偏卧。此乃双腿劈叉坐地，侧身，头枕足尖。左侧身则头枕左足尖，左手搬左足跟，右侧身则头枕右足尖，右手搬右足跟。此桩又名"仙人睡觉"亦属气形双修之法。

三曰伏卧。双手抱头，左右手大拇指按住左右玉枕穴，双肘落地，百会前顶，足跟朝天，十足趾用力向地，身体悬空。如体力不支，亦可腹部着地，存想泥丸宫，此乃使涵神壳开之法，亦有"不空桩"之效果，即"不空而空，空中自有妙生出"。此谓"不空桩"之精义，只是具体练法形式稍有区别。

随便卧时，头、腰、腿要三直，头为一身之梢节、腰为中节、足为根节，直则内气运行流畅，自然有利于气形匹配之用。

站桩时，足勿实踏，即双足敷平在地，劲意莫落在双足底板处，要含蓄在双足踝处，就是足没有实踏之义，双手齐垂，此乃无极桩的站式。如睁眼练功，目光四射，乃罩眼功法，是桩功后期练法。或目光垂帘，乃桩功初期练法。如动练法，行步必灵活、稳健、轻捷、急敏，宜自跟撤用足前掌碾转，行走擦地而行，进步低，退步高，非无跟之轻跳法也。

闲着没事的时候，有引气下行之方法，亦应随时而练，就是"六字诀"。用意以气为念，行"念住不住"之功。连念到内气在下丹田存住。久则"气不涌出"，是为"伏练"。值此而能"结胎"于下元，行"胎息"之法。继而，由此胎息，可内生玄窍，外开玄府，自可与天地之气相通矣。其说"亦能久行而生无倦怠之功"，乃精髓矣！此乃花费工夫少而成诸功之捷径尔。此言不假。下面将六字诀传列于后，此六字为"提、催、灵、闰（音按）、妙、工"。

其言为"通天彻地"之功夫，宜得闲在之时即可用之，久可却疾，添益精气，培补下元，活涌泉穴。涌泉穴开通，则身中筋骨血络，皆舒展自如，乃千古不宣之妙法。亦是开通七壳之功法，所述之感觉，宜当时习之即可觉知也。

提。以气为念，吸提内气由涌泉穴沿腿、腹、胸、颈、头中直至泥丸宫。

催。意念内气由泥丸宫至天目中少停，即稍住。然后意念内气自左向右绕头三转，为何名"催"？即导引法的意在后跟随催动之练法。

灵。导引内气由头中直至玉枕穴，由玉枕穴再至喉之上节进入喉中。为何名灵？无有入于无间之妙。故曰：灵。

润。导引内气分两支直入两肩，从臂内降至十指尖，由手背上穿缺盆、夹脊、横穿前后心，降脐中少停。此乃有滋润五脏六腑之意。故为润字，有导引下行之意味。

妙。由脐中至腰眼小小穴三转，少停至气海海底，即会阴穴；小小穴，可谓之命门穴和肾脏的统称；此中之妙，妙不可言，故立为"妙"字。再由会阴穴至尾闾穴，在尾闾多住。可有开通脊柱内，直可上头入脑，确实功效妙不可言。

工。再由尾闾直入左右环跳穴，可有开胯之功。内气在环跳穴多住，再至膝、胫达涌泉穴。复反上胫骨间，在膝后多停。升到内肾前，天枢处，九转，至下丹田停住。九转为满，此坐功完也。

然"九转为满"可有两解：一曰内气至丹田后转九圈收功。二曰此六字诀乃"提、催、灵、润、妙、工"。是为六字一转，共作九转，也就是做九次为满之数。

因以坐功而言，此六字一轮的周期快可3分钟，慢可6分钟，如坐九转，快则半小时，慢则1小时。以普通练功者而言，皆能做到。

这样九转，小说，乃丹田中气转九圈收功；大说，乃六字法由始至终为一转，共作九转，也就是连续九回，可称为坐功。

我按此法修炼，一做便知其妙不可言。后文所论"开七壳"之景象。多由行此法之功也。结合前文之睡功，后面介绍行走之间的三字诀——"清、净、定"。可知，传统手战之道的内功法，自古相传，法法具实。然现今习拳者能从师处所得内功法者却寥寥无几，甚至不知有之。而有者，亦不知其功用为何？致使空谈习武练拳之健身、技击的不良风气盛行，不知"健"者，乃"内气"功夫之说，造成练则崇尚后天有为力法。因此而疾病缠身、不能长生而促死者，屡见不鲜。习武者，五六十岁就逝世了。在当今社会生活条件如此良好的环境，长寿乃自然的。为什么修炼者倒不能长寿？甚或练拳者至老年时体弱多疾病？应该引起广大习武者的反思。应该重新认识传统手战之道的精髓，不要盲目练功，不明理法而妄为。这一点，精熟《浑元剑经》之理法后，人们应当醒悟了。应当明白传统手战之道的内修外练之宗旨、功法、至用之道理。

三、技 击

（一）提纲

（1）头直、目正、神庄、声静。静、敬、虚、切、恭、慎、意、和①。

（2）全身关节形曲力直，神松意紧，肌肉含力，骨中藏棱，神犹雾豹，气若腾蛟，神意放纵如巨风卷树，拔地欲飞，拧摆横摇之力，有撞之不开，冲之不散，湛然寂然，稳如泰山之势，外形笨拙，意力灵巧，平凡中求非常，抽象中求具体②。

（3）筋藏劲，骨藏棱，悠扬相依，虚灵独存，浑身毛发直竖如戟，齿欲断筋、爪欲透骨、发欲冲冠③。

（4）鹰目、猿神、猫行、马奔、起如举鼎，落如分砖，鸡腿蛇身④。

（5）动静、虚实、快慢、松紧、进退、反侧、纵横、高低、争敛、道放、鼓荡、开合、伸缩、抑扬、提顿、吞吐、阴阳、邪（斜）正、长短、大小、刚柔等，都是矛盾的矛盾，错综而为。做到圆融的圆融，反回头来学初步⑤。

（6）高则扬其身，若有增长收敛之意，低则缩其身，若有钻提放纵之形，纵则放其势，勇往搜索而不返，横则裹其力，开合分争力，侧顾左右，无敢抵挡者⑥。

（7）足占七分手占三，身如弓弩拳如弹⑦。

（8）肩撑、肘横、指弯、头顶更多增强顶缩力，腰胯如轮，扭、挫、提、旋、交叉互换，膝纵足提，全身力如抽丝⑧。

（9）静如潮涨，动似风云⑨。

（10）态若书生若女郎，伟大犹比楚大王，一声叱咤风云响，神情豪放雄且壮，遇敌接触似虎狼，举步轻重如履沟壑深千丈，一面鼓，一面荡，周身无点不弹簧，齿扣足抓毛发似金枪，一经触觉立时紧即张，如同火药爆发状，炸力发出意不亡，无形机变却已深深暗中藏，闪展进退紧提防，打顾正侧丝毫不虚让，势均力敌须看对手方，去势犹如鹰鹘下鸡场，翻江倒海不须忙，丹凤朝阳势占强，拨钻拧挫断飞蝗，勾错刀叉齐互上，腿足提缩似螳螂，揣敌力量有方向，察来势之机会，度己身之短长，势如龙驹扭丝缰，谷应山摇一起撞⑩。

【题名解】

站桩修炼的目的一是使身体健康，二是技击功夫的获得。故而分了十条内容依次论述技击的功夫、全身攻防动变情景、运用类物比象的方法进行了全范围的论述、劲势分配法则等。总是要一条一条地认真体会，方能知道其中的精旨妙义。所以，还是看其所论内容方能得其奥妙。

【注解】

①头统乾之体，乃一身之总领，头端则目正，视能一眼照三关，神情庄重则威严自生，声音平和宁静则气充足。心清气静，静则无不应，静则净也，功夫精纯，虚则无不灵，圆融饱满，恰当谓之"切"，恭敬谦虚则能专注，谨小慎微则无祸患，意笃诚恳则无妄，人心灵、道心知、灵知和者则左右逢源无不灵验也。

②全身的关节形态似曲而非直，则蓄势有余必然劲道直也，正所谓"曲中求直，蓄而后发"神态安然普照周全，意诚实在专注，外形含蓄着攻防动变无形又无穷的能力，骨中敛藏着锋芒棱角，神内敛藏而不外露，内气浑然腾挪似若洪水泛滥、飞腾的蛟龙变幻莫测；神意的放纵亦如飓风卷树，拔地欲飞一样轻而易举。周身拧裹横摆竖摇的能力，有撞之不开，冲之不散，湛然寂然，稳如泰山之势，外形似笨拙，实乃存蓄着心意能力灵活巧妙的变化者也，平凡之中求得非平常的妙用，在抽象的内景象中求得具体的攻防技术、技巧、功夫能力。

实际上，这段论述乃脱化于古拳谱《九要论·一要》一文。为以资对照节录原文如下：

一要论

从来散之必有其统也，分之必有其合也。以故天地间四面八方，纷纷者各有所属；千头万绪，攘攘者自有其源。盖一本而散为万殊，而万殊咸归于一本，事有必然者也。

且拳事之论亦甚繁矣！而要之千变万化，无往非势，即无往非气。势虽不类件，而气归于一。夫所谓一者，从首项至足底，内而有脏腑筋骨，外而有肌肉皮肤、五官、四肢百骸，相连为一贯之者。破之而不开，撞之

三、技击

而不散。上欲动而下自随之，下欲动而上自领之；上下动而中部应之，中部动而上下和之。内外相连，前后相需，左右相应。所谓一以贯之者，其斯之谓欤！

而要非勉强以致之，袭焉而为之也。当时而静，寂然湛然，居其所而稳如山岳；当时而动，如雷如崩，出乎尔而疾如电闪。且静无不静，表里上下，全无参差牵挂之意；动无不动，前后左右，并无抽扯游移之形。洵乎若水之就下，佩然莫能御之也。若火机之内攻，发之而不及掩耳。不假思索，不烦拟议，诚不期然而然，莫之致而至。是岂无所致而云乎？

从文章中可以清楚地看出传承的迹象来。

雾豹的出处：汉刘向《列女传·陶答子妻》载："答子治陶三年，名誉不兴，家富三倍。其妻谏曰，能薄而官大，是谓婴害，无功而家昌，是谓积殃。南山有玄豹，雾雨七日而不下食者，欲以泽其毛而成文章也，故藏而远害。"后因以"雾豹"指隐居伏处，退藏避害的人。这里以喻"神内敛藏"而不外露的意思。

腾蛟：传说中能使洪水泛滥的一种龙。

③传统拳术攻防之道本是无形法门，只好从有形的筋劲骨力来论述，但又不能执着于筋劲骨力的说法上。所以说从外形的角度立论，筋中藏着劲的变化能力，骨中蕴藏着劲势风棱的变化能力，筋劲骨力悠扬自得相互依存为用，虚灵的内劲独立存在而不改为一身之主宰，浑身毛发直竖如戟，则气梢足；齿欲断筋，则骨梢足，爪欲透甲，则筋梢足；发欲冲冠，则血梢足；尚有舌欲催齿，则肉梢足矣。此论出自古拳谱《九要论·四梢论》一文中，为以资对照，录原文如下：

四梢第四

试于论身、论气之外，而进论乎梢者焉。夫梢者，身之余绪也。言身者初不及此，言气者亦所罕论。然拳以内中而发于外，气由身而达梢。故气之为用，不本诸身则虚而不实，不形诸梢则实而仍虚。梢亦可不讲乎？然若论手足之指为梢，此特身之梢耳，而犹未及乎气之梢也！四梢为何？

发，其一也。夫发之所系，不列于五行，无关于四体，似不无足论矣！然发为血之梢，血为气之海。纵不必本诸发以论气，要不可离乎血而生气；不离乎血，即不得不兼乎发。发欲冲冠，血梢足矣！

其他，舌为肉之梢，而肉为气之囊。气不能行诸肉之梢，即气无以冲其气之量。故必舌欲摧齿，而肉梢足矣！

至于骨梢者，齿也。筋梢者，指甲也。气生于骨而联络于筋，不及乎齿，即未近乎骨之梢；不及乎指甲，即未近乎筋之梢。而欲足乎尔者，要非齿欲断筋、甲欲透骨者不能也！果能如此，则四梢足矣！

四梢足，而气自足矣！岂复有虚而不实、实而仍虚之弊者乎！

由此论中可以看出"意拳"的修炼、建体、至用的端倪了。

④眼有青光，望而生威，能一眼照三关，使敌一见而生畏惧之心，是为"鹰目"；猿神，就是"元神"的谐音。又含蓄着"猿"之神情机警而又动作敏捷，能闻风辨位，应对自然；猫步窜蹦跳跃轻灵敏捷，以喻劲意放在足踝，步法轻灵敏捷，谓之猫步，亦有轻灵法伏猫的说法可证之；疾步如飞快如马，出自形意拳中；起势如举鼎，下落可分砖，形容拳势具有攻防之威力，此言出自《心意拳诀》中；鸡腿，起则收蓄，落则立身中正稳健；蛇身柔弱无骨，善变无形又无穷之意也。此论皆是"圆转法猛兽"之意也。

犹豫：犹，乃指犹猴，猿类也，仰鼻长尾，生性机灵而情志多疑，行动极为小心谨慎；豫，乃指大象。野生的大象，生性疑虑，一有风吹草动就会进入戒备状态。所以，以"猿神"喻元神者也。

⑤驭静以动，动中亦静，动静互为其根；浑身各处虚实分明，周身只此一虚实。内气实、外形虚，虚实相间，内外一而贯之；劲快形慢，快而不乱，慢而不滞，随人所动，无不恰当之处，谓之神速；形松意紧，松而不懈，紧而不僵，松紧紧松勿过正是功夫；当进则进，殚其力而勇往直前。当退则退，束其气而回转伏势。见隙而进，无隙自退。进则人所莫明速，退则人所不及知。乃明进退，知止于至善；左右辗转反侧，后即前也，顾盼其间，使敌不能偷袭之法，圆转法猛兽者也；纵，则放其势，一往而不返。横，则裹其力，开拓而莫阻；高，则扬其身，而身有增长之意。低，则抑其身，而身有攒促之形；无争为争名为争，敛神内固必自保；气力不聚敛，则展放的力量也就不能大壮，必须是气力聚敛得充足，展放的气力才会大壮；就是"腹内松静气腾然"的功夫。外形空如鼓，内劲上下、左右、前后腾挪跳荡。正如诀言"皮打抖弹震死牛"的功夫艺境；先明开合：气向下沉，由两肩收入脊骨，注于腰间，此气由上而下也，谓之"合"；由腰形于脊骨，而布于两臂，施于手指，此气之由下而上也，谓之"开"。合便是收，开即是放。能懂开合，便知阴阳。运用之法：见入则开，遇出则合；看来则降，就去则升。夫而后逸为真及神明矣！开则以开打之，合则以合击之。得此明开合法矣；伸则伸得尽，谓之阔满，缩则缩得紧小，谓之灵巧；欲抑先扬，欲扬先抑，利其反力而击之，无争善战之法式；自身如线提之轻灵如羽，顿下松沉似千斤坠之凶猛，无时无处不如此也；吞如蛇吸蛙，吐似喷泉涌。吞吐本一势，得之称豪雄；内气阳刚之性，外形阴柔之能。阳发阴收，阴衰阳兴。阴内敛精神

三、技击

刚毅，阳外示好妇温柔。阴阳变化是神奇；唯道是从者正，背道而驰者邪，故而邪不压正。视斜犹正，视正犹斜，接触即胜。真传秘诀者也；进则长身打人盖势取，退即短小防人自灵通。故曰："短以应其变，长以发其威"；势大如水波涌、似火烧身，势小灵珑剔透、八面威风；内气、外形刚柔相济，乃真功夫。能战者，刚中无柔则环绕不速，柔里无刚则催逼不捷。柔里有刚攻不破，柔里无刚不为坚。能胜者，刚发他力前，柔乘他力后，彼忙我静待，知拍任君斗。以上这些两两相对立者，皆是同时存在的方法之论述，虽是错综变化然都是主从统一而为之。正所谓"阴在阳之内，不为阳之对，乾阳内气，坤阴外形"的运用法则者也。如果能做到"融化法融化"圆融之圆融的上乘之运用艺境，反回头来再学习初步功夫的内容，则不会迷失方向。

遒劲：脱化于"遒劲奔放"一词。强劲有力，刚健有力。多指书画的运笔。《南史·王籍传》中说："籍又甚工草书，笔势遒放，盖孔琳之流亚也。"宋张世南《游宦纪闻》卷十载："其笔迹遒放。"

遒，聚也。《毛传》载："优优，和也。遒，聚也。"遒放的意思是说气力不聚敛，则展放的力量也就不能大壮，必须使气力聚敛得充足，展放的气力才会大壮。这就是"欲放则先敛之"的意思；然而，功夫中说："形用半，劲用对五，中土不离位"，才能做到收敛、展放同时存在，这才能使自身成为"橐钥"的机制秩序，才能是攻防拳势具备生生不已、源源不断的态势。故《王芗斋先生专集选》中运用"遒放、遒劲"等"遒"的词汇，皆从"聚敛"的意思来理解，方是正确的。

所以，凡此阴阳两两相对的词语，皆是相反相成这个意思，才是真正理解前贤立意的精旨妙谛。

"斜正"法说

弟子问：前文"宽窄"法说，妙论迭出，将传统拳术攻防之道的修炼、建体、至用之真传秘诀和盘托出，顿使弟子醒迷开悟，闻听师父所论，实受益匪浅。敢问"斜正"之精义为何？请为弟子开示明白。

师父答曰：拳家的"斜正"法说，语出见于心意拳《交手法》一文中，其云："静似书生，动若雷发。人之来势，亦当审察，视斜犹正，视正犹斜。脚踢头撞，拳打膊作。窄身进步，伏身起发。斜行换步，拦打倒身，抬腿伸发。脚指东顾，须防西杀；上虚下必实著，诡计指不胜屈，灵机自揣摩。手急打手慢，手快打手迟，俗言不可轻，的确有见识。"

此论的视斜犹正，视正犹斜，乃双方比武较技时亦是必当审察的内容和正确对待的内容。

当审察的内容是其来势何处正？何处斜？如正者正，斜者斜，身法、手法、步法的斜正间架合理合法，相互匹配疏密得当，乃为劲敌也，因其周身一家。再观其气势松静自然，毫无牵连吊挂，抽扯移形之象，知其内外虚实相须，一而贯之。有和颜悦色自然是善变无形又无穷，不疾而速得真宰之真刚毅的行家里手了。

如其虽是正者正，斜者斜，然身法、手法、步法的斜正间架稍有不合理合法之处，自是匹配疏密稍有不得当处，则非为劲敌也，因其周身一家之功夫尚欠火候。再观其气势虽貌似凶猛强悍，而露牵连吊挂，抽扯移形之象，知其内外虚实相须，一而贯之尚欠功夫，自然变化自有滞慢呆板之所在，也就并非完全的行家里手了。或者是筋努骨突，尚气用力，彰乎知之辈，自然能了然于胸了。

如何对待的内容是：以彼此来分，视彼之正，即彼虽中正之势，在我看来仍是歪斜之式；视己之斜，即己之斜势，看去仍是中正的。此乃动手较技真传三秘诀：未交手前，视彼正犹斜，视己斜犹正；接手即以己之虚中对准彼之实中；变化过程中，己在圈内，彼在圈外中的第一个秘诀尔。此乃从总体方面把握认知。这要由一眼照三关的能力而得知。

如果细致地分析如何对待的内容是：看其是正，却藏着斜势的变化之用；看其似斜，却藏着正势的变化之用。不能将其来势视为固定不变的，要将其视为斜正随时变化的灵活机动之攻防体态。即有形如流水，无形如大气之说法的精义。

到底在身法中什么是斜？什么是正？斜正之间的关系如何呢？只有辨清了这些内容，才能明白传统拳术攻防之道的修炼、建体、至用中之"斜正"法说的内容。

以自身的正隅、横竖不能涵盖斜正法说的内容。因为正隅、横竖法说是整体的身法说，而"斜正"法说，说的是整体身法内的身法、手法、步法之间的方位关系。如以水平方位说八方，则是东、西、南、北为四正方，东北、西北、东南、西南为四隅方。以正对隅而言，则隅方为斜方。以攻防招式而言，如果顺步的右压打势，即劈拳式，身法正面向着南方为正身法，而手法确是指向西南隅方，为斜手式。如果进一步成顺步左压打劈拳式，则身法正面向着西南方为斜身法，而手法确是指向正南方。故而，四正四隅八方，皆如是斜正法而认知。这里暗含着动度角的内容，即360°的圆周除以8等于45°的动度角。以斜正法观之，身法、手法、步法的动度角关系乃为45°，是为基本规矩。

然一身动变并非只有水平动度角的斜正法说。自身乃六合一体的立方体，身法三节、手法三节、步法三节，具体正面垂直的上、下、左、右之四正；左上、右上、左下、右下之四隅之斜方。侧面垂直的上、下、前、后之四正；上前、上后、下前、下后之四隅之斜方。此两法同时为身法、手法、步法的"斜正"法说之内容。

三、技击

尤其重要的是，此身法、手法、步法的三种斜正关系之存在皆是在立身中正安舒时的"斜正"法说。如果立身不中正时，属于病拳，不在"斜正"法说的范畴内。

关于上述之"斜正"法说，八卦掌门传人郭古民先生在《郭氏锦囊》中的"拳中之方向"条目中说：

"八卦转掌之运行，无论何时何地，虽具行云流水之状，亦非散漫无定则。故其出动必有一定之方，此之谓方向。按卦象之正体言：坎北、离南、震东、兑西，乃四正方也。凡出手盘掌任择一方以周旋之，则身之外部以正，然后将手斜出向其斜角。即乾西北、坤西南、艮东北、巽东南、四斜角也，此所谓：四正方身步而四斜角手是也。既定之后则不拘一定之向，但遇敌时，无处非正，无处非斜，均须成骑角之势，攻守皆便宜也，此乃'正己以制人'之道也。"

上述论身法、步法、手法之斜正法说，表明了自身规矩外，又申明了身、步与手的斜正法自成犄角之势，攻防变化方便合宜。我们再看其在同一篇文章中论用时的"斜正"法说，可明斜正法精妙之所在了。

若论己身内部之正方而言之，转时须紧背空胸，扭胯、瓣膝成结绳之形势。两手虽分前后，前后向前松沉膀根，垂肩坠肘，扬掌揭腕；后手则叠肘折肢直掌。细看两掌纯为斜势，而遇武发招之时，或开步，或上步，或瓣步，或扣步，或冲步，或怀步，或倒步，或跟垫步，手随步变，手到步亦到。若当换势变招之时，无论如何招势皆要发之以"正"！且须"人高我低，人曲我直，人偏我中，人斜我正"。总合此四种之力，皆是"以我之正，制人之不正"也，故称此为八卦转掌之"正"方。亦即言拳中浑浑元元周而复始无一非正！即或有斜之时，亦不过一刹那之暂式、一流泣之取姿而已。

文中所说"怀步"者，就是通怀直步简称。通怀直步者，乃后步为前步的脚踏中门的进退步法。古传有"通怀直步诀"，录之如下以为证：

通怀直步图诀

通怀步直封，侧坐好开弓。
力雄之字闪，敌弱对怀冲。
翩跹因此理，腾挪一总宗。
蹉身犹躲影，百法尽流通。
——摘自：《张横秋秘授跌打抓拿拳经·大敌备要》

《意拳论》注解点评

郭先生在此论用的"斜正"法说中，是在自身外形的无处非正，无处非斜的自成犄角之势的身法规矩基础上，又提出了内气与外形之间的"斜正"法说之概念。为什么这样说呢？就在若论己身内部之正方而言，这一句话中表达了其欲要说明的内容。又在若当换势变招之时，无论如何招势皆要发之以正！且须人高我低，人曲我直，人偏我中，人斜我正。总合此四种之力，皆是以我之正，制人之不正也。在这一段论述中阐明了以"气"胜为，正之机要处。并得出人之势高我低势取之，人之势曲我直势取之，人之势偏我中势取之，人之势斜我正势取之的四法来加以证之。其又总结为总合此四种之力，此时的"力"，非攻防招势之外形，乃言的气即是力，力即是气之气力也。可知，其所总合此四种之力是在说运用中和至正、至刚之内气的。这一点，在以我之正，制人之不正也，表达得非常清楚。这就说明：在自身外形的无处非正，无处非斜的自成犄角之势的身法规矩基础上，若当换势变招之时，无论如何招招皆要发之以正。此即"擒人之制在于气之精义"的表达。这才有了以我之正，制人之不正之总结，乃一切招势运用的总法则。表达的是以柔用刚的技术方法。关于这一点在古拳谱《易筋经·贯气诀·行气论》中有清楚的论述，记之如下，可对照说明白：

歌 诀

任他勇猛气总偏，此有人无是天然。
直截横兮横截直，一气催二二催三。
攻由滑快归远路，守我安逸自牵连。
为问是何玄妙诀？只在行气一动间。

此交手认路之巧法也。手一出，气偏一面，不能面面俱着力。直出者无横力，我截其横；横出者无直力，我截其直。上出者无下力，我挑其下；下劈者无上力，我劈其上。斜正曲伸，无不皆然，此捣虚之法，攻其无备也。

此歌诀及论文阐明的是在势正招圆的基础上，能以正确的方法战胜对方的原因是："只在行气一瞬间。"可知郭先生所言的八卦掌之势正招圆的正方，有两个含义，一是以不动之腰脊催动手足之正确拳势，但外形有身法、步法、手法的斜正之法式，以成犄角之势；二是正确的行气方法，即运用中和至正至刚之内气以胜人之意思。所以招圆的内容，是外形的斜正变化无不以内气为根本，这就是以正用兵，以奇胜的传统拳法之精髓，即以"内气"之正，而运用斜正法组合而成之外形；然胜之根本的确是在中正之内气的运用得当尔。这也就是"以奇胜，以正合"之精义。

三、技击

郭先生为表达这个体、用的精义妙处，总结说：

"故称此为八卦转掌之正方，亦即浑浑元元周而复始无一非正，即或有斜之时亦不过一刹那之暂式，一流泣之取姿而已。"

其表明了八卦转掌正确施招用手、施手用招的方法，无不是在自身内气、外形及柔外刚中匹配如一所组成的攻防招势基础上，浑浑元元之动静互为其根，阴阳迭神其用，斜正屈伸相转换的周而复始来运用的，没有一式攻防招法不是势正招圆而出之的。即使有斜式身法之时，也不过是一刹那之暂时的拳势，一瞬间流于形式所取的姿势而已。然中正安舒，势正招圆的法式却是不变的。

故知，传统拳术攻防之道中种种的"斜正"法说之修炼、建体、至用的内容，无不是从"斜正"法说之概念来探讨身法、步法、手法的相互为用之关系；内气、外形之主从关系，此皆属于建体的内容、身体运用之中正安舒，势正招圆实施攻防招法的基本法则之至用内容及修炼中的建体至用的基本方法、准则、规矩、规律之修炼内容。明此，则知法虽万殊，而理为一贯的道理，自然能得"斜正"法说之精髓，以至用之精矣！

⑥高则扬齐身，若有增长收敛的意思；低则缩其身，若有钻提放纵之形态。纵则放其势，勇往搜索而不反；横则裹其力，开合分争力不尽。在加之侧顾左右，无敢抵挡者也。

⑦打人全凭盖势取，足打七分手打三，身如弓弩周身整，气如火药拳如弹，灵机一动鸟难逃。

⑧沉肩坠肘，肩背圆活蓄势饱满，肘中暗藏横劲护身，屈指坐腕，头顶百会神明领起内含劲意归中之势，正是"五心归元"的态势，立身中正，腰胯活似车轮，扭、挫、提、旋、诸劲势交叉互换，膝纵而顺，足劲提至踝，全身劲力运用如抽丝。

扭：扭曲拧裹之谓也。

挫：遏制之谓也。

提：劲之拔提也。

旋：旋转之谓也。

⑨静则如浪潮波涌膨涨，动则似风卷残云。

⑩出手如美女拈花，收势似秀才藏笔，威猛伟大犹如楚霸王，一声叱咤风云响，正是"哼嘿二气妙无穷、一嘿吓倒众精英"的气势。

此论大多数语言皆取自《心意拳诀·交手法》的文章中，只不过又经过了语言的加工，然其本来精义未变。都是传统的"圆转法猛兽"法式之论述。

【点评】

从王芗斋先生论"技击"内容角度立论来看，仍然是传统拳术攻防之道的修炼、建体、至用的基本内容：就是遵从意气君来骨肉臣的宗旨，贯彻的仍然是"顺从以为进退、四两拨千斤、逆力以为揭献、借力打人"的基本法则；实施的仍然是"先为不可胜，然后图谋之"的"尚意、尚巧不尚力"的法式，要求的是内劲刚健，外形绵软灵活巧妙，内外匹配如一而用。从这一点来看，所谓"意拳"者，乃传统拳术攻防之道三成攻防功夫艺境中的中成"气、意拳懂劲"的功夫艺境，这已经毫无疑问了。就其所论两两相对的体、用内容，择其所论的重点，参照前贤的论述，以资比较对照，录并解之如下：

阴阳诀（七言八句）

太极阴阳少人修，吞吐开合问刚柔❶。
正隅收放任君走，动静变化何须愁❷。
生克二法随着用，闪进全在动中求❸。
轻重虚实怎的是？重里显轻勿稍留❹。

阴阳诀不仅从太极阴阳体、用两方面入手，将吞吐、开合、刚柔、正隅、收放、动静、生克、闪进、轻重、虚实等分辨清楚，而且将太极与两仪的体用关系分辨清楚了，甚至还在歌诀中阐明了两仪问题的运用方式、法则等。所以，阴阳诀是修炼太极拳者必须精研、遵依的诀言。只有如此而行，方能精通太极拳的修炼、建体、至用及攻防功夫艺境，才能成为太极拳的行家里手。

注：

❶太极阴阳，以拳事论，分体、用。以己而言：从体说，太极者，自身有形的内气、外形之总体也；无形的健顺和之至，太和一气也。阴阳者，阴柔之外形，顺之体，主柔化；阳刚之内气，健之体，主刚发。以用论，静为本体，动为作用。柔化刚发为基本法则，以柔用刚乃基本技术方法。与人对待之用而言：意气君来骨肉臣为基本原则，顺随为法，柔化刚发，静以制动，尚巧而不尚力。

吞吐者，吞者为阴，吐者为阳，运用时吞中有吐，吐中有吞，是为妙法；开合者，开者为阳，合者为阴，运用时开中有合，合中有开，是为妙法。内气、外形匹配如一，其各自皆俱吞吐、开合之功能。但是，吞吐、开合的正确运用要针

三、技击

对彼之拳势的刚柔来定夺。如拳论所讲"人刚我柔谓之走，我顺人背谓之黏"的柔化刚发的法式，就是正确的吞吐、开合之法式。还有"见入则开，看来则降；遇出则合，就去则升"的法式。其中，见入则开是外形开，配以看来则降的内气降。开者为阳、为吐，降者为阴、为合；遇出则合是外形之合，配以就去则升的内气升。合者为阴、为吞，升者为阳、为开。

虽然修炼太极拳术攻防之道的人很多，但是，精心研究"太极、阴阳"体、用之拳术攻防理法的人，却很少有人精心研究。

以上内容乃是"太极阴阳少人修，吞吐开合问刚柔"句诀言的基本精义。

"太极阴阳少人修"句，古传抄本乃是"太极阴阳少人究"修者，如法修炼；究者，精心研究再如法修炼，加以实战印证。所以，"究"者比较"修"者更为传神。究者，具有"正本清源"的作用。

❷太极拳四正四隅之八法，以收放法论：四正手法中的挤、按乃放法，掤、捋乃收法；四隅手法中採乃收法，挒、肘、靠乃放法。故有"正隅收放任君走"的随意变化而用的说法。

以自身拳法论，内气、外形外放者为动、为阳，内收者为静、为阴；听探者为静、为阴，顺化者为动、为阳。明白了正隅、收放、动静的阴阳属性，拳势的攻防变化则能一目了然，实施起来还有什么忧虑呢？此乃"正隅收放任君走，动静变化何须愁"句诀言的精义。

❸拳术攻防之道，就是生死之道，胜败之道。讲究的是你死我活，你败我胜之道。生者，制己胜之道；克者，制彼败之途。生克者，攻防之道。故攻防招法有生化自己克制对手的制胜之手段。一般来讲，防守法式为生化自己的保生手段，攻击法式为克制对手的制胜手段。但是，在攻防变化中常常存在败中取胜，置之死地而后生的法式。这就是防守法式原为生化自己的保生手段，但即时也能成为制胜的手段；攻击法式原为克制对手的制胜手段，但即时亦能成为保生的手段。故而，攻防招法的攻防生克作用，只在顺招随势时用。这就是"生克二法随着用"一句诀言之精义。

拳诀讲：何为闪？何为进？闪即进，进即闪，何必他求！这里所讲的四正四隅八法之实施的闪进之法式，是在双方较技运动的过程中应机顺势而求得的。就是"动中处静有借法"的精义，讲求的是"听探、顺化相互为用"的法式；体现的是"只有更好地消灭敌人，才能更好地保护自己"的战略法则。这就是"闪进全在动中求"句诀言的精义。

❹重者，沉也。轻者为阳，沉者为阴；虚者为阳，实者为阴。内气、外形，柔外刚中匹配如一的拳势，有轻沉、虚实的分别，不能以一法呆板地对待。轻沉、虚实虽是相互为用，亦要分别对待才合法式。也就是轻虚则补之，使其不及

加不及；沉实则泻之，让其过上加过。然而，对方的沉实之势中忽然显现出轻灵的劲势，说明对方已然有备在先，欲变势而进退了，这时是切勿滞留，即时地采取相应的攻防技法以取之，才是战胜对手强有力的手段。这就是"轻重虚实怎的是？重里显轻勿稍留"一句诀言所表达的精义。

练·用"七法"妙诀论要诀

艺高不宜胆大，吐语岂可凌人？即能强伊百倍，再求入妙入神。神足胆欲大，心平气欲和。

紧中急，急中猝；勿迟延，勿少燥；来无影，去无踪，一团清风倏忽。

舒以长其筋，缓以蓄其力，迟以运其神，含以招其妙，活以猝其式，短以应其变，长以发其威。

不惊不惧要留神，平其气分和其心，一声骇得他人动，便是乘机致胜门。

即为要诀，乃修练的重要之诀，重点要诀。

阐释：

艺高不宜胆大妄为，妄为必有失，古有骄兵必败之戒。谈武论道岂可盛气凌人，盛气凌人不如以理服人。盛气凌人者必然伤人，伤人者不武。必遭人反感而生忌怨。此两点乃修为的戒条中事，故必戒之。

既然功夫能强人百倍，亦应再求入妙入神。何为入妙？何为入神？含者为妙，玄者为神，即法含式，式含招、招含劲、劲含身等系列内容为入妙之修，乃指"浑之体"之修。手眼身法步、肩肘腕胯膝等部位，皆各有其玄，玄玄相生等系列内容为入神之练，乃指"浑元"之元玄之用。约之浑元之说，乃有不期而至之神机，不虑而得之法式，不思而至之妙招，不演而当之法力。得之者是为入妙入神，体为妙，用为神。

神足则威生，胆大乃自然。神足胆大，是神明胆大故不妄为。反之，欲求胆大，必先神足，求神足则根于固精。修炼之理也，积气则神生威，事之自然尔。

心平气欲和，气和来自于心平静，即无心也，所谓无心，无欲望之心，而道心自生。如何能做到无心，即"不先物为"，自能"因物之所为"。故虚心而气静神清，虚无不灵，静无不应，清则自明。修炼之事，不过如此而已，一切由此而衍出。

然只有心平无欲，唯道适从，依势而用、而行，真气自生，再消除暴烈之气、贪欲之心，必得"中和"之气。此中和之气，不偏不倚，无过不及，正中至正之气尔。古论"擒人之制在于气"，乃此至中至正的中气。只有具备此至中至正之气，则神自足，威自生，胆自大。胆大之表现在神明则知人所不知，故能善战之势险，节贵短。也就能人所不能，此乃胆大之精义。此胆大能为在神明知微见著的基础上表现，是功夫。非妄为可比矣！

双方较斗，是非常激烈紧张的，在紧张激烈的争斗中，经常会出现急招快打的紧急情况，此乃"紧中急"的意思。而在急招快打的情况中亦会有突然的停顿、变缓、进中忽退、退中忽进、左闪右展、旋转变动，此乃"急中猝"。常使对手应变不及，故在较技过程中出现了"紧中急、急中猝"两种情况，务必心平气和、神足胆大、急则急应，缓则缓随，敌变我变，寻隙乘机用势而致胜。千万不要在"紧中急、急中猝"的情况下显出忧愁不安的心态，站在失败的状态中，也不能应变迟缓而耽误了战胜对手的战机。此即"勿迟延、勿少燥"之精义。

心平气和，神明胆大，妙入神境，体轻若风，身手敏捷，即在激烈紧张的急招快打，突然变化之中，亦无迟延，也无忧愁不安之情态，坦然相对，迎招化解来击不见其影，出手攻击不见其踪迹，犹如一团清风忽然而来，忽然而去，戏敌于扑朔迷离之中而稳操胜券。此是一种什么样的攻防艺境，其实无它，只要遵道而行、按法而修传统手战之道的大成攻防功夫即可，即以自然之神为体用的道境之功夫。如何能如此？亦不难修，自不难成。只有按下面所论的七条内容修炼，精纯之后自然而成，下面将七条内容分别阐释出来。

舒以长其筋

中正安舒，展放其筋骨，则筋长力纯能脱拙换灵，此正是肌肤骨节处处开张之精义。以便外形通灵善变无形又无穷。也是练拳始练形之精义。形舒气畅，谚云："筋长力大。"而此力，乃灵通变化之能力。现时所言之"柔弱无骨""骨响齐鸣"等，皆舒以长其筋精义之论述，即外练筋骨皮，三者浑化如一之外灵便的精义。此为第一条，以得地一之灵光。

缓以蓄其力

缓者，和缓之义。蓄其力，蓄其劲也。拳诀"运劲如抽丝"之说可证之。"曲中求直，蓄而后发"亦言内劲也，或曰内气也。然古有云"力"者，乃"气力"之义尔。非聚劲凝形的肌肉爆发之"力"尔。传统手战之道将此聚劲凝形之力称为"力气"。"气力""力气"自有本质上的区别，习者应分辨清楚。此言修炼攻防招式时，动作和缓舒展，是在蓄劲之势尔。只有平时蓄劲势之收发、舒卷自如，方有用时一触即发之效用，此即十年练拳，十年养气之宗旨的妙义，初修由无到有，继修从有化无，只有从有化无，方为真艺境。此条乃内练精气神合一之法尔，以得天一之清明。

迟以运其神

有了上述外形得地一之灵的灵光、内气得天一之清的清明。然只是内清虚外脱换的上乘之功夫基础定矣。自此时,还要"此于艮之一,涵神于至灵之处"以得灵神。故灵神的功夫是在内气、外形的功夫纯熟以后才开始修出的真功夫。以此意而言,故说"迟以运其神"。如开始求运其神,则有欲速则不达之弊端。以本经文言:"阴阳迭神其用,先天自然之神"和其他经文所言"形伤、气伤、神伤"等论,合而观之。以形拳、意拳、神拳三层功夫始终推论,练神及用神之神通功夫艺境自然后成。故知此"迟"字,乃指修"神明"艺境在较后时期出现,其出现得晚,故曰"迟"。此乃第三条,《神运经》亦宗此说而论之。

然综观前三条之精义,在攻防至用之时亦很讲究,外形要舒展,内气要和缓,运其神之时要"不先物为",是为"迟","因物之所为"其神,是为运,此乃运用灵神之妙处。只有如此运其神,则一身不妄动妄为。这样才能彻底达到"神以知来,智以藏往"无思无为以自然之神为体用的大成艺境。才能具备"有感遂通"的不期然而然,不期至而至的无为艺境。此乃传统手战之道的"无上"之大成功夫艺境。

含以招其妙

含者,含有、含蓄、含容之意思。此经文在《浑元小解》条目中有:"夫浑者含也,元者玄也。"其中有"法含式、式含招、招含力、力含身、身含步"等十二含的内容。在前面又有"十三随"的论述,综合观之,即是含蓄而随式变招的宗旨,方显示出攻防招法的要妙。舍己从人的顺随之施手用招,方显示出"一羽不能加,蝇虫不能落。人不知我,我独知人"的妙境,方能落实到人打我打不着,我打人跑不了的绝佳艺境。也是本经文所讲的"来无影,去无踪,一团清风倏忽"的大成艺境。所谓"妙"字,就是处处用空,妙手连出的攻防功夫艺境。亦只有不先物为,因物之所为的施招用手,才能达此艺境。关键在"招以含其妙"处,即"顺从以为进退,逆力以为揭献"的顺随为法,就是"招以含其妙"的精义。妙字言"体",乃"浑者含也"。"妙手空空"之艺境,乃言其"用"。然用在"含蓄"之中,是指攻防招式的用法含蓄在用空之境界中,方见其妙,即在对手的空隙之中出手用招,才是用招施手之妙境,方能粘连黏随而不会有"顶偏丢抗"之病。所谓庖丁解牛的游刃有余,就是含以招其妙的精义之正解。

三、技击

活以猝其式

活，包括外形、内气、神明三个方面内容。外形灵便谓之活；意气换得灵谓之活；神以知来，智以藏往谓之活。活则能应对突然的变化，能突然随其势而变招换式，活则善变无形又无穷。可急则急应，缓则缓随，骤然突变亦可随招变式丝毫无差，此乃得机得势、用机用势之核心。前面所论"八形"的龙神之变化、鱼跳之自然、蝶舞之蹁跹、猿跃之灵稳、鹿奔之迅速等，皆是一个"活"字所能做到的。所谓施招用手的"活灵活现"也是此义。前贤将施招用手的神韵意境，用一个"活"字做了全面的概括，其精义也在于此，但是"活"要灵稳方见真功夫，即灵活要有界限、分寸和恰倒好处，方见"活"之魂也。此乃练招用招的精髓要诀之所在。

短以应其变

此处之"短"，乃善战者其势险，节贵短之"短"，即直线的发射距离尺寸要短，旋转的半径要短。这样以短的方法应对他人的攻防变化，快就在其中了。传统手战之道的内劲变化比较外形的变化，谓之短。运用内劲变化亦可谓之"短以应其变"的方法。故有"内动不令人知"的妙处。圆曲走化乃化解之用的"短"，直发乃攻击之用的"短"。知此，就可明白"不疾而速得真宰"之精义了，即"短以应其变"的妙义。"短打破长拳"的精义也在于此。关键是"以近制远"的方法。近者，短也。远者，长也。此乃传统手战之道中的基本之长短论。

长以发其威

此处之长，乃劲势悠长之"长"。人身劲道有长有短。长者，由左右足至右左手；短者，由背肩到手肘，此两者乃自身内劲道之长短。长者威力猛而大，短者相对威力弱而小。如以作用在对手身上来论，劲势作用在对手身上的时间长，则威力强大而猛烈；劲势作用在对手身上的时间短，则威力弱小而无势。此两论"劲势"之用的长与短可知"长以发其威"之妙义。为何高手一触彼身则对手应击而跌翻摔出，乃高手的劲势运用悠长之故，如"虎扑式"击法，全身发劲法则劲势悠长，对手应击而跌翻；如采用双撞法则劲势短，对手挨打，但不可能跌翻。这就是很好的例证。由此长短之论，可以知道短用形，长用劲，是手战之道中的长短论之基本内容。依此类推，就可知道高手击人为何不见其形之动而被击者应击而飞跌翻扑了。

总之，此七条内容之所论，练用内容丰富、精辟，远非我之阐述能一目了然，故习者应发挥自己悟性，精纯地研习此七条内容，定然能成为手战之道的高手。我之阐述只是明其纲，昭其目。以再现其精髓妙义尔，以发其要诀之精髓。

歌诀：

> 不惊不惧要留神❶，平其气分和其心❷。
> 一声骇得他人动❸，便是乘机致胜门❹。

阐释：

此乃"要诀"之全面的总结。

❶"不惊不惧"谓之胆大。胆欲大则必须神足，故留神则神足，神足则知来藏往，自然胆大敢为。此乃胆与神的因果关系。要留神，神有内神通和外神通运用之区别，内神通是知己，外神通是知人。既能知彼又能知己，内外一贯，虚实相需，则能百战不殆。何谓留神？神回身中气自固，内气周流运行，返观内视，神也。此乃知己的练法。以己度人，即与他人练用，贯彻心之所在力随往。彼有力我亦有力，而且力在他先；彼无力我亦无力，但意在他先。自不妄动，随彼动静进退，随曲就伸，久之即可知彼矣！神能观照察知内外、己彼，谓之"留神"。

前人在论传统手战之道的内容时，有用"心、意、神、气、精神"等多种说法，实质上乃一回事。如用"心"论的，乃含"神、意"两个内容在其中，即"神意不同处"之论，内意外神，内神外意，都对。皆阐发"气形之虚实相需，内外一贯"，即能知己，又能知彼的功能，然此论更详细一些。又"神以知来，智以藏往"。智者，意也。换之为"神以知来，意以藏往"，此乃外神内意之用法。而对此论的最全而又详的乃"布形候气，与神俱往"的三合一之论。引上述各家之论，皆一意也。简者，以神论之，乃本经文之特点。

但要明白地知道，同是一个内容，历来各家之论可以通用。然各家之论的方法不同，又有细化的微妙之差异，此乃同中有异的现象，又要将这种异同分辨清楚、明白，便可成为通家。故历代各家所论并不矛盾，而是统一存在的。能如此认知，修炼传统手战之道，便可循阶而升华，终可达大成神明之艺境。此乃要留"神"的精髓妙义之处。

❷此正是"心平气和"的说法，即和心悦色真刚毅的精义。心平则身正。但能达到心平，内气要中和。所谓内气之中和，即内气达到至中、至正、至和的状态，至此乃名"中气"，即"中和之气"的简称。中者，不偏不倚，无过不及之谓也。和者，虚空至灵之境也。中和者，无中之妙有之意也。心平气和则神足，神足则明，乃内外通明如一，即能内知己、外知彼，故能敌动我知而能应之无

三、技击

差，则胆大敢为生于此意境中。值此方是艺高人胆大的本义。此中不存在妄为之胆大尔。知此，可知练功之顺序、层次升华之进阶。只在心平不贪，则气至中和，中和之气充则神足，神足则知己知彼、知内外、知来龙去脉则胆敢勇，故为而不差。前人论攻防之道乃善教者也。

❸此乃以哼哈发声助威之方法。因有为而不差之功夫，故能审机度势，应机乘隙而发之，又加发声助威，其效果更佳，故能将彼发出致远而跌扑。吐气开声发劲法，要于平时单独操炼精熟，再融于各种具体的攻防招法中操练精熟，做到即时而发准确无误，就可备而用之了。故能于比武较技中"一声骇得他人动"而制胜。

❹习练传统手战之道，在于制人而不被人所制。只有明白了上述七法、三句诀窍的练、用之精髓，运用又精熟纯粹。便是动手较技能随时随处乘隙用机必能致胜的门道，舍此别无良法，即入妙入神之精义。入妙者，浑之体；入神者，元玄之用也。体、用分明者，乃是能乘隙用机致胜之门径而。要诀之精髓，阐述至极矣！习拳者能不精细钻研、体会上身，用心而致神明艺境乎！

"长拳短打"法说

弟子问曰：前面所论"门户"之说的内容亦十分详细，攻守之道，习之有法矣！但是，"长拳、短打"之说法，又是何意旨？是否有传统拳术门派、拳种之分别？应如何认识"长拳、短打"的概念？掌握其全部内容以为用，请道其详！

师父答曰：关于长拳、短打之说法，内容非常丰富，各种说法不一而同，修炼传统拳术攻防之道者皆应一一分辨清楚。这样，在与人交流的口谈盘道、手谈演技、斗谈比较攻防功夫技艺的时候，才能做到在长拳、短打方面的概念清楚，技法运用精纯。自能具备先机夺人之势，而藏锋不露，自然给人一种行家里手的良好印象，可以广交武友。这就是清楚"长拳、短打"种种说法练、用的价值，亦有提高攻防功夫艺境的作用。

首先，要认识清楚长拳、短打，不是门派、拳种划分的标准。也就是说，不能说是哪个门派、拳种是长拳或是短打。各门派、拳种都具备"长拳、短打"之说法的方方面面。下面就依序将"长拳、短打"种种运用的概念、内容解析清楚，便于修炼传统拳术攻防之道者在方方面面的应用，不至于发生概念运用的混乱。

套路编排的长拳·短打说

传统拳术各门派、拳种，对于演练拳式套路的编排上有长有短。长拳者，一个套路就有108式、128式或81式、72式之多。这就是长拳套路，是说"套路编排拳式之多，演练起来时间长"的意思；短打者，一个套路就8式，甚或一式一练。而所体现出来的是一式一打，体现出"套路之短，演练起来时间短"的意思。长拳如"少林长拳"就有108式之多。但要分节操练，每节也只有6式，自然就成为"短打套路"了。短打如"八闪翻"，只有8式短打。但将"八手"的分节连续起来操练，也就成了64式长拳法演练了。由此看来，套路编排中的长拳、短打的说法是可以互为转换的，不存在任何区别。

拳势站架之手法的长拳·短打说

传统拳术各门派、拳种，对于抱门亮架之双手置放，前手如推石柱，为"长拳"手，后手如扯拗马，为"短打"手。动变起来，双手自然收发长短互换以为用的，此乃双手的长拳手、短打手之说法。各门派、拳种，在这一长拳、短打之说法中亦是识见相同、运用一致的。

柔行气·刚落点的长拳·短打说

传统拳术各门派、拳种，在练、用的施招用手、施手用招攻防转换过程中，柔行气的过程为"长拳"，如"长江大海，滔滔不绝也"，此乃势之"长"也，自然无断而生生不已。而刚落点之势为"短打"，触之即发，此乃势之"短"也，即"长拳"变化之势中蕴藏瞬间的"短打"发放之势。此乃从"攻防之势"中而论的"长拳、短打"之说法。各门派、拳种在此"攻防之势"的"长拳、短打"说法的概念认识、运用上是一致的。而这一拳势攻防的长拳、短打内容，乃是传统拳术攻防之道中的精华和核心内容。是修炼传统拳术攻防之道者必知必会的精髓之所在。故应精心潜神修炼而体认之。这一长拳短打的观念，正如明代唐顺之《武编》中所言："逼近用短打，若远开则用长拳。"可知长拳短打乃是一家的拳法。

运用技法的长拳·短打说

传统拳术各门派、拳种，皆有"拳打、脚踢"的"长拳打法"和"贴身靠打"的"短打拳法"。此乃攻防技法相互为用的"长短打法"说。此长拳打法说，名为之"放长击远"法。此短打拳法说，名之为"换着何处何处发"的方法。然从练、用的功成先后立论，如何分辨何为长拳打法、何为短打拳法呢？基本上有如下之分辨。

长拳打法：是初练传统拳术攻防之道者，练习施招用手、施肘用招先求开展的方法，达到放长击远的效果，即不管运用手法还是腿法，击打之时，步法之前脚尖，不越过对手的前脚尖而实施，自然攻防招法开展大方。不管如何进退闪展，吞吐伸缩，皆遵从此法而施招用手、用腿。尽管自己变化亦遵"以不动之腰脊，摧动动之手足"的法式，将这样的拳法称名为"长拳打法"。

短打拳法：是继长拳打法"放长击远"施招用手、用腿之功夫的纯熟阶段，要立项专修"短打拳法"的施招用手、施手用招之拳法，即不管运用手法还是腿法，击打之时，步法之前脚，进必套插在对方前脚的后面去，从而方便实施肘击、膝击、肩胯之靠打，自然攻防招法紧凑圆活。不管如何进退闪展，吞吐伸缩，皆遵从此法则而施招用手、施手用招。同时自己变化依然遵从"以不动为腰脊，摧动动之手足"的法式，将这样的拳法称名为"短打拳法"。

上面已将长拳打法和短拳打法的概念分别论说清楚明白了。那么，到底是长拳打法具备"优势"还是短打拳法具备"优势"呢？

虽然在"门户"之说法一文中知道："长拳打法的放长击远，虽能任意变幻，无穷无尽，手捷者先得，手慢者吃亏，终不能摧人跌翻；一点即到，着意肘心，虽进一层，未即进身，亦有变化，不能操必胜之券。唯一跟住他之转根，不论他先出手还是我先出手，只要在此处留心，粘住他手，与他手粘连不离，随我变化，任意挥使，无不如意，彼自不能逃我之范围。"这段论述，表明了"短打拳法"优势于"长拳打法"。不单此说如此，就在张横秋收集的《千金秘诀·问答·歌诀》中亦有详细的论述，录之如下：

问曰：短打胜长拳，何也？
答曰：短兵易入。
　　长来短接易入身，入身跌拨好惊人。
　　里裹打开左右角，外裹打开窝里寻。

此问答、歌诀，旗帜鲜明地论述了短打拳法能胜长拳打法的道理和机制。公开倡导"短打拳法"的优势说法。但其优势的关键在哪里呢？长拳打法不易摧跌翻人，短打拳法能入身跌拨将人摔翻在地。由于长拳打法的放长击远，自身内部虚空之空隙较大，短打接手容易进身实施招法的跌摔以胜人，彻底贯彻了"避实击虚"的攻防策略，在技术方法上具体落实在"短打拳法"的运用上。

是不是一个短打拳法的拳手与一个长拳打法的拳手相互较技，就一定是短打拳法拳手取胜呢？也不尽然。关键在于短打拳法拳手是否能够顺势借机接手入身。如果短打拳法之拳手不能顺势借机接手入身，而在长拳打法之拳手的放长击远之有效距离内与之周旋，这是短打拳法之拳手处于被动劣势条件下的选择，失败的机率很大。

故知，短打拳法之拳手的优势是接手入身，若不能接手入身，便成了劣势。所以说，短打拳法之拳手的优势，是有先决条件的。只有顺势借机接手入身之技法掌握纯熟，才能使短打拳法之拳手的优势有所保障。所以说："长拳打法"和"短打拳法"皆各有一定的优势，又各有一定的不足，这是认识的第一步。

长拳·短打统一论

通观上面长拳打法和短打拳法的修炼"先后"之论述，对一个修炼传统拳术攻防之道者来说，都要修炼精熟，能够将长拳的"放长击远"和短打的"贴身靠打"之攻防诸法有机地结合，则具备"拳打五尺不为远、近打只在一寸间"的长拳短打相互为用的攻防功夫艺境，达到传统拳术攻防之道的完备之境界。这就是传统拳术攻防之道中的长拳打法和短打拳法本不分家的正统观念。故知，传统拳术各门派、拳种，本就没有单独的"长拳打法"和"短打拳法"的门派、拳种之说法。都是"长拳打法"和"短打拳法"先后相继而修，最终达到"长拳打法"和"短打拳法"有机结合、相互为用的门派、拳种。而各门派、拳种的这种练、用认识观念是相同的、一致的。

但为什么有此"短打胜长拳"之议论呢？乃因为各门派、拳种修炼之人，在初练长拳打法而取得攻防功夫艺境运用精纯的成果之时，确能与人较技而胜人多矣！自己产生了满足之感觉；或因不知还有"短打拳法"之修炼内容及过程；或因师父不能引领继续修炼"短打拳法"内容之方法等多方面原因，而不能修炼"短打拳法"之技法内容，造成停滞在长拳打法的攻防功夫艺境状态中。这种修炼传统拳术攻防之道者，不在少数，成了一种修炼传统拳术攻防之道者普遍存在的现象。故前贤针对此种修炼存在的弊病，而立此"问答、歌诀"来阐明"长拳打法"是功法不完善的艺境，实为劝解哪些惯用长拳打法以胜人的修炼者，应认识到长拳打法之不足，要继续修炼"短打拳法"，才能最终成为一个功德技艺圆满的"大成艺境"之修炼者。可见前贤劝学子之良苦用心。

上述"长拳、短打"之内容，皆是为初练传统拳术攻防之道者或中级水平的拳手而说的。如果从"健顺德之体"的法身来认识"长拳"和"短打"的概念和从"化乎一者是为拳"的境界来认识"长拳"和"短打"技法内容的话，即从神明艺境的神化之功来认识长拳和短打，其概念又有所不同。如柔化刚发之以柔用刚的一点粘走相生、化打合一之技术方法，只化而不发不打，就是以柔软应敌，使其坚刚化为无有。对手犹如站在圆石之上，进不敢进，退不敢退，不进不退，犹恐跌倾。此乃神明艺境、神化之功。哪里还有"长拳"和"短打"之说法呢？此即是"长短归一"之境界。虽有此神奇妙境，乃由不神不奇、中和之道而成的。长拳、短打之议论，到此结束了。

（二）拳式

蛰龙探首，进退卷臂，沧海龙吟，波浪顿首①。
半窗观雨，兔起鹘落，彻地追鼠，勒马听风②。
惊蛇遇敌，怒虎搜山，提弓捉狐，白猿斗鹤③。

【题名解】

既然说了"一法不立，万法皆空"。这里为什么又出现了"拳式"的专题论述呢？既然说过"套路招式"的修炼是局部而非全体，这里为什么又出现了十二句"拳式"的专题论述呢？难道这里存在什么奥妙不成？这样的"矛盾"难道不困扰着王芗斋先生吗？这就要问了，王芗斋先生老年时自号"矛盾老人"，难道不是这些"矛盾"问题使之困惑的根本原因吗？

是的，这些都是实际存在的问题。其实，王芗斋先生的意思是说没有内劲功夫、不是"意气君来骨肉臣"为宗旨的修炼、攻防较技时尚力的运用方法都是错的；施手用招、施招用手不能见境生情、随机而用的方法都是错误的。我们从"化乎一者，始谓之拳"的这一角度认识出发，来理解王芗斋先生所论的"拳式"内容，就可以知道其中所论述的都是"虚实相须，内外一而贯之"的精旨妙谛。

【注解】

①蛰龙探爪，一手倒卷沾连，一手直击彼胸膛、面门，可以连续进退攻防；沧海龙吟，犹如翻花舞袖，运用时所施波浪劲势，随对方起落而用之。又似凤凰三点头的攻防之势，其运用之巧妙不可言也。

首，首当其冲，又首者，手也！蛰龙探首，就是平常所说的"青龙探手，青龙出爪"等拳式。亦如太极拳门中的"倒卷肱"拳式，一手倒卷，一手出击。

②运用拦打的拳式，对方一起手攻击我面门，我一手顺势拦截，另一手早击中对方面门了，这就是"兔起鹘落"句的精义。或是对方攻击我面门，我矮身彻地攻击对方的下盘以胜之，这就是"彻地追鼠"句的精义。或是运用将手法式，控制其手臂，看其如何变化，再顺势施手用招、施招用手以胜之，这就是"勒马听风"句的精义。

半窗观雨，实际上就是"拦打"的拳式，犹如形意拳门的"炮拳"架式。

③沾衣十八跌的一触即发，就是"惊蛇遇敌"句的精义。横则裹其力，开拓而莫阻的法式，就是"怒虎搜山"句的精义。蓄而待发，弓张狐被擒之，巧拿也，乃是"提弓捉狐"句的精义。有定无定，在人自用。说的是遇敌交手时，要求身无定势，手无定形，步无定位，审敌度势，含形随机而变化施实。也就是人心灵、道心知也，来无影去无踪，一阵轻风倏忽。这就是"白猿斗鹤"句的精义。

白猿，人心灵也，道心知也；身体灵动敏捷者也。

【点评】

道、理、法则皆好论，拳式最难论清楚，因为没有具体的"拳式"图照，这也体现了"理虽一贯，而法万殊"。一人立拳名，万人皆哑口。就因为没有图照，不知道其说的是什么内容？所以，姑且如此阐述论之，以待高明者指正！

然而，从总的法则来看，无非就是一个"灵"字。何谓灵？请看前贤之论，录之如下：

夫所谓灵者，攻防拳式有无不拘，逆顺并用，机活神圆，不泥不滞。是故先发制人之谓灵，追摄先天之谓灵，解决后天之谓灵；调和性情，内圆外方之谓灵；被褐怀玉，心死神活之谓灵；静观默察，炼己待时之谓灵；窃夺造化，从无守有之谓灵。修道者具此一法，可以动，可以静，可以刚，可以柔。诚信得中，和冲得正，性命得了，大道得成，如空谷焉，呼之即应；如金钟焉，击之即鸣；如宝镜焉，照之即现。寂然不动，感而即通，神而明之，存乎其人耳！

拳式的含义

剑诀提纲

八式者，奇、正、背、向、钮、跨、起、伏❶。

八法者，陈、几、猝、转、刚、柔、缠、继❷。

八形者，像乎龙神之变化、狮骨之清健、鱼跳之自然、蝶舞之蹁跹、鹤立之超峭、猿跃之灵稳、鹿奔之迅速、猫伏之窈窕❸。

三门者，上、中、下。又分前后、左右，共分三四一十二门也❹。

诗云：

招式八式别三门，仔细推来仔细寻。

莫把神机看轻了，务须功力体精神。

三、技击

阐释：

即言为剑诀提纲，肯定是诀中之诀，重点之重点。乃提纲挈领之要点，其内容究竟有哪些？只有阐释后方能明白。但不外是"内气外形合一而用"之式也。下面依次逐字分析。

❶ "八式"，此乃"身法"之八式

奇。乃前文所言六门法中的奇式，其定义为旁门，低势、小势为奇。

正。乃前文所言六门法中的正式，其定义为正门、高势、双势为正。

一般在练用中的攻防招势，皆奇正互变。兵家言："以正对敌，出奇制胜。"政家言："以正治国，以奇用兵。"拳家言："奇正，多从以正用奇、体正用奇；皆从自身内变而言外之奇正，即正则奇生。"此八式的奇、正乃并列立论。故知是以"身法之势态"而分奇正的，即"形为正，劲为奇"。至此也就自明以柔用刚之攻防技术方法的精义了。此乃取法于"洛书九宫图"中单数正，偶数隅，此乃论"体"，然其用则为"正者奇，隅者正"，即是"以奇用兵，以正合"之精义。由此而知"奇正"之体、用也有分别。不知此精义，则"奇正"体用不明，也就不知"以正用兵，以奇胜"的"以柔用刚"攻防技术方法的精义。

背。以身形面对对手，或侧、背朝向对手皆分为背和向。身式朝对敌者为向，不朝对敌者为背。因双方争斗，异常激烈，当敌在自己背后时，亦可施招用手击敌，此时背为向面、不可为背。故应研究背向敌之战法也就极为重要。故提出"背式"为法，亦属高见了。

向。身式对敌之面名为向，有奇正之别。起伏之分，扭跨之异，不可不知。

历来拳家论身法时，很少有以"背向"立论的。如攻防进退横竖找，身法为何？纵横高低进退反侧而已；身有八法，起落进退反侧收纵而已，皆可证之。虽然拳家很少有以"背向"立论研究拳法攻防的，但在具体攻防招法接应变化的施招用手及用手施招，确有很多"背向"的攻防技术，可以体现"背向"的打法。如：手法的退步钉肘、臀部的擂天鼓、迅转身的背折靠、虎尾腿、蹶子脚、后蹬、高级的倒踢紫金冠、背后的撒步剪捶等，皆是常用的攻防招法。虽然拳家不立背向法，但亦没有忽视背向攻防技法之使用。而此剑经中却把"背向"法提出为纲中之要诀，可弥补拳法中之不足。以此点而言，剑经确有其全面而又独到之处。可知历来大家论述传统手战之道的练、体、用，皆是相互借鉴而共同完成传统手战之道这门学问大业的。故能成为传统手战之道而流传至今。古有专论"向背"之运用，录之如下，以资对照：

若值众敌四攻，其要以强弱，知背向。弱者背之，强者向之。反身先攻之，卸退再应强。所谓指东击西，视南攻北也。轩强摧弱以孤其势，降弱示强，以警众心。是为挫其锐气，以削其羽翼也。其初也，须大喝一声，张其神威，乃轰然发手，即警挫其能。卸退一步，势若山崩地塌；跨进一步，狠如倒海排山。横冲直撞，令其难挡吾雄；左投右身，毋使能敌吾锋。疾如奔电，速若迅雷；触之者损伤，当之者危亡。任其众敌齐攻，莫不骇心丧胆也，诚能如是，敌斯破而危斯解矣！

——摘自《良轮·张氏短打·大敌备要》

　　然"向背"问题，如以身法劲势讲，则有"人刚我柔谓之走，我顺人背谓之粘"的"避向击背"之法式论述。又有向背的"前空后丰、前散后趋"奇正法的"前三后七"之论述和以柔用刚的"避向击背"之技术方法，实质上都是在解决"向背"问题的。并皆认为实施招法攻防是"避向击背"的。而"以柔用刚"之技术方法就是不争的"避向击背"之法则的实施。此一点体现了攻防中"向背互变"之应用的存在和利用之处。

　　扭。身法之拧转式，可称为扭。这可从后面所论"练身解"中的"扭式"知道。故具体扭势可不必细论了。如"枯树盘根"乃典型的扭式；犀中望月也是立身时典型的扭势。

　　跨。乃单手托天式的上下相随之身法，此乃常用之身法。如丹凤朝阳手即是跨式，而一般少林拳法的开手式中皆以此跨式亮相。其中含有"接骨斗榫"的意义。一身则显半开半合之形、意，半柔半刚之态势，乃身法左右刚柔变化的基本身法。

　　如扭式为柔弱无骨之成势，寓含刚健在其中，跨势乃从接骨斗榫的形如钢铸立意，寓含柔和在其中。说明身法之刚则如柱，柔如绳束，刚柔互根之转化的机制。此以扭跨立意，可谓言明刚柔之法矣！不柔则不能扭，不刚则不为跨。此乃点明不柔则不能到位，不能化之；不刚则不能站位，不能发之。此正是刚以柔为体，柔以刚为用之精义尔。

　　起。起势好似龙卷风。同一起势，有领提而起，有蹬踏而起。此中分别不可不知。

　　伏。分威法伏熊，收伏如猫，皆伺机而动之势。起如翻浪击岸，打人全凭盖势取之意。打人长身之法，皆谓之起。然无伏则无起，故起伏为一对身法，相互为根。五枚大师"头似波浪"乃言起伏之用。一般按用法来说，进则长身为起，退则矮身为伏。

　　由上述分析而知此八式者，乃身法之八式，即"内气、外形"柔外刚中匹配

三、技击

合一之身法八式，所有攻防招法的身式皆不出此八式之范畴。习练运用，皆以此八式为要点。能精熟此八式内容，则其他身法便可一贯而通之。此正体现出提纲挈领的简约之重要。

❷八法者，运用之八法。

八法者皆属太极拳练、体、用之内容，但以体、用为核心。而立此八法，又体现在用字上的八法。这与太极拳门中的"掤捋挤按、採挒肘靠"八法相比较，有相同之处，又有不同之处。相同之处皆为用之八法。不同之处是太极拳中八法皆属系列之攻防的法势。而剑诀中八法所含的范围要广泛得多。经解析以后，便可知其端倪。这些皆可为拳家所用，这是毫无疑义的。而此八法中的内容在拳学中又皆有所阐述，只不过没有放在一起而已。下面分别解析其所含内容：

隙。隙者从空间而论。诀言："见隙即进，无隙则退"，乃此剑经施招攻防进退之法则。而强调侧伏引诈之机，既以柔用刚之技术方法含于无形，可权变造势以造成对手失误便可有隙以乘之，又可从其进退以待对手失误出现可乘之隙。看来是积极的速战速决之战略，但又非盲目地蛮干。可从"寓进于退中，寄奇于偶内，虚中实而又虚，实中虚而更实"的论述中见得到，是很讲究战略、战术的。

战略方针以顺随为法，即不先物为的无为法。在顺随为法则的接应变幻中，战术方法就是顺从以为进退的乘隙顺势以发之，还有就是逆力以为揭献的对法。得隙在于听探，用隙在于顺化之能力。明此可知隙、乘隙矣！

知人之隙可用之，己不能有隙，自己无隙之方法，就在于顺随。在顺随变幻中不滞不贪，先要自身中正，还要意在人先。最终可前知于人，则能敌未动我先知，乃神明艺境。

几。几从"机"，从时论。如果说"隙"是空档，意为空间，则此"几"做"机"解，乃从时论之，其有乘机而进之说。如果以"机势"言，则机从时，势从空。机势者，时空统一之意也。前以隙言空间，凡隙则皆为适时适位之空当。今以几言时间，乃谈时空也。能乘其隙者，时位恰当，方能乘之，故此再论时机问题。由此可知"隙""几"乃是一对，即拳家所言之机势。这样，便可解得下面"猝、转、刚、柔、缠、继"六法中的一切问题。

凡能善用机势者，皆能乘机攻其隙。而自己出招用势无过不及、恰倒好处是功夫。故施招用手有"引进落空合即出"的说法，此中之"合"字，乃言要与对手合机合势，方可有效。自己要坦荡从容应对之，不贪不歉，则外形合疆界，内劲有分寸。机势便可恰当无失了，能于此者乃真攻防功夫也。

猝。突然、急骤之意也。猝然之变，常可造隙、乘隙、用隙。此必然之理，攻防之道的节奏、拍节，有快有慢，还有等，此从时间而论空间之空隙，故猝法乃是常用之大法。然运用猝法之时，有快中急停，慢中突快，快慢相间等，还有劲势轻沉的猝然变化之运用，皆可给对手造成突然改变而有隙可被我利用。故知"猝"法是从所施招的轻沉、快、慢、等，用劲、用时的方法中突然地变化，造成对手瞬间失势而有隙，便能为我所用。此猝法充分体现了传统手战之道"顺随为法，打人由我"的主动权策略。此乃"心在规矩中，神游规矩外"机动灵活战略、战术的体现。

正像经文中所述的那样"凡事依行，万无一失，矧在操技者也"？如何造隙、乘隙、用隙？如何无隙不被人乘之，自己有隙而能利用之，即卖破绽之法。能于攻防变化中行招用势而又不助于人也？其曰："怯敌已必受害，轻敌亦受其计。唯御以胆敢，待以虚心。有敢胆则彼威自抑，有虚心则猝变堪防。"即听探之良知、顺化之良能达到最佳状态，方能做到临场较技，应变自如，猝变能防而利用之。只要因变亦变，强力不报，顺随为法，才能包容一切，才能以逸待劳，静以致用。而其法不外乎顺从以为进退的四两拨千斤和逆力以为揭献的借力打人。必深造于此，方能对敌无隙，即使有隙，亦不畏其猝变矣！其猝然突变仍可为我所用，知此者乃明"猝法"之精髓妙义尔。我于较技中时时处处可以猝变之法胜矣。

转。较技攻防变化，即"允执厥中"之道，即执中用中之道，前人云："枢得环中，应变无穷。"《拳经》云："至疾至迅，缠绕回旋，离形得似，何非月圆，精练已极，极小亦圈。"前贤云："虚拢诱诈，只在一转。"拳法中的"磨转脐不转"等，皆从方方面面谈到"圆转"的内容。活似车轮，圆转如一，必依四象法则为是。

然不独此也，就此经文中的八式、八法、八形、十二门的至用之内容，无不是在施招用势时瞬间转化、转换、转变着的。攻防之道的"敌变我变"乃转变、转换、转化的内容，是基本法则之一。然"转关、过角"的种种圆转变化，必以少阳、太阳、少阴、太阴四象为法则，才能达到活似车轮的用法要求。

如以攻防之象而论，不外一圆一方，方圆互转，变化生焉！"曲中求直，蓄而后发"，即是论此方圆转化之用的，即以柔用刚之攻防技术方法。如果说"猝"法从时用空而论，则"转"法乃从空用时立法的。猝和转又是一对"时空"相互为用的法则。

就古人所论的"攻防变化，无圭角可言"可达攻防用招入妙致人，不助于人的圆转变化之妙境，即本经文所言的"浑则静，以逸待劳；玄则元，驭静以动。动中亦静，则正奇进退之机，迟速幻转之妙，悉出于无心，系自然之运用。因时致变，因力制人。至于方圆立体发用之妙，件件原委于自然之神，统蓄以先天寸绵之力，为无为无不为也。以动静互根，阴阳迭神其用。非浑于始，奚得其元之

三、技击

玄；非元之大，无以显其浑之德，是浑元者，其即无生妙有也。"其论已将传统手战之道"体、用"方圆转换之妙用，阐述得淋漓尽致了。

古拳法言："必接应变换相连，应用之玄机，彼来入外门，则接之；入内门，则连而应之。其不可攻者，顺而变之。其不可变者，则佑而换之。"此段论述主要是谈双方较技时的自我"交手"转化内容。充分体现了"敌变我变"的自身"转化"方法和与对手"转换"攻防之势的两重性内容。

可知，"转"为法时，转从自身的"体"之空间立法，必依时而用，必有"转化"的快、慢、等及"猝"的运用，才能做到顺其势，借其力，乘其机，捣其隙的瞬间致胜之能力。换句话说转可随时随处造成猝然骤变之势而胜人。故经文以"转"立为八法之一，亦是相当精辟的见地了。常说："机动灵活，圆转自如，先知于人，胜在当时。"即是言"转"法之精妙处的，即四象法则之体现，方为之精妙。

刚。以刚柔立法，亦从"体、用"二字求之。以体言，内气为刚，健运不息，纯粹之精，在体内独立而不改，乃一身之君主。平时为"相"，战时为"将"。

柔。以体言，外形为柔，镇静厚载，顺从之德，即形如流水是也。乃一身之臣民。平时为"民"，战时为"兵众"。

刚柔匹配如一之体，乃从"兑"卦的"柔外刚中"之法式。但必游历三境，即"明、暗、化"三种匹配方法的艺境。也就是内气、外形匹配合一的"顺、逆、和、化"四德，方能成功一也。而此成功一也之艺境，乃本剑经所言的"浑元功"之体、用尔，即达到神化之功的寂感而通的神明艺境，方算成功。

既然自身的阳刚之内气、外形之阴柔，二者柔外刚中的匹配如一，自成法身的攻防之机体，"柔走刚发"是法式，"以柔用刚"是技术方法。然其运用时的刚柔之势，又如何解释呢？由于明、暗、化三种艺境的内外匹配不同，刚柔相济的形式不一，故不能统一而论，但"以柔用刚"的技术方法却是一致的。只好从对初习拳者有利的关键内容来立论了。那就得从"暗劲"的"劲形反蓄、刚柔相济、阴阳逆从"的方法来说明了。传统手战之道不外攻守两势。然在用攻和守的两势之时，内气、外形的匹配运用是有分别的，分述如下：

用于攻击时，用阴柔的外形，不能没有阳刚的内气。只有用阴柔的外形站位，又有阳刚内气的逼催，才有击败对手而至胜的捷报之果。既然说内气的摧逼，肯定为形前气后之势，形劲一以贯之，方有捷效。

用于防守时，用阳刚的内气，不能没有阴柔的外形。用阳刚之内气接对手之势，又要有阴柔之外形的环绕，才能迅速化解对手的攻势。即言外形的环绕，肯定是为气前形后之势，又是劲形一而贯之，方有化解之妙。

此正是攻防之势的"刚中有柔攻不破，柔中有刚方为坚"的"刚柔相济"之义。可以体现出，皆是尚巧的"以柔用刚"之技术方法，这一点才见精髓处。

有了上述"刚柔相济"攻防之功夫艺境。还要知道"柔行气，刚落点"的刚柔转化之法。就可明白"刚发他力前，柔乘他力后"的择机用势之法。也就能实施"四两拨千斤"和"借力打人"于攻防较技之中。至此，就知道"以柔用刚"之技术方法了，也可谓懂劲了。

至于"刚者如柱，柔如绳束"，说的是"善变无形又无穷"以顺随他人而变化的"柔势"身法，这种柔行气的形体达到了似流水一样的境界。只有此柔势身法，才能顺随其势变化而不改变他人意图，使其落空。刚落点刹那间的形如钢铸的接骨斗榫之势，只有此艺境的内劲之"刚势"身法，才能一触即发地将对手跌翻，或顺或逆，皆可。

就本剑经所言的"从之以为进退"。非形体似水流的柔如绳束，如何能做到呢？"逆力以为揭献"非形体瞬间接骨斗榫的刚者如柱，如何能将人跌翻呢？皆自然之力方为真功夫，即外形的刚柔之用，皆为"柔体"，内劲独为"刚体"，知此，可明"以柔用刚"之精旨妙义，也可谓懂拳之"体、用"了。

明白了上述所言的"刚柔"之体用内容，可知本经中将"刚、柔"立为法者之精髓妙义，即"以柔用刚"之技术方法，乃真功夫艺境。

缠。古人云："三股拧成的名绳，二股拧成的名缠。"可知"缠"乃从两仪立论的方法来讲的。就一身而言，攻防之势，不外"内气、外形"两股劲势，前面已从刚柔论中谈得比较清楚了，可结合而体会之。

《拳经》云："宾主分明，中道皇皇，经权互用，补短截长。神龙变化，畴测汪洋，沿路缠绵，静运无慌！肌肤骨节，处处开张，不先不后，迎送相当。"此中谈了两个方面的内容：一方面是自身的内气、外形，宾主匹配如一，腾挪变化，细密周详而又沿路缠绕绵软悠长，即内气、外形相互作用时内气沿身体的线路运动，缠绕绵密，细腻熨帖，毫无慌忙混乱之象；另一方面是与对手拆拳破招，拆招破势，也要从之以为进退，缠绕回环，细腻熨帖，才能无过不及恰倒好处，才能时时处处制人而不被人所制。

施手用招，以柔用刚的粘黏之势，使之不能离我而去，进退不得，也是缠之艺境。只有如此，才显得武事之用，温柔之中锋芒锐利，儒雅之中杀机四伏。引之使来，其不敢不来，呼之使去，其不能不去。顺随为法，以柔用刚，粘走相生，虽不主宰对手，然对手无时不被我所主宰，此皆柔化刚发的缠之效用。

缠法之效用如此神妙，故有"缠拳"一门。又有陈式太极拳专以"缠丝法"论拳。如以内气、外形的柔外刚中之匹配如一的"以柔用刚"之技术方法立论，还有什么拳不以"缠"立论的呢？恐怕皆存缠之内含蕴蓄其中。这样来认识本剑

三、技击

经以缠立法，也就自然而然了。也知此经文的作者对缠法的认识有独到的见解。这一点也应当引起习拳者的高度重视，深入研究理解，认识"缠法"的精髓妙义，就是"以柔用刚"之攻防技术方法，会大有裨益的。

继。继往开来，攻防招势，势势相承，节节连，连绵不断，势若长河，上招式就是下招式的预备势，乃继之义也。有始有终，始于听探、终于顺化，周而复始，循环无端，亦继也。外形柔化而走，继以内劲刚发，刚柔变化无始无终，亦继也。正如本经中所言"驭静以动，动中亦静，动静互为其根；柔化刚发，以柔用刚，阴阳迭神其用"，此乃点明了"继"之运用法式。

自身有十三随法，能气贯周身，自不期然而然，不期至而至，自身内的继之义也。对阵有十二连城之技法，可相互变化连续实施，为技法运用的继之义也。如以八式、八法而论皆有继之义的运用。

修炼传统手战之道由始至终，亦呈现了由初期功法修炼，继续向中期功法修炼，再向高级艺境进修，每一步、每一层次皆以前修功法为基础，层层递进，显示了继的含义。就是传统手战之道的代代传承，数千年不衰而流传至今，亦是继之义也。可知，"继"的含义深矣、远矣、细矣！从本文作者所云："夫欲习上乘之法，当先存一点救世之心，方可习之。"可知"继"的含义广矣！故其言："小可经纶，大可赞育天地，故曰塞于天地之间。"并祝愿练身要练心，愿此乘为万代遗规，相传以绵绵不息也已。八法中以继为结，其意深远。

❸**八形者，象形取义而立法，取能立意。**

此乃古人以物喻物，借物言物地论述传统手战之道的理、法、术、功、形、意、体、用的基本方法之一。此经文取龙、狮、鱼、蝶、鹤、猿、鹿、猫八种动物之形而立论。故曰八形。而此八形，亦可视为八能。取八形之能集一身，乃八形取象立能之本义。

关于象形立能取义，在传统手战之道中比比皆是，如心意六合拳的十大形，形意拳的十二形。少林拳的北五形、南五形。各种形拳的象形立能取义之法，皆如是意，如螳螂拳、猴拳、狸拳、鸭拳、狗拳，皆属象形取能立意的拳种。又有：醉拳、疯拳、狂拳、病拳、呆拳等，也是一种象形取义拳种。而此两种象形取义的拳种，皆是类物比象法的以物喻物、以物言物思想方法的产物，乃传统手战之道的特点。

还有以天地的类物比象法取义的拳种，如：六合拳、七星拳、三才拳、九宫拳、五行拳、两仪拳之形意拳、太极拳。也都是以物言物、以物喻物思想方法的产物。

总之，传统手战之道中的门派、拳种的产生、发展、成熟，除历史的种种原因外，基本上都是以中华民族传统文化为底蕴的，故出现类物比象法的以物喻物、以物言物而论传统手战之道的修炼内容，是正常的，也是各门派、拳种之所以产生、发展、成熟的主要原因。所以，关于各拳种的象形取义，没有什么其他含义，无非是类物比象、以物喻物的取形立能而已，皆是为了说明传统手战之道修炼、建体、至用的精髓真谛尔。

知道了这层意思，我们再关注一下本文所述"八形"的精义，也就觉其亲切，可为修炼者取而用之了。

象乎龙神之变化。龙，乃中华民族的精神象征，我们都是龙的子孙，传统手战之道中何为龙神？即龙可上九天、可下九渊，善变无形又无穷，用力不见力而山莫能阻。几乎没有拳种不以龙的形象、精神来论拳之练、体、用的。试论如下：

内气，乃纯阳之物，宗乾卦六爻，以六龙言之。而六龙亦如一龙。故内气可以龙而喻之，既形象又逼真。

外形，阴柔之物，宗坤卦六爻，象地。而龙有搜骨之能，喻外形柔若无骨似龙之形，乃因内气贯通周身的缘故尔。以龙形言之，可充分发挥习练者之想象能力，而达到周身内外动若龙行的能力。

内气、外形，柔外刚中匹配如一。游历明、暗、化三种境界，可达"一羽不能加，蝇虫不能落"的神龙见首不见尾的人不知我，我独知人的艺境，故能因变亦变，以逸待劳。或从之以为进退、四两拨千斤。或逆力以为揭献，借力打人，柔以济刚，阳以化阴，猝变含柔，缓中蕴刚。侧伏引诈之机，含于无形；注定圆照之神，寂于觉里。继发之前，蓄发于已发之候，随发于将发之形，深造于此，方能对敌无隙，此乃"像乎龙神之变化尔"，属身法三捷之一。

狮骨之清健。此乃以狮之雄健而喻自身骨架之矫健。在传统拳术攻防之道中，以虎喻者众，而以狮喻者稀少。狮在传统观念中有兽中王之美称，而虎只有山中王之称。前贤以狮喻骨之矫健，亦凭想象尔。传统手战之道中的骨架，有两种作用，即外形的两种作用。攻击时接骨斗榫的形如钢铸和化解时的柔弱无骨，而此两种作用，皆以狮喻之。内又含骨质的坚硬，才能用于攻防之中，此乃本经以狮喻身架之精义。可以有"似虎快利，用爪不见爪而物不能逃"之运用，亦狮之能也。

鱼跳之自然。俗云："斤鱼斗力。"即鱼在水中，鱼重一斤，当你扑捉时，鱼的弹抖力能有30多斤的力量效果，所以，才以鱼跳喻手战之道身法自然之能。王芗斋先生云："顺风旗、河里鱼。"就是言说传统手战之道中的攻防之势，皆先天自然之力，即"不力自力"纯自然而用之。拳谚云："有力者无力，无力者纯刚。"其中"无力者纯刚"即"鱼跳之自然"势之能也。其中"有力者无力"乃后天有为力法之僵拙力。关于这一点，孙禄堂先生说："攻防之势,纯出于自然,不要格外用力。"其中"格外用力"即非自然之力,即非"鱼跳之自然"力,而是后天有为力法,采用后天有为力法则出现"有力者无力"的弊病。故知前贤以"鱼跳之自然"而喻传统手战之道的如何用力成势的精髓,可谓精矣!自古传云,有"鲤鱼跳龙门"一说。故前贤以此而喻"顺势借力"的内在含义。

蝶舞之蹁跹。古剑诀中言:"蝴蝶双飞射太阳,梨花舞袖把身藏,凤凰浪翅乾坤少,掠膝连肩劈两旁。"此以蝴蝶飞翔忽高忽低,忽聚忽散,双双盘绕回旋而进,比喻拳势之用,潇洒自然而又让对手捉摸不定。此乃"拳有定式,而又无定式"之意,即此经文所言攻防之势的"心在规矩中,神游规矩外"的艺境。因双方攻防,是以听探之良知、运用顺化之良能的。只有让对手不知我之阴阳虚实变化,才能迅速捕捉到战胜对手的机会,而又不让对手知道我阴阳虚实之变化,则对手不可利用我。这两点含义,不好用文字描述,故以"蝶舞之蹁跹"以借喻之。

鹤立之超峭。鹤在传统文化中的品位极高,如"松鹤图",乃长寿的象征。峭,乃言山势的又高又陡之象。又言喻"严厉"得一丝不苟之精神。故知前贤以此喻攻防势的静如山岳之峭拔。打人全凭盖势取的峭立之又高又陡之威势。如少林拳经中说:"双肩紧夹而陡来。"即此意也。又喻攻防之势瞬息万变,只有秉性严峻刚直,才能"峭立"于对手面前,使之畏惧。而前贤认为,只有鹤才具备上述之才能,故以"超峭"喻之。此中又有"一神朗照巅顶"之韵味,面对对手之时,具有独知、独见、独览,人不知我、我独知人之精义存焉,所谓之"鹤立鸡群"之义者也!

故传统拳术中有"鹤拳",而又能闪战,也不为奇怪了,全不出"鹤立之超峭"的精义。古人创各种形拳,其精髓处,非形似乃神似。知此者,明形拳立意之妙谛了。如以人形求各种动物之形似,表演者是,技击者非也。因古人习拳练艺,运用类物比象法的以物喻物,皆求神韵为上佳,形似为次之,可知形拳立意之宗旨了。此八形之精髓妙谛亦在此也。得此之精髓妙义者,其拳之攻防艺境定然潇洒飘逸,神韵十足。

猿跃之灵稳。此指长臂猿,非亲眼所见长臂猿之纵跃者,不知其灵,不明其稳。长臂猿纵跃之疾迅敏捷使人眼花瞭乱;忽尔骤停,悠然自得,安闲自在。其动之疾,不知其所向,灵敏捷迅;其静之稳,静若止水,若然无事。静动之变,灵而稳健,稳健之中隐藏灵动之机。松静自然。故拳种中有"通背猿拳",乃借长臂猿而喻拳之修炼、建体、至用之精义。通背猿拳,或通臂猿拳以去自身外形僵拙之力,松静柔和自然为尚,内功心法修炼,以内气为主,即"以神为主,以气为充,形从而利。游历三境,方能成功一也"之拳种。自古所传通背猿拳,或名通臂猿拳，乃一家之拳种，此拳种中有四修内容，即心猿、心意、心如、心形者也。

心猿者，心同猿者通，猿者，心之别称，即不先物为，因物之所为之无为之心尔。

心意者，心同猿之意，猿意者，意无意，见物所为之意，因物所为之无不为之意。

心如者，如如不动之本心，虚无不灵，静无不应。本心者虚静之心，是为"心如"。即心性如如，见性者方能如此。所谓成性存存者之义尔。

心形者，同猿之形，松静柔和自然，动静之变，随心而意发，形自能到位，虚实相需，内外一而贯之之义尔。

此四者乃修炼者的四功境。备此四者，方具听探之良知、顺化之良能，使之达到最佳状态，本此四功境为一家修炼之内容。

后人不知其精髓妙义，而又分为四家，各立门派，就其所论，已成支离破碎之景况，其中失真者，屡见不鲜矣！理法已成东拼西凑的、不能自圆其说的景象矣！如"如意八方通背、如意门"。为何这样说呢？因知其为通背猿拳一脉，但见其形，面目已非矣！没有"心形"的松静柔和自然之修，通背猿拳之精髓失矣！故借此"猿跃之灵稳"而点明之。

鹿奔之迅速。现已由"马有疾蹄之功"而代之，不独为步法尔。上谈猿跃之灵稳，亦不独手臂尔。此两者皆此意也。故古有"寸、踮、过、快、溅"之五步法。皆应如鹿奔之迅速方可致用。步法乃载身之舟车，不敏捷迅速，则一身呆滞。步乃身法变化之根基，不迅速敏捷不能谈攻防之变化，为说明这一点，前贤以鹿奔喻之。

猫伏之窈窕。窈窕，松静柔和轻灵美妙自然之意，古云："窈窕淑女，君子好逑。"即点明此意。收束为伏，展放为起。防守则收束，攻击则起势展放。前贤言防守之态，为缩作一球。乃收束之俯伏状，收束之势要轻灵美妙而无圭角的圆曲走化。使对手无可借用，无隙可乘。故前贤以"猫伏之窈窕"来比喻收束的防守之势。其精髓自见矣。妙义自生矣！古有"分威法伏熊"一说，后来拳家以"收伏如灵猫，展扑似猛虎"来比喻，收束势的轻灵，展放势的威猛。以明何时用轻灵、何时用沉重。此经文以"猫伏之窈窕"来说明"收束势的轻灵"，才能蕴蓄着展放势的威猛。

从八形者之精髓妙义所展示的传统手战之道的内含，可谓之博矣、精矣！纯然见到前贤论手战之道的类物比象的"以物喻物"的方法，完完全全言明传统手战之道的真性矣，乃道之见者。以各种动物之形态功能，阐明传统手战之道的修炼、建体、至用之宗旨，可无误矣！又能丰富发掘修炼者的想象能力，八形者不外此也。联想而今所传之十形、十二形，皆立形取能之意尔。精者，得其神韵、意境而用之。不通者，只得形似，不明其用尔。说明古人借形言拳、论形寓意，皆以所论之形寓含深意。果能以先天之神为体、用，自足以相机御变，因变致神。此是形拳又顾名思义者也，不明此，不通形拳之妙用尔。

❹三门者，上、中、下，又分前后左右，共分三四一十二门。

传统手战之道的基本功法内容有"门户"之论。基本分门别户之法乃"手为门，足为户"，即手是两扇门，足站立为户。门者，攻防进退出入道路之谓也。户者，攻防进退守护之地之谓也。谚云"手是两扇门，全凭脚赢人"说的就是门户之用法。手乃攻防进退之道路，步乃站位得机用势之根基。故有"拳从口出、拳从嘴出、拳从洞口出"的说法和站其位拔其根的用法。拳从口出说的是手法之用；站其位拔其根乃论的是步法之用。而步法之用从五行立论，有进退顾盼定，即前后左右中之五位。手法之用乃从八卦、八极、八方立论，故从四正、四隅而言。此乃五行八法拳之精义。

故从门立论，自古就有以天地人三才立论的三门法，手为天门、肘为人门、肩为地门。四门法，以手臂之上下、里外分的"上、下、里、外"四门法。有以上、下、左、右、中来分的五门法，又有复合的三门加四门的七门法和三门加五门的八门法及以"杜景惊开、休死生伤"立论的一身之八门法。

而此剑经以天地人三才立论，取上、中、下，而有前、后、左、右，分为十二门，立十二门法，可谓之全也。以应四季十二月之数，可谓之巧思也。

然在传统手战之道中的施手用招或施招用手，尚有"一步橡十八打"的行门法。一门四进的七十二行门法，即七十二地煞行门法。九宫手进四门的三十六行门法，乃天罡三十六行门法。此天罡三十六行门和地煞七十二行门，合计为一百零八行门法。

由上述所论，前贤论门，可谓精且详矣！如以门为阵者，则有一百零八阵法，然无不从三才、八卦之八阵化出，此乃三八之精义。故通背拳以二十四式为母拳式，也就不足为怪了，此亦应了诗云："招式八法别三门"之精义尔，即天地人的前中后、上中下、左中右之三门法为核心演化而出之。下面再解歌诀之精义。

诗云：

招式八式别三门❶，仔细推来仔细寻❷。
莫把神机看轻了❸，务须功力体精神❹。

阐释：

❶此歌诀将"剑诀提要纲领"进行了全面的总结，并又提纲挈领地说明"剑

诀提纲"中的精髓之所在。

各种攻防招式，多得数不胜数，不能死记硬背，照猫画虎。如果这样，就会画虎不成反类犬了。应当用约繁就简的方法，将所有的攻防招式，按八式之奇、正、背、向、钮、跨、起、伏分类而通之。再以三才的上中下三门法约而化之，这样就可将所有的具体攻防招式，融汇贯通于三门八式之中，而以八法通用之，此乃由繁约简之法。

❷说明众多的攻防招式都有一定的共性，所有攻防招法分为八式。此八式又名八类，又可分为三门。此分门别类之法，乃从攻防招式的约繁就简而立法的。说之简单，而能将所有攻防招式以八式、三门区分开来，真正做到约繁就简，也要经过一番认真的推敲，仔细地推求，方能寻得其中之三昧，才能真正做到正确的约繁就简而精确。只有心领体会者方能得心应手。

❸神者，先天自然之神，传统手战之道是以先天自然之神为体用，即人的主观能动性。古论："神也者，妙万物而为言者也。"机者，机制也，机体也。神明，内气、外形，三者浑化合一之"机体"也，机制也，此乃"以神为主、以气为充，形从而利"的攻防之机体、机制，简称"神机"。乃言"体、用"的两重意境尔，即说明"招式八式别三门"的约繁就简之过程，莫要忽略了"神机"的重要性，要时时刻刻将"神机"的内容放在主要的位置上进行，这样才能将招式按八式别三门的约繁就简做得最佳而达到预定之目的，取得最佳之效果。

❹此处所言之"功力"，并非今人所言之"功力"。古人言"功力"，乃"功夫之能力"。今人言"功力"，乃功夫之力的大小。古人言"功力"乃"精足则战耐久，气满则呼吸细，神清静而圆融，则变化莫测。精足气清，气足神灵"内而精气神，外而筋骨皮，浑成一片，身自能轻灵，自能通妙，而能超众，能御大敌，即"文兼武全将相身"。故曰："身完天下无敌手，剑完四海少敌兵。"所以用"务须"二字来强调"功力"二字的实质，体现的是"精神"。

以此诗的歌诀来看，从招式起，到精神止。传统手战之道重"精神"的修炼体用之宗旨，从古至今是一致的，何为重精神？即"以神为主、以气为充、形从而利"的机制，浑元功法者之义尔，即"听探之良知、顺化之良能"和"以柔用刚"的自动化体现。

由上所论，乃知"八形者"重在体现所借之"形"的功能之神韵尔，即非求形似，而求神似者也。这就是"务须功力体精神"的又一层含义。

陈复元《太极拳论》中的"变化"条目中讲得更为明白，抄录如下："变化者，有一手之变化，有一招之变化，有一势之变化，然无论一手、一招、一势，其变而能化，皆由简单渐至详密，以开合为一手之变化，以转关为一招之变化，此即上传下接之义，唯身法步法，旋转紧凑方向之变，皆属一势之变化也。由开展至于紧凑切莫逾手范围，乱其顺序，自能积手为招，招合为势，势联成套，始练似觉有界，久练功夫娴熟，自能豁然贯通，运化自如，千变万化，随心所欲矣"！

这就说明"式"大而"势"小的道理了。故而可知"拳式"大而"拳势"小了，所以，王芗斋先生以"拳式"而论"拳势"之用的精义明矣！

（三）试力

（1）由不动中去体会，再由微动中去认识。欲动又欲止，欲止又欲动。有动中不得不止，止中不得不动之意①。

（2）体动为作用，动则为静守，静则是发动，动静互为根用，颠倒变化无定②。

（3）动则有奇趣横生之感，四肢百骸终归一贯，行动如趟泥，运劲如抽丝③。

（4）动时不要散了不动时之均整，不动时不要减低了动时之力量，其作用之巧妙，从体会而得之④。

（5）上欲动下自随，下欲动上自领，上下动中间攻，中间攻上下合，内外相连，前后左右相应而动。此为试验力之功能，力由试而得知，由知而用⑤。

【题名解】

首先要明白什么是"试力"？试什么力？如何试？有没有一定的必然顺序？如果将"力"字理解成"力量"的内容，则错误矣！这在王芗斋先生"论单双重与不着象"一文中曾经说过："比如双方决斗，利害当前，间不容发，已接未触之时，尚不知应用者如何；解决之后，复不知适间所用者为何！莫其然而然，莫知致而致也，又谓极中致和本能力之自动良机者也。"这段话的意思、宗旨都不相符。从这段话的论述中我们清楚地知道"试力"之说法，存在三点内容。一是听探的良知能力，二是顺化的良能能力，三是听探、顺化相互为用所体现出来的实际攻防能力。上述三条论述就是修炼的基本顺序。用这样的观点来认识其具体论述的内容，就不会离题太远。

【注解】

①站桩内功修炼中，在外形不动的情况下，认真体认内劲在身中的种种运行

及听探的良知情况和状态，再由外形微动中去认识内劲的种种运动及听探的良知情况和状态。内劲的欲动又止，欲止又欲动及听探的良知情况和状态。内劲有动中不得不止及内劲止中不得不动之意。

体会：有四种意思。一是心理的体会认识；二是内劲要有运行刚发的能力；三是外形要有虚空、松静、柔化的能力；四是内劲、外形要有匹配合一、柔外刚中、听探顺化的能力。就是"意领神会"，即法身道体会了，才能达到自动化的艺境。

②健顺德之体的运动为作用，动则是为了静守，静守是为了发动，动静互为其根，内气、外形颠倒变化无定，全在变化者灵机自用的能力尔。

此段意思出自形意拳诀"静为本体，动为作用"的说法。本体者，无形法身道体也。归根曰静，根生曰动。就是听探为静，顺化为动。运用的法则是"驭静以动，动中亦静，静动互为其根"。

③内劲的运动景象万千，自有奇趣横生之感觉、感受，内劲贯串四肢百骸终归一而贯之；身体行动时能与空气摩擦而有阻力的松沉稳健之感觉，运行内劲就像抽丝一样细腻熨帖而又具有源源不断的景象。

行动如趟泥：这是一种身体行动时与空气摩擦而有阻力的松沉稳健之感觉。

运劲如抽丝：运行内劲就像抽丝一样细腻熨帖而又具有源源不断的景象。

④运动时不要散了不运动时之均整的状态，不运动时不要消减了运动时气力饱满的状态及其攻防之巧妙的功能作用，这都须要从"心领体会"的方法中而得之。

⑤形意拳说"打人如走步"、太极拳说"上下相随人难侵"，说的是"心意拳诀"所云的"左手起则左足要落，配以右手落则右足起；反之亦然"。这就是"上欲动下自随之，下欲动上自领"的意思。只有这样的运动，才能做到上下动中间攻之，中间攻上下合而应之；内外相连，前后左右相应而动。凡此种种能力的功能都是"试力"范畴中的内容，各种能力都是由"试力"而得知，由知而能于运用。

【点评】

"试力"的概念，由王芗斋先生提出来至今，有许多"意拳""大成拳"的修炼者，将此中的"力"字，理解成形体"力量"的大小，这是一种误解。应该理解成"能力"，这样在修炼、运用过程中就不会想尽办法修炼"力量"而成为形体僵拙的肌肉爆发力了。有关这一点，历代前贤都有明确的论述，肯定了以神为主，以气为充，形从则利的、意气君来骨肉臣的"气力"说法，而否定了以形为主，崇尚力气，神从则害的肌肉暴发力的"力气"之说法。而两者"尚巧""尚力"的区分在体、用法则上却十分明确，为以资对照，录并解之如下：

太极力·气解

气走于膜、络、筋、脉；力出于血、肉、皮、骨❶。故有力者皆外壮于皮骨，形也；有气者是内壮于筋脉，象也❷。气血功于内壮，血气功于外壮❸。明于"气血"二字之功能，自知"力气"之由来矣❹！知"气力"之所以然，自能知用力、行气之分别❺。行气于筋脉，用力于皮骨，大不相侔矣❻。

本文从"太极'气力、力气'解"命题，从"气血功于内壮，血气功于外壮"的论述，"大不相侔矣"的结论，就分清了太极拳术攻防之道的修炼，功于内壮的就是内家拳法的修炼者，功于外壮的就是外家拳法的修炼者。其功果是不一样的。从这里也可以看出，传统拳术攻防之道的修炼、建体、至用，历来就存在着气力之内壮的内家拳法与力气之外壮的外家拳法之本质不同认识的现象。故而可以知道，历史上内家拳、外家拳的说法，并非是空穴来风、捕风捉影的事情。有了这篇"太极力·气解"的精辟论述，就可以基本上认识清楚传统拳术攻防之道的修炼、建体、至用，历来就存在着气力之内壮的内家拳法与力气之外壮的外家拳法的两种修炼法式。而各家皆遵从内家拳法修炼的宗旨以弘扬。所以，内家拳、外家拳的说法不能成立，应该是"内家拳法""外家拳法"的分别之说法才为得当。

注：
❶内气游走于膜、络、筋、脉，运用者为内劲，就是气的能力，拳家将此简称为"气力"；力气出于血、肉、皮、骨，运用时为外力，拳家将此称为"力气"。
❷拳势攻防有力者，皆是外壮于血气骨力者尔，拳家称此为外壮有形之力也；而拳势攻防运用内气者乃是内壮于筋脉者也，拳家称此为内壮之景象者也。一内壮、一外壮，内外论述分明矣！
❸内功是修炼气力的功夫，功成于内劲的气力之内壮；外功是修炼外形力气的功夫，功成于外形的力气之外壮。
❹明白了"气血"二字所表达的"气血"者气力也，内劲之功夫的功能："血气"者力气也，外形之功夫的功能。自然也就知道"气力""力气"的根本

缘由了。

❺知道"气力"之来源的所以然，自然就能知道太极拳术攻防之道的修炼：用力者乃外形外壮的尚血气、用横力的血气之勇的功夫；运行内气者乃内壮之太和一气的大德之勇的真功夫。行气之内壮、用力之外壮，这两种功夫的分别就清楚了。

❻行气于筋脉的内壮功夫，用力于皮骨的外壮功夫，两者的内外修炼、建体、至用及攻防功夫艺境升华的理法、步骤是完全不相同的概念。

以这篇文章为核心，可以清楚地知道传统拳术攻防之道的修炼、建体、至用及攻防功夫艺境升华的系列方法、系统工程，乃是"以神为主，以气为充，形从则利"的尚巧拳法。则能够实现"打拳原为保身之计"的设想。旁门拳术攻防的修炼、建体、至用，乃是"以形为主，尚气用力，神从则害"的尚力拳法。必定会造成"戕贼自害"的不良后果，甚至威胁到寿命的悲剧。纯属于"猥知鲁莽，彰乎知"者的咎由自取。

（四）发力

（1）本身发动力量，是否有前后、左右、上下的平衡均整，具体螺旋的错综力量和无往不浪的力量，轻松准确慢中快的惰性力量，是否为本能发动的，不其然而然，莫知至而至的力量①。

（2）注意单双重的松紧，单双重不单指手足而言，头、身、手、足、肩、肘、膝、胯，大小关节，四肢百骸，这些微的点，力都会有单双重、松紧、虚实、轻重之别，撑三抱七，前四后六，颠倒互用②。

（3）发力有形无形，有意无意，有定位无定位，自动被动，整体局部，应用时当别论。各种基础完备，再学轻松准确具体而微的力量，两足重量、永无定位，发力无论进步发、退步发、顺步发、横步发及前后左右上下百般的发力，要以前步作后步，后步作前步，以前步作后步之前步，以后步作前步之后步，颠倒互相，虚实为用，前后力量交叉，使人不可捉摸（撑抱力即开合力）③。

【题名解】

"发力"之说，乃是名相尔。就是"无力而发，是名发力而已"。故而，谈到"发力"问题，只是认识问题的开始，例如，是发刚健攻击的力，还是发柔和化解的力？是发调整自身的力，还是发作用于人身的力？是发即调解自身中正安

三、技击

舒的力又同时能发放作用到对方身体的力，而发放作用于对方身体的力还要分清楚是刚发他力前的攻击之力？还是柔乘他力后之化解的力？这些问题都需要仔细认真地一步一步心领体会，才能认知真切。否则，容易落入"尚血气、用横力"的蛮夫之臼巢中，如此的修炼，则属于戕贼自害了。所以，理解"发力"的说法一定要慎重再慎重，则无弊病矣！

【注解】

①在内劲、外形匹配如一发动攻防时，自身前后、左右、上下的动变是否平横均整，即没有"过与不及"的现象发生。具体运用、发挥螺旋转动的内劲、外形错综变化的收放能力和时时处处都是翻江倒海的波浪劲势的能力及无形道体静止状态而不与其他力发生关系的惰性能力，是否为"无形法身道体"功能发动的？是否达到了"不其然而然，莫知至而至"的自动化功能状态？

本身：就是指内劲、外形的匹配如一之法式而说的。为以资对照，将传统说法介绍如下：

平衡均整的"劲整"内容

四曰劲整。一身之劲，练成一家。分清虚实，发劲要有根源，劲起于脚根，主于腰间，运化于胸，发于脊骨，形于手指。又要提起全副精神，于彼劲将发未发之际，我劲已接入彼劲。恰好不先不后，如皮燃火，如泉涌出。前进后退，无私毫散乱。曲中求直，蓄而后发，方能随手奏效。此所谓"借力打人""四两拨千斤"也！

阐释：

内气的阳刚之性，外形的阴柔之质，为一身之劲势；内外匹配如一的柔化刚发之功能，是谓练成一家德之体之劲势。分清外形体虚，内劲体实；外形有接骨斗榫的实之用，内劲有化无的虚之用。然攻防拳势发劲要有根源，劲起于脚根，主于腰间，运化于胸，发于脊骨，形于手指。这是顺发的法式，还有如法逆收的法式。不管是顺发，还是逆收，都要提起全副精神，即劲形鼓荡蓄势的态势充沛。这样，在动手、推手的过程中于彼劲将发未发之际，我劲已接入彼劲。恰好不先不后，如皮燃火，如泉涌出。做到如此，才能在前进后退之始终，自身无私毫散乱之处。在能够如法的曲化之中求得直发的所在，这样蓄而后发的法式，方能顺随对手的变化而能实施避实击虚的法则，做到让力头、打力尾而奏然生效。此就是所谓的"逆力以为揭献的借力打人""顺从以为进退的四两拨千斤"之方法也。此段论述，关键在内气外形周身一家的劲整功夫上，做到劲整的功夫，就要及时掌握"逆力以为揭献的借力打人"和"顺从以为进退的四两拨千斤"之攻防技术方法。

再看一看前贤对"前后、左右、上下的平衡均整，具体螺旋的错综力量、无往不浪的力量、轻松准确、慢中快的惰性力量是否为本能发动的，以及不其然而然，莫知至而至的力量"这段话的精义之论述，为以资对照，录并解之如下：

擎停承论

歌 诀

天地交合万物生，不偏不倚气均停。
千手万手常擎举，唯有和合一气通。

此交手诀，非练形也。

擎者：未交手先将中气吸聚中宫，腹满坚实，全体振动勃然，其势如行军未对之先，予将军士聚齐，号令严明，鼓其勇气，以待敌兵，使气有根，非空洞明亮也。

停者，使以交手也，落点不先不后，不偏不倚，阴阳均匀，停停平分，不多亦不少也。

承者：以交手落点之后，仍还原，候再发也。盖落点而不还原，气散而不聚，后无可聚，再发则无甚法矣！

故阴势阳出者，仍还原于阴；阳势阴出者，仍还原于阳。承住不散，生生不穷，虽千手万手，气总不散，更兼内丹，索成食气不绝，即不得食而真气充足，自无饿馁之患。古人名将，逾战逾胜，勇增百倍者，皆是此诀，非别有玄窍。

阐释：

本段歌诀翻译成拳术术语，应为：

劲形交合拳势生，不偏不倚气均停。
千招万手常擎举，唯有和合一气通。

解释歌诀之意，即为传统拳术攻防较技，自身拳势乃内劲之劲势与外形之形势相互匹配合一而产生的。这样，生成的各种攻防拳势才能中正安舒，势正招圆，既不偏于内劲，又不独倚外形，可使内劲有接人拳势之功，外形具占位之

三、技击

能，才能使拳势达到无过不及，攻防机势恰到好处是真功夫。要做到如上拳势之应用，必须在各种攻防招式手法的变化中，将中气吸入丹田，少腹常圆满坚实，使气有根，全体震动勃然，自然内劲可擎起全身而动转敏捷灵通，唯有使内劲与外形达到中和，才能内劲、外形合一，并以内劲为主、外形为辅，才能周身上下一气贯通而达虚灵之妙境。关键要在内劲、外形的中和上下功夫，即"内清虚而外脱换"的基础上，以内劲的明、暗用法一气贯串为根本。

上乃交手之诀言，非指练形而说，包括对"擎、停、承"的概念之论述，皆是与人交手的用法之论。

擎者：是说与人对阵较技，未交手之前要先做好热身的准备活动，但是传统拳术的热身准备活动另有其特点。那就是先将中气（即内气，又名内劲）吸入中宫，即气沉丹田，少腹圆满坚实，乃"虚其胸、实其腹"的"坎离相交，水火相济"之意。再将内气从丹田呼出敷布全身，再吸入丹田中，反复连续3次。在结合身形的调整达到"尾闾中正神贯顶，满身轻利顶头悬"的全身心戒备状态。此时，全身自觉震动勃然，此即现代人所言说的"细胞振荡之情态"。这样的热身活动，自身精神充沛，气势充足，全身为之一振，犹如行军未对阵之先，预先将军士聚齐，严明号令，鼓其勇气，激发斗志，严阵以待敌一般。这个热身的说法，是在平常修炼时培养出来的，前贤早有明论，为以资对照，录之如下：

> 每夜子时，持一点天清之咒，用左剑诀插腰中，踏罡完，饮五雷电符，吸真罡气三口，以外合内，静坐一时，再随意挥舞。如此年余，活灵异众，四步功也。
>
> ——摘自《浑圆剑经·外篇·初基等级详序》

论中的"吸真罡气三口，以外合内"的说法，就是气沉丹田，将内气从丹田呼出敷布全身，再吸入丹田中，反复连续3次；在结合身形的调整，达到"尾闾中正神贯顶，满身轻利顶头悬"的全身心戒备状态。所引《浑圆剑经》的经文之要义，可观读拙著《浑圆剑经阐释》。

停者：是指已经交手，而拆手变招的施手用招、施招用手攻防之落点不先不后，不偏不倚，无过不及，自身中正安舒，气形合一之拳势与对手拳势之动静刚柔变化吻合，正所谓"驭静以动，动中亦静，动静互为其根；柔化刚发，以柔用刚，阴阳迭神其用"的丝毫无差的艺境。自身阴形阳劲合成之拳势均匀，劲形用势平均而分阴阳，不多亦不少，既能达到"形用半，劲用对五，阴阳逆从，劲形反蓄，立如平准，活似车轮，中土不离位"的艺境。正所谓"用刚不可无柔，无柔则环绕不速；用柔不可无刚，无刚则催逼不捷"。又能做到"刚中有柔攻不破，柔中含刚势为坚"的境界。这样的攻防功夫艺境，只有气、意拳懂劲的中成功夫艺境以上者方能达到。何谓气、意拳懂劲的中成艺境？前贤亦有论述，为以资对照，将原文略加改动调整，录之如下：

  攻防招法乃含形随应至变之拳法也，施招用手、施手用招皆从他力取法。要在身心空灵而手灵妙，猝变无心动中徨徨之色，动静皆自然，非勉强也。贯彻避向击背之法则，实施以柔用刚之技术方法，使得粘走相生、化打合一的自然之能力由于习惯而成自然而然矣！如能潜神依法熟练，自可时至神知。明此而能用之确切，谓之气、意拳懂劲的攻防功夫艺境成矣！故气意拳懂劲的以气击气，手方动而可畏。气伤者怯也。

——摘自《浑圆剑经·飞仙剑法》

  承者：是指交手产生攻防落点以后，仍能还原，以候再发招用手的连续攻防能力。此乃是自身招法变化承接而能源源不断、生生不已的连续攻防艺境；是攻防功夫艺境达到上手式就是下手式的上乘艺境。

  盖拳势之落点后而不能还原，是因气散不聚而力竭，后招后手无可继之而发，再想发招用手，因势自断，无甚可发矣。是修炼传统拳术攻防之道不得"承接"法式的真传秘诀之妙用尔。

  故拳招攻防变化"承接"法式的真传秘诀基本法则。就是："阴势而阳出者，仍要还之于阴势；阳势而阴出者，仍还于阳势。拳势能承接不散，是谓之长，即'势如长河'之长也。"其拳势攻防变化自然生生不已、无穷无尽，虽然千招万手的攻防变化，其气势自然不会散乱。

  更兼有内功的真气修炼方法，必使神足不思睡，气足不知疲，精足不思食，成于食真气不绝之功，即不得食而真气自足充沛，自无饿而气馁之患。古之名将，逾战逾强，勇猛增强百倍的原因，皆是修炼内功的"中气吸聚中宫，腹满坚实"之功夫，即"气沉丹田德润身"的炼精化气、炼气化神、炼神还虚的功夫，并非有什么其他玄秘的窍门。

  此段《擎停承论》，给予后人的影响不可估量，凡成名之高手，皆精此段之法而用之。历代高手之拳论中，无不方方面面阐发此段修炼、运用之精义，即是很好的佐证。

  力量：在本书中一般都是指"能力"来理解，免得与"尚血气之力"的"力"相混淆。

  螺旋的错综力量：螺旋转动的内劲、外形刚柔错综变化之收放能力。

  无往不浪的力量：时时处处都是内劲之翻江倒海的波浪、翻浪劲势的运用能力。正如吴殳所言："神化，我无所能，以敌为体，如水扬波，如火焰烘。"

惰性力量：无形道体静止状态而不与其他力发生关系的状态，谓之"惰性力量"，其实其能量之大，往往超过动态的力量。传统拳术中"静以制动"中的"静"，其中就含有这一层用法，就是即时内气、外形匹配合一皆不动变的"静以待之"而制胜的劲势，谓之"惰性力量"。

本能：这里的本能应该指的是内劲、外形匹配合一的听探之良知、顺化之良能相互为用之攻防能力而说的。又可以是单独针对神拳神明艺境之"无形法身道体"的功能而说。

②传统拳术攻防之道的基本身法功夫存在：双轻、双沉、半轻半沉三种法式，其余皆病拳也。这三种法式的交互连续施实都要注意内劲、外形的松紧要适度，这不单指手法、足法而言，就是头、身、肩、肘、胯、膝、踝，大小关节，四肢百骸，这些微小的点力之运用都会存在体、用的单双重、松紧、虚实、轻重的分别。无不是阴阳逆从、劲形反蓄，撑三抱七，前四后六，颠倒互用的现象。

有关这一点，前贤亦有明确的论述，为以资对照，录并解之如下：

千金秘诀·身法收放卷舒论

问曰：身法当如何操持？

答曰：在收放卷舒。

　　常收时发是操持，舒少卷多用更奇。
　　一发难收无变计，不如常守在心头。

阐释：

拳法能够胜人，在于身法的轻巧敏捷、灵变快利、伸缩圆活间的施招用手、施手用招。但身法当如何操持才能功夫上身，得以至用？又如何才能保证准确地运使，用必得当呢？此间的确精细，是"建德体、至道用"的精髓内容之一问。而此间中的"身法"，是广义的身法说。以德体而言，乃健之体、顺之体、健顺合一的"浑之体"及此浑之体的"一元而三玄之用"的全部内容法则。而此间是从简易之"手法、身法、步法三法合一的身法"来论一身"练、用"的法则，又正是"健顺之体合一"而"练、用"的基本法则。这点正是"身法当如何操持"的内容。首先要知道内劲、外形君臣匹配的主从说"意气君来骨肉臣"的宗旨。还要知道身法有三捷之说，又名三诀之说。一曰：伸缩。伸缩者，如龙灵变，似虎快利。二曰：一片。手到脚到身到，周身一家。则知此乃带有总结性的一问了，即在诸攻防招法练、用中"身法"如何操持、保持的法则内容中。

故其答曰：在攻防招法的"收束势、舒展势、卷蓄势、发脱势"四法中求之，即内劲在体内有"收束、发脱、卷蓄、舒展"四势的练、用；外形亦有"收束、发脱、卷蓄、舒展"四势之练、用。这都需要单项操持纯熟，达到一动便是，自合规矩，方见功夫。分项说：内劲的升降涨渺，健运不息；外形的起落开合，柔弱无骨，动静节节贯串，顺逆分明。这是练基础功夫的第一步，乃指动手较技的形拳招熟功夫而言。

继续按法操练第二步功夫，即内劲、外形，柔外刚中匹配如一的"阴阳逆从，劲形反蓄"的操练。以"收束势"和"发脱势"为一对组合。修炼各种攻防招法时，如外形是收束势，就要配合内劲是发脱势；外形是发脱势，就要配合内劲是收束势。时时处处都要做到内劲、外形的"卷中有舒，舒中有卷，卷舒同时存在"。保证各种攻防拳势都是内劲、外形的"收束与发脱、卷蓄与舒展"相互为用而形成的。这就是内劲和外形"动静互为其根，阴阳迭神其用""动变平衡"的基本法则。而要保证内劲、外形"劲形反蓄"必须做到"松紧紧松勿过正，虚实实虚得中正"的"中和"之状态。只有阴阳逆从、劲形反蓄的内劲与外形相反相成，才有自身内阳刚之内气与外形阴柔之"刚柔相摩，错综变化"的现象，故拳势攻防中才有"刚里有柔攻不破，柔中无刚不为坚"的效用；才能有招法攻防的柔化刚发之法则及以柔用刚的技术方法以胜人。这是练功的第二步，乃指动手较技的气拳、意拳懂劲功夫而言的。

歌诀第一句讲操练时的基本法则，即拳势的收束之势中含有发脱之势；势去而有意之回旋，是操练持守的练功要点，舍此别无功夫可言。就是用卷舒法练功时，拳势的卷蓄中有舒展之意和舒展之势，内中亦含有卷蓄之意！此乃练操持守的法则。

歌诀第二句讲运用时的身法法则，即用于较技之中亦如是法，阴阳逆从，劲形反蓄。内劲、外形的各为卷蓄和舒放是同时存在的。这样的"势去意回，势回意去"，是保证自身动变平衡、势正招圆、伏机双控的功夫。以这样的拳法施于较技中，方能顺其势，不丢不顶；借其力，不扁不抗。自然能乘虚而入，又能做到收束势大于发脱势；卷蓄势多于舒展势，即防守劲势大于攻击劲势，则曲蓄有余，攻防运用变化更加轻灵快利、神奇而巧妙。此乃内变快于外变之理法尔。

歌诀第三句之精义是：如果不是劲形反蓄、阴阳逆从，内气、外形就没有双控伏机、转化轻灵快利的功效。如果拳势就是单纯的收就是收，放就是放，卷就是卷，舒就是舒，以四法中的单一一法来施使，用于拳势之发或收，则不会留有拳势变化的余地，乃是没有变化的设计，不存在变化的伏机，攻防之拳势自然会出现间断而不能转变续接了，便存在被对手乘机击败的间隙之可能。此为拳之大病。也就不能称为传统拳法了。

歌诀第四句说：知道了身法的操练法则，持守的要妙，就要将内劲健运不

三、技击

息的修炼、外形柔弱无骨的修炼柔外刚中、匹配如一，还必须阴阳逆从、劲形反蓄，才能刚中有柔，柔中有刚，刚柔相济，伏机双控；拳势收卷匹以舒发，收卷要留有余地。运用时，内劲、外形亦如是法，还要顺人之势，借人之力，方能乘虚而入。上述这些身法修炼、运用的方法、准则，都要牢记在心头，常以此中方法修炼自身。还要常与他人切磋较技加以印证。假以时日，时至神知。此身法操练、运用的攻防功夫最终可达神明艺境，登神化之功的大成圣境。正所谓"功夫不负有心人，精诚所至，金石为开"，亦是"诚"则灵也。二十款问答、歌诀，前后呼应，局部、整体，顺序井然。练、用分明，体、用清楚，由此款开始，皆谈整体练用的法则。统冠前面十七款诸法。这一点，在观读二十款问答、歌诀内容时，一定要有充分的关注。这样通明其中诸法之论，便有了统一认识。

此"歌诀"谈到了从"形拳招熟"，到"气拳、意拳懂劲"两层动手功夫艺境的操练。并以气、意拳懂劲为重点，明确地指出了"劲形反蓄"的练法要点，即形意拳门所说的"暗劲"法操练的精髓。但是，并没有论到神拳的神明艺境。这是为什么？其实，在《良谱》中早有明论："造乎神者，方称为法；化乎一者，始谓之拳。"其中的化乎一者之"一"，即神拳神明的"太极"境界之说法。习拳者欲得此艺境，必先修炼形拳招熟奠基，继而修炼气、意拳懂劲达到神知，方能再修炼神拳神明艺境。此为修炼的升华顺序，不可邋等。歌诀的著作者，深明这一点真传秘诀，故在歌诀中以"形拳招熟，气意拳懂劲"为重点来阐述。至于"神拳神明"艺境就在口传身授中来完成了。如果仔细研究全部"歌诀"中的精义，就会发现在"披窍导窍"的歌诀中就已经将神拳神明艺境的练、用之精义论述得清晰了。精细的读者自然明知这点真传秘诀，亦可以知道著作者传拳授艺的用心良苦。

③至于发力有形无形、有意无意、有定位无定位、主动被动、整体局部，应用时自当别论。各种基础功夫修炼完备，再学轻松准确具体而微妙之动静的能力，两足轻沉的重量、永无定位，发力无论是进步刚发柔化、退步刚发柔化、顺步刚发柔化、横步刚发柔化及前后左右上下百般的刚发柔化，要以前步作后步，后步作前步，以前步作后步之前步，以后步作前步之后步，颠倒互换，虚实为用，前后刚发柔化的交叉运用，使人捉摸不透刚发柔化之运用也！其实，外形、内劲的撑抱之劲势就是开合的劲势，此乃周身粗细处的基本法式尔。

【点评】

有关"发力"的说法，是由"发力"的名称问世时，就已经存在了。为了说

明"发力"说法的真实含义,看一看前贤是如何论述的,作一比较,为以资对照,录并解之如下:

唐顺之论拳——把式说

明·唐顺之论拳曰:

拳有定势,而用时则无定势。然当其用也,变无定势,而实不失势,故谓之把势。做势之时,有虚有实,所谓惊法者虚所谓取法者实也。似惊而实取,似取而实惊,虚实之用,妙存乎人❶。

手技欲精,欲多,用欲熟,欲驭、欲狠。两精则多者胜,两多则熟者胜,两熟则驭与狠者胜,教者备,几可较敌❷。

阐释:

❶此文开篇便论述传统拳术攻防之道的攻防功夫之练,用有别,即修炼拳术攻防之道有一定之势,内以修炼建立自身内的攻防机制;外以明白攻防招法运用之要领,变换运用的法则、规矩和规律。内外双修,以备技艺娴熟精纯而能用于攻防较技之中以致胜。而所修炼的拳势在于攻防较技时,则随彼意而用之,此乃为定势;应付其千万变化无一定之势。而不失势,即不失中正安舒、上下相随、动变平衡、相机而用的攻防之拳势。能做到攻防变化拳势之用而不失势,可谓之"把势"功夫。把势,又名"把式",把势功夫。就是具有在攻防较技中能通灵至变的功夫,就是现代人所说的"形断意不断,意断神相连"的生生不已的攻防功夫艺境。

在较技攻防的具体实战中,攻防之拳势要有虚、实的区别,即有虚、有实之用,才为攻防变化施招用手、施手用招之功夫艺境。所谓的"惊法者虚",是指施招用手、施手用招之虚张声势,惊吓对手的拳势,是虚招、虚手,现名为"引手"。能运用虚招、虚手而对手又不知为虚招、虚手时,才见虚招、虚手之法式的确是实实在在的功夫手法。所谓的"实招",就是拿、打、踢、摔实取而用的招法。实取之招法体现的是攻防技术掌握、运用的功夫艺境,是一个拳手的实际较技攻防制胜的能力。故虚、实拳势相互为用的运用能力是衡量一个拳手攻防较技实力的综合标准。只有势正招圆,才能见到虚、实手之妙用。

在双方较技攻防的变化中常常存在拳势的"似惊实取,似取实惊"之手发招式的虚实变化之运用。正因为如此才有"拳亦以诈立"的说法,才能使对手不知我之真意为何,不知我的拳势虚实,而我却能虚招拳花一片,实取真打一线来战胜对手。

因为在较技攻防中,我做势为惊法的虚招,对手不防,即时变为实取之势而

三、技击

用之，可立见制胜之效果；我随做势为实取的手法招势，对手有备而防，我及时将实取之招势手法变成虚手虚招而用之，便可保证不失势的状态，以再图进取制胜。由此可知，除自身要有立如平准，活似车轮，中土不离位的内在攻防机制的功夫外，又要有以听探用顺化的充分运用及拳势的虚实招法见境生情、随机变化的能力，才能保证"变无定势，而实不失势"的"把势"功夫的实施。

拳势攻防的"虚惊实取"之相互为用的方法有如此之妙用，而能掌握虚惊实取相互为用之法并运用精熟，全凭习拳者自己之用心了。兵家谚语云："运用之妙，存乎一心。"这一法则同样适用于传统拳术的修炼、建体、至用的始致终。

唐顺之先生为了让习拳者明白拳势攻防时的"虚惊实取及其相互为用"之能力如何而得来，又接着论述了修炼、至用的方法、过程及标准。

❷精。精熟也；不思而得，不期至而至之谓也。虽说手技要精，实乃指自身攻防机制及闪、展、腾、挪、拿、打、踢、摔八法中各种攻防招法的应用都要精熟。前人在《交手法》一文中说："明了三心多一力，明了三节多一方，明了四梢多一精，明了五行多一气。明了三节，不贪不歉，起落进退多变化，三回九转是一势，总要一心为主宰"；"枢得环中，应变无穷"。这些内容，都是对"技法要精"的具体论述。

"手技欲精"。是广泛而言的。如他人不知而我知，他人不会而我会；他人会的我要精纯，他人知道的我要知道其来龙去脉，这才是"手技欲精"的真意。能做到顺随施手用招，粘走相生，分毫不差；人不知我，我独知人，善变无形又无穷，不疾而速得真宰，可谓之手技精。

多。在手技精的基础上要广知多求。谚云："一方拜师，八方学艺"，就是指对传统拳术攻防之道的理法术功要多知、多懂、多会和多技、多才、多艺。例如，明白了闪展之法，还要明白趋避、伸缩、开合、束展、进退等多种闪展的技法；具体地攻防招法要多知、多懂、多会、多用，防守方法要知道压、拦、搬、提、分、托、摘、搓、擢等多种技法的应用；攻击要知道直、刺、圈、劈、崩、靠、肘、截横、炮等多种打法的应用；各种攻防招法相互为用的变化能力，达到"一手拆八手，八手破一招"的艺境。总之，手法、身法、步法的三法合一、周身一家的施招用手、施手用招之攻防功夫具备，才能有无形无穷的攻防变化之运用。此"多"是在攻防"技法精"的基础上而说的。如此，才最有攻防实用的价值。否则，没有技法精纯，攻防招法会得再多，也无用。

熟。是指攻防机制、招法的"运用"要纯熟圆融。因为较技攻防的施手用招、施招用手之变化，全凭见境生情、随机用势，亦不容思虑，思虑则寸步难行。故而前贤认识到这一点，就提示了很多能纯熟施手用招、施招用手攻防的方法，例如，拳不离手，曲不离口；拳脚要常踢耍，算盘要常拨拉等。所谓熟之用，就是在较技攻防时能够见境生情的顺势而变，随时而用，因势而发，自自然然，顺随为法。但要知道，在熟手、好手、巧手、妙手、神手五种攻防功夫层次艺境中，又有各自攻防功夫层次艺境"熟"与"不熟"的区别。所以说用欲熟，是修炼传统拳术攻防之道由始至终都要追求的艺境。

驭。是施手用招、施招用手及时到位、恰到好处的概念。有人认为是"疾速"，而此"疾速"的解释应该是"不迟缓"。自身内外各部位器官的动静有序，皆不犯"迟缓"之病；与对手攻防的施手用招、施招用手，亦不犯"迟缓"之病，便是"驭"的概念。故在谈"疾速"的施招用手、施手用招攻防时，不是指自己的动变之绝对速度，而是与对手的相对速度而言的，正如诀言："动急则急应，动缓则缓随。"传统拳术攻防之道中解决"速度"的基本法则是："意在人先，形随其后"，固有痛动速度变化规律可以求得，即你来我往，便是同动的精髓之所在；"退取速则迟，进取迟则速。"乃是同动速变的具体运用方法，这样解释，才是"驭"字所蕴涵的真谛。

如果认为"驭"就是疾速，疾速就是急招快打，急招快打就能胜人，这是片面的认识。因为，传统拳术攻防之道运用的基本概念是"近打远"，不是"快打慢"。否则，就不会有"动急则急应，动缓则缓随"的施手用招、施招用手之法则了。

古人"驭"的概念，是指相机之动，莫要迟缓。传统拳术攻防变化中的抢机夺势是要有一定速度要求的，也是在"意在人先"的前提下完成的。而这抢机夺势的速度之运用，要无过不及、恰到好处才见功夫，才见效果。通过上述分析，理解前贤论"驭"的运用之含义，知道拆拳用招时"不迟缓"便是了。如果有人认为是"疾速"，也是恰到好处的意思，这乃是正确的认识。

狠。是"不假"的意思，坚决、果断、不留情面；非凶狠残忍之狠，非狠心之狠。狠，不是快，不是猛，而是动不容情之真的意思。因为，施招用手、施手用招稍容情面，用招施手不狠、真，人立我跌。一方面说自身攻防能力，另一方面是指施招用手、施手用招时该出手就出手，要果断、坚决，不犯犹疑之病。总之，不是发狠心之狠。否则，不会有"和颜悦色真刚毅"之拳诀的说法。如果施招用手、施手用招发狠心，必定产生太过之病，反有被对手利用而失败的可能。分析其失败的原因，此乃"资敌屈辱"之过失也。"善战者不武"，就充分地说明了狠不是狠心。在传统拳术较技攻防的实战中也可以体会得到，快速出手用招而又发狠心必然会心浮气躁而头重脚轻、气喘胸闷，时处此种状况，自己已有败相何能言打呢？所以，理解前贤论手搏之道的五法，应以"技精、法多、熟用"三法为根本，只有具备了此三项功夫艺境，才能更好地掌握攻防节奏之快慢，才能更好地运用"虚惊、实取"的虚实变化，才能及时、果断、坚决、不留情面地给对手以狠狠地打击。

下面我们再看看唐顺之先生又是如何认识此五法的轻重关系，这对习拳者来说是大有好处的。

唐顺之先生说：两个手技精的拳手一起较技，而攻防招法变化多、攻防技法多的拳手易胜；两个拳手的手技之精，变化之多，攻防技法亦多而相当时，同场较技，是手技精、变化多、技法多而又运用熟练者易胜；而两个手技精、变化多、技法多而又同样运用熟练的拳手同场较技，出手用招疾敏快捷者易胜。此疾敏快捷者，是指出手用招的切机适度、不犯迟缓而言；同样条件，用招出手坚决、果断而准确的胜。

通过上面的论述可以知道，前贤论拳强调拳术功夫中的手技要精，变化方法、攻防技法要多，运用又要纯熟，只有在此基础上，才能谈快、速、狠的用法及发挥其应有的攻防制胜之作用。

谈谈关于"发力"问题的对比

现代人言拳论艺，必谈及发力，而在唐顺之先生论拳谈艺的由始致终，即修炼和至用及相互的比较，丝毫没有谈到发力的问题。只说了"实取"二字，而实取又要与虚惊之法相配合而用，才能战胜对手；在谈到"势"时，论到用时"变无定势，而实不失势，故谓之把势"，也未谈及发力的问题。是唐顺之先生不知道发力、不懂发力吗？不能这样理解。因为，发力的问题在拳势之中已然存在着，只有把握好相机用势之机势，发力已在其中。其实取之势，就是此机势。前贤研究传统拳术攻防之道时总以拳之机势而立论，势成者，即实取之机势已成者，发力已经完成了，以机势论用，故不见有发力之说法。

而今人论拳谈艺，却以发力言机势。虽自练时，自觉发力有势，而在与人较技运用时，不能"势正招圆，圆机活法，伏机待动"，又做不到"变无定势，而实不失势"的把势之功夫，是因为身内没有"伏机"之机制，故发人不出，反被人制。因其将拳势和发力本末倒置了，以此方法修炼传统拳术攻防之道，怎么能修炼出"把势"的好攻防功夫来呢？故应研究拳势功夫，发力问题自会迎刃而解了。

习拳者能够自觉地按手技欲精，法欲多，运用又纯熟，把握好战机，用招出手果断、坚决、不留情面地循序渐进，自然能在较技中有虚有实并有似惊实取、似取实惊的妙用，运用自身变无定势之功夫和不失势之艺境，必然攻防招法实施善变无形又无穷，不疾而速得真宰必然善于把握战机而时时处处站定有利之势，这就是传统拳术攻防之道的拳脚"把势"功夫说。舍此无二途。

虽然现代散打选手依此而修遵此而练，但能得此精髓、真谛者少见也。如散打比赛中，常出现出拳击人未中，自己跌扑在地；用脚踢人，对手闪过，自己却摔倒在地的现象，皆为不知变无定势，而实不失势，故谓之把势的功夫艺境所指为何！虽然以手技欲精、欲多、用欲熟、欲驭、欲狠的五法为用，但未能明此五法的练用精髓及其内在本质的联系。

唐顺之先生最后说："数者备矣，乃可较敌。"明确提出了一个拳手应该达到技精、法多、应用纯熟，而明变化节奏之快慢，再知道果断、坚决、不留情面的稳准之施招用手、施手用招，才具备与他人对阵较技的功夫。由此可知，现今散打比赛时，拳手参赛资格的首项是"体能"，这是考虑运动员的安全。作为一个散打运动员和管理部门，千万不要忽略对拳术攻防技能、智能、武德的考核。否则，散打将成为斗力的竞赛。但如何处理好技能、体能的关系，是每个习拳者、散打教练和管理部门不可忽视的问题。提出调整计划，给予正确的引导，而使散打运动向"技精、法多、应用纯熟"的方向健康的发展，才能最终体现传统拳术攻防之道的民族风格之特色。

再以前贤的"用力"之说法，来对照"发力"说法的精义。为以资对照，录而并解之如下：

用　力

周身用力，逐一细推❶。头若顶千钧，颈如搬树转❷，下颏如龙戏珠而挺出❸；肩臂如铁，浑坚而陡来❹；前手如推石柱，后手如扯拗马❺，前脚如万斤之石压，后脚如门闩之坚抵来；臀如坐剪夹大银，身如泰山无可撼❻。此周身用力之妙，摹神设想之巧者也❼。

此"用力"条目所述乃是身法功夫之内容，这其中有两层意思。一是自身攻防之机体的建制问题，是"体"的内容；二是运用此攻防机体于攻防中的问题，是"用"的内容。然此论的数条内容，皆"体、用"混合如一立论的说法，取其简捷尔。古拳谱中多用此法立论来阐发传统拳术攻防之道的修炼、建体、至用的精旨妙谛。故读谱者要从此段论述中分清"体、用"的概念，则明白传统拳术攻防之道的"建德体、至道用"的"本末"关系，则修炼和运用的关系也就分辨清楚了。也就知道此"用力"条目是以"形拳招熟"的攻防机制体系来说明的。也就明白"练拳始练形"的拳诀之本义。修炼传统拳术攻防之道的功夫，首先要从"形拳招熟"的攻防功夫艺境开始筑基。虽然"形拳"者，后天之功，也要以先天之神为体用，方可以相机御变，极致神知。说明了修炼形拳招熟的攻防功夫，也要以"内气"调形、用形，这就是"用力"的实质，依本拳经所言：夫气者，力也。拳家之根本，借乎气之足则力亦足，不可乱出。那调整外形也是遵从"意气君来骨肉臣"之宗旨的。明白了这一点，再看具体的调形、用形之内容，就不

三、技击

会理解成是纯外形之筋劲骨力所能为之的了。也就能明白此"用力"条目内容，首先是说如何用"意"进行"身法"的调整；其次才是运用的内容。

注：
❶ 其开篇就讲周身规矩的确立，身法的调整，需要逐一仔细推敲明白，才能练、用无误。这是从身法全局观点来谈自身攻防机制、工作秩序、制度程序的建立问题的。下面依次看其对具体内容的详细论述。

❷ 首先说正头的方法，头为一身诸阳之首，头正则身正。此言头、项之功夫，头正者何？百会置头顶最上位置，谓之头正。乃《内功经》所言头正而起之意；《纳卦经》所言"头项效法乎乾，取其刚健纯粹"之论；正是《太极十三势歌诀》中："尾闾中正神贯顶，满身轻利顶头悬"中的"顶头悬"功夫境界的写照，才能有头的领带全身之气形的作用。而此"头如顶千钧"中的"如"字，用得巧妙，如"头真顶千钧"，就成了用力之僵拙的病拳了，王芗斋先生言："第二层功夫境界，头如巨石压顶之感，项竖顶直之功也。"也是说颈项竖直，百会乃为头之最上顶端，自然千钧之力压不塌。"头如顶千钧"说得是颈骨节节开张、对正竖直之效果，并非用力去顶的意思。

故必须如此的头正之顶头，还要将头"悬空而置"。这样，就要颈项松静自然，似有若无，才见"头若悬空而置"之"顶头悬"的功夫；才能真正做到"颈如搬树转"即身法左右旋转自如。说明颈骨节节开张，将百会置于头顶最上端，则头正。颈骨上连百会，下通脊柱，只有"虚领顶劲"方能头不动而身子自能左右旋转自如，以利攻防变化之用，但又不失"头如顶千钧"之意，如此，方能一神领起全身。

"头若顶千钧，颈如搬树转"句，就是对"顶头悬"三字功夫的写照。由此看出少林拳法和太极拳法功夫宗旨、理法的一致性和共同性。从古至今，传统拳术各门派、拳种对"头项"功夫艺境的认识、练法和运用法则皆是一样的，只不过是文字语言表达的方法、角度不同而已。

顶头悬功夫之真假，如何测知？即中盘架坐马，顶头悬做好，让另一个人双手叠压在百会穴处，垂直向下施加压力（所加的压力适度为好，以免误伤了初练拳者的颈椎），让对手感觉自己的头无上顶之势；但加压力者，虽向下的压力逐渐加大，却有压不下去，无济于事之感，但自己却能双肩及身子左右转动自如。如此之证验，乃真"顶头悬"之功夫也。也就是本拳经所描写的"头若顶千斤，颈如搬树转"的"顶头悬"之功夫。其左右转身自如的用法也就同时谈明了。这样就可以在较技中"头端面正眼勿闲"的始终审视对方之虚实动静变化而无误了。

❸此句是补充说明上述"顶头悬"之功夫状态的。本应是"下颏如龙戏珠而'顶'出"。自然无误,但此句语言有"下颏挺出"之理解上的误导之弊病存在。如以"龙戏珠"之相貌立论,龙以下颏戏其颈上(中)之珠,其顶自然(上)挺而出。经言无误,但曹焕斗先生后面所补画的人物姿势之相貌,大多是下颏前挺出之形态。这样,造成许多观读此谱的人,提出种种疑问。我今日辨明论清。此经谱论述正确。但要以"尾闾中正神贯顶,满身轻利顶头悬"论"体"法的内容成分多;以"头若顶千斤,颈如搬树转"说"用"法的内容方面多。这样来加以理解拳诀,肯定是领会无误的。尤其是"颈如搬树转",基本上皆是说"顶头悬"功夫在较技攻防中之妙用的,进一步又说明"顶头悬"中的"悬"字之妙用。"悬"字的要意在于颈椎的竖直、虚领。竖直,就是收下颌、耳后高骨上提形成的;虚领,乃是颈椎竖直后,颈椎骨节的轻轻向上拔长,劲意致百会止,颈部肌肉松静自然。上述两项内容的组合之融会贯通就体现了"悬"字之精旨妙义了。也符合拳论:"下颌微收,竖项,百会上顶"的竖项正头之意思,以成"头统乾之体,乃有全身之总领"的作用。

❹陡字,除内劲的浑厚之说以外,乃指身法的肩与胯合、肘与膝合、手与足合的规矩而言。如果肩手和下盘的胯膝足不到位,不可谓之"徒",乃成观音崖的病拳姿势了。此句是论"肩、膊"之用力法式的。"浑坚而陡来"何谓"浑坚"?浑者,浑元功夫之简称;坚者,坚融之简称,功夫也。古拳论云:"浑之为体也,纯而笃静;其为用也,动而多玄。即曰纯静。以其本乎天之一,养气于至清;则乎地之一,融精于至宁;此于艮之一,涵神于至灵。是统神、气、形三才于一致,内而精气神无少缺欠,外而筋骨皮一息坚融,至是则内空灵,而外灵便。此浑元功验之所以然也。"

可知此"肩膊如铁,浑坚而陡来"是针对发人时的自身之内气、外形,柔外刚中匹配如一的"接骨斗榫"之坚而言的。正是"骨节要对,不对则无力"的意思。如要从防守化解立论,乃是"融",即外形节节贯串的柔若无骨之状态。然此两者,皆是"沉肩坠肘"之功夫形成的。有了沉肩坠肘的功夫必定具备"肩撑肘横"的攻防之劲势,也就具备了"肩膊如铁,浑坚而陡来"的发人之势了。

本拳经亦有妙论:肩为一身之先锋,宜带靠而陡来,宜下与膝相对,不可过于膝,亦不可不及于膝,至若偏闪,更要灵活为要;臂乃一身之门户,宜狭不宜开,开则身法涣散,敌人可揭可挑,而我之身难保矣!宜以气应之,臂力使上,则气吸而上;臂力使下,则气降下;臂力开,则气随身法以相转,不可使孤行为要。由此两段论肩膊之运用,可知"如铁"二字,非指"力"之大小,乃指内劲之坚固而言,但要灵活使用,善变为法,才是真功夫。"陡来"二字,乃"直立

三、技击

而来"，即"上下要合"谓之陡。此论乃由肩膝上下相合立论的，与肩胯合的说法并不相悖。肩为地才，膝为人才，以肩靠而论，肩不过膝，乃以人用地，是为正法。"俯肩一靠破铜墙"的靠法，就是肩不过膝的以人才用地才的法式。亦有肩胯相结合的靠法之运用，更为奥妙。

浑坚而陡来，就是发人时的"接骨斗榫"之刚落点，亦是着力鞭开的艺境，乃发人、放人之整劲的意思。

从前面的论述中观看前人论拳，每多从攻法入手立论，将防守方法含蓄其中而论出。故读谱时读到此处一定要联想到"柔弱无骨"的化解功夫，方谓之全面，理解了拳谱立论的精旨妙谛。能如此者便是为善读谱之人了，能以文观法，就可读谱习拳了。能读谱习拳，前贤之真传秘诀的精髓尽得矣！功欲大成艺境，指日可待矣！

❺拗马，即不驯顺的马。能扯住此马，是需要一定定力功夫的。以定用手即此意也。

肩膊浑坚而直出。要分前后把手。前出击之手如推石柱，为去势。后回守之手如扯烈马，使之不能逃离，为来势。后手六分力，前手四分力，此乃"对争"的"势去意来"之手法。此推石柱、扯拗马，皆自然力也，即外形依法修炼脱拙换灵后的"内外相须，一而贯之"的机动变化灵活之劲力也，是名自然力。故自然力具有"紧而不僵；松而不懈"的攻防动变随机用势的能力。

"如"字之用，乃"如"好似之解，此亦是说"软为硬"之拳势。如两手前后互换，则挫摩即在其中产生。而此句的前后手皆为实取的方法。两手攻防互换，以不动之腰脊催动，再加丹田内气催灌以及落步成招之势，则是发人、放人的基本方法，亦可为虚招之用。

❻前脚掌的踩劲、斜后直上的力柱抵达大椎骨处止，名曰"撑柱"与下面的伞柱合之谓"人字架"。脚后跟的蹬劲，斜前直上的力柱抵达前额双眉间印堂穴处止，名曰"伞柱"。前言头项、肩膊、手、腰以上之法，此乃说腰以下的胯臀、膝足、身势之法。上下分别论述，实乃合一而用。论拳不得不如此分别论说，但要合一而用。

双腿步法之疾步站势，先看"腰"的作用，即"身之枢轴者腰也，腰要灵活圆熟，直鞭坚固，况力皆从腰出，气亦由腰所运，一曲则气阻力闭，上下不能相通矣"。

再看膝的作用，即"下盘之门户在膝，宜平分内裹，不可外开，若开则足尖亦开，下盘必不密矣。要在略带压下跪势，仗身坐至将平即住"。此即《纳卦经》所言："由前面观两膝若并，由后面而视宄（guǐ）尾若有所凭，比胸塌腰，既不失之前俯；坚膝合步，又不失之后仰，总以阴静为主。"此法不必拘，要在能者变用耳。但要避免腰曲无力等种种失真，方为得法矣，熟练方得其精义。

两足前后一立，身子放置在两脚中间，劲势前三后七、前四后六或阴阳对五，由己之习惯而调整。裹膝内扣，撑裆开胯，要在略带压下跪势，仗身坐至将平即住。前脚掌踩劲的力直上至颈后大椎处止，此乃"前脚如万斤之石压"的"撑柱"之意思；后脚脚后跟蹬劲之力直上至前额两眉间印堂穴止，此乃"后足如门闩之坚抵来"的"牮柱"之意思。后胯托前胯，逼胯以坚膝。双脚敷平，此正是"人字架势"立定，身体如同泰山，势重如山，无可以摇撼得动。如身心空灵，自然飞腾变化，身轻如羽。则拳势攻防变化的轻灵如羽，势重如山，自能随机用势任意挥洒自如了。

"臀如坐剪夹大银"，由于前后两脚的"人字架"结构、前后足的虚实转换是由臀胯的前后起落决定的，而前胯与后胯的中间犹如剪刀"剪切"一样，故以"臀如坐剪夹大银"来描述。《纳卦经》说："两胯须分前后，前胯用力向上，后胯用力向下。"即"后胯托前胯"之势，亦有后胯提而前胯落的前虚步之用法。照此，则知"外胯鲤鱼打挺"的胯发劲之做法了，此乃发劲用力之一法。

❼用力者，名象也，此乃无力之力者也。既不力自力之力者也，全在意到则气到，气到则力自生之力也。正是摹神设想之巧者也的精义所在。头如顶千斤，颈如搬树转，肩膊如铁之坚，前手如推石柱后，手如扯拗马，人字架之站势。自然身法松静沉稳，坚固如山；再加以内劲在腰下至双足间的松沉为主宰，自然形成"上虚下实不倒翁"的态势。但要知道，此乃描述以定用手的瞬间之身法；其变化运用，另有一番景象，全在闪法变化应用中。

以此周身"身法"为攻防之用，亦是此"用力"条目中所立论之法式，此即场中自身身法之切要也，是攻防成手的身法功夫之基础功夫内容，传统拳术攻防之道的修炼、建体、至用的全部核心内容皆以此为开始。故习拳者对此条目中所论的修炼、建体、至用之内容，绝对不可忽视之。明此者，是谓之善于习拳练艺之人，即是悟性极高的人，只有这样的习拳者，功臻大成艺境，乃为易事者。

上述周身"身法"用力之妙处，是在神为非人力也。虽说"用力"，实是"神意"到处的设想之巧妙也。故而，上述诸法皆谓之"摹神"设想之巧设者也，即有内劲功夫的心想事成之所为也，皆内景象成真的真实功夫尔。此言已经泄漏了拳术身法功夫之天机，明者观此文，便可得此周身用力之妙法，传统拳术攻防变化之巧就蕴藏在此周身用力之妙法中。说是周身用力，实乃周身用意之妙。拳法云：神到意到则气到，气到则力到；在意则灵，在气则滞。如神意执著在用"力"上，难免会落入"筋努骨突尚气用力"之歧途，功夫艺境难于升华

三、技击

矣！用意、用力之区别，应从"气力和力气"中加以区别，此乃传统拳术攻防之道的内家拳法之尚巧和外家拳法之尚力的根本分别之所在。每一个修炼传统拳术攻防之道的人必须做出选择；选择正确，才能有修炼功德艺境之正果。

（五）实作

（1）拳击一道尚精神，内要提，外要随，手脚齐到法为真；意要远，气要催，拳似炮，蛇倦身，应敌犹如火烧身；充华必强骨，饰貌须表真，计谋须远划，精神似劈雷，心毒称上策，手狠方胜人；何谓闪？何谓进？进即闪，闪即进，不必远求尚美观；何谓打？何谓顾？顾即打，打即顾，发手便是处，力如火药拳如弹，灵机一动鸟难飞①。

（2）敌不动，我沉静，敌微动，我先发②。

（3）不动如书生，一动如龙虎，发动似迅雷不及掩耳③。

（4）手要灵，足要轻，进退旋转如猫形；身要正，目敛精，手足齐到定要赢；手到步不到，打人不得妙，手到步亦到，打人如拔草；上打咽喉下打阴，左右两肋在中心；拳打丈外不为远，近者只在一寸间；手出如巨炮直冲，足落似大树栽根；眼要毒，手要奸，步踏中门，钻入重心夺敌位，即是神仙亦难防④。

（5）鹞子入林燕抄水，虎捉羊群抖威风；取胜四梢均要齐，不胜必有怀疑心；声东击西，指南打北，上虚下实，灵机自揣摩；左拳出右拳至，单手到双手来，拳由心窝去，发向鼻尖前，鼻为中央之土，万物生产之源，冲开中央全体皆靡，两手结合迎面出，自然把定五道关，身如弓弩拳如弹，弦响鸟落见奇鲜，遇敌犹如身着火，打破硬进无遮拦⑤。

（6）推手时心须保持自己中线位置不受侵犯，还须用最大能力控制对方中线，双手永不离对方鼻口部位，意如牵牛任我所为⑥。

（7）推手时更需注意步法夺位，往往进半步或退半步，即足以将对方击出而并不在于手臂动作之大小⑦。

（8）力发出是在一刹那间，在有形无形、有意无意、有定位无定位、整体局部、自动被动，具体而微，使力时多半是举、抗、推、旋、搂、劈、钻、刺⑧。

【题名解】

这里的"实作"存在三个内容，一是修炼过程中的"喂手、盘较"的操作，谓之操练；二是与他人拆手变招的实际操作，谓之"手谈"；三是与他人攻防较

四 权

　　要择心性相投，为喂手之助❶。要彼此盘较，必以真心，不可偶倦❷。要规过劝善，各勿嫌忌❸。要常演习，更不许依强凌弱❹。偶或较力，凡无可奈何时，与外门较，当谦卑自处，不许以艺凌人。心虚神完，慎中再慎，庶免致害。如其得已，还是勿较为是，己躬自厚之学也❺。

阐释：

❶此为修炼传统手战之道，继内功修炼内气的天得一以清；外功修炼外形的地得一以宁；自练法的运用灵神，浑合清、宁而为一的知己功夫有成之后。又一种为实战而能施招用手、施手用招的修炼方法，即"喂手"的训练。

　　所谓"喂手"，即有喂招、喂劲、招劲齐喂等数项细节内容。学者可从中体认各种具体攻防招法实战运用的含义、精髓及其相互转化变换的机制、要领。故喂手可由慢到快，由简入繁，最后达到快慢相间，繁简皆能应变自如。攻防实战的功夫艺境水平，是由此法而渐臻升华的，是修炼传统手战之道必须经过的路程。其重要程度如何？如果没有"喂手"过程的修炼，欲想得到实战的攻防艺境，几乎是不可能的。

　　传统手战之道的武事攻防之用，虽然是粗事，但要细磨。而"喂手"和下面要论的"盘较"方法，都是细磨的过程。只有通过"喂手"的知用和"盘较"的体认，方能获得较技攻防的真实功夫之艺境。此乃按法而修、循序渐进的顿悟之上法。

　　知"喂手"修炼方法、系列过程之重要，故能给自己"喂手"的人，必是心性相投者，只有这样的人才能作为自己"喂手"之助手。这是对"喂手"者的选择之权。助手得当，练习顺利。攻防功夫进展就扎实而事半功倍。故能给自己喂手的人，要由自己来选择。

　　通常一师之徒中，"喂手"者皆同门师兄弟来充当。然最初之"喂手"入门，皆由师父亲自喂手或由师兄喂手。因"喂手"是一个演示攻防技法细腻而需要持续时间较长的修炼过程，最少也要半年至一年时间，故需有相对固定的助手为妥当。也可由几个人轮流来充当，则效果更佳，这样可适应更多人的劲道和变化。

　　我当年在家乡随祖辈习拳时，皆由祖、父辈或兄弟辈等为我"喂手"和"盘

三、技击

较",历经了14年之久。深知此法练拳之妙不可言。今见《浑元剑经》中有此方法,故倍感亲切。深知传统手战之道的一脉真传之宗旨,练、体、用诸法,本真无二矣!

由于喂手的修炼,可使自己的攻防机制达到全面的建立和完善。攻防变化转换的避实击虚,顺势借力,有了更深刻的认识和理解。加强了对"曲中求直,蓄而后发,以柔用刚"基本动变方法的认识、理解和多层面的应用能力。彻底认识传统手战之道的以听探之良知、运用顺化之良能是为"驭静以动";顺化之中亦听探着是为"动中亦静",而合者就是"动静互为其根"的机制并立此为基本动手角技之法则,但必顺势借力才是良法。

总之,喂手系列方法、系统过程的修炼,是自身攻防实战能力的基础功夫时期。是以实战训练方法,全面理解、认识传统手战之道的体、用和理、法、术、功之精髓及其妙义。既能于实践,又能使理论与实践达到统一的时期,是对传统手战之道真正了解并能正确认识的开始之时。知道了喂手修炼系列方法、系统过程的重要性,也就知道给自己喂手之人的重要作用了。

应知,选何人为师,而拜之从其学艺,是行使自己的第一个权利。这是修炼传统手战之道首次运用自己的权利之时。然而,此四权之论,是在已拜明师学艺之后,如何修炼传统手战之道的"权"的再运用,即选择喂手之人的权利。自知自觉地选好给自己喂手之人,是非常重要的。但前人只讲了一个条件"要择心性相投"者,是极为精辟的见解。

❷前有喂手者的选择,喂手系列方法、系统过程的修炼。当喂手修炼的目的达到以后,喂手过程也就终了了。继之要进行"盘较"内容的修炼了。所谓"盘较",就是"盘拳过手,盘手过招"的近似于全方位实战的施招用手、施手用招的能力之修炼。此种修炼方法也是由慢到快,由简到繁,最后得到自身攻防全体大用的实战能力。

有了喂手、拆手变招之基础功夫的训练。就已经具备自身攻防动静变化的"外形自有疆界,内劲自有分寸"的拆手变招之不贪不欠的能力和攻防招法变化流畅之功夫了。故在盘拳过手、盘手过招的修炼过程中,自然具有"掐手"的能力。因为"盘较"的修炼过程乃是实手实招真用的修炼过程,如果不能"掐手",则会出现误伤对手的可能。故知"掐手"的功夫,是实施盘较修炼方法前必须具备的功夫。否则,不宜进行盘较的修炼。要想练盘较,必先明"掐手",才是顺序。

有了掐手功夫就得有助手配合。此时的助手,一般是由师父、师兄来担任,而师弟已不能胜任了。因师父、师兄功夫艺境高于自己,在盘较过程中能做到各种攻防招法的拆变应用,能够达到真盘实较的预期目的。由于双方皆能"掐手"，故在真盘实较的拆变过程中也就不会伤及对方了。故能做到点到而止，强化训练必能逐渐达到实战应用的攻防之艺境。不虚练者，此也。

盘较，必投以真心来对待，在整个盘较系统修炼的过程中，必然会产生厌倦情绪，但不可因此而中断修炼。一般情况是：厌倦、烦恼等情绪的产生期，正是："功进邪退"自身更新变化的时段，是"渐修"而不明，"顿悟"顷刻而知之的转化的外在假象。故修炼传统手战之道者，在各修炼阶段出现了厌倦、烦恼等情绪时，都要平心静气，理智地继续坚持修炼，数日后，便觉有顿悟产生，功夫升华之觉知。此即谓之："小明不灭，大明不明"之精义。亦是："有形不舍，无形不见。但见无形，不知有形。"可知"真心"乃妙明清静之道心；厌倦、烦恼，乃昏昧愚拙之"假心""俗心""凡心"。此"假、俗、凡"之心不退，则真心不明。邪不自退，必炼之使退，则正阳自立。正阳立，则阴邪不生矣！

可知盘较者，乃是通过此方法而能明白传统攻防之道的"体、用"之精髓妙谛的。尤其是运用"无为、无不为"之艺境。无为者，不先物为；无不为者，因物之所为。此乃传统手战之道练、用的基本法则和艺境。不经盘较之修炼，欲达"无为无不为"之功夫艺境，几乎是不可能的。此乃自己掌握之，故又是"权"的另一种体现。此乃四权中的第二个"权"的内容。

❸此乃"权"的第三个内容。说明在喂手、盘较的修炼过程中，双方要按规矩、法则检查彼此的不及和过分之处。但要用善良的心态和言语，以帮助、关心、爱护的态度进行解释。而规劝者要自己做出来既正确、又明显方可使对方不产生猜异而生嫌忌之心；而闻者要有规过悔改之心，才能不涉猜忌，不生嫌忌之心。此两者如此乃谓之"良友"。有此良师益友为喂手、盘较之武伴，乃习武练艺者一大幸事也。

❹是说明有了良好的武伴，就要按时按法常常操练演势"以柔用刚"的技术方法。才能纯熟各种攻防招法的应变能力，才能有熟能生巧之运用，才能有巧能生妙，于精妙之演势中渐而通神。先有神知，后而神明。功臻神明则可达到上乘的神化之功夫艺境。然此攻防实战艺境的不断升华之过程，之所以能够实现，不是取法于实手用招的"依强凌弱"，而是取法于"顺其势、借其力；让力头、打力尾；让，中不让"；充分发挥听探之良知、顺化之良能，使自身知能功夫达到最佳状态而体现出来的。直至达到"寂感遂通"的自动化艺境时，才算修炼手战之道的大功初步告成。而能达到"寂感遂通"的神明道通之艺境，持"依强凌弱"之心态和方法，是绝对修炼不出来的。因其是"旁门左道"的歧途，入歧途又何能上正道呢？更何曾谈到得正果呢？故此，"不许依强凌弱"是自己"权"利的又一次选择。自己修炼手战之道，不选择"依强凌

三、技击

弱"的心态和方法,那就必然会选择唯道是从的道本无为的"无为"法,自然就产生了"因物之所为"的用法了,即确立了以听探用顺化的"以静用动"的基本法则和"以柔用刚"的攻防技术方法。由此则能上道矣!此乃选择无争为争无为法式权利之体现。

虽然说传统手战之道的攻防实战之应用,是与对方争胜负。但用什么心态、什么方法、什么准则去争,这是分辨正确与错误的分水岭。如用无为的"无争之争"去争,就是传统手战之道所系统修炼的内容。如用尚气任力有为的"有争之争"去争,必然倚强凌弱,这是传统手战之道所不取之法尔。法不是,亦不能成功。拳诀云"造乎神者,方称为法"说得就是这个道理。

一个修炼传统手战之道的人,充分发挥自己选择无为为法的"权"之作用,就算是入门了,由此权的选择无为为法,就是踏上修炼的平坦之大道。由此行去,达到神明的神化之功的艺境就指日可待了。因此可见"权"之第三个内容的重要性。

❺真正修炼传统手战之道者,与人切磋较技是在所难免。此中包括较力、较技、较艺的三项细则内容。凡遇此相较之事,都是无可奈何之时、无可奈何之事。不管是同门内之人,还是与外门之人相较,当以"谦卑自处",即态度谦虚,自处学习者的地位与人相较切磋。态度不能傲慢,更不能自命不凡,盛气凌人,以己为尊。更不许恃艺凌人之上,使对方时处尴尬之窘境而自己得意洋洋,此乃轻浮之举动。

凡相互较技,必然会有胜负之分。然真得传者,虽然胜于对方,由于态度谦虚,地处学习之卑位,胜得除相较二人心中自知,就连旁观之人皆分不出二人之胜负。此乃善较之人也,此乃"不许以艺凌人"之深刻含义尔。

即自己达到"心虚神完"的大成之艺境,已然于攻防较技之中做到"周身光芒不断"之艺境。在与人较技之中,更要慎中再慎,一要莫伤害他人的身体健康;二要莫伤害对手的自尊心。功至此时,如能推托,又不伤对手欲与己相较之心,还是勿较为是。一是免去许多不必要的是非之产生;二是传统手战之道本是自己躬身修炼而自强不息之学问也,乃实战护身保命之功夫。乃自身护身之利器。况古人云:"国之利器,不可视人。"怎能将自身护身之利器而轻易视人乎!然"行家一伸手,便知有没有"这倒是真的。

我得家传"朋友三年,不可以言拳"之宗旨,正是深刻地体会到传统手战之道乃自己"躬身自厚之学"也的精义,也是"武不善动"之宗旨的体现。

这最后一"权"的内容,乃一生享用不尽之学也。能用此"权"者,可历练于江湖中,必能有众望所归之效果。此乃真得传统手战之道的体、用之精髓,明其真谛者矣。

总歌诀

数条戒律记分明❶，御敌心和气贵平❷。
若不如斯当致败❸，随机伸曲莫狂轻❹。

阐释：

❶此歌诀以精辟的凝聚总结之能力，阐发出了"戒律二十条、四宜、四忌、四勿、四权"的实用之目的。

《浑元剑经》之所论，乃实战的手战之道的学问。故在戒律条目中，有关实战体用的内容，几乎成为全部内容，而人品道德修养的内容方面，也皆为获得手战之道而确立。这样的习武戒律条目内容，在众家拳谱之中也是少见的。而在戒律条目的总结歌诀中，又明确地提出了以实战应用为核心的修炼原则，则更突出地表明了这一点：如何实战！这是难能可贵之处。

其首言"数条戒律记分明"，寥寥数言，然其数条内容的精义，已然在阐释中知之，已非寥寥，而见传统手战之道的修炼、建体、至用及攻防功夫艺境升华之内容浩渺无垠矣！

❷御者，顺其性而用其势，借其力而为我所用。以此顺势借力而能致胜的无为法式。必然要心平气和，心和则静，气平则虚，静则无不应，虚则无不灵。静则听探之良知无误，虚则顺化之良能必灵。神化之功的虚灵妙境，得之于"心平气和"。故拳诀有言"和颜悦色真刚毅"者，此也。此理可知矣！

❸不能心平气和，则听探之良知不能知之全；顺化之良能不能化之周，必出断隔之病，反被对手击败。此乃必然之理。拳诀言："拳有寸隔，见肉锋伤；腰无少主，终归狼狈"。此之谓也。

❹手战较技争斗，小则关乎胜负，大则关乎性命存亡之事。全凭听探之良知、顺化之良能的最佳状态之功能决定的，胜败和生死存亡，存在于瞬间毫发之息中，皆在随机用势的屈伸往来动变的瞬息毫发之间中发生，怎能是狂傲轻慢的举措中所能实现的。更不是倚强凌弱所能取得的。只有"心平气和"才能御敌而立于不败之地，只有顺其势、借其力，随其屈伸往来的顺从以为进退的四两拨千斤；逆力以为揭献的借力打人，才能游刃有余地战胜对手。多么精辟的见解和论断。一揭传统手战之道修炼、建体、至用之精髓和真谛。

总之，《浑元剑经》之门规戒律，已经将《浑元剑经》中的修炼、建体、至用及攻防功夫艺经升华之精髓、真谛点透了。至于如何具体修炼，继续观读其"浑元剑法内外篇原序"的内容，必然会更加清楚明了。

三、技击

此论已经将传统拳术攻防之道的修炼之"实作"内容论述清楚了,我们再看文章中的论述内容就容易明白了。

【注解】

①传统拳术攻防之道崇尚无形的法身道体,这无形的法身道体乃"心物一元"之存在,就是"天心为体,元神为用"之体用一元者也,此"体用一元"者,名之曰:"精神"。故而,内在精神要提得起,则一身无懒骨,自然外形能随之而动静,这就是手脚齐到方为真的精义;而意要深远,内气要催动外形,拳才似炮弹出之疾猛;只有柔弱无骨如蛇,才能善变无形又无穷,应敌才能犹如火烧身;充实浮华必须强骨,装饰外貌须表明真气的功能,内外统一才能谋略深远的策划周全;精神的发动似惊雷霹雳,心灵知之分明果断处之方称上策,因为机不可失,失不再来;手法要灵活稳准才能真切、方能胜人。什么是闪法?什么是进法?进就是闪,闪就是进,即闪即进,即进即闪,不必远求美观的姿势;什么是顾?顾就是打,打就是顾,发手便是处。不管是闪打、顾打,都要做到"气如火药拳如弹",才能具有"灵机一动鸟难逃"的攻防之威力。

拳击: "化乎一者,始谓之拳"的无形之"拳道"也;拳道的攻防技击之名曰"拳击",这与西方的"拳击"运动名同而实质不同矣!一个有形,一个无形之分别也。

精神: "人心灵、道心知"的"心物一元"的无形"道体"之"名"也。

②双方比武较技,对方不动,我沉着镇静以待之;对方稍微之动,我就要先发制人以胜之。

③不动如书生之安静,一动似猛虎,发动则迅雷不及掩耳之疾也!

④手法要灵敏不撄人之力,足要轻灵似生风,步法进退旋转如猫形之灵动敏捷,身要中正安舒,眼要敛精蓄锐,一眼照三关,手足齐到抱定要赢人的气势;如果手到步不到的不合,打人不得精妙艺境;只有手到步亦到的劲整之势,打人就如拔草那样轻而易举了;至于上打咽喉下打阴,左右两肋并中心的方法之施实,还要具备拳打丈外不为远,近者只在一寸间,手出如巨炮直冲,足落似大树栽根的功夫;真正做到眼要观敌清明,手法要奸滑无定而机准,步踏中门踩其位,钻入重心夺敌位,就是神仙亦难防范这种直截了当的凶猛攻击。

⑤运用鹞子钻林式进步入身,配和轻灵掠夺的燕子抄水式的善于多样变化的手法,好似猛虎入羊群之威风抖尽,然取得胜利还需要筋、骨、血、肉之四梢均匀其全为底蕴。如果这样施手用招、施招用手还不能取胜,必定是在实施过程中存有怀疑的心理状态造成的。不管是施手用招、施招用手的声东击西,指南打

北，自身上虚下实不倒翁的身法，施手用招、施招用手的灵动机制全凭自己揣摩把握随机而用之。例如，左拳出击右拳早到了；单手出击对方双手来管，拳就由心窝去，发向对手的鼻尖；鼻为中央之土位，万拳生化之源泉，冲开对方的中央彼全体皆都不是了；如果自己两手结合交叉迎面而出之，自然就能把定自己的上、下、里、外、中五道关口了；如果身中五弓连发，拳如炮弹落向对方身上，犹如弦响鸟落才见施手用招、施招用手的神奇妙用，而又胜得鲜亮；遇到对方身上犹如火烧其身，打破其防守门户硬进而没有遮拦得住的。

鹞子入林：鹞子穿林式，自古有之。也就是"千字裆里好翻身"的身步法法式，前贤有歌诀两首，为以资对照，录之如下：

一

左肩高提右肩垂，右肩高耸左肩低。
前冲后撞尖跟力，挟山超海名甚奇。

二

左手一领右肩进，右手一领左肩行。
首尾相应尖头力，气贯周身便有准。

燕抄水：形意拳中的燕子具有抄水之能，即轻灵善变的掠夺袭击手法。

四梢：发欲冲冠，血梢足矣；舌欲摧齿，而肉梢足矣；齿欲断筋，骨梢足矣；甲欲透骨，筋梢足矣。能此者，谓之四梢足。

皆靡：靡，古同非，不是的意思；皆靡，全都不是的意思。

打破硬进无遮拦：是由拳诀："硬打硬进无遮拦"的说法脱化而出的。

⑥在推手、打手攻防的始终过程中，不仅必须保持自己的"实中"这条线的位置不能受到侵犯，而且需要运用最大的能力控制对方的"实中"这条线，才是取得胜利的根本保证。双手永远不离开对方的口鼻部位，意思如牵对方的"牛鼻钳"则对方任从我的摆布。

推手："推手"运动是由太极拳门提出的一套理、法、术、功内容完整的修炼模式，所以，修炼、运用推手活动，就应当以此模式法则为准，否则，即不为"推手"功夫矣！

守中护中法辨析

中线：就是有形的中轴、无形之中枢的意思。人身有两个中轴，一是百会至会阴的垂直线，因其无形而有中之性，故而谓之"虚中"乃从阳五之数，故而其曰"阳之中";二是会阴、脊椎、颈椎、百会之一线,乃是有形之身的中轴,因其有形故曰"实中",即实际上能够摸得到,乃从阴六之数,故而其曰"阴之中"。攻防时,以自己的无形之虚中攻击对方的有形之实中;防守时以自己的实中随时要避开对方虚中的攻击,这就是拳诀"虚实实虚变换中"基本法则的精义,亦是"枢得环中,应变无穷"动手较技的基本宗旨。

有关攻防较技中的"守中护中""用中而得中之用"的"让、中不让"的"枢得环中,应变无穷"的法则之实施,前贤亦多有论述,为以资对照,录而并解之如下:

问曰:弱可以敌强,何也?
答曰:在偏闪腾挪。
　　偏闪空费拔山力,腾挪乘虚任意入。
　　让中不让乃为佳,开去翻来何地立。

阐释:

柔可以胜刚,弱可以胜强,这又是什么原因?存在什么道理呢?此乃直指传统拳学真谛,具有普遍性的意义。应该用什么方法才可以做得到呢?

此问题的提出带有普遍性的意义。初习传统拳术攻防之道者可能都会提出这样的问题。因为"强胜弱"是人们很容易认识到的现象。而先贤们在强胜弱这一必然规律基础上,专门深入地研究了弱胜强,即如何使弱与强向各自相反方向转化的道理、法则、方法、规矩、规律,而使弱者能够战胜强者成为事实。这方面的成果,是传统拳术攻防之道的理、法、术、功中极其骄人的核心之灵魂部分。然此"弱与强"是相对比较之说法,所谓弱者,乃指"柔外刚中"的内家拳法者。所谓强者,乃指"努筋突骨"的外家拳法者。正是古人所分辨明白者:尚巧者为弱者,尚力者为强者。这样,所谓的"弱"和"强"的所指,也就不易混淆了。此中再以四象分强弱,则无误矣!

答:道理是"无争为争",方法在于偏、闪、腾、挪。任何一个习拳者都会广泛地与人切磋较技,所遇者有强有弱。古人云:"遇弱可以力擒,逢强就要智取。"遇强如何智取战而胜之呢?原则是以"无争为争";方法在于不与之正面对争、直接冲突,不给强者以用强之机,如"顺其势、借其力;让力头,打力尾"。在"偏闪腾挪"法中求得胜利,以上便是以弱胜强的基本方法和准则,即先为不可胜,然后图谋之。正如老子所说:"反者道之动,柔者道之用。不与人争,天下莫能与之争。"拳道用柔,在不与人争,能以弱胜强的道理即在于此。何神秘之有?正如拳诀所言:"在乎用法莫蹉跎。"

偏闪的方法，就为了避开实力强大对手的攻击锋芒，造成对手攻势落空，这可使其巨大的攻击力量白白浪费。随着步法的腾挪，即可转身乘对手空隙之处由我任意而入，继而发招用手，可立胜对手。可知"偏"是避其锋芒，闪是贴对手之脚步而闪去，腾挪是继而闪进，闪去复又闪进一气呵成，体现了"避实击虚"的闪即打，打即闪，逢进必闪，逢闪必进，攻防同时体现的精妙之攻防拳法。此乃歌诀第一、二句说明的弱可胜强的战略法则和战术方法。

应特别注意，偏闪是偏移闪过我被击的部位，让过对方拳势的锋芒力头，而我的中轴、中枢是绝不能让给对手控制的，此即"让、中不让"。"中"必由自我心机控制，才能保证自身中正安舒，做到贴步闪的恰到好处，才能空费对手的拔山之力，才能即时以步法腾挪进身，从敌空虚之地进击。"让、中不让"，正是攻防施招用手的基本法则之一，谁能做得比较准确，谁就是运用偏闪腾挪以弱胜强的功法之最佳者，这就是歌诀第三句所表达的内容。

"闪"是避开对手攻势的锋芒，无隙而退；又是复来进身攻击对手，乘隙而进。步法的腾挪是身虽闪开，继又复翻而来，至其最佳击敌位置，站其位拔其根，跌翻对手。对手已跌，何有其立身之地！此为第四句歌诀"开去翻来何地立"之一意尔。

但我能偏闪开对手的攻击，复翻而来到攻击对手之地，而此地是有讲究的，步法战位不对，有反被对手击打跌翻之险恶存焉。虽在前面"偏闪、腾挪，让中不让"都做得皆佳，唯此翻来一步站位不当，也会出现贻误战机而失败的局面。故步法讲究"步要有眼"，步法有眼，则站位得当，才能站必是处。步法无眼，站必不是。然此"站必是处"，又有讲究；"站必有眼"，又有说法。站远者，手击；站近者，靠击；不远不近者，肘击。故知"站必是处，站必有眼"不单从"步法"来说，要与手法、身法上下协调一致中来立论。此意亦是"开去翻来何地立"的又一层意思，读谱又不可不知。

以上即从以弱胜强的基本观念而立的偏闪、腾挪、让中不让的战略法则、战术方法，即"尚巧不尚力"的拳术攻防功夫内容。而其必以"柔弱无骨而又内感通灵"的功夫为基础和"意气君来骨肉臣"为宗旨方可用得出、用得妙。根据良轮先生所著《张氏短打拳谱》中记载有："斜步躲影、缩步躲影、卸步躲影、横步躲影、直步躲影"五步躲影的技法内容，皆属于偏闪腾挪发的内容，即属于半步打法的技法范畴。这些内容，在后面"五步躲影"条目中再详细解说，读者自己可以前后对照研读。这样，对"以弱胜强"之技法内容有个全面的认识和了解，便于针对性地修炼，以利于攻防技艺的提高。

所谓的尚巧，主要内容就是"守中护中""用中而得中之用"的"让、中不让"的法则的施实得当，以下所论的内容无不含此论述尔！

⑦推手或打手时更须要注意步法的偷步站位、夺位，往往进半步、退半步，就足以将对方击出而并不在于手臂动作的大小。这就是劲整的打法之高效率的说法。

⑧内劲的发放只是一瞬间的事情，在有形无形、有意无意、有定位无定位、整体局部、主动被动，具体而微细奥妙，运用内劲时多半是擎举、催抗、摇推、拧旋、顺捋、落劈、钻翻、掠刺等基本攻防技术的综合动作。

【点评】

实作的内容，不外是打手、推手两项内容，要修炼出全部的攻防功夫能力，关键是"意气君来骨肉臣"的法则不能变，才能陆续地升华而达到神明艺境的"感而遂通"的艺境。否则，必误入歧途而不知矣！看看心意拳门的《心意拳诀》《交手法》论中是如何说的，自可与王芗斋先生所论内容做一对比，两者有无异同，心中自然明矣！为以资对照，录并解之如下：

心意拳诀

要诀云："捶自心出，拳随意发。总要知己知彼，随机应变。"

心气一发，四肢皆动。足起有地，动转有位。合膊望胯，三尖相照。或粘或游，或连而随；或腾而闪，或折而空；或钻而翻，起落纵横，攻守进退。心意气内三相合；手与足、肘与膝、肩与胯，外三相合。手心、足心、本心，三心；头、身、手、足，四体，三心四体一气相合。

拳打五尺以内，三尺以外；远不发肘，近不发手。不论前后左右，一步一捶。发手以得人为准，以不见形为妙！发手快似风箭，响如雷鸣。出没如兔，亦如生鸟之投林。应敌似巨炮催薄壁之势，眼明手快，踊跃直吞。未曾交手，一气当先；即入其手，灵动微妙。见孔不打见横打，见孔不立见横立。上、中、下总一气把定，身、手、步规矩绳束。手不向空起，亦不向空落，精明灵巧全在于活。

古人云：能屈能伸，能柔能刚，能进能退。不动如山岳，难知如阴阳，无穷如太仓；浩渺如四海，炫耀如三光。察来势之机会，揣敌人之短长。静以待动有上法，动以处静有借法，借法容易上法难，还是上法最为先。

交勇者不可思误，思误者寸步难行。起如箭钻落如风，手搂手分向前攻。举动暗中身合，疾如闪电在天。两边拨防左右，反背如虎搜山。斩捶勇猛不可挡，斩梢迎面取中堂；抢上抢下势如虎，类似鹰鹞下鸡场。翻江泼海不须忙，丹凤朝阳最为强；云背日月天地交，武艺相争见短长。

步路寸开把尺，劈面就去；上右腿进左步，此法前进。进入须进身，身手齐到是为真。发中有诀从何取？解明其理妙如神。

鹞子钻林莫著翅，鹰捉小鸡势四平；取胜四梢要聚齐，第一还要手护心。计谋施运化，霹雳走精神；心毒称上手，手狠方胜人。何为闪？何为进？进即闪，闪即进，不必远求！何为打？何为顾？顾即打，打即顾，发手便是处！

心如火药拳如弹，灵机一动鸟难逃；

身似弓弦手似箭，弦响鸟落见神奇。

起手如闪电，电闪不及合眸；

击敌如迅雷，雷发不及掩耳。

五行本是五道关，无人把守自遮拦，两手束拳迎面击，五官之门关的严。左腮手过，右腮手去；右腮手过，左腮手来。手从心内发，捶向鼻前落。力从足上起，足从地下起，足起快时犹火作。

五行金木水火土，火性上而水就下，我有心肝脾肺肾，五行相推无错误。

阐释：

我们练的这门拳术，简称"心意拳"。所谓"心意"，就是"意自心生，拳随意发"。心意拳一切修炼、至用的总纲领，就是"知人知己"，也即《孙子兵法》中所言"知己知彼，方能百战不殆"。因为，传统拳术攻防较技，只有知道对手的实力，再根据自己的功夫，才能提出相应的对策。先站在不败之地，然后才能谋取胜利，这也是传统拳术攻防较技的常识。就是"以知用能"的功夫，所以，总要做到知彼知己的懂劲功夫，方能随机应变地自然而然。

不管是自己修炼攻防功夫，还是与对手比武较技，心机一动，中气内发，头、身、手、足四体皆按序同时而动，足之起落有一定的地点；膝起多高有一定的尺数；身法的动转有一定的角度、方位；两手臂攻防一起运动，但要与胯膝足上下、前后、左右的方向相一致，即上下相随。足起手落，手起足落，方合法度。此就是"合膊望胯"的精义。只要拳势之形一现，必要攻手的三尖相照，就是鼻尖、手尖、足尖上下三点一线。而拳势的静式、动式及变化的始终过程，都要做到三尖相照，才是形正气顺的法式，才能够保证整劲的周身一家之攻防艺境。不管拳法运用粘游、连随、腾挪、闪展、折叠法的起落钻翻，还是身法的起落纵横之攻防进退变化，或掤或捋，或挤或按，要时时处处做到心与意合，意与气合，气与力合的内三合和手与足合、肘与膝合、胯与肩合的外三合；同时要手心、足心、本心之三心，头、身、手、足之四体，三心四体一气而内外相合，才能发挥自身应变机制的功能，才能在攻防运动中全身上下、左右、内外、前后同

三、技击

时运用，头身手足相互协调配合。这就是三心四体合一气内容之精义。

一旦动手较技，拳势的威力在五尺以内、三尺以外皆可以有制胜的效果。当然，这须要疾步、垫步、纵步运用得当方能奏效。基本法则是：距离远则不发肘，近距离则不发手而用肘、靠法胜之。谚云"远身用手，近身用肘"就是此理。但不论对手在自身前后、左右哪个方位，一步一捶是最好的打法。虽有一步三捶的说法，那是一捶不能奏效的补救之法。发招用手妙不妙是以能不能把人击出、打的范围准而又有出手不见形是为妙手。因为出手人能见着，必有防招破解反被他人借用之弊病。故谚云："手见手，必定有；出手不见手，神仙都难走"，皆是阐明出手不见形之艺境的。发手能打得奏效，对手又不知如何被打，真可谓妙手妙哉！发手快似风、疾如箭，再发声助拳之威势，说明发招用手干净利索。"拳打五尺不为远，寸间发人不为近"是说双方较技要把握好施招用手、施手用招的距离，才能做到远能打，近能打，不远不近一样打。不管远近，不管向对手的什么部位打，手动步必动，步到手能到，用步法调整发招用手的距离，哪还有对手距我的远近之说。

出手用招向着对手的要害处便发，真是哪顺就打哪，没有选择具体部位的必要。这就要自己做到身法、步法、手法三法协调一致，攻防进退发手用招就要像脱兔一样行动迅速而又轻灵敏捷；闪展腾挪，让力头打力尾，就像小鸟在树枝间飞行一样巧妙灵活，在对手的攻防拳势间寻隙变动；威猛的发招拳势就像用重炮轰击薄墙壁一样，要有砸塌、捶透、击垮、摧毁的力量和气势。这须要心明、眼亮、步疾、手快，才能认准目标，果断出击，勇往直前，像饿虎扑食一样使物不能逃。

双方较技，未交手前，首先要在气势上压倒对方，如上阵交手，就要顺其势，随其变，机动灵活地施招用手、施手用招，才是最妙的策略。不要去攻击对手失于防守的微小空虚之处，要向对手横面发动攻击，因为侧身扁形才是对手最薄弱的要害之所在。这就是选择攻击方向的大法，这就是"见孔不立法，见横立法"发招用手的法则。后人据此而有"见虚不打见实打"的说法，实际上是一样的。

传统拳术攻防变化如同兵家战术变化一样，敌变我变。正如吴殳所言："我无所能，以敌为体，如水扬波，似火作焰。"才能出乎其意料之外，攻其无所准备之所在；要乘攻击之势袭击其枢机大本之所在，或乘袭击其枢机大本之所在而严厉打击其有生力量；做势之时，有虚有实，所谓惊法者虚，所谓取法者实也。或似虚惊而实取，或似实取而虚惊；上述之攻防法则，都是贯彻避实击虚，取本求末之无为法式。如遇众围欲出之，拳势如龙灵变，用力不见力而山莫能阻；似虎快利，出爪不见爪而物不能逃。拳出如矢，迅雷不及掩耳；神形一片，来无影,去无踪,一阵清风疏忽;如逢单敌,拳势似巨炮直轰崩炸之势,何能不胜!

要使上述战略战术得以实施,浑身上、中、下三节要由一气贯串,上下相随,周身一家;身体要用虚中把定,手法、身法、步法三法合一的上下相随要由腰控制而用,足要由膝控制,手要由肘控制,内外皆由心机控制,就像身内有一条绳索约束着一样,全身没有牵扯吊挂之处,没有游形离位之所在,即是处处合规矩绳束的道理。绳,乃天绳,即中、心,乃自身一切都由中心、中枢控制。故而,拳以得人为准,手不向空处起,捶不向空处落,就能做到"上手势就是下手的预备势",自然是实实在在的起也打人、落也打人,才能提高命中率,击败对手。起打好似龙卷风,对手好似飞蝶而跌出;落打犹如震地雷,对手如墙倒塌跌翻在地。精神敏捷,招法巧妙,全在于攻防机制灵活多变,正所谓虚实之用妙存乎人!全在一"活"字,顺随其变化而用招法,不活焉能做到?形体应当似水流,就是具备灵动艺境时的"活"字的写照,也是自身太和一气贯通的状态。

古人论为将之道时说:与人交战,能进得去贴身靠打,亦能闪得开立于不败;能柔和化解对方的攻势,亦能坚刚攻击发得人出。能进,进为人所不及知;能退,退亦人所莫名速。能弱,毫不主宰对方;能强,对手无不被我所主宰。不动其势静若山岳,敛神光,蓄其锐反朴归真,对手不知我之动静虚实,所向为何,揣度我就像欲知天气阴阳变化一样费解。谁知我确蕴藏着像天地一样的无穷变化呢!内气擎举全身,就像充满了粮食的大仓;胸怀平静,犹如四海之浩渺无垠。眼亮,能洞观局势微妙变化之势态;心明,能察对手之拳势的优劣;神明,能知对手之所欲为。眼、心、神明,犹如天上日月星三光照亮世界一样,能察知对手来势之时、之路、之位;能揣测对手的短处、特长,自能针对性地制定扬己之长,避己之短的战略方针以胜敌。双方交手较技,执静以观其变,以待对手之动。待其出招用手一动,我便上手用招顺其势、随其向、击其背以发之,此乃接人之招势"上手"的方法,可不给对手变招换势的时机,是上法的法则。一旦对手借机变招换势,自身虽动,但要神清气静与其变招拆手周旋,要顺其势、随其变、借其力而发以胜之。明白了这些内容,然后可以讨论传统拳术攻防之道的修炼、建体、至用及攻防功夫艺境升华等更为精妙细致的内容了。一般来讲,双方动手较技,交手过程中借力法是容易把握、容易运用的技术;但是,初交手时对方一出手用招,自己一上手施招,便能顺势借力将人发出以胜之,这是比较难于掌握的技术,也是难于把握好时机的技巧功夫,前贤由此得出"借法容易上法难,还是上法最为先"的诀言。

如果理解成,动手打静之对手为"上法";静用借法以制住动之对手,不能说没有道理,但与传统的"一出手,便有其气之偏,不能面面俱到。直出者无横力,我截其横;横出者无直力,我截其直;上出者无下力,我挑其下;下劈者无

三、技击

上力，我劈其上。斜正曲伸，无不皆然，此捣虚之法，攻其无备也"的动手法则不相吻合。后人所说的"一哼一哈见胜负"，之所以能一哼一哈就制服对手，将对手击败，这绝不是力大打力小的俗法，而是上乘艺境的借力发人的技巧，是静以待动的上手法之运用，能一哼一哈而胜人，不是"顺从以为进退的四两拨千斤"之泻力法，就是"逆力以为揭献的借力打人"之补结的对法。而此补、泻之法，只有借对手的拳势才能施之有效，乃是"上法"的借力之技巧尔。传统拳术之秘，即是"顺随"。修炼和运用，皆能执"顺随"二字为法，艺达上乘的"虚灵妙境"则为易事了。

双发动手较技，不可思虑胜负之事；不可思虑攻防招法对与不对、是与不是。如犯思虑之病，必然分神而不能集中，攻防动作必然松散、弛缓，这已然先自失败了。传统拳术攻防较技的施招用手、施手用招乃是见境生情而出之，凭的是感觉。有感而应，应感而发，其拳势起如箭钻落如风，追星赶月不放松。故而，出手要疾，回手要快，连环手轮番直取向前攻击，不给对手喘息之机会。谚云："拳打一挂鞭""暴打连环气势雄"皆是此意。连环手各门都有，俗云"罗罗手"，又名"辘轳手"，例如，少林拳的"牵橡手"，属于水平轮连环手；太极拳的"云手"，属于立轮连环手；心、形意拳的"鹰捉"，属于斜立轮的连环手，又名摘打；压打，属于正前立轮的连环手。如反使又名"回车旋"，比较有名的是八卦掌中"三穿掌"连环手，谚云"好汉怕三穿"，即可知晓其手法之精妙矣！

各种攻防招法的实施，自身内气、灵神、外形内中外要合，手法、身法、步法上中下要合，也就是神、意、气、劲、形、中六合一统，还要与对手合机合势，才能发手用招疾如闪电，人所不及知。左右手"点打"防护两边，反背掌如虎搜山之势击向对手腮边。此乃上势"单鞭手法"的用法。正如诀言："左右单鞭任意行。"劈拳之势勇猛不可阻挡，膀部腕边尺骨劈打对手梢节，而拳头确迎面直取对手的中堂，即鼻子部位，此乃是"顾即是打"的用法。劈拳之势可有抢上击打面部的用法，又有托上下击的用法，其拳势一发，威猛之势如虎之雄风又好似鹞鹰下捉小鸡那样轻灵。皮打抖弹翻江倒海的招式随势而用，恰到好处是功夫。起也打，落也打，起落之打全在顺势而用。忙中就会出错，而耽误制胜之良机。丹凤朝阳手乃单手起而击打对手面门封眼的招法，或抢上、或抢外、或抢内，皆可随机运使，击必中的，所以为招法中的强硬手法。左手拳、右手掌，拳掌交加阴阳手。上有插花盖顶，下有古树盘根，天地两盘相交会，就是神仙亦发昏。但是，比较武艺功夫之短长，还不完全在施招用手上。二人较技，争斗是异常激烈紧张而瞬息万变，但能冷静处之，然有三法须知："未交手前，视对手为斜；搭手接招，使自己的虚中对准对手的实中；招法攻防变化，时时处处，我在中间，对手在圈外。"这三条就是高手艺境的功夫，交手较技能做到此，双方的长拳短打功夫艺境之高低，便可清楚地区分开了。

步法所进的路数、方位，是手法开寸离尺的根基。既然已起手开寸离尺了，连手劈面就打，先封对手的眼，让对手不可能战胜自己。进击上步时靠近目标的脚先进，或套，左有狸猫扑鼠连八下，右有迎门三不过；或插，上有插花盖顶、扑面掌，中有腰斩石人的研手、钻心捶，下有进步指裆捶、撩阴手。不管是套步的进入之法还是插步的进入之法，都要进身，手脚齐到力增加，发人才能干脆，这是贴身靠打、进身发人用招的真传。然而，发人的技术方法尚有不传之秘，这就是：上打背发劲法，下打尾发劲法，中打鲤鱼打挺发劲法，双足虚实变换的一止为正全身发劲法。上打背发劲，脊如脱钩之势；下打尾发劲发，就是俗称的"千斤坠"的法式；鲤鱼打挺发劲法，就是后胯托前胯的逼胯以坚膝的法式；全身发劲法分正、侧两种法式：正身法就是"前足夺后足，后足站前踪。前后一直线，五行主力攻"。侧身法，就是"打人如亲嘴，手到身要拥。左右一面站，单臂克双雄"。全身正、侧发劲法，即轨迹拳学称"后趋逆行"法；大成拳名为"刹车力"法。然而，上述四种放劲发人的方法，都要步到位才能有效。实际上，所谓的"刹车力""后趋逆行"就是步的用法。"步如陆地行舟，虚似舵，实如篙，胯从退，一止为正"便是"力由足起"发劲放人的方法。能够明白上述四种发劲放人的方法，精熟之，在攻防较技中就能有其意妙如神的发人效果。但是，要在具体的攻防招法中实施，才见攻防功夫艺境。

攻防招法的动作，该紧凑时就紧凑，就像鹞子束翅钻入林间扑捉小鸟一样；该开展时就开展，就像老鹰捉小鸡一样。取胜的气势要发欲冲冠，舌抵前齿，齿欲断筋，甲欲透骨的四梢齐聚，才能神充气足地硬打硬进没遮拦，方成胜势。但是，要达到制胜的目的，还需要手脚配合得好。其中最重要的一点是双手放置于胸前，长短手臂护住自己的中心，又名中门，亦名中线。时空计算要周密，谋略要精详，上法、借法施招用手运化灵通，精神要充沛，斗志要旺盛，心要冷静，铁面无情私，手要稳而准，发势要干脆，这样才具备了战胜对手的机势，才有胜人之功夫艺境。

什么是闪法？什么是进法？闪与进本是一法中的两面，闪与进同时存在自身中，所以说闪就是进的根基，进就是闪法的直接目的，闪法、进法是自己一身两法的施用运使，动手较技就在自身闪法处求得进身之用，何必在远求呢？能做到闪即进，进即闪，只有自身形用半、劲用对五、中土不离位，才能运使得出来。当然，尚有吞吐、伸缩、拧转等诸法之运用。

什么是顾？什么是打？顾，就是照顾到了不受侵犯的部位之方法，要照顾好自己的眼前、手前、脚前，因为这三处若被对手侵犯，自己就处于被击的危险境

三、技击

地了。而能照顾好自己不被侵犯，最好的方法就是有力地打，用打法给对手以重创。所以说，顾就是打，打就是顾，发手便是处，何必他求呢？顾与打是统一的，只有给来犯者以重击，才是保护自己的最好方法。

上面从闪进、顾打两个方面分析了"化打合一"的施招用手、施手用招的基本法则。如何能用于以实现呢？必须是心机一发，气如火药，出拳如弹，疾射对手，灵机一动，鸟亦难逃。出手疾迅，当机立断，能做到此，必须身似弓弦，崩手似箭直射而出，犹如箭射飞鸟一般，弦响鸟落，即发必中的。起手如闪电，发之对手不及合眼；发人如迅雷，发之对手不及掩耳，强调了周身一家的整体动作要协调迅速。但是，不要忘记，让力头打力尾顺随之法的运用，这才是真功夫。

头上、下阴、左胁、右胁、胃脘中心是五道关口，是对手行拳用招攻击的五个方位，而每个方位又没有保护措施，只好自己设法防护，才能不受到对手的攻击。如何才能较完善地防护呢？两肘抱肋、两手收束为拳迎面由上向前伸出，一手长，一手掩心而置，放在中心位置，便可以中治外，很好地保护上、下、左、右四道关口了。但是，要想真正保护好五关之门，必须双手在胸前盘花环绕运动起来，才是最好的方法。云手、三穿手、鹰雄架、牵椽手等，都是很好的护门、开门之手法，各门派都有各自的开门、护门的特定手法。一个习拳者多知多懂各种门户手法，是大有益处的，较技时能更好地知彼知己，以利速决。

手从心内发，捶向鼻前落，但力是从足蹬起的。这就是"劲从足起，传于腿，主宰于腰，升腾于胁，运化于胸，发于背，过肩、肘达于手指的整体发劲方法"之出处吧！但是，发拳必须有步法为助才有威势。故起脚要快，也要突然。起脚之疾，好像踩到炭火惊起一般，又像火焰一般轻灵疾迅，拳岂有不快之理？此乃后人说的溅步之艺境。

五行的金木水火土，虽有上述部位之分位，还有火性轻灵上步之势的用法；水性松沉的千斤坠法；金性斧劈之势的肃降之用；木性的直如箭射之法；土性敦厚力大无穷之用。内气、外形、灵神浑化如一的浑元一气如土性之敦厚，上升如春肝性，涨如夏火性，肃降如秋金之性，敛藏之渺如肾水之性。心主血脉，肝主筋，脾主肉，肾主骨，肺主皮毛。心肝脾肺肾，自身各部位都有五脏之各脏所主，故修炼传统拳术攻防之道，以五行生克制化的道理推论拳理、拳法是没有错误的；按五行生克制化的道理推论动手较技的攻防技术方法、艺境，也是没有错误的。文章充分表达了作者对"五行学说"的钟爱之情。实际上五行学说是《易经》学说中的一个重要内容，尤其是中医对五行学说的理论研究、生理探讨、病理推求、临床辨证施治等，发挥运用得最好。在传统拳术中，心意拳、形意拳基本以五行学说为主要理论依据，在拳术中运用得最好。如果要研究心意拳、形意拳，应当先掌握五行学说、阴阳学说，才是捷径。

心意拳"交手法"论

占左进右，占右进左。发步时足跟先着地，足以十指尖抓地。步要稳当，身要庄重。捶要沉实而有骨力，去时撒手，著人成拳。用拳拳要卷紧，用把把要有气。上下气要均停，出入以心为主宰，眼手足随之去。不贪不歉，不即不离；肘落肘窝，手落手窝。右足当先，膊尖向前，如是换步，亦如是势。拳从心发，以身力摧手，手以心把，心以手把。近人进步，一步一捶，一支动百支俱随。发中有诀：一握浑身皆握，一伸通身皆伸；伸要伸得进，握要握得狠。如卷炮卷得紧，崩得有力。

不拘提打、按打、烘打、冲打、膊打、肘打、腿打、头打、手打、高打、低打、顺打、横打、进步打、退步打、横步打、截气打、借力打及上下左右前后百般打法，总要一气相随。

出身先占正门，此之谓巧地。骨节要对，不对则无力；手把要灵，不灵则生变。发手要快，不快则迟误；打手要狠，不狠则不济。脚手要活，不活则悼险；存心要精，不精则受愚。

发作要鹰捉勇猛，外静胆大，机要圆活熟运，切勿畏惧迟疑。心小胆大，面善心恶。静似书生，动如雷发。人之来势，亦当审察：视斜犹正，视正犹斜。足踢头撞，拳打膊下。窄身进步，伏身起发。斜行换步，拦打倒身，抬腿伸发。脚指东顾，须防西杀。足来提膝，拳来肘拨。顺来横击，横来捧压；左来右接，右来左迎。远便上手，近便用肘；远便足起，近便加膝。上虚下必实著，诡计指不胜屈，灵机自己揣摩。手急打手慢，手快打手迟。俗言不可轻，的确有见识！

起望落，落望起，起落复相随，身手齐到是为真；剪子股、望眉斩，加上反背，如虎搜山。起手如闪电，打下如迅雷。雨行风、鹰捉燕、鹞钻林、狮搏兔，起手间三心要对，捶落时三尖相照。

不动如书生，动之如龙虎。远不发手，双手护胸旁。左来左应，右来右应，此为捷取。远了就上手，近了便加肘；远了用脚踢，近了便加膝，远近宜知。拳打脚踢，头至把势，审人能教一思进，莫教一思停；有意莫带形，带形必不赢。捷取人法，审顾他形，拳打上风。手要急、足要清，把势如猫行。心要正、目要精，手足齐到定要赢。若是手到步不到，打人不得妙；手到身亦到，打人如薅草。

善击者，先看部位，后下手势。上打咽喉下打阴，左右两肋并中心。前打一丈不为远，近来只在一寸间。身动时如墙崩塌，脚落时如树栽根。手起如炮直冲，身动要如灵蛇：击首尾应，击尾首应，击中节而首尾皆相应。打

三、技击

前要顾后，知进须知退。腿动快似马，臂动速如风。

操演时，面前如有人；交手时，有人如无人。起前手后手紧催，起前脚后脚紧跟。面前有手不见手，胸前有肘不见肘。如见孔不打，见空不上。拳不打空起，亦不打空落。手起足要落，足落手要起。

心要占先，意要胜人。身要攻人，步要过人。前腿似跏，后腿似添。首要仰起，胸须现起；腰要长起，丹田须运起。自顶至足，要一气相贯。胆战心寒者，必不能取胜；未能察言观色，不察形势者，必不能防人。

先动者为师父，后动者为弟子。能叫一思进，莫教一思退。胆欲大而心欲小。"运用之妙，存乎一心"而已！

一理运乎二气，行乎三节，三节要停，三尖要照。现乎四梢，四梢要齐。统乎五行，五行合一气。明了三心多一力，明了三节多一方，明了四梢多一精，明了五行多一气。明了三节，不贪不歉，起落进退多变化，三回九转是一势，总要一心为主宰。统乎五行，运乎二气，时时操演，勿误朝夕；盘打时始而勉强，用功久而自然！诚哉是言，岂虚语哉！拳术之道，终于此而已矣！

阐释：

交手法，是心意拳门比武较技交手方法的基本准则，如何能够战胜对手，基本法则都在文章中简练地论述出来了。

双方交手较技如何占位，相当的讲究。对手右步在前，我就左步在前就近而进；对手左步在前，我就右步在前就近而进。发步时足跟先着地，继以足十指抓地；发招放人时，后驱动而内劲逆行，便能奏效。步法在整个运使过程中，松沉而又轻灵，保持身体上虚下实的不倒翁之态势，守住虚中，拳要沉实而有骨力。

此进步占位发招用手的方法，乃继承《易筋经·贯气诀》中"头手、二手、前手、后手"所论之法。未交手而聚气凝神，两手交拦胸前，看他哪脚在前，即贴近哪边身子，注意他转根，制住他臂根，此闪门之法也。陈式太极拳推手法中的步法，仍然保持这种"逆步法"式。由此可知，就近发招用手，是比武较技中优先选用的方法，明白这一点对初习拳者来说是非常重要的。

去时撒着手，乃是保留变化的方法。对方没有防护，成拳便打；对方如有防护，可随时随处顺其势转动手头而打之，可转为提、压、搬、拦等防守手法，以利于另一手的攻击。因为掌善于变化，拳头在灵活上不如掌，但在着身之瞬间聚气坚刚、势厚，是拳头的特点。拳头的威猛，掌指是不及的；然掌的灵活善变，拳是不可比及的；手指的轻灵、巧妙、神速，又是拳掌不可比及的，如功夫已就，戳打之威力足可使对手立败，如抹眉红手法。由此可知，传统拳法中的拳法、掌法、指法，都应当精熟之，方可于运用时信手拈来而又有制胜之奇妙效果。

"捶要沉实而有骨力"一说，充分地体现了当时拳术思想对拳法的认知。我们知道，拳势是由内气、外形柔外刚中匹配如一而组成。外形中有筋劲和骨力，《易筋经·贯气诀》中言："着人肌肤，坚刚莫敌者，形也；而深入骨髓、截营断卫者，则在乎气，可以分筋骨毙性命于顷刻，气之为用大矣！"而这里强调捶要沉实而有骨力，是防止为求运用内气而成松软无形势之病拳也，所谓沉实就是外形的虚空松柔和内气的沉静实在之运用。综合观之，此言强调明劲形拳招熟层次的以内气用外形、以形势用内气的"气形合一"之法则，此乃是传统拳术攻防之道的基本法则。

用拳如卷饼，握要握得紧，才能沉实有力，每手的施出，都要把把有气势。所谓"把"，是指自己之拳、掌、指的拍位、打点要有稳、准的效果，要能把握住机势，把握住局势。把，是对传统拳术中攻防手法是否有效而提出的技术之抽象概念，不是具体手法。势正招圆，乃是"把把有气势"的基础。初习拳者，理解"把"即为"有把握"的意思就可以了。

自身脐上如天，轻虚而灵；脐下如地，松沉稳健而实在。但是，实非满，虚非无，只在自调，即上下劲势要均停，并非上下劲势一样。以笔者的认知，下为五阴之三十，上为五阳之二十五。攻防功夫艺境不同，自身整体的虚实感觉就不相同，但是，上虚下实的比值是不变的。如一个初习功夫的人，计为一百一十之整数，则上有五十，下有六十，显然自我感觉是上虚下实的"沉重稳健"艺境；功夫轻灵后，整体计为十一，其上身为五，下身为六，表现的是上虚下实的"轻灵之稳健"艺境。谚云"上虚下实不倒翁"就是指此松沉、轻灵的上虚下实之体态的均停艺境而言的。

出入以心为主宰，此心者，本心也，即理心、道心。以此心为主宰，外形体以"中心"为枢，使外形体方圆变化有根底、有规律。此即前论"三心四体归一气"的阐述。如虚中，百会至会阴之中轴、身体之旋转、步法之运用、手法之方圆变化的"规、矩"，皆以此虚中为心；手足上下相随的运动，皆以腰为运转的中枢。有形者以中心控制，全身以本心所主宰，即"事中以治外"的法则。此乃由本心支配内气，使内气运行于形体之中，使形体外脱换为基础，在以各种攻防招法不断操练，使身体各部位以"中"或"心"为"枢"而建立攻防运转机制，最后达到神、意、气、劲、形、中六合一统的功夫艺境。此是心意拳所论述的"以心为主宰"传统拳术攻防之道修炼和运用的宗旨。

做到六合一统时，出手用招必能以心为主宰，而眼、手、足、身必然随之而到位，但要做各种攻防招法变化时，心不贪意不歉，才不会出现"过犹不及"的

三、技击

病拳。

肘与手有其各自具体的预备位置,用在对手身上又有具体部位,是名肘窝、手窝,在攻击与防守的过程中,又有各自具体的运行轨迹,这些都是拳法练用必须提到的内容。

攻防招法的形架,如右足当先而站,右肩在前,则右手为长,名前把手;左手为短护心,名后把手,护右前手,此为顺步式。尚有右步在前,左肩在前,则左手为长,右手为短护心,护左前手,此为逆式,前人称为拗步式;又有左肘与右膝垂直相合的十字手式。顺式、拗步式、十字手式就是古传的"一步三捶"的法式。所以,攻防招法的变化,就有换步不换身和换身不换步两种基本法式,其中有左右两面顺步式、逆步式、十字手式六种用法。

但是,不管以何种顺、逆、十字架式来运用攻防招法,拳从心发,运用步法产生以身体重量催手而整体发劲击人的法则是不变的。运用手的起落收放要由心机把握,而心机亦要由手的感知把握,这样才能虚实相须,内外一而贯之,故心意拳又名"心意把",也就不觉奇妙了,拳法攻防运用之妙,确由此发。自身要想整体进入对方门内,必由步法的前进来实现,为了与对手保持有效距离,必须做到一步一捶,即随其所动之方位而进步落点击发,能达到落步成招,是为妙境了。

运用一步一捶的连续攻击方法,必须保证上下相随,四体的一举一动,能按序随之以助势,乃是得手发人致远的诀窍。前面已经论述过的背发劲,落势尾发劲,外胯鲤鱼打挺,全身正、侧双足虚实变化一止为正发劲法,皆是发劲放人的绝妙方法。一收束全身皆能收束,一伸展全身皆能伸展;伸展就要伸展得到位,收束就要收束得根固。收束如卷鞭炮,自身形体要卷得紧,内劲展放才能有力度。这种内气外形束展的方法,适用于所有具体的攻防招法。所以,束展法或曰趋避法,不拘提打、按打、烘打、冲打、旋打、斩打、锛(bēn)打、肩打、膊打、肘打、腿打、头打、手打、掌打、高打、低打、顺打、横打、进步打、退步打、横步打、截气打、借力打及上下左右前后百般打法,都是适用的。但是,总要一气相随,才是诀窍。出手如能先占对手之正门,即抢中门,此之谓"巧"的运用,拳谚"脚踏中门,就是神仙亦难防"说的就是先占正门巧妙的好处。

全身的骨节要对,要有柔弱无骨、一气节节贯串的九曲珠功夫(骨节不对则拳势易断),才能保证攻防拳势变化轻灵活变圆通的柔行气;"接骨斗榫",即发手时形架的整劲效果,才能保证发劲时刚落点的效用。此柔行气、刚落点,都需要骨节相对。但是,柔行气,是利用骨节相对的连续性,保证变化内无滞碍;刚落点,是利用骨节相对的整体性,保证捶捶要沉实而有骨力的击打的有效性,即整劲、劲整的效果。

手把要灵活机动不攫人之力，才能有得人之准而又不见其形，不灵则攻防手法变化滞呆而笨拙。发手灵便能疾快而出之，但要适时即动才见妙用。该打不打稍一迟慢，则误失良机；举手应活如灵蛇，善变不拘。一旦不灵活，即可被对手所乘而有失败的风险；存心要有机谋而又果断，不然则出拳发招不准确，易落空处；手脚灵活上下相随，才是攻防动作迅速敏捷的根基；出手用招，存心要精细，要明白对手攻防变化的各种可能及相应防守反击的方法，做好还击的准备。如果存心不精细，一旦一厢情愿用手施招，便会被对手灵活变化之妙招巧手所愚弄而落败。出手之精，表现在攻击时换身发劲，对方不易化解。如出手带力而发，对手拆变可以利用；如果出手用招不用力，换身即发，对手防守拆变，我可随其变化而再用招法攻之，自可拳势攻击连连不断。此为存心精细之运用。故打手前出，后手要跟而相护，这是预防对手拆变而我能保留变化的方法之法式。如果前手独自深入击打对手，后手不跟随相护，这是两手不能攻防相济的方法，容易失败。故前贤总结"存心要精，不精则受愚；打手要跟，不跟则不济"。

发招做势要像老鹰捉小鸡那样，占有绝对的优势。但是，要做到外形体松柔而又安静，内要心细而胆大，自然神壮而拳势威猛，诀云："积神则威力猛"者，此也；自身攻防机制要能熟练地运作，心机还要精细敏捷，才能保证攻防招法的胜势，切勿从心理上畏惧对手而造成心机和形体攻防变化的呆滞、迟误，这是动手较技中极大的障碍。心精细而小心才能听探清楚，顺化明白而能面面俱到，才能防微杜渐；胆大，出拳势无顾忌，才能应变自如；面目要和善，显示出自己内外清静，虽然攻防变化紧张激烈，也能应对拆变自如，出手发招如美女採花，轻灵而又干脆利索。常言说，静似文弱书生，对方不惧我，而我又明耀如三光，可洞明局势微妙变化，察对手动势，应机合势，故而动手行招疾如迅雷之发，变如行云流水，连而不断。

人之来势，详细审察，来脉听真，脚踢头撞，拳打臂挤，肩靠胯打，宜侧身进步，合身齐进。或伏身而蓄，或起身而发，斜行换步，倒换身法，抬腿伸脚即发，脚指向东面而发，须防对手由西面施入的杀招；凡实施攻防招法皆要保持上虚下实不倒翁的身法态势，才能无后顾之忧。什么以强示弱，以弱示强；以远示近，以近示远；实快似慢，实慢似快；欲进示退，欲退示进。声东击西，指南打北；取上打下，取下打上；藏巧若拙，大智若愚。凡此诡计不胜枚举，全在临场应敌，灵活机动地揣摩用之。运用自如，精熟斯计，全在于平时练功用心之体认积累。虽是诡计施出不穷，全是符合大道之正眼法藏的法式。

拳势攻防有时也体现在往复打法之运用上，即重复运用一招的打一打二之法式，乃不二法门。再有就是起势之打，也要有落势之打的心机和机制；落势之打，也要有起势之打的心机和机制。此谓之"伏机"机制。有了伏击攻防机制，

三、技击

起落之势便可随时应机相互随之跌出而用。运用时一定要身手齐到，才是真正有攻防效果的施手用招的法式。各种身法，如纵横、进退、闪展、趋避、伸缩、吞吐、旋转等，皆如是法，非但指起落一法，而以起落一法而论诸法之运用的基本法式。

剪打、望眉斩手、反背掌，运用起来犹如猛虎搜山之势不可阻挡。起手疾如闪电，对手不及合眸；打下如迅雷劈物，对手应击而跌，不及防守；翻手风云覆手雨，闪电雷鸣齐交加，什么鹰捉燕、鹞钻林、狮搏兔，诸种攻防招法之运用，起手时要三心相对，落点时要三尖相照，才能气形合一而具有攻防之威力。

不动如书生清静自在，行招用手似龙腾虎跃，这就是攻防拳势动静的法则。而用招时，远不发手打，打上也无效果，反而容易让对手利用，乘势而发招用手，于己不利。双手长短护心旁，对方右手向我左侧击来，我左手起起而应之；对方左手向我右侧击来，我右手起而应之，此为快捷的取势用法。当对手已置身前，远点就上手击打，近了便用肘法击之；腿法亦如是，远了起脚踢，近了便提膝击之。如果是对手敢于贴身，上有肩靠抖搜，下有胯靠崩炸。拳之较技，远近招法之用宜应全知而又精熟，是明"全体大用"之方法。

虽说攻防用招表面看来是拳打脚踢，实际上，从头顶至脚底，由内至外，一气贯串，全由"心"把定总势之动静，审人度势，应手对战，宁要一丝之进取，莫要一丝之停断；高手用招，能叫对手长思进攻，因为卖了破绽，已经设下擒敌之埋伏机关了；莫让对手有一点停止进攻的打算，这才是好手的功夫艺境。即后人总结曰："引之使进，其不敢不进；呼之使去，其不敢不去，内劲一发，对手犹如摧枯拉朽一般飞跌而出。"各种攻防招法的运用，内虽然有意而用，但用时却不见形之所动，才能出招用手击败对手，而对手却不知我如何发招，此乃上乘用招的妙法。如出手用招带形、带象，对手已知在先，定会应招拆解，甚至利用我之形势而击败我。

巧取对手，须要审视照顾好地形，为我所用，为对手设置陷阱。如我在上风势头，对手在下风势头，则我高彼低，我易守易攻，而对手则难守难攻。地形利用得好，手法还要疾如风，足要轻灵敏捷，步法走动如猫之行走；心要放得正，则心机灵敏，自然能先知内外一切变化；眼要聚精会神，则眼精明，自然能洞察对手的拳势之短长，揣摩其动作的意图；再有手足齐到的用招之身法，肯定能战胜对手了。若是手到脚不到，自身游移抽扯，牵制吊挂，形势必然散乱，就是击中对手也没有效果，这是因为没有得到发人的真传妙法。手到脚也到，打人便如拔草一样容易，故有"落步成招"的口诀，八卦掌的"打人全凭步来转，站住便是落地花"，也是手脚齐到的说法。

施招用手、施手用招必定有落点，上打咽喉下打阴，左右两胁并当心，脑后一掌夺真魂,此都是拼命打法之落点位置,进击必取之地。知所击之位,前打一丈不为远了,因有横直纵步可助发拳之威势,距离全凭步法齐,其理也在此;近打只在一寸间,因有贴身靠打、腹肋靠打,则距离也就不为近了。知道方法了,发拳用招身法一动要如墙倒崩塌之势,整体射出,威力才猛。落脚时犹如大树栽根,才能稳健,有利于劲从足下起以助拳之威势,易见效果。手起如炮直冲到位,即直发者节贵短,所谓不钻不翻,一寸为先。身要如灵蛇一般:击尾则首应,击首则尾应,击中节而首尾皆相应。只有形体柔弱无骨,似水之流,方能做到。可见,心意拳交手诀,句句之精妙,而"身要如灵蛇"一句,更如画龙点睛一般,将传统拳法对身法形态的基本要求,表达得淋漓尽致。修炼传统拳术攻防之道者,应于此处领悟心意拳法的精旨妙谛,可入门上道,而不误入歧途矣!由此可知,交手法所言皆是在身形如灵蛇一般的基础上完成的。这才是领悟拳之精妙的入手之处。

传统拳法攻防,打前要顾及后面,知道向前攻打进击的诸种法式,也要知道后退防守的诸法之运用,此全凭自身圆机活法中"伏机"之法的实施得当,才能运用得有效。必须腿动快似奔马疾蹄,步法才能转变疾速;手臂又要动速如风,才能确保打前顾后,进退攻防自如。也就是:"头如波浪,手似流星;腰如摆柳,腿似疾风"的身法功夫,才能保证瞻前顾后,进攻退守运用自如。

要想达到上述各种攻防招法运用之精妙的艺境,在平时操练时,要面前无人似有人的空操空练,全在意想自身内攻防机制的建立及如何正确运作,各种攻防招法如何运用;体悟自身攻防机制及各种招法攻防变化之方法、准则、规矩、规律,熟之则技艺必精,然后功有所成。故而在与人交手较技时能够达到面前有人似无人之艺境,不为对手的身体形态、精神气势所动,自能左右逢源,有隙而进击,无隙则自退,势如行云流水,进则人所不及知,退则人所莫明速,能胜而不武。正所谓"成竹在胸"也!"练时面前无人似有人,用时面前有人似无人"这两句诀言,流传之广,影响之深,难所言及,而真能道出其中玄机者,凤毛麟角(如欲知其中练用玄机者,请观拙著《龙涎集·"练时面前无人似有人,用时面前有人似无人"精义解》一文)。

在实战较技时,起前手发人必要后手紧催;起前脚进步,后脚要紧跟而进,打人长身之势就在此中产生。对方从面前来手,不见其手,自己一手或拦或压、或搬或捋、或搂或採,另一手照对方要害就发手;对方从胸前来肘,同样如法炮制,对手无不迎击而落败,这就是以定用手的法式。另外,自己行招用手攻防变化,致使对方不可见之,胸前藏肘、用肘,亦令对方不可见之。因为不用不知,用便有手有肘,随机变化顺势而用之,其不知有之的缘故尔!拳谚云:"拳打两不知",就是言说此用招法则和艺境的。

三、技击

动手较技，性命攸关，胜败相系，必见高低，起手用招，讲究实效。故起手发招莫向非要害打，要向对手要害部位用招发手。为讲究实际效果，故前人总结有"拳不打空起，亦不打空落"的口诀（所谓要害部位，非要命部位。乃指"跌落点对就成功"的对方之"力背"部位）。

传统拳术出手用招讲求连而不断，活似车轮，拳势如风行，起落似浪翻，着人如火作焰。所谓"手起足要落，足起手要落"，就是后人总结的"上下相随，不可空谈"。左手起为虚，左足落为实，乃上手动而下足随之；配合右手落为实，右手起为虚，合为"形"的手足四象之虚实协调。左手落为实，左足起为虚，是下足动而上手随之；相配合左手落为实，左足起为虚，亦是手足上下相随的四象变化法则。这就是两仪之攻防的用法出招，必根于四象变化的法则而出之。为什么只言"手起足落，足落手起"，而不说"手落足起，足起手落"呢？因为交手法所论，皆是实手发招的发劲放人之法；对于化解的方法，则含蓄其中而又在口传身授中论明，故文字中只论攻手法之用而已。

在较技时，心要占先机、先知、先行蓄势带变，此乃对手无不被我主宰，是立于不败而能胜人的先决条件。意要胜人，是说交手较技不能气馁，因为胜人之制的关键在于气势旺盛，这是前贤早已定论的，即"两军相遇勇者胜""积气则神威势猛"。拳打脚踢下乘拳，是说单纯的拳脚相加，势单力薄。如果拳打脚踢齐相加是在身攻的状态下完成的，便是周身一家功夫之体现，乃真攻防功夫也！步载身手而进，凡以定用手、以重击中之诸法的实施，一定要步过人，才能有"站其位，拔其根"的催人立跌之效用，而自己有"过人之步"法为保护，可不自失。此法微妙，能用与不能用，艺境高低即分；效与不效，施出胜败立见。由此可知，拳之发与心意、身、步全体动静变化顺序及全体到位是分不开的，论说时文字连篇，运用时一瞬而过。修炼传统拳术攻防之道者能于此四法中明之，攻防艺境升华指日可待矣！

前腿似跐，后腿似添，乃描述步法的前脚微内横，膝踝垂直；后腿与前脚平行顺脚，后足根蹬劲，后腿劲意崩直的"弓箭步"法。首要仰起，即收颔，百会领而顶起，莫要低头，因为低头则神塌身懒而涣散；胸要现起，即胸部自然舒展，以利内气之入扶，如腰曲背驼凹胸，身必不直，下盘弓箭步没有着落。而将胸要现起理解为挺胸则是不对的。挺胸必气结在胸腔前部，动转不方便、不灵活，久之必弩胸结气，气不能入丹田中而身浮无根；腰要长起，腰下松沉下泛，腰上拔背而起，腰要竖直，腰助攻击手法则气可催手！因为腰为一身上下动转变化之枢纽，长腰则上下一气贯通，长起，非硬挺；"丹田要运气"一句，将前后文一气贯串。上边言形架，舒展松静为主，有利于气沉丹田，又利于丹田之气贯通全身。形架站好，自顶至足还要一气相贯通，即"精神贯注于空隙之骨节间"。

  自古有论："两兵相遇勇者胜"。习拳较技，胆颤心寒，如何能取胜呢？此乃不战自败；习武练拳，胆壮包身，心细如发，无所畏惧，勇往直前，此乃精神不衰之相。唯此，似嫌不足。还要能战，技艺精熟；还要善战，察言观色，便能审敌料事如神。如口吐狂言，言过其实，此必外强中干之人；色厉声噪，眉蹙而面严，此必暴戾之人，出手用招必然心狠手恶；身形魁梧，必是仗力势猛之人；外形朴实，神态安详，动作敏捷，丹田气足，语言不卑不亢，此乃身怀绝技之人，凡此种种，不一而足。与人较技，能察言观色，已识人者，必于动手较技之中防人在先，之所以无败，因其善知人矣！谁说习拳练艺只是打拳而已，前贤有言："拳术体万物而不遗。"

  传统拳术攻防较技有先动手和后动手之分别。能先动手者，成竹在胸，起手上步攻其必救之所，对手还招用势，顺随其势以击之，其必败；或上手就攻其要害之所，不容对手变势还招，迎击而败。此乃久经较技杀场之上等攻防技艺。上手进步一击必中，神手矣！后动者，待对手出招用手，顺其势上手用招一击而能胜对手者，亦为上等攻防手法艺境之人。然而先动与后动两者比较而言，先动者为师父，后动者为弟子，两者之艺境高低，前贤早有明论。然要说明的是：先动而上手进步用招，并非生打硬要之说法，亦是顺随用招为法则。因其技高一筹，善于察言观色，未动之前，料及对手之全身弊病在于何处，出手用招迅雷不及掩耳，动于无形如风行之势，一击不中，二击疾出，必是顺势随机而发，哪有不中之理。此先动之法，也是贯彻"要想伤人，必定借人力"的法则而行之。此上法之先动、借法之后动与前面所论"静以待动，有上法；动中处静，有借法"，是从不同角度分别论述上法、借法；先动、后动之用，如以先动的上手法、后动的上手法来论述，静以待动，乃后动的上手法；那先动的上手法是后文强调的用手先动的方法。此法也是借对手之势而用招的。前面说的"借法容易上法难，还是上法最为先"，乃言静以待动的上法是后动的上法。而此文说的是防人的先动之机势也是对手已露动势迹象而出之，故此，"先动为师"的说法，夜函静以待动有上法的艺境在内。一句话概括，即意在人先。能意在人先者，是为先动；不能意在人先者，是为后动。故先动者为师，后动者为弟，此言不谬。

  动手较技，能进者易胜，能退者不败，前贤之明论。后人对于进退已有口诀："进半步赢人，退半步不输。"平时练艺多思考进法，则必能精通进击法，也要精通退守法。但在动手较技中，能教一思进，莫要一思退，乃指闪展、趋避、腾挪、吞吐、伸缩等法中，"中"应与展趋吞吐伸诸法随而进之，是为思进

三、技击

不思退之法，后人总结为"让，中不让"。

虽然能明进退之法，但在进退诸法之中，上中下、根中梢三节各处的占位落点要不偏不倚、不先不后、无过不及，内劲、外形阴阳刚柔之势均匀，即形用半，劲用对五，中土不离位，不多亦不少，恰当却好。同时还要做到鼻尖、手尖、足尖的三尖相照，血、骨、筋、肉四梢要齐发，即发欲冲冠，舌抵前齿，齿欲断筋，甲欲透骨，才能发挥自身最佳功能，俗称整劲或劲整。用拳能达此艺境，实施"以定用手，以重击中"的方法就颇具威猛之势，克敌制胜就可轻而易举了。这是一种功夫艺境，非力大猛快所能比。

在传统拳术攻防较技中，明白了天地人三才、上中下三节的道理；明白了根中梢三节的"梢节领，中节随，根节摧"的动变机制；明白了顺发时，中节不逆根节，梢节不逆中节；逆收时，中节不逆梢节，根节不逆中节；明白了天地人三才部位的上下、左右、前后、内外相合的机制等内容和各种拳势的攻防之用法，就可以达到心不贪、意不欺的势正招圆、圆机活法、伏机待动之艺境，就能使各种攻防招法的起落进退有无穷的变化。

每个攻防招法都是手法、身法、步法按照"三才""三节""三极"机制回旋往复而成的"立体九宫"式拳势，即"三圆同心"所成之拳势，总要一心为主宰。

一心者，在全身乃言"本心"，即理心、道心；在身形，乃虚中；在四肢，腰为手足上下相随之中心；在内气，丹田为内气上升、下降、外涨、内渺、左旋、右转之中心；头为诸阳之首，内藏元神，一身内气、外形合一而用之中心。虚中，下有精户，中有丹田气海，上有神舍，本是人身动静变化之中枢；肚脐到命门穴为顺轴；两胯尖上之连线为横轴。这样，虚中之竖轴、横轴、顺轴，三轴连结之点，是名"天枢"，又名"太极之点"。谚云："冬至子时半，天心无改移"，传统拳术中此"天枢"又名"天心"；而在传统拳术中，灵神、内气、外形，三者浑化合一之拳势的内在机制，即法身道体，是为"心"，又名"中枢"。这就是"以天心为体，以元神为用"中体用一元的说法。有了此"心"为主宰，便能统一自身内外五行合一而用，就能运使自身中内气、外形合一而有拳势的束收、展放等各种攻防拳式招法之至用。每天都要时时操练演示，早晨的露水功夫和晚上的熬灯油功夫，即为"朝夕"功夫。

传统拳术攻防功夫的修炼，一开始盘招打势时，都是很生疏的，这时要勉励自己，坚持时日，便会熟而生巧，巧便得妙，妙心通神，神明便得自然之道。前贤有云"习拳练武，持之以恒，便有圣功之获"就是这个道理。然而，通观现今习拳练武之人，能做到此者，万不及一也，故艺能大成者，凤毛麟角，实不为怪。

诚者，天道；诚之者，人道。通篇所论交手的方法、准则、规矩、规律，乃诚心之所言，字字如珠玑，句句明至理。修炼传统拳术攻防之道者，逐字逐句通篇精心阅读细心品味，自明传统拳术攻防之道修炼、建体、至用之真谛；自得传统拳术攻防之道修炼、建体、至用之精髓；自达传统拳术攻防之道的上乘之虚灵妙境。拳学一道，千古圣传，吾岂敢虚语妄言哉！

以上"心意拳诀""交手法"论中的内容，都属于"实作"方面的内容，这是不容质疑的。明白了"实作"内容，即能知道"实作"同时具备着是操炼内容又是运用内容的双重性这个特点。同时也知道：王芗斋先生所论"意拳""大成拳"的内容，就是传统拳术攻防之道的内容，之所以大量地引用了古拳谱中的内容，就是因为其初入江湖南下的时候得了大量的第一手资料（姚宗勋语）。这可以肯定，王芗斋先生所论拳道与传统拳术攻防之道的修炼、建体、至用等内容没有什么不同，这是肯定了的。

四、力 量

（一）总纲

（1）劈、搂、搬、拨、撑、展、抗、横、抖①。
（2）顺、提、趟、扒、缩、滚、错、兜、拧②。
（3）沉、托、分、闭、捉、顿、吞、吐③。

【题名解】

此名曰"力量"的内容，古谱中皆称为"法"。每一具体的方法，就产生了独特的攻防作用和效果。而这些具体方法中又可以分为身法功夫和用法功夫，身法功夫为体；用法功夫为用。然用法功夫乃以身法功夫为基础，这样才能体用分明。不过，有些身法功夫的内容，具有"体用"的双重性，又不可不知道。故而，下面以身法功夫和用法功夫的观念内容来注解其每一个字的拳法含义。

【注解】

①劈者，落势法也；搂者，捋带法也；搬者，里合下落防守法也；拨者，里外遮拦手法也，如"长来短接易入身，入身跌拨好惊人"；撑者，内劲擎举自身之法也，如"肩撑肘横"和"膝要撑"；展者，舒展、展开的方法也；抗者，内劲、外形的里外靠吃法也，如"虎腕要争"；横者，肘要具备横劲，又是内劲横移的用招方法，如形意门横拳，出手横拳不见横之意也；抖者，侧身之谓也。

②顺者，自身"十三随"之通顺，施手用招、施招用手的顺随法也，即"拳有万法皆是假，唯有顺随一法真"；提者，精神要提得起，胯要提及种种具体的提法等；趟者，行步如趟泥之谓也；扒者，身、手、足的种种有形、无形的回带之法式，如手扒勾、足扒勾的勾绊技法；缩者，回缩法也，常与伸展配合而用；

滚者,用中拧转法也;错者,分筋错骨之劲势的用法也,即"逆力以为揭献"的法式;兜者,种种包容的法式也,其中可以变化出上扳下挽等诸种攻防技法来;拧者,"中"似静定不动的骨的拧转之谓也,分为手法、身法、步法及三法合一四种基本法式,如拧裹钻翻之拧也。

③沉者,息息下行之势也,如沉肩,松沉的千斤坠法式;托者,承擎的法式,如托打;分者,骨节开张谓之分,手法之分筋错骨之分和"分打"之分等;闭者,封闭自身阴面部位的防守法式和攻击对方的阴面部位的技法,如"闭阴撩阴"的肘靠攻击对方的胸、腹、下阴等部位的方法,皆谓之闭;捉者,捕、逮、抓、放等诸种技法疾快的运使景象皆是也,如"而其快也,活捉朝天";顿者,很短时间的停止:停顿。拳法中之"等"法的概念也,何为等?知隙而进之谓"等"的意思;吞者,逆回之势,气回吞吸之势者也,如"鲸吞蛇噬",常与"吐"并用,如"劲形吞吐之势"也;吐者,泻也,发出而不留之势也,常与"吞"合而用之,以成攻防之势也。

(二)分布

(1)头:撑、拧、顶、缩①。
(2)肩:撑②。
(3)肘:横③。
(4)手腕:勾、错、敛、抗④。
(5)腰:摇、旋⑤。
(6)胯:坐、挫、悬(旋)、提⑥。
(7)膝:撑、纵⑦。
(8)足腕:刀、叉、分、刺⑧。

【注解】

①头统乾之体,乃全身之总领。撑者,神贯顶之谓也,一神领起浑身无懒骨也;拧者,"头若顶千斤,颈如搬树转"之拧转也;顶者,虚领顶劲的"顶头悬"之谓也;缩者,百会劲意归中之谓也。"顶缩"之势合而观之,亦是外撑内抱之势也。

②肩要撑,乃指内劲致使双肩之形松而沉下,肩背部位的外形松静、劲势饱满成圆形之态式,这样,劲势就可以"贴背以转斗"地灵活运动了。

③由脊椎至肘尖部位，要有掤撑的劲势，谓之横劲。

④手腕为梢节，具备勾的功能，错综变化的功能，劲意收敛的功能，靠吃对手的粘连和发放的功能，发放的功能为"抗"法。总之，腕如半月，则力凑也。凑者，紧凑协调及时也。

⑤腰为一身上下左右转动之枢机管键部位，具备身法前后摇晃，左右拧裹旋转的功能。

⑥松腰坐胯根底稳健，左右胯的虚实转换犹如"坐剪夹大银"之势和后胯托前胯的虚实变换，谓之"挫"；旋腰转胯的拧转和步法进退的旋腰转胯旋转，谓之"虚悬"和"旋转"；一胯松沉足踏实，一胯虚提好变身，此虚提之胯，谓之提法也。

⑦膝，同欺也，欺身进步全凭膝之纵；站住便是落地花，全凭膝中内劲的支撑坚固尔。

⑧足踝，内劲的升降之根源所在。故而，刀者，足踝有里外刀勾的用法，即如歌诀所云："承手牵来将次颠，用脚一勾边自然，足指妙在勾身用，微微一缩望天掀。"叉者，双足踝有交叉而用，如挤步法、叉步法等；分者，足踝之处，可以分清双足的虚实，与叉合用，呈现步法开合的法式；刺者，偷步者也，有利于一身的到位攻击制胜之妙法也。正如前贤所云："偷步须要在有意无意之间，点步、站步、抵步皆从此出。"

【点评】

由此注解分析可以清楚地看出，"力量"一篇的内容，皆是"体、用"方法的论述，这已经毋庸置疑了。然而，要将"肩撑肘横"的问题实质内容讨论清楚，以备参考，录我一篇专题论文如下：

"肩撑肘横"和"沉肩坠肘"之关系解析漫谈

王芗斋先生在《意拳要点·技击》条目（8）中提出："肩撑、肘横、指弯、爪拧、头顶更多增强顶缩力，腰胯如轮，扭、挫、提、旋、交叉互换，膝纵足提，全身力如抽丝。"这里明确指定这些内容是"意拳"内在"形体艺境"和至用的基本功夫要求，属于"体、用"混合而论的方法。

其中谈到的"肩撑、肘横"，是技击时肩、肘应用的技术要点，又是练"站桩"时肩、肘的功法要点。但如何理解"肩撑、肘横"之体、用？而"肩撑、肘横"的功夫内容、技术要点和传统拳术中"沉肩坠肘"之内容、技术要点是否相同？这两个问题一直困扰着现在的习拳者，各抒己见，而又相互不理解。下面详细解说之，以释众疑，以便走近王芗斋先生。

首先，要明白"肩撑、肘横"的立意所在。芗斋先生在《习拳述要》一文中说："用意即是用力，意即力也。然非筋肉凝、紧、僵、硬和注血之力。若非用意支配全体之筋肉松和，永不能得伸缩自如、遒放致用之活力。既不能有自然之活力，其养生与应用（技击）吾不知其由何可以得。要知意自神生，力随意转，意为力之帅，力为意之军，所谓意紧力松、筋肉空灵、毛发飞涨、力生锋棱，非此不能得意中力之自然天趣。"

芗斋先生此段论述说明"意即是气，气即是意"。而按传统拳术说法，"气即是力，力即是气"。这就是芗斋先生所说的"意就是力，力就是意"的本义所指。如以《纳卦经》的"头统乾之体乃全身之统领"的传统拳学观念来认识，"意就是力，力就是意"之内涵精义就是"乾之体"！而"乾之体"乃健运不息的阳刚之性的"内劲"。此物乃"纯粹之精"也。芗斋在此段中又说"筋肉空灵"，乃言外形应当具备的功夫之景象。这就是传统拳术中的"外形之松静虚实自然，才利于内劲的运行以成攻防拳势运用"之意。对这一点，芗斋先生的认识是清楚的。这一点就是"意气君来骨肉臣"的传统拳术攻防之道的修炼、建体、至用之基本宗旨、精髓、真谛。而芗斋先生为表达清楚这一点，在此段的论述中，极力反对"聚劲凝形"的注血气之僵、横、硬、拙之力。其"然非筋肉凝、紧、僵、硬和注血之力谓之力"这个说法，就明确提出反对采用"筋肉聚劲凝形的暴发力"练拳术攻防功夫。明白了这些内容才是正确理解"肩撑、肘横"之功夫、技术实质的关键。引申地说，明白了芗斋先生的这段论述之精义，才能拿到理解、认识芗斋先生所论之拳学的大门钥匙。进门之后，方能品味到芗斋先生的拳学之精义妙趣。

而芗斋先生又说："而其结晶之妙，则全在于神、形、意、力之应用互为一致，内外相连，虚实相需，而为一贯。"

此段论述说明"神、意、力、形"中之"力"字，乃"内气、内劲"之意，可以明了。而此四字内主外从的"主从相互为用而又一致"综合体现在"内外相连"这四字中。而内外的说法，源于"内炼一口气，外练筋骨皮"，即"内气、外形"的一阴一阳之虚实说，才有芗斋先生的"虚实相需"之论，即"筋肉空灵"乃"外形之需"。而"精神要切实"乃"内劲"在体内独立存在而确实不改之"实"。内劲、外形的"虚实相需"，而内外则一气贯通。这与传统拳术攻防之道各门派、拳种中的论述宗旨是一致的，丝毫无有什么高低区别之处。

而传统拳论中论"肩"的功法时，皆求松活为尚。因肩乃手法攻防变化运用之根基，又关乎全身关节是否通活如一的始终。故苌乃周先生论练用之法时就有

四、力量

"活肩乃练拳第一打法"之说。只有肩关节的通透松活自然，才能内劲通畅而能达于手掌指部位，便于攻防手法变化而至用。而肩通常又与肩胛骨、锁骨并论为"肩关节"。肩胛骨又与背之夹脊部位通论为背，与上臂骨相连处为肩。这一点《内功经》中说得很清楚："贴背以转斗。"故各家皆有"背圆胸方"之功夫说法，以利于左右手攻防变化劲势之往来、手法形态之变化运用。

这样，我们理解"肩撑"之势乃是肩部筋肉空灵的外形和内气贴背的肩、肩胛骨、夹脊等部位的圆满之气势。这是最好的蓄势之肩的状态。按芗斋先生的说法就是"肩背部筋肉松和，而内充满了意力（就是内劲）"吧！即呈现"意力"圆满之景象。由此分析可知，其说"肩撑"之"撑"字，只是用"意力"而成之内景象的说法，绝非是肩部肌肉、筋骨拉伸的外形之形状。只用外形是做不出圆满"肩撑"来的。只有外形筋肉空灵，内劲充实其中，才能有"肩撑"之功夫景象，才能做到内力通达于外，又便于攻防之至用。

再说"肘横"。首先要弄清楚芗斋先生为何以"横"论肘之功夫，即其对"横"字立意是指什么含义？综观传统拳术各家之论，皆在身法中有"纵横"的正侧身法之论。在拳法中有"横拳"一说，用肘有"横肘"一说，然皆与芗斋先生所说的"肘横"之意不能相提并论。必另有一"横"之意，与"肘横"之意相同尔。原来，此"横"字，乃取意于《内功经》中所论"以一身而言：自（天）井（头）顶至于足底竖劲也；自背骨至于手头横劲。以一臂而言：自腋至两肩云门穴竖劲腋；自中脘穴转于斗骨横劲也。"此论充分圆满地谈明"肘横"乃由肩经肘到手的"劲之横"也，并非"肘"横置之"横形"也。故此"肘横"的劲之横自与"横肘"时击之横形，自有"劲势、外形"之差别。由此论可知，芗斋先生之"肘横"乃取"由肩至手的劲之横也"而立意的。当然，芗斋先生是否直取《内功经》而立其意，这并不重要。重要的是我们通过《内功经》之所言，弄清了芗斋先生"肘横"乃取"劲之横"而立意，并非"肘"横形之置也。此点一定要论分明，否则会将"肘横"的"劲之横也"的立意错误地理解成"横肘"的"肘"之"横置"也。就这一点，可看《王芗斋先生专集选》中插图二（"芗斋先生站桩时舒适得力之神态"相片），便可见芗斋先生桩法之肘非横置也，亦沉肩坠肘之意也，即肩撑肘横之象也。

再说"松肩坠肘"，又名"沉肩坠肘"。自从黄百家在《内家拳法》中披露了"拳法十四忌"，其中有"耸肩、脱肘"之二病后，凡拳师教拳时皆让初习拳者必须按法而修，而又必须做到"沉肩、坠肘"的。活肩、松肩、沉肩，皆是求肩关节的松透灵活圆润之说法，即"肩"的筋肉空灵之艺境，方可有肩关节最佳转动之功能、最大活动变化之范围和内空间，以利手臂之肘法、手法攻防的变化之用，又利劲势蓄发之往来。坠肘，是不管"肘"关节部位因攻防招式决定其所置的位置之高低，皆要求"肘"关节之部位要有松沉的劲势之坠意。一是下可与膝之提意相合，以成外形人才部位上下同气相求之合意，以固定外形之用；二是避免肘部上下动变时自己造成"肘"的轻浮无根或妄动而脱根。这样不利于自身手臂的手法攻防变化，也会造成自身上下变化的脱节或整体外形脱根。轻者让人托肘而掀开，露出胁肋部位而挨重击；重者可让人托肘而能将其掀翻在地。然"松肩坠肘"或"沉肩坠肘"的功夫正确时，对手如欲托肘，自然托、掀不动。就是反提的"高肘"之位置，或"肘与肩平"的"横肘"之位置，亦可让其托、掀不动，这就是"坠肘"之妙处。

总而言之，"沉肩坠肘"的功夫练成时，便可达到"背圆胸方，掩肘裹肘"肩肘动变蓄势的最佳状态。动变时攻防劲势圆活饱满的攻防至用能力，即自能内劲（内力）通达于外也，可从肩背以达肘手部位而能攻防之用。

如果以芗斋先生的"肩撑、肘横"与传统的"沉肩、坠肘"相比较而言，其功夫、技术等内容实质是一样的，此两者并没有孰优孰劣的分别。都是同论"肩、肘"的技术和功夫，只是说法不同而已。如要非说两者的区别在哪里，那么就是：芗斋先生的"肩撑、肘横"是内劲功夫的景象之描写，"沉肩、坠肘"是从外形形态状况而描述的。由此可知，"沉肩、坠肘"和"肩撑、肘横"都是在"肌肤骨节，处处开张""筋骨空灵"的状态下做出来的，都是为了外形最佳的动变状态，都是为了内劲蓄发通畅顺达，都是为了攻防能制胜。还有：练"肩撑、肘横"之立意，必有外形的"沉肩垂肘"之形象；练"沉肩垂肘"之方法，必有"肩撑、肘横"的劲势之意。故此说："肩撑、肘横"和"沉肩、坠肘"两者从功夫内涵、技术应用，从根本上讲就没有区别，也就不存在孰优孰劣的问题了。关于如何看待王芗斋先生论拳，以"肩撑、肘横"和"沉肩、坠肘"的相同与否的解析来看，知道芗斋先生论拳，总是不沿用传统旧说而另立新词汇来阐发其对传统拳学的理解和认识。这可能与其学拳经历、所处时代有千丝万缕的关系。

如果认为芗斋先生提出"肩撑、肘横"是为了对付拳击，是对传统拳术的"沉肩、坠肘"进行大胆的创新，而取的"肩撑、横肘"的高架势，那么这样认为的人即是不知道"沉肩、坠肘"具备着"肩撑、肘横"之体、用，而"肩撑、肘横"同样具备着"沉肩（松肩）、坠肘"之体、用。如果认为"肩撑、肘横"就是肘抬高而与肩平的肩撑之高势拳架，那么万籁声先生的"明暗各八打"的高势拳架乃是正宗传统拳术自然门的拳架。这又作何解释呢？如果芗斋先生碰到一个地趟拳的拳手，又取何种拳势之架势呢？难道芗斋先生以"海底针"势击打对手，就不存在"肩撑、肘横"之功夫、技术了吗？就以意拳、大成拳的"伏虎势"来说，只有"肩撑、肘横"的高势拳架，就没有矮身下势的"沉肩坠肘"之

四、力量

"伏虎势"了？按传统拳术功夫而论，"降龙势"乃上打之势，而"伏虎势"乃下捣之势。这一点，找本20世纪50年代的连环画《武松打虎》看一看，再琢磨琢磨，也就明白了"伏虎势"应当如何理解和演示了。

实际上，芗斋先生论拳和立拳之意，在我前面所引芗斋先生的话中已经表达得很明白、论述得很清楚了。其所论之拳学精髓，与传统拳学之精髓无异，其所陈述的体、用之宗旨、功夫之艺境，亦与传统拳学无异。既曰漫谈，那就再对比几点，以醒迷者之神志。古有"棒喝"一法，今天我也抡回大棒吧！

芗斋先生在《歌诀》中有"有形如流水"和"无形如大气"的拳势描述。如果找出处的话，就"有形如流水"一句，就有孙禄堂先生所说的"道本自然一气游，空空静静最难求。得来万法皆无用，形体应当似水流"。其中"形体应当似水流"就是芗翁的"有形如流水"之意思。根据孙、王二人的年龄、出道成名早晚推论，当不是孙禄堂先生抄袭王芗斋先生之拳论吧？何况传统拳学中"拳形如水"乃拳家从兵法中的"兵形如水"脱化借用而来的，而为拳家论说"外形拳势"之功夫。

而"无形如大气"的说法，芗斋先生乃从形意拳的化劲功夫——"形无形，意无意"的艺境中悟而化出的，亦经自身功夫之体认过了，也是从太极拳的"无形无象"之无极艺境的功夫说法中借用而来的。王宗岳先生所说的"蝇虫不能落，一羽不能加"的顺化粘走相生的功夫艺境，就给人感觉"无形如大气"一般。而在自然界中，只有在"大气中"蝇虫才不能落下而停住；一根羽毛虽轻，也不能停得住。我练功达到一定功夫艺境时，就有"虚其形质，以气势为用"之说法总结。当时也未知有"无形如大气"之论和"无形无象"的无极艺境之说法。只要练功方法正确，虽不知前人之论，亦仍可与前人功夫境界相同，可与当今之善者无异。当然这是指自我感受而说的，并非指较技实际攻防能力而言。

如果以芗斋先生所论的"良知"和"良能"来说，就技击攻防而言，也无非就是传统拳术中的"听探、顺化"两种功夫。"听探"就是其所说的"良知"，"顺化"即化打合一的功夫就是其所说的"良能"。而"听探、顺化"是太极拳门提出的技击功夫之内外能力的功夫概念，是本"心物一元"的传统文化思想在拳门中的具体定位。而"顺化"又是"顺其势，借其力，化而发之、击之"的简单扼要的说法。就拳之练用，"听探、顺化"已经表达得十分清楚了。而更早的剑谱《浑元剑经》中就有："驭静以动，动中亦静，动静互为其根"的听探之良知、顺化之良能相互为用的论述。

一个习拳者的技击功夫，首要是"听探"的良知。没有听探的"良知"功能，就不能有"顺化"的"触之即发"的"良能"之效用。只有触之即发的良能恐怕也要在施用的功效上大打折扣了，这是因为听探的良知是技击中"知己知彼"功夫中"知彼"之内容。而触之即发之良能，在某种程度上说，是属于"知己"的成分，即自己才能知道的内容。有了听探的良知，听探明白，知彼清楚，固然知道自己不能或没有发放击人之良能，尚可以"走"而不被人打，可以化险为夷。这就是"三十六计走为上"之精义，即能打就打，不能打就走，方可不被对手制住而败。此亦是"良知"的效用，听探功夫的价值。

而技击功夫中的"良知"之听探、"良能"之顺化，皆表现在"闪展腾挪、拿打踢摔"八法的实战运用能力上。即自身全方位、最节能的"全体大用"之攻防的听探、顺化之技能、功能，而就全方位来说，就有彼此之身法的手、肘、肩的内中外三盘，头、腰、足的上中下三盘，上、下、左、右、前、后之六路。这些内容，对修炼手战之道的人来说，各盘用法，各路进法、退法，运用击敌之法，破解之法，都应当练于平时，了然于心，身体运作精熟，才算具备了攻防技术及运用攻防技术的良知、良能，皆为功夫。

而良知和良能又是相互为用、相互根生的。有什么样的听探能力，就有什么样的顺化运用。只有顺化的良能运用得当，才能检验听探的真知。以此真知，才能依法强化自己顺化的良能，技击中的良知、良能才能逐步升华、完善，最终功成艺就，而能超凡入圣境。

现实中，一个手战之道的修炼者，不管习练何种拳，都要具备技击攻防功夫的"听探"之良知和"顺化"之良能，只有全面娴熟地掌握"良知、良能"的功夫者，才可以与各种类型的拳手交战较技。这种拳术功夫，才是传统拳术攻防之道的拳手之技击功夫。不如此，皆非传统拳术家之真功夫。不管习任何传统拳术、拳种的手战之道，皆是如此。

以此观点来分析、认识王芗斋先生，才是认识其拳学的方法。如果认为只有王芗斋先生对，而否定了传统拳术，那"捧杀"二字又作何解释呢？近年来，"捧杀"王芗斋先生的人还少吗！盲目吹捧王芗斋先生，扼杀传统拳术，是这些"捧杀"的拳论文章之特性。可这些"捧杀"的人，这些年来自己又得到了些什么呢？这些人为什么不从传统拳术攻防之道一脉相承的长河中来认识传统拳术修炼、建体、至用的功夫内容呢？为什么这些连系统地分析王芗斋先生所述之拳学、正确认识王芗斋先生所述之拳学精义者却寥寥无几。这些人之谈拳论道的文章，能让人首肯而信服者凤毛麟角，满篇皆骄横之气，真是让人可悲而又可叹呀！可悲者，这些猥知鲁莽之人，盲从而已不知！可叹者，真不知其拳学如何发展！我敢说，芗斋先生若能再世，看到其所述拳学遭此猥知鲁莽之人的践踏，也是怒而不可奋其言，痛而不知悲其声，目瞪口呆而已。

四、力量

（三）运用

（1）浑元争力：争力是无所不争，四肢百骸，大小关节，无处不争，所谓虚虚实实，松松紧紧，实际上就是争力，不争就使不出来，宇宙间无处不争，人身之四肢百骸，无时不争，总之即浑元一争①。

（2）大气呼应：使大气与人体有了呼应关联，一动一静，都能利用，使它有所反应，站桩日久，内部日渐膨胀，有与大气发生联系的感觉，这时就易入门了②。

（3）浑噩逆体：全身任何地方，都像没有空隙，处处都有逆力，从任何地方打来都不怕，没有很顺当的力量，但又极顺当，这也是矛盾中统一出来的力量③。

（4）动静互根：动静是一个整体，互为其根，所谓动即是静，静即是动，一动一静，互为其根，松即是紧，紧即是松，松紧紧松勿过正，虚即是实，实即是虚，虚实实虚得中平，也就是此意，作用力与反作用力起错综复杂的作用④。

（5）道放本同：力量不道劲（紧），放的力量也就不大，必须是道得劲（紧），放的力量才大，欲放先道，欲道先放⑤。

（6）有无统一：有无是一件事，有了这种东西才看见到它的没有，有形的东西，终究要消灭的，从有形的东西中，才可看见没有的东西，如果没有就不会知道还会出来什么东西。总之，有了就有没有的一天，应当活用，这与人情道理相同，自高自大的人，别人一定讨厌，越谦逊的人，越受到人尊敬。学术、物质、事情、人情，都是如此⑥。

（7）顺力逆行：手往后拉，力量就出去得远，手往前指，力量则往后来⑦。

（8）勾错刀叉：也包括有形无形两方面，就形象来说，出手如钢锉，回手如勾杆（实际上都还没动），全身如起了大波浪（谁也看不见），全身力量，毛发如戟，胳膊上好像处处有刀叉一样。这方面有时不易形容，其中还有精神力量的存在，无形就是一种意念的假设，不应该真的做出来，在有意无意之间不露形⑧。

（9）不动之动：外形不动，内部就动得越快，外部动得很多，内部反而动得慢了，其原因是不会动，所谓会动，也就是一动一静中能掌握住"动即是静，静即是动"的原则，不会动的人，初练功时更不应动，不动之动才是生生不已之动，一动就破坏了真动。如果会动的人，内部是否就会更快了呢？这须看怎样来动，假如能假借的动，头、手、足、身、肩、肘、膝、跨都能假借，神动、意动、力量动，但形式上不做出来，那力量就最大，不应从形式上看，这也是动静互根之意，动静两字，研究起来没完，做起来就更复杂了⑨。

（10）斜正互参：斜面就是正面，而正面也就是斜面，由于支撑面的不同，全身力量关节互有影响，但要做到力圆为止，一动是横，横即是正面，一作用是斜面，但作用时使人看不见，只是紧错了一下正面与斜面的位置⑩。

（11）多面螺旋：全身各部位稍一动作，都有螺旋力，这种力的形成原因是：在随便动作时，全身各大小关节，都要有支撑力，所有部位形成钝形三角，此时力欲膨胀又欲收敛，因而全身各部都起了螺旋力，连腿下也应如此，这种力如同电力一样，使人碰上就被弹出很远，在用这种力时，全身一定都成钝三角形，然后突然变换方向，如同爆炸一样，"砰"的一下子就发出了螺旋力⑪。

（12）面积虚实：用"不有平面积"及"不是固定的"词句来解释面积虚实是不够的，主要是使全身各部肌肉保持住如"盘内之珠"永远滚动，无停留的时候⑫。

（13）形曲力直：形不曲力不直，无法将力量真正运用出来。研究艺术也是如此，在成了直面积时，前后左右就没有了呼应，形曲则前后左右都有力量，用到哪里都行，形不曲则必破体，力量也自然出尖，这种力就没有用处，甚至不等用上就被人瓦解了，形曲则力量没有方向，四面都能用上。如美术家画一块石头，若画出是圆的，就没有意思，而一定要曲曲折折，不许有平面积。总之，有平面积就没有力量，因此，作用也就不大。"起伏升降""进退吞吐"，把虚实大意表达出来，力直则不易形容，力直只可以说各方面都有力，也可以说力圆，虽然直去，其中也含有螺旋力，形成波浪式的前进，而表面则不易看出，也可以说旋绕一条有直线的力量，旋绕与直是矛盾的统一，做时也要具体而为，但是没有力量也不行⑬。

（14）神松意紧：神松易懂，意紧是在锻炼中寻求出来的，具体地说，"神"与"意"的区别，神为第一信号系统，突然受惊是神动；意是第二信号系统，也就是受惊之后考虑怎办。可以说神是本能反应，而意就包含了主观能动作用。"神松"就是使全身放松，无处不松，使肌肉、毛发、气血的运动无阻。"意紧"也就是意领气，正由于意紧才能使气血运行得更快一些⑭。

（15）刚柔相济：刚不是硬，柔不是软，百炼之刚，是绕指之柔，才算是刚。柔是真刚，百炼之刚，直入骨之柔，钢经磨练才算是刚，表面上硬，一碰碎了，就不是真刚，也只是硬而已，锻炼出来的才是刚，百折不挠，令人不可捉摸，才是刚柔相济⑮。

（16）无形神似：形不动而神意足，与在空气中游泳相似⑯。

（17）进退反侧：退时步步为营，含蓄待发，进时一要俱进必定统全体而

四、力量

动，无抽撤游移之形，横则裹其力，开合而莫敢当。反侧与斜角是一个意思，同样作用，左右防备[17]。

（18）旋绕撑拧：看着是旋绕，实际是撑拧，后拉回缩，左右前后撑拧力全是如此[18]。

（19）滚错双迭：用滚错破开对方之力，然后用手挤（腕部附近），而挤之手臂力量旋转达而向斜方击进，这种力量是身动、力动、精神动，如果手一动就破体，则面目全非了[19]。

（20）半让半随：是技击的力量，是让又是随，在半让半随之一刹那，本身力量就发作了而打击对方[20]。

（21）随让牵随：当对方手按在自己身上时，随着就牵动对方跟随走，而重心放在自己身上，然后要撑一下，就可把对方撑出，此力应大胆真做，才能做好[21]。

（22）迎随紧随：这种力的作用大，在实作发力时都可以用，也就是迎着对方的力又随着，所以要紧，松了就不是这种力了[22]。

（23）截让截迎：随让当中有截的作用在内[23]。

（24）空气游泳：是全身四面八方都有阻力的意思，运用时怎样增加或减少阻力，如在水中游泳一样。减少阻力方法，全是肩胯扭错（搓）。一个人的巧妙灵活，全在肩胯上，肩胯动，腰才能随着动，空气游泳也包含着悠扬相依，虚灵独存，以听其触之意在内，同时也必须是如与物遇，这样力之发作、收敛才能运用自如[24]。

（25）榔头拷打：身如榔头，力如机轮似的连珠发出，所发之力是拧着出去而不是颠倒的，有直线也很短促，不能做出来，做出来力量就不对了，用出之力不是继续之力，一定要达到"意断神连"[25]。

（26）推拉互用：没有绝对的力量[26]。

（27）控制平衡：控制力，鸟难飞，犹如抓鸟，用力抓不行，而不用力就飞了，所以既不能抓死也不能让其飞掉，这就是控制平衡，所以要灵巧力合适，又曰："力如火药拳如弹，灵机一动鸟难飞"，也就像把鸟吸住一样，这就是控制使不平衡的得到平衡，天地间的大气压力，地心的吸力，人体的动力，没有"绝对平衡"的，一般称这种力为蛇动之力，或蟒动之力，兔起、鹘落、龙潜、鹰胆、虎视、静中有动、动中有静，一羽不能加，蚊蝇不能落[27]。

（28）单双轻重：与控制平衡近似，控制平衡是把没有平衡的通过控制使之平衡，因此与单双、松紧、虚实、轻重，都含有联带（连带）关系，控制平衡也是根据单双、轻重而来的[28]。

（29）以上共二十八种解释，尚有如下16种未能做解释说明[29]。

（30）伸缩抑扬，起顿吞吐，纵横高低，远近长短㉚。
（31）分闭开合，提按抗横，悠扬撑抱，翻扬裹拧㉛。
（32）沉托提纵，钻提搜索，拧卷惰涨，举抗推旋㉜。
（33）搜劈钻刺，斜面三角，杠杆滑车，蓄弹惊炸㉝。

【题名解】

"运用"条目中，主要论述的是自身内的攻防机体、机制秩序的内容和如何运用自身内的攻防机体、机制秩序于攻防较技中的内容。由于这一篇中，王芗斋先生所创用的"术语"较多，故而与传统说法的表达方式貌似相异，然实无不同。也就是内劲、外形匹配合一，柔外刚中，柔化刚发，以柔用刚的"驭静以动，动中亦静，静动互为其根；阴守阳攻，阴衰阳兴，阴阳迭神其用"的法式不二；以听探用顺化，顺化中亦听探的听探、顺化相互为用的功能不二。如果从以上的公用法式来认识"运用"篇中的"33种"用法的内容，则无不能认识清楚矣！这对充分了解王芗斋先生论述"意拳""大成拳"的修炼、建体、至用的系列方法、系统工程内容，肯定会有意想不到的益处。然而，必须是逐条详尽地注解、阐释才能做到论述得清楚、解释得明白。

【注解】

①这是从有形之外形论述无形法身道体的功能之论述。所谓的"无形法身道体"，正如前贤所言："夫放之弥六合，浑之体为展布也；退藏于密，元之用为包容也。浑者合也，元者一也。窃思：天之所以清，得此一也；地之所以宁，得此一也；人之所以灵，亦莫不在此一也。三而一之浑合，以坚其体；一而三之元玄，以昭其用。"

原文中的"浑元一争"的说法，就是传统的"浑元一气"的内容。又含有："静为本体，动为作用"的意思在其中。

而"一而三之元玄之用"的说法，就是指以听探之良知为静，顺化之良能为动的动静法式立论，也就是："听探归根之静，信息处理之静动，指令发出的顺化之动"的三个环节之"有化无，无生有，有无相生"的"玄机"之机制秩序周而复始的功能也。无时不是如此之过程也。

②是站桩时能够体会到"空气阻力"的感觉和全体透空的"虚体来风"的感觉及内气的涨渺运行似乎能与大气同步相呼应的感觉时，修炼者的身体已经成为"大乐俱生双运报身"的艺境，这时就容易进入技击之门修炼攻防技击的

四、力量

内容了。

大气：这里有两种解释：《黄帝内经》中说："大气一转，其结乃散。"说的是自身内的真一之气为大气；再有就是自然界的包围地球的浩然之气称为大气。王芗斋先生这段话中，是存在这两种大气的含义。

③这是从有形的外形描述自己无形法身道体的浑元一气的"涨渺"同时存在之状态，即无时无处不处在"万有引力"的景象中，即存在圆球形发放膨涨推斥的力又存在圆球形回收吸引的力，同时成为相反相成的回收吸引之力的化解之势和发放推斥之力、催发之势的统一体了。

浑噩：浑沌无知；淳朴的状态。

④这是从动静角度来论述浑元一气之无形道体功能作用的。发放的球形膨涨之劲势为动，回收吸引的球形之劲势为静，所以说这种劲势的动静同时存在球形的浑元一气之体中；这其中劲势的动静互为其根；所谓动就是静，静就是动，一动一静互为其根而至用。发放的球形膨涨之劲势为松，回收吸引的球形之劲势为紧，所以说这种劲势的松紧同时存在于球形的浑元一气之体中；这其中劲势的松紧勿过于正好均衡，要分出主次才为恰当；发放的球形膨涨之劲势为实，回收吸引的球形之劲势为虚，所以说这种劲势的虚实同时存在于球形的浑元一气之体中；这其中涨渺劲势的虚实运用要以中正平和为佳，也就是这个意思。这就像是物理学中所说的"作用力和反作用力"所起到的错综复杂之一触即发的攻防作用。

⑤浑元一气之体中的回收吸引之紧和外发膨涨之放，乃是本同用异的关系。如果回收吸引之势不是强劲的紧，则外发膨涨之放的劲势也就不大了。必须是强劲回收吸引之势的紧，则外发膨涨之放的劲势也就能大壮了。这就是欲求外发膨涨之放的劲势大壮，就必须先是强劲回收吸引之势的紧；欲是想回收吸引之势强劲的紧，就必须先是外发膨涨的劲势之放得开。这也体现了浑元一气之体中"紧放"相反相成、本同互根的功能作用。

遒劲：乃强劲有力的意思。如果从"遒劲"解释，则"遒放本同"的意思并不是设想之"矛盾"的现象，与原文的意思不相符合了。

遒紧：卷蓄强劲有力的意思。故本段以"遒紧"解之为是，自能一理贯通之。

⑥浑元一气之无形道体，就是"有无"的存在，有了这种东西的边界才能看到它的没有形状的景象。有形的东西，终归是要消灭的，这是事物的规律。从有形的东西中，才能看到没有形的东西。如果没有有形的东西，就不会知道还会出来什么东西。无形的法身道体，是从有形的外形中认识到的；如果没有有形的外形，就不会知道还会出来什么东西。总之，有了就有没有的一天，所以"有化无，无生有，有无相生"的无形之道的法则，亦应当灵活运用，这与人情道理的

法则是相同的。如自高自大的人，别人一定讨厌，越是谦虚的人，越受到人的尊敬。学术、物质、事情、人情，都是"有化无，无生有，有无相生"的法则。

这是对前面论述的总结，都是在说无形的法身道体——浑元一气及其"有化无，无生有，有无相生"演化、生成万拳变化的法则。

但是，由于传抄的原因，此段言语似乎存在不圆满完善的感觉，有待识家补充说明原文模样。

有无统一：老子《道德经·第一章体道》中说："故常无，以观其妙；常有，以观其徼。此两者同出而异名，同谓之玄。"这段描写"道体"的论述，就清楚地说明道体乃是"有无统一"存在之景象。

⑦如果从有形的拳术立论，则内劲和外形存在阴阳逆从、劲形反蓄的"顺力逆行"的暗劲法式。就是手往后拉，劲势往前就出去得远；手往前指，则内劲就往后来。

⑧就拿拳法的"勾错交叉"来讲，也包括有形的拳术法说和无形的拳道法说两层艺境。就形象来说，出手如刚锉，回手如勾杆。有形拳术的说法是指身形手法而说的；无形拳道的说法是指外形静而不动时内劲发放、回收的涨渺法式而说的；全身如起了大波浪：有形拳术的说法是指身形手法回环起落法式而说的；无形拳道的说法是指外形静而不动时，内劲在身内的回环起落法式而说的；全身力量，毛发如戟，胳膊上好像处处有刀叉一样：这是无形法身道体之浑元一气的摹神设想，可有"毛发如戟，胳膊上好像处处有刀叉一样"的内景象。这在有形拳术是不可能存在的景象。有关无形拳道浑元一气的功能作用，有的时候是不容易形容描述的，其中还有心灵作用于"无形法身道体"的所谓的"精神"能力内容的存在。"无形法身道体"就是一种真实能力的存在，虽然是由意念假设引领来实现，不应该外形真的做出来，在有意无意之间以成其象而不会露于形外。

⑨不动之动，说的是外形不动，内劲就能升降涨渺得越快；如果外形动得很多，内劲反而升降涨渺得慢。究其原因是不会内劲的升降涨渺运动；所谓的内劲之会动，乃指外形不动而无形道体之浑元一气的"涨渺"同时存在的运动，这里存在"涨"者为动，"渺"者为静的"涨渺"之"静动互为其根"的"动即是静，静即是动"的法则。而不会无形道体浑元一气之"涨渺"运动法式的人，初练功时外形就更不应当动了，外形不动无形道体的运动才是生生不已之运动，外形一动就会破坏真气之"涨渺"运动。

如果会无形道体之"涨渺"运动的人，内部神、意、内劲是否就会更快呢？这要看怎样来动，假如能假借无形法身道体的动，则头、手、足、身、肩、肘、膝、胯，都能假借无形法身道体之动。就是外形假借神动、意动、内劲动，但在外形上不做出来，那劲势就最大了，不应该从外形上看，这也是动静互根的意思。动静两个字，在传统拳术攻防之道中的含义，研究起来细至微妙得没完没了，做起来就更复杂了。

不动之动：不动是指外形而言，之动是指内劲或无形法身道体而说的。

内部：这里乃指内劲或指无形法身道体而说的，这两者乃是同一个"体"；即与外形对立统一的阳刚健之体。换句话说：内部，亦包含神、意、内劲的综合功能而说的，这三种解释都是正确的，只不过是繁与简的区别而已。

外部：乃指外形而说的。

会动：会动存在三种基本功夫艺境之景象：一是形静气动，二是形动气静，三是形动气亦动。然而在形动气亦动的法式中，当属"暗劲"法式最难。因为"暗劲"法式，就是阴阳逆从、劲形反蓄的法式。这里存在内气、外形之"归根曰静"的动态和"根生曰动"的动态；内劲、外形"动静"匹配合一的法式，就是"一静一动是为拳"的较为完善圆满的法式。

而王芗斋先生所说的"会动"，是指浑元一气涨渺同时存在的运动，这里存在"涨"者为动，"渺"者为静，"静动互为其根"的"动即是静，静即是动"的法则，较比前三项内劲、外形匹配合一而用的法式之内容详明细致得多。

假借的动：乃指假借无形法身道体之运动的意思。就是"意气君来骨肉臣"运动模式之宗旨、法则的"动"，就是假借的动。

力量动：这里指无形道体的运动。运用"力量"的说法，乃王芗斋先生独自的特点之一。

⑩这条斜正互相转化的参考内容，也是指无形法身道体的运用法式而说的。首先要认识清楚：无形法身道体之浑元一气乃是一个独立于外形的浑圆球形之状态。所以才说："斜面就是正面，而正面也就是斜面"，只是由于即时的支点位置和所撑面的位置不同而造成即时的"支撑面"的"斜正"位置的变化，这才出现了"斜正"的说法。全身关节对形成圆形劲势都是互有影响的，不管全身关节如何运动，但必须要做到劲势圆满为止境。劲势一动是横，横就是正面，而一发挥作用就是斜面，但作用时由于是内动故而使人看不出来，这就是"内动不令人知"的巧妙所在。只是回收吸引紧缩或发放膨涨松放的正面与斜面的位置稍微错位而已。

斜正互参：就是无形法身道体浑元一气的"斜与正"的概念相互参照才能认识清楚，才能知道斜与正之分别所在，斜与正之相互转化根源何在。

支撑面不同：包括支点和掤撑面两部分，合之曰"支撑面"。不同，指即时的支点位置和所撑面的位置不同造成即时"支撑面"的"斜正"位置变化。

紧错：紧，回缩吸引；错，错位。这都是指无形法身道体的正斜错位变化而说的，只有内劲如此错位才产生了接触点的正斜面的变化以制胜。记着：还有

"松错"法式的一面：松，膨涨发放；错，错位。这两种法式经常互换而运用，其妙不可言表。

⑪全身各部位的内劲稍微一动作，都有螺旋的劲势产生。这种螺旋劲势产生形成的原因是：在随便运动时，全身各大小关节，都要有支撑的劲势，所有的部位形成钝三角形的劲势形态，此时浑元一气的球形涨渺同时运动的态势形成了，呈现劲势之球形膨涨中存在球形收敛，球形收敛中存在球形膨涨，因而全身各部位都起了螺旋的劲势，就连腿下也应该是这种劲势，如同电的能力一样，使人碰上就会被弹出很远。在运用这种劲势的时候，全身各部位一定要形成钝三角形的状态，然后突然变换方向，如同爆炸一样，"砰"的一下子就发出了螺旋力。

多面螺旋：就是传统的"乱环诀"的说法。

螺旋力：浑元一气所形成"螺旋运动"的劲势，称为螺旋力，拳师习惯俗称"旋风劲势"。又存在外形微动而形成的"螺旋运动"之螺旋力。虽然这两种功夫艺境都是神拳神明的上乘法式，但前者较后者的功夫艺境水平高。王芗斋先生在这里论述的是前一种功夫艺境的法式，所以将外形关节处的内劲用法规矩一起讨论出来了。

钝形三角：是指无形法身道体而说的，并非单纯指外形关节形态。

怎样判断它是钝三角形？挑选最小的两条边，计算它的平方和，如果小于第三边的平方，就为钝角三角形。

⑫支撑面积的虚实，运用撑面成平面的为虚，表面内应力不够；撑面为球形面的为实，表面内应力自然就增强了及撑面"不是固定"不变的词句来解释撑面"虚实"问题还是不够圆满完善的，主要还是使全身各部位肌肉保持住松静虚空自然的状态，内劲如"盘内之珠"永远往来滚动，无停留的时候，才能使撑面虚实清楚分明。

盘内如珠：盘者，身也，这里指"全身各部肌肉"也；如珠者，内劲形态也。正如前贤所说："吾之用力，力在筋骨，骨软筋硬（柔），周身气脉相连，虽不用力，而周身气力自全在焉。如水银之在竹管中，运之则至首，收之则至尾，此亦难为不知者，道也。"这就是内劲如水银珠在外形中滚动的意思，就是"盘内如珠"的一种描述。

⑬内劲总体形式虽然是圆曲的但作用的力道确是直的，如果内劲的形不曲，则力道不能直，就不会将劲势直发而出了，研究艺术也是"曲中求直"的法式。如果撑面劲势成了平直面时的状态，前后左右就没有了呼应，劲势之形态圆曲则前后左右都有了劲势的蓄势，用到哪里都行，这就是"曲中求直，蓄而后发"的"曲则全"的精旨妙谛也！如果浑元一气之内劲势的形态不圆曲完备则必破坏了浑元一气的太极球形之体，劲势必然会出现"尖"的弊病，有尖则不能圆融自然

四、力量

出现"平面"和劲势不均匀的偏倚状态，有被人利用之隙，所以说这种劲势没有用处，甚至不等用上就被人瓦解了。浑元一气之劲势形态圆曲则劲势没有方向，故而四面八方就都能及时用得上。如美术家画一块石头，若画出的只是一个单调的圆，就没有意思和趣味了，而一定要有曲曲折折的线条，才会有方圆立体的感觉。总之，有平面就没有浑元一气圆融的"形曲力直"的劲势，因此，攻防作用的价值也就不大了。

内劲势"起伏升降""进退吞吐"等说法，是能够把浑元一气劲势之"虚实"的大意表达出来，然"力直"则不易形容，"力直"只可以说各方面都有力，也可以说力圆，虽然直去，其中也含有螺旋力，形成波浪式地前进，而从外形体的表面则不易看出来了。也可以说螺旋法式，是旋绕一条有直线的劲势，旋绕与直是主从关系的统一。运作时也要具体到内气、外形相互为用而为之；否则，没有外形的筋劲骨力之配合也是不行的。

形曲力直：这里存在两种法式：一种是内气、外形匹配如一的"形曲力直"的法式；另一种是无形法身道体"形曲力直"的内容。王芗斋先生所论述的是后一种法式的内容。

⑭神松容易懂得，意行之及时而有信的功能则是在修炼中逐渐寻求出来的。具体地说：神与意是存在区别的，神出于心，意出于脾，神是心之主，脾乃神之使者，即母使子行的关系。故而，神为第一信号系统，突然受惊是神动；意是第二信号系统，也就是受惊之后思索考虑怎么办的内容。可以说，神是后天的本能反应，而意就包含了主观能动作用。神松，就是使全身放松，无处不松，使肌肉、毛发、气血的运动无阻碍的意思；意紧，就是以意领气，正由于意紧，才能使浑元一气的运行根据需要而调整快慢。

神松意紧：本论题就是专门论述"神、意"之功能作用的，并非"形松意紧"的题目内容。神，心之主也；意，脾脏神也。传统医学"五脏象神论"中说：心藏神，脾藏意。按五行生克制化关系说：心为脾之母，意乃神的使者。神松，神本圆融松静，静则无不能应也，故以松喻之；意紧，此紧并非紧张之紧也。紧者，行及时有信之谓也。所以，神动则意即行者也，谓之"神松意紧"。

⑮这一条内容乃从外形、内气的刚柔立论来阐明"刚柔相济"的"体用"的。所以说刚不是硬，乃指健之体的健运不息，阳刚之性，具有无坚不摧的功能；柔不是软，乃指顺之体的德厚承载，阴柔之质，具有顺乾以动的功能。刚则是百炼而成的刚健之体，绕指柔的顺之体，再浑化为太和一气才算是"刚"。所以说柔化得精纯才显示出真刚健的功能。百炼之刚健，健顺德之体，直入骨之柔，才具备柔弱无骨"形体似水流"的艺境；刚硬的身体经过百般磨练，达到绕

指柔的状态才算是太和一气的刚,才为拳家所用。如果外形肌肉的坚硬,一碰就碎了,这不是真刚,只能是外形的肌肉僵硬而已。健顺德之体太和一气的刚,是修炼出来的,是拳家需要的"刚",这种刚具备百折不挠的能力,而又令人不可捉摸的艺境,才是刚柔相济的功夫艺境。

传统拳术攻防之道修炼、建体、至用内容中有关"刚柔相济"之体、用的论述,皆遵从《易经·系辞下传·第六章》中所说:"乾,阳物也;坤,阴物也。阴阳合德,刚柔有体。以成天地之撰,以通神明之德。"这段论述的内容是为宗旨教义而修练的。各家亦多有刚柔相济体、用方面的论述,为以资对照,录并解之如下。

夫拳术之为用,气与势而已矣❶!然而气有强弱,势分刚柔❷。气强者取乎势之刚,气弱者取乎势之柔❸。刚者以千钧之力而扼百钧,柔者以百钧之力而破千钧❹。尚力尚巧,刚柔之所以分也!❺

然刚柔既分,而(柔势拳法)发用亦自有别❻。四肢发动,气行诸外而内持静重,刚势也;气屯于内而外显轻和,柔势也❼。用刚不可无柔,无柔则环绕不速;用柔不可无刚,无刚则催逼不捷❽。刚柔相济,则粘、连、黏、随、腾、闪、折、空、掤、攦、挤、按,无不得其自然矣!刚柔不可偏用,用武岂可忽耶!❾

阐释:
此文乃陈家沟独有论拳之文章,为拳术大家之手笔。此文较全面地从刚柔角度立论,阐明传统拳术攻防之道中的尚力派、尚巧派两种攻防功夫艺境的区别,是修炼传统拳术攻防之道至"大成"艺境的重要"经文"之一。由于其言简意赅,不单初习拳者不易明知,就是修炼传统拳术攻防之道多年的人,不深刻研究拳术理法,亦不能通晓此文精髓之处。故笔者从多方面来进行阐述,以求通解。

❶此言传统拳术攻防之道所运用的是内气与势。势者,拳势也,拳势由内气势、外形势所组成。在传统拳术中,势与机相互为用时,称"机势",然有"机从时论,势从空说"。由此可知,此处所言之"势",乃指外形体之动态而言,也就是说,传统拳术攻防之道所用的内气、外形匹配合一才能产生拳势。

❷以《易经》学说而论,内气从乾,健运不息,阳刚之性,乃言内气之性"刚",是针对外形体之质柔而言的;外形从坤,静而不躁,柔和顺从阴之德,乃言外形之质"柔",是针对内气之性刚而言。这是内气、外形的本来性质之刚、柔体说,是一切拳术刚柔说的根本。

这样,攻防拳势就有内气的强与弱和外形的刚与柔之区别了。因为从《易

四、力量

经》学说中知道"天以阴阳分，地以刚柔论"。天地合德，便有阴柔、阳刚的分别，而传统拳术中内气和外形的结合是相互为用的。阳气之刚与阴形之柔相互为用之方式不同所产生的拳势也就不同，一般分为刚势拳法和柔势拳法两种不同的风格。

❸此乃论述刚势拳法和柔势拳法两种拳法之区别。用内气强化聚筋劲骨力而凝形者，为刚势拳法；用内气运使外形柔弱无骨者，为柔势拳法。此两种攻防拳势之内气和外形结合的方式不同，效果自然会不同。这两种拳法，一是以形为制，尚气血用横力，神从则害的外家拳法；二是以神为主，尚中气用精意，形从则利的内家拳法。

❹凡行内气强化聚筋劲骨力而凝形的刚势拳法，就是外家拳法，必然是以僵硬碰僵硬的方式行招用手，结果，是以千钧之力遏制百钧，是大力打小力的功夫，是浪费能量用心耗精的方法；凡行内气运使外形柔弱无骨的柔势拳法，就是内家拳法，必然是以柔软接对手之坚刚，以顺随为法，让力头打力尾的行招用手，结果，是以百钧之力而能破解对手的千钧之力，是小力打大力的功夫，是节约能量纯粹自然的方法。内气、外形匹配合一相互为用的立法不同，所显示的攻防功夫艺境及其效果自然就会不同。

❺上文论述刚势之尚力的外家拳法和柔势之尚巧的内家拳法的区别，是从用刚、用柔之不同角度立论而分辨清楚的。

❻既然上文已将外家拳法和内家拳法两种拳势的施招用手方法、准则及技击效果，分别论述得明明白白。故而，刚势尚力的外家拳法不可取，只论柔势尚巧的内家拳法了。

虽然是柔势尚巧的内家拳法，亦因为内气、外形匹配合一而用的具体方法不同，也有发用拳势的刚柔之分别。

❼此言之"内、外"，乃"内炼一口气，外炼筋骨皮"之内外也。手足四肢发动拳势之攻防，内气运行于筋骨皮处，而又非聚筋劲骨力之凝形，是内持静重为法，拳势为刚势也；手足四肢虽然发动攻防之势，气皆屯入于骨中，筋骨皮之形态显示轻灵平和之象，即为拳法之柔势也。由此论可知，所谓柔势尚巧的内家拳法中的刚、柔拳势之分别，除内气本性为刚、外形本质为柔之外，在发动攻防拳势时，外形体始终松静柔顺，而只是内气在外形体中的聚而集中，此为刚势，此用于落点之时；内气屯于外形之内散而不聚的运行，而外形体松静、轻灵、柔和的用于拳势变化过程之中，是为柔势。故前人有"柔行气，刚落点"的说法。明言内气在松静虚空的外形中"聚散"之方式，便分清了柔势内家拳法中的刚柔发用之区别。如此精妙之论述，不是拳术之大家，难于得此精辟之见解。

❽在柔势的内家拳法中，阳刚之内劲具有接人拳势之功，用阳刚之"五

阴"的内劲承接人的拳势，要有柔弱无骨的半之形体的柔曲走化相配合，否则会使环绕曲化对手的攻击之势不能迅速完成，而被对手拳势所制；运用柔弱无骨的外形之半，取直线运行攻击对手，要有阳刚的"五阳"之内劲为之配合。如果没有五阳之内劲的催迫，虽然柔弱无骨的外形具有占位之能，亦不能迅速敏捷地"站其位，拔其根"而一战告捷。此即为内家拳法的曲化直发之真谛的论述。

❾修炼传统拳术攻防之道的功夫能达到柔化刚发，以柔用刚，阴阳迭神其用的刚柔相济的艺境时，则攻防拳势所运用粘连黏随，内劲的腾挪，外形的闪展趋避，大身法的伸缩、吞吐、折叠，处处能使对手的招法落空、劲势落空，掤、捋、挤、按、採、挒、肘、靠诸法的施出，无不运用得自然而然。此即"人不知我，我独知人"的神拳神明功夫的艺境成矣！

阳刚之内劲，阴柔之外形，在拳势中虽有"主从"之别，但是，又各有其"刚柔"之用，只有顺其性质而刚柔互济，才见内劲、外形在拳势中的功能作用。明此，便可艺达上乘。

故而，阳刚之内气，阴柔之外形，各有其功能，拳术所用本着意气君来骨肉臣的法则宗旨，不可偏倚偏用，习拳用于比武较技的人岂可能忽视这个问题呢。

余每观《拳略·俚言两百句》，皆细心品评玩味其中蕴含传统拳术攻防之道的理、法、术、功之精髓、真谛，比比皆是，常于会心处，拍案叫绝。今择其难解之数言，阐释其精义妙理，以为习拳者参考而用。

> 刚者宜柔，柔者宜刚，刚柔相济，必有所长。柔术之长，长于斗智，虽不用力，当知乘势。

读文至此，必然会问：何为刚？而刚者宜柔；何为柔？而柔者宜刚。只有刚者宜柔，柔者宜刚之后，才能出现"刚柔相济"的机体、机制秩序，必能显示自身刚柔体的各自之特长来。这乃指拳势之体、用而说的。

显然，此论刚、柔，非钢势拳法、柔势拳法之刚、柔，而是形成拳势之刚柔的内存在因素之刚、柔。此乃最根本之刚、柔体。

我们知道，形成拳势的主要因素是内气、外形。谚云"一阴一阳是为拳"一阴者，外形；一阳者，内气。

《易经》学说中，内气属于阳刚之气；外形属于阴柔之质，依此而言内气、外形之用。故《太极拳经》中说："健顺参半"。

内气、外形体、用有别。内气之体，虽是"柔"象，而有刚之用；外形之体，虽呈现的是"刚"象，而有柔之用。知此，是明刚、柔体、用的关键。

四、力量

文中"刚者宜柔",乃指外形体之刚要柔化以为用;"柔者宜刚",乃指内气体之柔和要刚健以为用。此正应老子所说"反者道之动,柔者道之用"之道理。

修炼传统拳术攻防之道外形的抻筋拔骨之方法,就是以刚者宜柔为目的的方法,最终达到外形的柔弱无骨艺境以为用;而"气沉丹田的润身"生成内气之方法,如炼气化神、炼神还虚的内气升、降、涨渺、聚、散的种种运行方法,皆是以柔者宜刚为目的的方法,最终达到内气的健运不息艺境以为用。此乃如《易筋经》中所言:"弄壶中之日月,搏掌上之阴阳。故二竖(内气、外形)系之在人,无不可易,所以为虚(内气)、为实(外形)者易之;为刚(外形)、为柔(内气)者易之;为静(内气)、为动(外形)者易之。"

"刚柔相济,必有所长"句,乃言内气、外形,柔外刚中匹配合一而用,才能充分发挥内气阳刚之性,外形阴柔顺从之德在攻防中的功能特长。这一点,《陈谱·刚柔第十》一文中论述得最为明确:"刚不可无柔,无柔则环绕不速;用柔不可无刚,无刚则催逼不捷。"由此可知,在拳势的攻、守两法中,内气、外形的主次作用是不一样的。能达到上述内气、外形攻、守之运用,才是内气、外形刚柔相济的真功夫,即"柔中有刚攻不破,刚中有柔方为坚"的真功夫艺境。

所说的"柔势拳法",就是"内家拳法",最大特点是尚智不尚力,崇尚以内气柔化外形的筋劲骨力的柔弱无骨以为用。虽然攻防较技时不崇尚筋劲骨力,但应当知道"刚发他力前,柔乘他力后"的乘势借力击人之法;还要明白"静以待动有上法,动中处静有借法"的乘势借力击人之法。

通过对此段文字的论述阐释,我们便可以知道修炼传统拳术攻防之道建体、至用的基本概念和循序渐进的路线了。

内气的修炼:站、坐、卧、动等功法练习。

外形的修炼:各种内、外抻筋拔骨功法练习。

内外合一匹配的修炼:套路、太极推手、单手、单招的操练,体会内气、外形刚柔相济的攻守之作用。

模拟实战的修炼:全面体验内气、外形刚柔匹配合一的各种攻防招式运用得是否准确得当及纯熟的程度。此中有手法、身法、步法、三法合一至用等很多非常具体的内容,最终达到内气、外形刚柔相济的功夫在攻防较技中,能够见境生情,随机用势,顺势借力变化自如,才是"内家拳法"的真攻防功夫。

由以上论述便可知道明理知法的重要意义了。通读各家拳论、拳诀、谚语,达到通解,可以全面提高自己的拳术攻防功夫艺境,这就是"以文观法"的能力;如果再能"以形鉴真",那就是拳门通家了。

九要论·一要论

　　且拳事之论亦甚繁矣！而要之千变万化，无往非势，即无往非气。势虽不类俦，而气归于一。夫所谓一者，从首项至足底，内而有脏腑筋骨，外而有肌肉皮肤、五官、四肢百骸，相连为一贯之者。破之而不开，撞之而不散。上欲动而下自随之，下欲动而上自领之；上下动而中部应之，中部动而上下和之。内外相连，前后相需，左右相应。所谓一以贯之者，其斯之谓欤！

　　而要非勉强以致之，袭焉而为之也。当时而静，寂然湛然，居其所而稳如山岳；当时而动，如雷如崩，出乎尔而疾如电闪。且静无不静，表里上下，全无参差牵挂之意；动无不动，前后左右，并无抽扯游移之形。洵乎若水之就下，沛然莫能御之也。若火机之内攻，发之而不及掩耳。不暇思索，不烦拟议，诚不期然而然，莫之致而至。是岂无所致而云乎？

　　盖气以积日而有益，功以久练而方成。观圣门一贯之传，必俟多闻强识之后，豁然之境，不费格物致知之功。是知事无难易，功唯自进，不可躐等，不可急遽；按部就班，循次序而进。夫而后官骸肢节自有相通贯，上下表里不难联络，庶乎散者统之，分者合之，四肢百骸，终归于一气而已矣！

阐释：

　　传统拳术攻防之道的修炼、建体、至用及其攻防功夫艺境的升华内容论说起来太复杂了，我们从其最重要的千变万化之攻防拳势来认识，往来运用无非是拳势而已。拳势，无非由外形之势与中气之势所组成，那我们先认识形、气的关系。易数，一二三四五，气之生也；六七八九十，形之成也。生者在内而握机，成者在外而具体。拳势，莫不生于气而成于形，迨形之既成，莫不气中而形外。可知拳势者，中气生者在内而握机为主；形态成者在外故为臣。

　　故而说，拳势攻防之往来，莫不是中气所为之；所成拳势形态各有不同的类别，皆由中气所主。这就是所谓的"一"者，从头顶至足底，内而脏腑、筋骨，外而肌肉、皮肤、五官、四肢百骸，皆由中气一以贯之，而达虚灵妙境的一个有机整体。由于中气不偏不倚，无过不及，中正中和与形体结合而不失接人拳势劲力之功，故其所成之拳势具有破之不开，撞之不散独特功能；又能使自身拳势变化达到上欲动而下自随，而下欲动而上自领，上下动而中节应，中节动而上下和。

　　练形以合外，炼气以实内，气形虚实相须，内外一以贯之，是谓内外相连。即神、意、气、劲、形、中六合一统；气动形随，自身各处三节前后之动静有

四、力量

序，皆内气为主、外形为臣，君臣相需而成，这就是形成各种攻防拳势而一成不变的法则，由此而能达到虚灵妙境的艺境。

这种"虚灵妙境"的功夫不是刻意造出来的，也不是模仿他人而装出来的，这是要依靠法分三修，游历三境，系列方法系统扎实地递进修炼而获得的，此即后人所说的全体透空的"太极"艺境。

达到大成的神拳神明之虚灵妙境的攻防功夫艺境者，与人比武较技，当静而不动时，寂静得像清水无波，清澈透底，居其所处之位，稳如山岳而不可侵；当时而动，动势如震雷，如山之崩塌，出乎人的意料而疾如闪电。当他一静下来的时候，神意气劲形无有一处不静，其表里上下没有一点参差不齐、相互牵扯之意；当他动的时候，他的全身内外、上下、前后、左右没有一处不是按序而动，其手眼身法步，肩肘腕胯膝，没有一处存在抽扯游离移位之形态，故能全力以赴而战之，但又并非是力量之大。其实实在在的一身攻防功夫，若动起来，就像决堤之水一泻千里，其拳势浩浩荡荡，不可抵御；其劲势犹如火药一般，使人不及掩耳。拳势攻防之变化，不及思索，应物自然，方圆曲直有感而应，触之随势即发，无不中的。这种拳术攻防功夫艺境之修得就是每日坚持以正确的方法修炼，积累自身中独立存在的中气而成就的法身道体。法身道体不单对健身、技击有益，更可以修炼成"不期然而然，莫之致而至"的神拳神明的上乘艺境。

除修炼内功、外功，还要观习圣门的《易经》天人合一的一贯之传统学说，用以研修传统拳术攻防之道的理、法、术、功，形、意、体、用等内容。要博学广知、审问清晰、慎思独见、明辨是非、笃行不移。运用理论和实践统一的方法，才能做到以文观法，以形鉴真，洞察传统拳术攻防之道之精髓，揭得其奥谛，而达到豁然贯通的"虚灵妙境"，具备文兼武全将相身之才能。凡事没有难易的分别，只有知与不知的差异。习拳而能成功，是件难事，如果从容易的地方着手修炼，也就成为容易的事了。这就须要习拳者尽心、尽意、尽力地坚持如法练功，不要三天打鱼，两天晒网；也不要超越自身之力所能及而冒进。修炼传统拳术攻防之道万不可急功近利而急于求成，要牢记欲速则不达的古训。一定要按内功、外功、内外合一之建体、至用的步骤，循序渐进，日久，自身内外自会由中气而贯通，内外上下自然就成为一个有机的善于攻防之整体了。这就是修炼传统拳术攻防之道的中气一气贯串、由始至终、顺随为法的上乘艺境之"一贯"的道理。有关这方面内容，前贤早有明确的论述，为以资对照，录之如下：

> 故戕贼成者，终难深造乎道。绵长者久必显达。过急则锐，恐多退速之虞；太缓则疏，未免作辍之清。然二夫准期何在？诗云：

休逞欢来歇力行,免将过役倦容生。
中庸万古传心法,中以庸行戒律清。
气欲足兮精为本,神光无滞天地春。
四肢鼓荡皆符道,力量增加要日新。

——摘自《浑元剑经·剑髓千言》

⑯拳本无形一法门,故而修炼者拜师学艺,不要求形骸似,只要求"神意足"。要求太和一气的神采奕奕,意境深远。达到修炼、运用时觉得似乎像在空气中游泳一般,这就是神意足的表现。

有关这方面的艺境,前贤多有论述,以资对照印证,择其优者,录之如下:

郝为真论太极拳三层之意思

练太极拳有三层之意思。初层练习,身体如在水中,两足踏地,周身与手足动作如有水之阻力。第二层练习,身体手足动作如在水中而两足已浮起不着地,如长泅者浮游其间,皆自如也。第三层练习,身体愈轻灵,两足如在水面上行,到此时之景况,心中战战兢兢,如临深渊,如履薄冰,心中不敢有一毫放肆之意。神气稍为一散乱,即恐身体沉下也。拳经云:"神气四肢,总要完整,一有不整,身必散乱,必至偏倚,而不能有灵活之妙用",即此意也。

文中所论"第三层练习,身体愈轻灵,两足如在水面上行"的意思,已经犹似在空气中游泳一般的境界了,此时正是全体透空的太极功夫艺境。

无形神似:神似 与"形似"对称;形似,形式、外观相似,境景象的深化,即"神者形之用,形者神之质"。北宋苏拭有"论画以形似,见与儿童邻"之说。袁文曰:"作画形易而神难。形者具形体也,神者其神采也。凡人之形体,学画者往往皆能,至于神采,自非胸中过人,有不能为者。"黄休复论"六法"云:"惟形似、气韵二者为先,有气韵而无形似,则质胜于文;有形似而无气韵,则华而不实。"其"气韵"即"神似"。晁以道、杨慎、李贽等皆有阐述,"画不徒写形,正要形神在,故形神兼备"是绘画艺术的定论。而"神形兼备,大活一统",又一直是传统拳术攻防之道修炼者追求而要达到的神拳神明艺境必须具备的基本条件。

⑰攻防进退、反侧运使,为攻防的基本法式。有隙则进,进则人所不明速;无隙自退,退则人所不及知。尤其是退的时候步步为营,含蓄待发;进时一定要俱进而统全体的劲整运动,没有抽彻游移之形,牵扯吊挂之态;横则裹其力,开

四、力量

合而莫能当也。左右反侧的攻防变换与斜角是一个意思，同样具有攻防作用。

这是从《九要论·八要身法》一文中脱化出来的说法。为论说得更为清楚明白，为以资对照，录并解之如下：

夫发手击敌，全赖身法之助，身法维何？纵、横、高、低、进、退、反、侧而已！

纵，则放其势，一往而不返。

横，则裹其力，开拓而莫阻。

高，则扬其身，而身有增长之意。

低，则抑其身，而身有攒促之形。

当进则进，殚其力而勇往直前。

当退则退，束其气而回转伏势。

至于反身顾后，后即前也。

侧顾左右无敢当我哉！

而要非拘拘焉！而为之也，察夫人之强弱，运乎己之机关。有忽纵而忽横，纵横因势而变迁，不可一概而推。有忽高而忽低，高低随时以转移，岂可执一而论。时而宜进，不可退，退以气馁；时而宜退，即以退，退以鼓其进。是进故进也，即退亦实以助其进。若反身顾后，而后不觉其为后；侧顾左右，而左右不觉其为左右。总之，观在眼，变化在心，而握其要者，则本诸身。身而前，则四体不命而行矣！身而怯，则百骸莫不冥然而处矣！

阐释：

手法、身法、步法，三法合一之攻防拳势都有哪些内容？其在攻防拳势运用中，都有哪些法则？不外乎纵、横、高、低、进、退、反、侧八法而已。所谓"身法"，乃上至头顶，下至足底，远至手足指，是为一身之法而说的，就是通常所说的手法、身法、步法三者合一，是广义的身法。

纵身法，就是正面对敌之身法。拳谚云："前足夺后足，后足站前踪。前后一直线，五行主力攻。"这就是正面对敌进攻的身法。故言纵，即说进攻的正面之拳势要放得开，才能有勇往直前的劲势。此纵身法，后人以"竖"替代而言拳，又名之曰："正身法、重身法"等名称虽然不同，然其机理内容是一样的。

横身法，就是侧身法，又名"扁"身法。拳谚云："前足夺后足，后足站前踪。左右一面站，单手克双雄。"就是言说侧身攻击对手的身法，故言横。拳谚云："攻防进退横竖找"，就是言说自身攻防进退，要用身法的横和竖的正隅变化，来寻求对手的可利用之机势以胜之。身法中横与竖相对应，纵身法为放开气势的方法；而变为横身法的过程，必然要收敛其气势而有旋转滚动之势产生，故云："横则裹其力，开拓而莫阻。"此乃自己身法的纵横互变，自身拧裹旋转产生离心力或向心力的发放效果。这就是拳诀"闪开正中定横中"的方法，前人直名为身法之"横"，可见前贤必通古时"纵横"术，而又引入拳中论身法。

综上所述，纵身法又名"正、竖、重"；横身法又名"隅、侧（扁）、轻"，这是从不同角度对同一个内容的阐述（有关身法正隅、侧竖、轻重之命名的详细内容，观读拙著《中华拳术明镜录·易经篇全集·正隅身法论》一文）。

高身法，打人长身，是说进攻对手，要高扬己身，贯彻"打人全凭盖势取"的法式。然此言并非单独指外形也，主要是说"内气要将自身擎举而有长势"，故有"而身若有增长之势"的补充说明。"若有"二字，习拳者应仔细品味。后人论拳"打人全凭盖势取"，即此文之高身法的艺境。当然，拳势之长，必以形显，扬其身，形必见长，然此长之形，皆为内气擎举而成，明此，乃得高身法的扬其身之精髓矣！高身法是开势，是内气的开展而擎举自身之拳势的身法。

低身法，拳势有其高扬其身的法式，必然复反为低。低身法则抑其身，即一缩、一矮攒聚身形，犹如伏身扑鼠之猫的蓄势之身法。古论有"奋威法伏熊"之说，即熊在扑食之前，俯身曲伏，以蓄前扑之势，低身法即此意。前言打人长身，而防人矮身，亦是一法。长身攻击对手，运用矮身伏缩亦可攻击对手，故后人云："起也打，落也打，起落好似龙卷风。"就说的是攻防招式之运用，更说的是身法的长身之起，矮身之落也。

总论身法高低之用，高则气势顶天立地，威风凛凛，如龙升天；低则团簇成球，仿佛入地一般，似龙潜九渊。否则，高身法的霸王举鼎、霸王倒立碑、插花盖顶、猛虎出山等招法如何施之；低身法的金丝倒挂、海底针、巧夺凤凰巢、扫趟腿等下三路的招法如何用之。可见身法高低变化乃施招用手、施手用招的根基功夫。

进退身法，传统拳法攻防进退，当进身施手用招、施招用手，必竭尽全力，全身以赴，直奔对手要害部位，方能得手。所谓要害部位，并非要命部位，乃至对方防守空虚、背势的所在部位而说的。无隙当退之时，就要及时抽身撤步回手，以转为蓄势伏形的状态，这才有利于随时再发动猛烈的攻击之势。

总论身法的进退法，后人有云："进为人所不及知，退亦人所莫名速。"此得进退法之精髓者所能言之，拳势达到"放之则弥六合，卷之退藏于密"的收放自如之境，方可为之"卷放得其时中"的发必中。当然，这已经是攻防功夫的大成艺境了。

至于反身顾后的身法，是说后有对手偷袭，顺势一转身形，即将对手置于自

四、力量

己的面前受攻击的位置上了。此乃言说，拳势所施无前无后，全在自己得法精熟而能随机势用之便是。亦可不转身而应机实施攻击招法如虎尾腿、倒踢紫金冠、后背靠，老虎坐窝、后顶肘等招法皆是"后既前"的招式，只在自己是否能眼观六路、耳听八方。如能自心长警醒，拳弥六合，拳打八方，自然成为易事。

所谓侧顾左右，使左右无敢挡我，是言说或左或右两侧来对手攻击我，只要我及时侧身一转，身体的偏转随势便能化解对手的攻击。由于我偏转是顺随其势而又突然，故对手无法阻拦而能挡住我由防守转攻击的拳势。

上述所论身法之高、低、纵、横、进、退、反、侧八法具体运用之常规，乃修炼之常规，而在比武较技中运用时，此八种身法相互结合、相互演化，只在顺其势、随其便而灵活实施，莫要拘泥一势一法。此言是"练有固法，用无定法"的练用有别之认知。

与人比武较技，必先探察对手之强、弱，针对不同的对手和其采用的不同手段，运用自身内在的攻防机制，演化出身法或纵或横，忽高忽低，但总要随对手拳势攻防变化而变化，意在人先，形随时机而随其后以变位，不可执修炼法的格式直接用于攻防较技中。因为拳无常形，拳无常势，不可能对任何人用同样的方法都有效。"拳势不类"，这就是传统拳术攻防之道的独特之处。

故在较技中，时机适合进击时，就要毫无顾忌地进击，否则就会失去取胜的良机；形势适合退守时，就要及时地退守，因为及时地防守就为进击做好了准备。这就是"是进之时机，固然必进；虽然退守，以蕴蓄着进击之势"的进退之法则。故拳谚云："进不知退，莽夫之所行；退不为进，懦夫之所为""进而无隙知退，退而寻隙知进。"能于此者，乃明进退之道的法度精良者也。

身法起落纵横反侧的四面动转，是为了严防对手的明进偷袭。而能做到顾其后而不觉其为后；顾左右而不觉其为左右的艺境，才是较技攻防功夫纯熟的征象。

总之，对局势的观察了解是眼睛的事情；闻声辨位是耳朵的事情；接手问招知情用势是触觉的事情；对局势控制是手脚的事情，而手脚的根本在身法。身者，一灵神、一内气、一外形三者合一之合称也。身体前进手足不进亦得进；身体后退，手足不退也得退。"拳打脚踢下乘拳，功夫在身上"的说法，便是对上述论说的注解。拳法千年相传，虽时异境迁人有别，法不变矣！

古人云："身正无令亦从，身不正有令不从。"传统拳术身法功夫运用正确与否，亦关乎到自身拳势攻防之有效与无效，故修炼传统拳术攻防之道身法为首要大法。身法之用如此，拳打八方实言身法之用尔。

⑱这是阐述旋绕和撑拧关系的，外面看着是旋绕的法式，而实际上却是撑拧的法式造成的出手劲势后拉，回缩手法劲势外放，自身左右攻防的旋绕变化皆是

前后撑拧的法式如此造成的。这一点阐明了"内主外从"的基本法式。

⑲滚是滚法，错是错位变化法，两者合而用之称为"滚错双迭"。滚错法式破开对方的攻击劲势，然后运用后足蹬的挤法，随即以前臂骨转的劲势向斜方而进击，使之防不胜防。这种劲势的运用在于足蹬、过身法的外形体动、内劲运动，如果手一运动，就会破坏太和一气的浑圆之体，从而导致势散形乱、面目全非了。

⑳传统拳法攻防有三种基本法式：一是半引半进，二是即引即进，三是虚笼诱诈，就在一转。这里的半让半随就是半引半进的法式。半是中土不离位而有着落，让即引也，随即发也。所以说半让半随之一刹那间，本身劲势就发作了，就能够顺利地打击对方以制胜。

㉑当对方双手按在自己身上时，随其势就牵动对方跟随其走，而将重心放在自己身上，然后腰脚一撑，就可以将对方跌翻出去。运用此法应该大胆地真做，才能做得天衣无缝恰到好处。

㉒迎着对方的劲势而又紧随放之，就是应随紧随的艺境。这种劲势的作用极大，在实战操作放人时都可以运用。迎着对方的劲势而又紧随放之，所以要紧跟，稍一松懈就不是这种劲势的艺境了。

㉓截手法：随其起落领而截之的法式，截断其劲势以制胜的法式。也就是"虚笼诱诈，只在一转"而胜之。故而，随让过程当中，随时皆可运用截手法胜之。

㉔空气游泳的功法中有两种不同的艺境：一是"空气阻力"的法式，二是"虚体来风"的法式，前者是后者的基础功夫，后者的艺境高于前者。"空气阻力"的法式，乃是指全身四面八方都有空气阻力的意思。运用时怎样增加或减少阻力，如在水中游泳一样。减少阻力方法，全是肩胯扭错；然而最佳的方法就是"虚体来风"的法式。这个"虚体来风"的法式就是"虚灵独存"。"虚体来风"和"虚灵独存"的法式，都存在以听其触之意在内，同时也必须是如与物遇，这样力之发作、收敛才能运用自如。这种攻防功夫艺境正如前贤所说："来无影，去无踪，一阵轻风倏忽"。攻防功夫至此等艺境，妙哉！妙哉！

㉕身形如榔头，形用半，劲用对五，阴阳逆从，劲形反蓄，中土不离位，圆机活法，伏击待动，劲势如机轮似的连珠发出，所发的劲势是拧裹着出去而不是颠倒法式的，有直线也非常短促，只是内动不能在外形上做出来，一但外形做出来则劲势就不对了；如果运使出来的劲势不是连续生发的，一定要达到劲断意连，意断神连，方能生生不已，滔滔不绝。

㉖就是浑元一气的涨渺同时存在的法式，涨则为推，拉则为渺。所以，没有绝对单一的劲势。

四、力量

㉗控制平衡问题有两项内容：一是自己修炼时的"动变平衡"问题，二是与人对阵较技过程中的"动变平衡"问题。这两个动变平衡问题，只有一个法则，就是"坤为吾母乾为父，太极一气贯来衡"，说的是内气的调整，是保证自己动变平衡的"权"。然在动手较技的过程中又有具体保证动变平衡的法式，这就是"中正安舒，活似车轮，偏沉则随"的法则，偏沉于己，柔以化之；偏沉于彼，刚以发之。再有就是自身的中土不离位之上下相随的四象动变法则；六合一体之形的动变法则，都是"动变平衡"的技术方法。

再有就是如何能控制对方，又能保证自己动变平衡的能力。就是运用"靠吃""粘走"的法式，即能达到自己动变平衡又能控制对方，使之失去平衡以胜之。然而，天地间的大气压力、地心的吸力、人体的动力等多种因素存在，故而没有"绝对平衡"。一般称控制平衡能力为蛇动之力，或蟒动之力，兔起、鹘落、龙潜、鹰胆、虎视、静中有动、动中有静，一羽不能加、蚊蝇不能落等说法，都是控制平衡能力的体现或结果之说法。

㉘单重则灵，双重则滞，然双轻、双沉是功夫。所以，半轻半沉，双轻、双沉为功夫，与控制自身动变平衡和控制他人动变平衡的方法近似，控制平衡是把没有平衡的通过控制使之平衡，因此，动变平衡问题与单双、松紧、虚实、轻重，都含有连带关系。故而半轻半沉，双轻、双沉，松紧、虚实、轻重等功夫做到了就是动变平衡的功夫手了，可以说控制平衡也是根据这些内容而来的。

㉙以上共28种解释，尚有如下16种内容未作解释说明，请读者自己揣摩而解释之。而以下的内容亦是诸法同时存在的法式，这样理解起来就八九不离十了。

㉚只好分立标题来注解、阐释了，这样才能清楚。然而抑扬者，欲抑先扬，欲扬先抑，乃通法也，只有抑中有扬，扬中有抑才得妙法。起顿者亦如是法。高低、远近已经言说过了，可寻而观之！

伸缩法，主要指内外如一的身法功夫，是指手法、身法、步法三法合一的大身法功夫而言的，为何这样说呢？这在《拳经·拳法备要》中，明显地记载着张横秋先生传授习练手法秘要里关于伸缩的说法，为以资对照，录之于下：

> 身法有三诀焉，一曰伸缩，伸缩者，如龙之灵变，如虎之快利也。二曰直射，直射者，如箭之快入也。三曰一片，一片者，手到脚到身到之谓也。能致此三者，则身法备矣！

此论虽言伸缩是身法功夫，究其实质乃内劲功夫之运用。这在《六合十要序·十曰内劲》一文中有所论述，录之于下：

手到劲发，天地交合而不费其力。总之，运于三性之中，发于一战之倾，如虎伸爪不见爪，而物不能逃；龙之用力不见力，而山莫能阻。

同是伸缩法，一从外形立论，一从内劲立论。如将此内劲、外形之论，合而并之，其论之精义如何呢？试并之如下：

一曰：伸缩。伸缩者，如龙之灵变，用力不见力而山莫能阻；似虎快利，伸爪不见爪而物不能逃。由此内气、外形之"伸缩"，可以看出伸缩之法，乃从"龙、蛇"外形柔弱无骨的伸缩动变态势中脱化转借而来，立为传统拳术攻防之道的身法功夫中一项主要内容了。

此"缩"乃高级的闪化法，即以内劲承接彼之拳势，即时由缩收受击之局部引而化之，不受其力，致对手击之落空，则随用伸展身躯之法击之，自如蛇之伸缩形态立意而用。由于手法有伸缩、身法有伸缩、步法有伸缩，三法合一又能形成伸缩法式，故将伸缩之法用于攻防较技中，常有猝变冷招运用，使对手防不胜防而易制胜。故诀云：

伸缩歌诀

拼力争来皆不是，妙手伸缩人不知。
静以制动无双技，龙腾虎跃圣贤识。

伸缩法是高手施招用手、施手用招之一大法尔。屈伸从此法立论，但与伸缩法小有区别，能明伸缩法者，屈伸之法也就容易明白了。

然伸缩之法，有何妙用？前贤亦有专题明论，还是在《拳经·拳法备要》中"千金秘要问答歌诀"中记载着，录之如下：

问曰：下盘胜上盘，何也？
答曰：在伸缩虚实！
　　由缩而伸带靠人，以实击虚易为力。
　　下盘两足管在斯，撑拳托掌谁能敌。

此问答、歌诀论的是：避上之击而用缩，同时伸展虚足站住，复又上身伸展靠击以胜人之法式。主要说明运用伸缩法的避实击虚之法式的可行性和可靠性。

修炼传统拳术攻防之道者应由此伸缩法的运用而要悟出左伸右缩，右伸左缩，形缩劲伸、劲缩形伸等诸多的伸缩方法来，自己精心练之，方可达到纯熟之运用。如自身能无处不可伸缩之，则可获得迎送相当，不撄人之力的功夫艺镜，

四、力量

也就同时达到触之即发的功夫艺境了。如果能有良好的沾衣如号脉的知人功夫，也就具备了沾衣十八跌的功夫技能，但伸缩法的真实功夫是如何修来的呢？

这就是在内功法的"炼精化气、炼气化神、炼神还虚"的修炼，以得内劲的神以知来、智以藏往为第一基础条件，所谓："健之体立。"

在外功法"抻筋拔骨、展筋伸骨、柔弱无骨"的修炼，以得外形的静而不躁，内感通灵为第二基础条件，所谓："顺之体立。"

内外功法的内气、外形，柔外刚中匹配如一，劲形顺从、劲形逆从的修炼，以得内气、外形的阴阳逆从、劲形反蓄，动变自如，为第三个基础条件，所谓健顺德之体立。

再以此健顺德之体操练各种攻防招法、太极推手，模拟实战，从伸缩法立项操练，则能精熟伸缩法之运用，也就可获得伸缩法的真实功夫，用于较技实战而能制胜了。何独伸缩法如是，凡闪展诸法中的内容，无不是由这个系列方法完成的。只有经过劲形反蓄、阴阳逆从的修炼，才能获得诸法巧招妙手的真实攻防功夫艺境，最后升华到球形伸缩法式的运用。

吞吐之法，乃传统拳术攻防之道中运用较为广泛而又含蓄的技术、功夫方法之法式，是传统拳术攻防之道中较典型的来回打的方法。有小手法吞吐和大身法吞吐运用之分别，而以大身法吞吐为代表。有内气、外形相互为用的吞吐法，而以内气之吞吐法为代表。

所谓大身法吞吐的运用，如对手进击攻来，我身法随其出击的方向，受击部位用吞吐之态势，使对手招法落空，然后身法随其撤回之势，用吐放之态势发之，此乃外形吞吐之法式。如吞吸的捋法，复用吐放的虎扑势，合之乃大身法吞吐之应用。

所谓小手法吞吐势之运用，只限于手法的吞吸之化解、吐放之发击，亦属外形的吞吐法势。然前贤对吞吐法的应用，多以内气、外形相互为用的吞吐法为尚，有诀言可证：

阴阳诀

太极阴阳少人修，吞吐开合问刚柔❶。
正隅收放任君走，动静变化何须愁❷。
生克二法随着用，闪进全在动中求❸。
轻重虚实怎的是？重里显轻勿稍留❹。

阴阳诀从太极、阴阳体、用两方面入手，将吞吐、开合、刚柔、正隅、收放、动静、生克、闪进、轻重、虚实等分辨清楚；同时也将太极与两仪的体用关系分辨清楚了，而在歌诀中又阐明了两仪问题的运用方式、法则。所以，阴阳诀是修炼太极拳者必须精研、遵依的诀言。只有如此而行，方能精通太极拳的修炼、建体、至用，只有攻防功夫功成艺就之时，才能成为太极拳的行家里手。

注解：

❶太极阴阳，以拳事论，分体、用。以己而言：从体说，太极者，自身有形的内气、外形之总体也；无形的健顺和之至，太和一气也。阴阳者，阴柔之外形，顺之体，主柔化；阳刚之内气，健之体，主刚发。以用论，静为本体，动为作用。柔化刚发为基本法则，以柔用刚乃基本技术方法。以与人对待之用而言：意气君来骨肉臣为则，顺随为法，柔化刚发，静以制动，尚巧而不尚力。

吞吐者，吞者为阴，吐者为阳，运用时吞中有吐，吐中有吞，是为妙法；开合者，开者为阳，合者为阴，运用时开中有合，合中有开，是为妙法。内气、外形匹配如一，其各自皆俱吞吐、开合之功能。但是，吞吐、开合的正确运用要针对彼之拳势的刚柔来定夺。如拳论所讲："人刚我柔谓之走，我顺人背谓之黏"的柔化刚发的法式，就是正确的吞吐、开合法式。还有："见入则开，看来则降；遇出则合，就去则升"的法式。其中：见入则开是外形开，配以看来则降的内气降。开者为阳、为吐，降者为阴、为合；遇出则合是外形之合，配以就去则升的内气升。合者为阴、为吞，升者为阳、为开。

虽然修炼太极拳术攻防之道的人很多，但是，精心研究"太极、阴阳"体、用之拳术攻防理法的人却很少。

以上内容乃是"太极阴阳少人修，吞吐开合问刚柔"句诀言的基本精义。

"太极阴阳少人修"句，古传抄本乃是"太极阴阳少人究"修者，如法修炼；究者，精心研究再如法修炼，加以实战印证。所以，"究"者比较"修"者更为传神。究者，具有"正本清源"的作用。

❷太极拳四正四隅之八法，以收放法论：四正手法中的挤、按乃放法，掤、捋乃收法；四隅手法中採乃收法，挒、肘、靠乃放法。故有"正隅收放任君走"的随意变化而用的说法。

以自身拳法论，内气、外形外放者为动、为阳，内收者为静、为阴；听探者为静、为阴，顺化者为动、为阳。明白了正隅、收放、动静的阴阳属性，拳势的攻防变化则能一目了然于心中，实施起来还有什么忧虑呢？此乃"正隅收放任君走，动静变化何须愁"句诀言的精义。

❸拳术攻防之道，就是生死之道、胜败之道。讲究的是你死我活、你败我胜之道。生者，制己胜之道；克者，制彼败之途。生克者，攻防之道。故攻防招法

四、力量

有生化自己克制对手的制胜手段。一般来讲，防守法式为生化自己的保生手段，攻击法式为克制对手的制胜手段。但是，在攻防变化中常常存在败中取胜、置之死地而后生的法式。这就是防守法式原为生化自己的保生手段，但即时也能成为制胜的手段；攻击法式原为克制对手的制胜手段，但即时亦能成为保生的手段。故而，攻防招法的攻防生克作用，只在顺招随势之用而已。这就是"生克二法随着用"一句诀言之精义。

拳诀讲：何为闪？何为进？闪即进，进即闪，何必他求！这里所讲的四正四隅八法实施的闪进法式，是在双方较技运动的过程中应机顺势而得的。就是"动中处静有借法"的精义，讲求的是"听探、顺化相互为用"的法式；体现的是"只有更好地消灭敌人，才能更好地保护自己"的战略法则。这就是"闪进全在动中求"句诀言的精义。

❹重者，沉也。轻者为阳，沉者为阴；虚者为阳，实者为阴。内气、外形，柔外刚中匹配如一的拳势，有轻沉、虚实的分别，不能以一法呆板地一律对待。轻沉、虚实虽是相互为用亦要分别对待，才合法式。也就是轻虚则补之，使其不及加不及；沉实则泻之，让其过上加过。然而，对方的沉实之势中忽然显现出轻灵的劲势，说明对方已然有备在先，欲变势而进退，这时切勿滞留，应即时采取相应的攻防技法以取之，才是战胜对手强有力的手段。这就是"轻重虚实怎的是？重里显轻勿稍留"一句诀言所欲表达的精义。

从歌诀中的"吞吐开合问刚柔"一句，可知吞吐法乃由阳刚之内气、阴柔之外形的阴阳逆从、劲形反蓄而形成的攻防法式。这可引两条前贤的论述以证之。

> 紧要全在胸中、腰间变化，不在外面。力从人借，气由脊发。何能气由脊发？气向下沉，由两肩收入脊骨，注于腰间，此气之由上而下也，谓之"合"；由腰行于脊骨，布于两膊，施于手指，此气由下而上也，谓之"开"。合便是收，开即是放，能懂开合，便知阴阳。
> ——摘自李亦畲《五字诀·五曰神聚》

此论乃内气之吞吐法。其内气之合便是收，便是吞，为阴；内气之开便是放，便是吐，为阳；此正是"吞吐开合向刚柔"一句之精义。

> 有由者，由于懂劲，自得屈伸动静之妙；有屈伸动静之妙，开合升降又有由矣！由屈伸动静，"见入则开，遇出则合；看来则降，就去则升"。夫而后总为真乃神明矣！
> ——摘自《杨氏传抄老谱·懂劲先后论》

《意拳论》注解点评

此论中的"见入则开",是说外形的内开法式,配合内气的"看来则降"法,此外形之开为阳为吐,此内气之降为阴为吞。此中见到"形吐气吞"之象。

再有就是"毛发松弹守三阳"的一气涨渺的吞吐法。运用一气涨渺,则外不见形的吞吸之状,亦未见吐放之形,而运用吞吐之法,一触即能胜之,则攻防功夫已臻上乘!已致炉火纯青之候!自然是神拳神明艺境,具备神化之功了。但不习内功者,绝无此艺境。如能吞吐同时施出,名曰化打合一。古拳论中名曰:靠吃法,有内靠外吃,外吃内靠法之两法;吃者,吞也;靠者,吐也!可知吞吐之法古已有之。修炼传统拳术攻防之道者,何能不精修吞吐之功法呢?

以上论及的闪展诸法,必须顺随对方变化而实施运用,方见诸法之妙。拳论云:随其变化示神奇,就是指此类具体攻防方法运用之法则而说的。

运用以上诸法,全以内气为主导,周身柔弱无骨为基础,通身内外虚灵为功夫,是为得法。修炼时诸法皆各有不同的练习方法、模式和准则、规矩,应细心体会方能得之。皆在具体的攻防招法中体现出来。

弟子问曰:前论闪展诸法之练、用宗旨,其精义已明,实为修炼传统拳术攻防之道者练、用之良法。传统拳术攻防之道中有"横竖、轻重、正隅"之说法,是何意旨?应如何运用?

师父答曰:古代先贤为阐明传统拳术攻防之道的修炼、建体、至用之道理、法则、规矩、规律,又便于同道之间的相互交流、沟通,为了传承推广,将传统拳术中各种具体方法都做了概念规范的定名,即术语,行话。故修炼传统拳术攻防之道者每遇到拳术中的名、动词时,必须能多方面清楚其名、动词的实指内容,则习拳能明理而有法可修炼矣!我认为:观谱或听人论拳,如不求甚解而以平常运用的字面领会,常有似是而非,会误导自己成为错误的认识,习拳则无法矣!传统拳术修炼、建体、至用之术语、行话之概念的遣词用字,多与《易经》《道德经》、兵法、《黄帝内经》及诸子百家学说的原著内容相关。如健顺参半,出自《易经》;玄妙微通,出自《道德经》;肌肉若一,出自《黄帝内经》;以正用兵,以奇胜,出自"兵法";中和之道,出自儒家学说;纵横,出自纵横家学说中。如果不读原著作品而于拳谱中望文生义,难免会有错误的认识。故前贤云:"拳术体万物而不遗。"其中就有:传统拳术攻防之道乃中华民族优秀文化在武学拳门的具体结晶之说法,充分体现出传统拳术攻防之道博大精深、源远流长的一面了。

横竖:乃拳术身法特定术语之一,是由身法的"纵横"说转化而来。在古拳论《九要论·八要论》中有"身法为何?纵横高低、进退反侧而已。纵,则放其势,一往而不返;横,则裹其力,开拓而莫阻"这样的说法。其中的纵身法,就是正身法,即正面对着对手的身法;横身法,就是侧身法,即自己的侧

四、力量

身面对着对手的身法。后来，拳家将纵字改为竖字，才有攻防进退横竖找之说法。这样，以横竖论身法之练、用就成为习惯的术语了。然身法的纵横之说法却依然应用着。

双方比武较技，以自己前胸正面对着对手施招用手、施手用招的身法为正、为竖、为重身法。竖有两个意思，一是指自己的虚中、实中的轴线竖立之义；为正，是自己以鼻为准左右平衡中正之义。一是由于正面对准对手，是以虚中、实中之竖立面，即任督二脉加虚中形成的板，以板的窄面对着对手发劲。即：

正身法歌诀

前足夺后足，后足站前踪。
前后一直线，五行主力攻。

——摘自《太极十三势歌诀》

取此正面对敌身法发劲劲势松沉势重、浑厚雄猛之义，故又名为重身法。以上就是竖身法、正身法、重身法之名称的由来。虽然同一身法，但却有三种说法，乃因为立义所取不同的缘故尔。

双方比武较技，如以身体的侧面对着对手施手用招、施招用手的身法为横身法（亦名扁身），为隅身法，为轻身法。这里的横，有两个意思，一是指自己的虚中、实中及与任脉所形成的板，以此板的宽面对着对手施招用手、施手用招，是将板横了过来了的身法，故取横立义言身法。为隅，乃指侧身法对敌时鼻指向自己身体的隅向之义。因要头端面正眼勿闲，才有了这样的身法，此身法与鼻准的或左或右之调正为斜面平衡的隅向。一是由于侧面对准对手用招发劲，虽是侧身法，但攻防的效果是同样的。这有歌诀为证：

侧身法歌诀

打人如亲嘴，手到身要拥，
左右一面站，单手克双雄。

——摘自《拳法秘录》

但是，侧身法之发劲的劲势较正面对人发劲的劲势"轻"之缘故，故此种身法又名为"轻身法"。此乃与正面对敌的重身法相比较而言的。这就是横身法、隅身法、轻身法之由来，虽有三说，却是指同一种身法而言的。

上面分析了传统拳术中身法常用的横竖身法正隅、轻重的名称含义及其作用。也就明白了拳术攻防双方的攻防招法基本上只有"横竖"两方面的变化运用，即"正隅"方向相互变化运用。由于身法的横竖变化，所用的劲势就自然产生了"轻重"的互换变化。明白了上述内容便可按法精熟之，运用时就能成竹在胸，临场较技就不会自乱阵脚了。

以自身对身法的横竖、正隅、轻重之种种认知、体认，再观谱参照前人的真传秘诀，就能明白地领会这方面真传秘诀的精旨要义了。

如"披从侧方入，闪展无全空"一句，也就知道对方以"披拳"法从我左或右之侧方入来，我侧身化解，同时展身法正面竖向攻击其胸腹空隙之处，便可一击成功。此乃以身法横变竖的防守反击之策略，而所施用的反击法，乃"脚踏中门，神仙也难防"的正身法式，其劲势沉重，又攻其虚，焉有不胜之理。此又体现了"闪即打，打即闪，发手便是处"的秘诀之实用性、可靠性。

如谚云：八翻子，六合手，神仙都难走，老僧甩袖最为先，专破六合和八翻。此谚语是说八翻拳、六合拳、多直拳正面对敌之式。而老僧甩袖乃横身斜向招法。亦如太极拳揽雀尾式的隅向击打，乃取横破直立意，为以隅击正，以侧击正的法式。此即古传的披法，前贤有专论歌诀为证，为以资对证，录之如下：

披无真传·静悟书旨

披揭机关不可言，千金无虚觅真诠。
非为直诠人不识，纵识真诠真不传。
我欲人间留秘诀，不遇知音也枉然。
大道无传终斩绝，载诸书旨遇诸缘。

披揭身式

蹉身披揭手平肩，须教拳尖对脚尖。
休将身步交十字，更嫌乘手压胸前。

披揭手法

披揭蹉身披到底，反掌撩阴高揭起。
连肩带肘往前推，后手加推循环理。

披挂身手重如泰山

披手挂入身骤坐，莫把手儿先快落。
更加身步往前推，力大金刚也打挫。

四、力量

单披手诀

披人力在肘和肩,连披带劈耳门鞭。
推跟祗用肩头搋,压倒还须肘吐尖。

辟沿习十字披之谬

世传十字披推裹,不知一字连身坐。
千字裆里如翻身,一字披人无逃躲。

披揭披兜当辨

三盘名式欠披承,口谈披揭打披兜。
不知反复循环变,错打兜拳当揭扭。

操练披揭·毋忽人言

披揭操成莫大功,休听盲人毁正宗。
举世尽嘲者道异,谁知异处是神通。

入盘要略

提胸直进最堪嫌,步前身后祸招先。
尽力发人人不动,必定三盘不对天。

——摘自《张横秋秘授跌打抓拿拳经·万法统宗》

又诀言:正对正,两无用;轻对轻,全落空。本来拳法乃是正隅收放任君走,动静变化何须愁的攻防变化以制胜的。以正隅身法而论,乃以我之正身法攻击对方之隅向,或以我之隅身法攻击对方之正向,皆可制胜,反之,以正隅身法走化,亦可指胜。如果以正对正,易产生冲撞而犯双重之病,就要相互顶抗斗力了。故曰:正对正,两无用。如对方以横身法而来,我以横身而走,属于轻对轻,亦名:角对角,等于丢了对方,达不到闪展防守反击之效果,故曰:"轻对轻全落空"的毛病,必须从身法的"轻重"变化运用说,才具备以重击轻、以轻避重、以轻击重、以重避轻的效用,才能有身法轻重变换以制胜的可能。这样才能彻底明白"正隅收放任君走,动静变化何须愁"之真传秘诀的精旨妙义,其法则而为己所用之。

上述所举之例的运用身法的法则,都是前人总结的宝贵经验,皆须仔细研究运用。

由于身法的横竖之法式不同，身法正隅的方位不同，身法之劲势的轻重自然有别。故由身法所形成的具体攻防招法变化、攻防方法则不尽相同，然各种攻防招法的实施之避实击虚的法则不变，曲化直发的变化规律确是一致的。

　　已将传统拳术攻防之道中"横竖、正隅、轻重"之身法说的含义谈清论明了。然而，"横竖、正隅、轻重"除了身法的概念运用，还有其他方面应用之概念，此又不得不知。

　　正隅：虽有上面所论身法本身方位的运用意境，还有环境方位的运用概念及所实施攻防招法的方向之概念。

　　自身方位，乃指自身的前、后、左、右为四正，前左、前右、后左、后右为四隅，此乃自然方向定位，亦简称正隅方位。实施攻防招法的方向定位，即自身运用的挒、挤、按为四正手；採、挒、肘、靠为四隅手，即拳之八法。以应拳打八方之用。此乃拳法方向定位，亦简称正隅方位法。

　　上述三个八方定位、正隅定位，在传统拳术攻防之道中的运用是统一的，皆统一于以自己为核心的八方定位、正隅定位，这就是"离开己身不是"之道理。

　　如果正隅而以阴阳分的话，正是阳，隅为阴，正隅变化，不就是一阴一阳之变化吗？然只知一阴一阳之变化，不能完全阐明正隅所含的八方定位之精义，故必用正隅以论之，而正隅又含八方定位法。而八方定位法的运用，能明白传统拳术动手较技全在方位角度之变化的应用，即动角度的运用，亦是传统拳法用"度"的规矩概念之一。谁都知道，圆周乃360°，其四分之一乃90°，八分之一则为45°，45°的变化，即是正隅的变化。

　　八翻拳的八手，八行门的阴阳八手，自然门的前八打、后八打，绵掌的明八打、暗八打，米字拳法，井拳法八打，九宫手，其中皆暗含八个角度用招之拳法，八极拳、八卦掌，乃公开表明是拳打八法的拳法。以己为中心的向外打八方，即正隅法。上论几家拳种的拳法，最后皆归为"正隅"法中，即用的是方位角度的变化。不管是内劲的变化，还是外形的变化，或是内劲外形的相互变化，都是动角度越小就越隐蔽，拳法攻防功夫艺境就水平越高。即拳法严密的道理，实质就由"理精法密艺自高"一句诀言中体现了出来。传统拳术是立体方圆的攻防技术，技巧、功夫，故拳打八方，正隅方位，不单是水平的八方角度问题，亦包括任意垂直方向和任意倾斜方向的八个角度问题，这是从一个中心点而说的，实际就是一个圆融的无间境界。但传统拳术攻防之道将这复杂的现象，只以"正隅"的概念而简约地概括了而已。这就是"正隅"除身法的概念外，又有方位定位应用的道理、法则。

　　轻重：虽有上面身法的意思，又有攻防招法用劲"力度"的内容。这里的"重"乃是"沉"的意思，应呼为"沉劲"，指发劲松沉浑厚，劲势沉重，重击

四、力量

对手，乃拳法雷霆万钧的一面。但要注意，一味贪重则易偏而失中，容易被对方利用。重，实指松沉的劲势沉重而言，并非血气之横力的痴重、呆重之重，此乃拳之病也。其重势如山，就是松沉功夫的最好描述，乃内劲凝聚而形成的劲势，故曰：沉，曰：重，似水之沉重也，从坎卦之象。

轻，乃指松沉之中化生出的"轻灵"的劲势。由于轻灵之劲势变化迅速敏捷无滞，不易被对手利用，故有"一羽不能加，蝇虫不能落"的毫不受力的特点，还有轻灵如羽之境界的最好描述。轻灵乃内劲气化而形成的劲势，故曰：轻，曰：灵，似火之轻灵也。从离卦之象。轻沉者，坎离之功夫者也。

轻灵功夫是从沉重功夫基础上练出来的功夫境界。老子在《道德经》中说："重乃轻根，静为躁君。"表达的就是这样一个意思。在《习拳八难》里论述拳术攻防招法的运用时说："打重容易打轻难。"这条诀言，同样说明习沉重，用沉重于攻防之中容易练成。但习轻灵，运用轻灵而恰到好处，确实不容易，因为轻灵乃上乘拳道功夫用劲之方法。前贤描述轻灵功夫艺境时说：来无影，去无踪，一阵轻风倏忽。试想这是何等的轻灵功夫，也就知道了。

沉重和轻灵的用劲方法有别，但攻防技术效果和使对手失去反击能力而失败是相同的。但松沉之重的用劲有发劲不准而误伤人的可能，轻灵之用劲则无此弊，故有用必打犯不伤人之效果。

再者，观察初期修炼之修炼传统拳术攻防之道者与人较技多发沉重的用劲之手法；而高手与人较技多轻灵用劲的手法。此可知重、轻灵用劲功夫之差距了。这是为何？因初期习拳，必从松沉入手开始，乃因内气、外形的阴邪未尽之故，故用攻防招法多沉重之劲势；沉重之中自尔腾虚，内气、外形之阴邪退尽，是为纯阳，故用攻防招法多轻灵的劲势。

当然，攻防拳势不管是初期修炼者，还是高手之人，所用劲势都是"轻重"互换而相为用的，这一点也不假，本是如此。但初修炼传统拳术攻防之道者用劲轻重互换和高手用劲轻重互换的轻重层次绝不会是相同档次的，故修炼传统拳术攻防之道者应仔细地加以区别。

顺便解释一条谚语，传统拳法有用劲"用重不如用轻，用轻不如用空"之说。此条谚语中的重和轻，前面已然论得清楚明白了。只是空字，此空并非是空劲，常有修炼传统拳术攻防之道者求空劲，其实是概念上的错误。传统拳术根本就没有空劲一说，但有空法之用，即与对手较技或太极推手，由于对手失重而偏，而由于借用我的身体接触之某部位来保持其自身平衡，我即相对用法，骤然巧妙脱开，乃不撄人之力，造成对手自身瞬间失控而跌扑于地，或失控难立的状态，是为空力法，简曰空法。此即引进落空妙如神之法式的运用。杨式太极拳谱中早有空力法之论述，可为之证矣！录之如下：

传统拳法"补泻"论

补泻气力於自己难，补泻气力於人亦难。补自己者，知觉功亏则补，运动功过则泻，所以，求诸己不易也。补於人者，气过则补之，力过则泻之，此胜彼败，所有然也。

气过或泻，力过或补，其理虽亦然，其有详夫过补为之过上加过，过泻为之缓他不及，他必更过，仍加过也。

补气泻力於人之法，均为加过於人矣。补气名曰：结气法；泻力名曰：空力法。

——摘自《清代杨氏传抄老谱·太极轻重浮沉解》

当然，具体在较技过程中，采用空法的方法很多。有主动造成对手落空，可有顺其势变化而使其落空；有使对手招法的落空、劲势的落空，皆为空法。如能在较技过程中处处使对手落空，则拳技已成妙手艺境。这也是传统拳法中用轻虚比用实重的功夫境界高的一个方面，故拳谚云：妙手空空精艺成，不争不斗真英雄！乃修炼传统拳术攻防之道的又一上乘功夫境界。是传统拳术练、用的又一特点，则能明白无争为争的无为拳法之精髓矣！能明白处处用空之妙手的境界，并能实施精熟，已经是传统拳术攻防之道的练、用之行家里手了。

横竖：虽有上述身法本身的"横竖"说及运用艺境，还有许多运用"横竖"概念的各种说法。

如《内功真经》中说：横劲竖劲，辨之分明，横以济竖，竖以济横。其解曰：以一身而言：自井（天井穴）顶至足底竖劲也；自背骨至于手头横劲也。以一臂而言：自腋至两肩云门穴竖劲也；自中腑（穴）转于斗骨横劲也。以一腿而言：自内胯至于足底竖劲也；自膝至臀横劲也。总而言之，横中有竖，竖中有横，遇敌之时，横以克竖，竖以克横。

此论以自身部位而论劲之横竖，方便修炼传统拳术攻防之道者练、用尔。

而肩撑肘横之横，乃此论中自背骨至手头横劲也；自中腑（穴）转于斗骨横劲也之横，乃指劲之横而说的。

而撑裆开胯之横，乃指由裆间将两胯用劲势将其撑开的状态，谓之横，即言劲势，又言外形，即胯之状态也。

形意五行拳中之横拳，乃前臂的天地骨由上下竖向转成水平横向而置；同时亦有身之脊椎、胸骨，由竖身法转为横身法之态势而言的，是以外形态方位动变立论的。

而武术无横力。此指传统拳术攻防之道中内家拳法的以神为主、以气为充、形从则利的健顺和之至、太和一气之气力为用而说的。绝对避免外家拳法的以形为制、尚气用力、神从则害的筋努骨突、尚血气之横力之力气为用而说的。可知武术无横力之横字，应读hèng音，不能读成héng音。此乃说明字同音异，则在传统拳术中所用之意自不同尔，希修炼传统拳术攻防之道者明之。

通过上述对横竖、轻重、正隅的身法诸说的论述及对横竖、轻重、正隅其他方面的概念运用之分析介绍，可以明白一条拳谚："攻防进退横竖找。"此中的"横竖"，除指身法变化的道理容易明了，还有其他含义蕴藏在其中，如"劲势"说，而"轻重、正隅"亦反映如此之情况，于此可见前贤论拳之练体用言简意赅，须后人正确地阐发和运用，是为学习、挖掘，是为继承，传统拳术攻防之道才能得以发扬光大。

神足胆大 心平气和论

艺高不宜胆大，吐语岂可凌人？即能强伊百倍，再求入妙入神。神足胆欲大，心平气欲和。

紧中急，急中猝；勿迟延，勿少燥；来无影，去无踪，一团清风倏忽。舒以长其筋，缓以蓄其力，迟以运其神，含以招其妙，活以猝其式，短以应其变，长以发其威。

不惊不惧要留神，平其气兮和其心，一声骇得他人动，便是乘机致胜门。

即为要诀，乃修炼的重要之诀，重点要诀。

阐释：

艺高不宜胆大妄为，妄为必有失，古有骄兵必败之戒。谈武论道岂可盛气凌人，盛气凌人不如以理服人。盛气凌人者必然伤人，伤人者不武。必遭人反感而生忌怨。此两点乃修为的戒条中事，故必戒之。

既然功夫能强人百倍，亦应再求入妙入神。何为入妙？何为入神？含者为妙，玄者为神。即法含式、式含招、招含劲、劲含身等系列内容为入妙之修，乃指"浑之体"之修。手眼身法步、肩肘腕胯膝等部位，皆各有其玄，玄玄相生等系列内容为入神之练，乃指"浑元"之元玄之用。约之浑元之说，乃有不期而至之神机，不虑而得之法式，不思而至之妙招，不演而当之法力。得之者是为入妙入神。体为妙，用为神。

神足则威生，胆大乃自然。神足胆大，是神明胆大故不妄为。反之，欲求胆大，必先神足，求神足则根于固精。修炼之理也。积气则神生威，事之自然尔。

心平气欲和，"养气忘言守，降心为不为"。气和来自心平静，即无心也，所谓无心，无欲望之心，而道心自生。如何能做到无心，即"不先物为"，自能"因物之所为"。故虚心而气静神清，虚无不灵，静无不应，清则自明。修炼之事，不过如此而已。一切由此而衍出。

然只有心平无欲，唯道适从，依势而用、而行，真气自生，再消除暴烈之气、贪欲之心，必得"中和"之气。此中和之气，不偏不倚，无过不及，正中至正之气尔。古论"擒人之制在于气"。乃此至中至正的中气。只有具备此至中至正之气，则神自足，威自生，胆自大。胆大之表现在：神明则知人所不知，故能善战之势险，节贵短。也就能人所不能，此乃胆大之精义。此胆大能为在神明知微见著的基础上的表现，是功夫。非妄为可比矣！

双方较斗，是非常激烈紧张的，在紧张激烈的争斗中，经常会出现急招快打的紧急情况，此乃"紧中急"的意思。而在急招快打的情况中亦会有突然地停顿、变缓、进中忽退、退中忽进、左闪右展、旋转变动。此乃"急中猝"。常使对手应变不及而落，故在较技过程中出现了"紧中急、急中猝"两种情况，务必心平气和、神足胆大、急则急应，缓则缓随，敌变我变，寻隙乘机用势而致胜。千万不要在面对"紧中急、急中猝"的情况下显出忧愁不安的心态，站在失败的状态中；也不要应变迟缓而耽误了战胜对手的战机。此即"勿迟延、勿少燥"之精义。

心平气和，神明胆大，妙入神境，体轻若风，身手敏捷。即在激烈紧张的急招快打、突然变化之中，亦无迟延，也无忧愁不安之情态，坦然相对，迎招化解来击不见其影，出手攻击不见其踪迹，犹如一团清风忽然而来，忽然而去，戏敌于扑朔迷离之中而稳操胜券。此是一种什么样的攻防艺境，其实无它，只要遵道而行、按法而修传统手战之道的大成攻防功夫艺境，即以自然之神为体用的道境之功夫。如何能如此？亦不难修，自不难成。只有按下面所论的七条内容修炼，精纯之后自然而成，下面将七条内容分别阐释陈述出来。

舒以长其筋：中正安舒，展放其筋骨，则筋长力纯能脱拙换灵，此正是肌肤骨节处处开张之精义。以便外形通灵善变无形又无穷，也是练拳始练形之精义。形舒气畅，谚云："筋长力大"。而此力，乃灵通变化之能力。现时所言之"柔弱无骨""骨响齐鸣"等，皆舒以长其筋之精义的论述。即外练筋骨皮，三者浑化如一之外灵便的精义。此为第一条，以得地一之灵光。

缓以蓄其力：缓者，和缓之义。蓄其力，蓄其劲也。诀云："运劲如抽丝"之说可证之。"曲中求直，蓄而后发"。亦言内劲也，或曰：内气也。然古有云"力"者，乃"气力"之义尔。非聚劲凝形的肌肉爆发力之"力"尔。传统手战之道将此聚劲凝形之力称为"力气"。"气力""力气"自有本质上的区别，习者应分辨清楚。此言修炼攻防招式时，动作和缓舒展，是在蓄劲之势尔。只有平

四、力量

时蓄劲势之收发，舒卷自如，方有用时一触即发之效用。此即十年练拳，十年养气之宗旨的妙义，初修由无到有，继修从有化无，只有从有化无，方为真艺境。此条乃内练精气神合一之法尔，以得天一之清明。

迟以运其神：有了上述的外形得地一之灵光；内气得天一之清明。然只是内清虚外脱换的上乘之功夫基础定矣。自此时，还要"此于艮之一，涵神于至灵之处"以得灵神。故灵神的功夫是在内气、外形的功夫纯熟以后才开始修出的真功夫。以此意而言，故说"迟以运其神"。如开始求运其神，则有欲速则不达之弊端。以本经文言："阴阳迭神其用，先天自然之神"和其他经文所言："形伤、气伤、神伤"等论合而观之。以形拳、意拳、神拳三层功夫始终推论，练神及用神之神通功夫艺境自然后成。故知此"迟"字，乃指修"神明"艺境在较后时期出现，其出现得晚，故曰"迟"。此乃第三条。《神运经》亦宗此说而论之。

然综观前三条之精义，在攻防至用之时亦很讲究，外形要舒展，内气要和缓，运其神之时要"不先物为"，是为"迟"；"因物之所为"其神，是为运，此乃运用灵神之妙处。只有如此运其神，则一身不妄动妄为。这样才能彻底达到"神以知来，智以藏往"无思无为的以自然之神为体用的大成艺境。才能具备"有感遂通"的不期然而然，不期至而至的无为艺境。此乃传统手战之道的"无上"之大成功夫艺境。

含以招其妙：含者，含有、含蓄、含容之意思。此经文在《浑元小解》条目中讲有："夫浑者含也，元者玄也。"其中有"法含式、式含招、招含力、力含身、身含步"等十二含的内容。在前面又有"十三随"的论述，综合观之，即是含蓄而随式变招的宗旨，方显示出攻防招法的要妙。舍己从人的顺随之施手用招，方显示出"一羽不能加，蝇虫不能落。人不知我，我独知人"的妙境，方能落实到人打我打不着，我打人他跑不了的绝佳之艺境。也是本经文所讲的"来无影，去无踪，一团清风倏忽"的大成艺境。所谓"妙"字，就是处处用空，妙手连出的攻防功夫艺境。亦只有不先物为，因物之所为的施招用手，才能达此艺境。关键在"招以含其妙"处，即"顺从以为进退，逆力以为揭献"的顺随为法，就是"招以含其妙"的精义。妙字言"体"，乃"浑者含也""妙手空空"之艺境，乃言其"用"。然用在"含蓄"之中，是指攻防招式的用法含蓄在用空之境界中，方见其妙。即在对手的空隙之中出手用招，才是用招施手之妙境，方能粘连黏随而不会有"顶偏丢抗"之病。所谓疱丁解牛的游刃有余，就是含以招其妙的精义之正解。

活以猝其式：活，包括：外形、内气、神明三个方面内容，外形灵便谓之活；意气换得灵谓之活；神以知来，智以藏往谓之活。活则能应对突然的变化，能突然随其势而变招换式，活则善变无形又无穷。可急则急应，缓则缓随，骤然突变亦可随招变式丝毫无差，此乃得机得势、用机用势之核心，一个"活"字。就是前面所论"八形"的龙神之变化，鱼跳之自然，蝶舞之蹁跹，猿跃之灵稳，鹿奔之迅速等，皆是一个"活"字所能做到的。所谓施招用手的"活灵活现"也是此义。前贤将施招用手的神韵意境，用一个"活"字做了全面的概括，其精义也在于此，但是"活"要灵稳方见真功夫。即灵活要有界限、分寸恰倒好处，方见"活"之魂也。此乃练招用招的精髓要诀之所在。

短以应其变：此处之"短"，乃善战者其势险，节贵短之"短"。即直线的发射距离尺寸要短，旋转的半径要短。这样以短的方法，应对他人的攻防变化，快就在其中了。传统手战之道的内劲变化比较外形的变化，谓之短。运用内劲变化亦可谓之"短以应其变"的方法。故有"内动不令人知"的妙处。圆曲走化乃化解之用的"短"，直发乃攻击之用的"短"。知此，就可明白"不疾而速得真宰"之精义，即"短以应其变"的妙义。"短打破长拳"的精义也在于此。关键是"以近制远"的方法。近者，短也。远者，长也。此乃传统手战之道基本之长短论。

长以发其威：此处之长，乃劲势悠长之"长"，人身劲道，有长有短。长者，由左右足至左右手；短者，由背肩到手肘。此两者乃自身内劲之长短。长者威力猛而大，短者相对威力弱而小。如以作用在对手身上来论，劲势作用在对手身上时间长，则威力强大而猛烈；劲势作用在对手身上时间短，则威力弱小而无势。此两论"劲势"之用的长与短，可知"长以发其威"之妙义了。为何高手一触彼身则对手应击而跌翻摔出，乃高手的劲势运用悠长之故，如"虎扑式"击法，全身发劲法则劲势悠长，对手应击而跌翻；如采用双撞法则劲势短，对手挨打，但不可能跌翻，这就是很好的例证。由此长短之论，可以知道：短用形、长用劲。是手战之道长短论之基本内容。以此类推，就可知道高手击人为何不见其形之动而被击者应击而飞跌翻扑了，就是此理法。

总之，此七条内容之所论，练用内容丰富、精辟，远非我之阐述能一目了然，故习者应发挥自己悟性，精纯地研习此七条内容，定然能成为手战之道的高手。我之阐述只是明其纲，昭其目。以再现其精髓妙义尔，以发其要诀之精髓。

歌诀：

不惊不惧要留神❶，平其气兮和其心❷。
一声骇得他人动❸，便是乘机致胜门❹。

阐释：

此乃"要诀"之全面的总结。

四、力量

❶ "不惊不惧"谓之胆大。胆欲大则必须神足,故留神则神足,神足则知来藏往,自然胆大敢为,此乃胆与神的因果关系。要留神,神有内神通和外神通的运用之区别,内神通是知己,外神通是知人。既能知彼又能知己,内外一贯,虚实相需,则能百战不殆。何谓留神?神回身中气自固,内气周流运行,返观内视,神也,此乃知己的练法。以己度人,即与他人练用,贯彻心之所在力随往。彼有力我亦有力,力在他先;彼无力我亦无力,但意在他先。自不妄动,随彼动静进退,随曲就伸,久之即可知彼矣!神能观照察知内外、己彼,谓之"留神"。

然前人论传统手战之道的此项内容时,有用"心、意、神、气、精神"等多种说法的现象,实质上乃一回事。如用"心"论的,乃含"神、意"两个内容在其中,即"神意不同处"之论,内意外神,内神外意,都对。皆阐发的"气形之虚实相需,内外一贯",即能知己、又能知彼的功能,然此论更详细一些,又"神以知来,智以藏往"。智者,意也。换之为"神以知来,意以藏往"。此乃外神内意之用法。而对此论的最全而又详的乃"布形候气,与神俱往"的三合一之论。引上述各家之论,皆一意也。简者,以神论之,乃本经文之特点。

但要明白地知道,同是一个内容,历来各家之论可以通用。然各家之论的方法不同,又有细化的微妙之差异,此乃同中有异的现象,又要将这种异同分辨清楚、明白,便可成为通家了。故历代各家所论并不矛盾,而是统一的存在。能如此认知,修炼传统手战之道,便可循阶而升华,终可达大成的神明之艺境。此乃要留"神"的精髓妙义之处的又一正解。

❷ 此正是"心平气和"的说法,即和心悦色真刚毅的精义。心平则身正,但能达到心平,内气要中和。所谓内气之中和,即内气达到至中、至正、至和的状态,至此乃名"中气",即"中和之气"的简称。中者,不偏不倚,无过不及之谓也。和者,虚空至灵之境也。中和者,无中之妙有之意也。心平气和则神足,神足则明,乃内外通明如一。即能内知己、外知彼,故能敌动我知而能应之无差,则胆大敢为生于此意境中。值此方是艺高人胆大的本义。此中不存在妄为之胆大尔。知此,可知练功之顺序、层次升华之进阶。只在心平不贪,则气至中和,中和之气充则神足,神足则知己知彼知内外、知来龙去脉则胆敢,故为而不差。前人论攻防之道乃善教者也。

❸ 此乃以哼哈的发声助威之方法。因有为而不差之功夫,故能审机度势,应机乘隙而发之,又加发声助威,其效果更佳,故能将彼发出致远而跌扑。吐气开声发劲法,要于平时单独操炼精熟,再融于各种具体的攻防招法中操练精熟,做到即时而发之准确无误,就可备而用之了。故能于比武较技中"一声骇得他人动"而致胜了。

❹习练传统手战之道,在于制人而不被人所制。只有明白了上述七法、三句诀窍的练、用之精髓,运用又精熟纯粹。便是动手较技能随时随处乘隙用机必能致胜的门道,舍此别无良法。即入妙入神之精义。入妙者,浑之体;入神者,元玄之用也。体、用分明者,乃是能乘隙用机致胜之门径尔。要诀之精髓,阐述至极矣!习拳者能不精细钻研、体会上身,用心而致神明艺境乎!

㉛提、按、抗、横、悠、扬、撑、抱、翻、扬、裹、拧等内容在其他章目条文中已经作了注解、阐释,故不赘述了。

分合、开合法说

弟子问曰:前论动静说的道理、法则及动静说在传统拳术攻防之道的修炼、建体、至用中的意义,并分别论清了自身之神、意、气、劲、形、中,六合一统中的各方面之动静的关系。又以动静说所蕴含之精义,阐明了自身动静之机的机体、机制并借此阐明了各种动静说之精义。从动静之精义中立论,揭示了传统拳术攻防之道的修炼、建体、至用之精髓、妙谛。使修炼传统拳术攻防之道者遵之而无误。

但是,动分静合的道理于传统拳术攻防之道的修炼、建体、至用,有什么意义?又有开合之论于传统拳术攻防之道的修炼、建体、至用,具有什么意义?敬请师父详细开示于弟子!

传统拳术之分合说

师父答曰:阴阳者,动静之属性;动静者,阴阳之显象。阳主动而善变迁包含变覆,阴主静而镇定收敛厚载。而人之内气为阳,故主动而善变迁包含变覆;人之外形为阴,故主静而镇定收敛厚载。此乃从自身的健之体,顺之体的天地阴阳之"体"的分阴分阳之说。但是,人身之内气、外形之体,必须柔外刚中匹配如一以为用,方能发挥其各自的功能效用。此乃从至用角度立论的气形合一的法身德之体的说法。上述乃自身内气、外形的最根本的"分合"法说。

传统拳术攻防招法的攻防动静变化过程中,静则合,动则分,乃是总法则。即静则阴阳合一,动则内气、外形分阴、分阳。即分攻分守,内气作用于外形的拳势分刚分柔,内气外形分虚分实。拳法势态分曲分直⋯⋯此中道理、法则、规矩、规律,须从"河图""洛书"二图之象中看出一分一合的体用之精妙所在。

观河图之象: 奇水中一阳生于北内,气盛而出于南外,奇极盛成于北内而终,显示的金象。金者,气也。

偶火中一阴生于南内,偶盛而出于北内,偶极盛成于东外而终,显示的木

四、力量

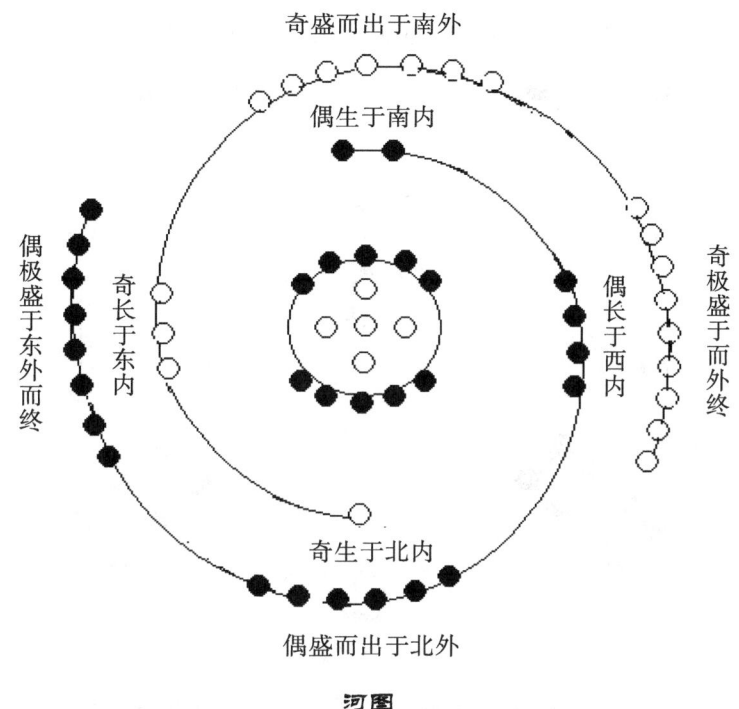

河图

象。木者，形也。

此图中显示出：不独生成合也，而奇偶悉合之理法。即：天一生水，地六承之；地二生火，天七承之；天三生木，地八承之；地四生金，天九承之；天五生土，地十承之。

从生数之五行言：一水、二火、三木、四金、五土。

从成数之五行言：地六、天七、地八、天九、地十。

从生成之合数看五行：一六者七，二七者九，三八者十一，四九者十三，五十者十五。故知土为中为本。水火者，土之气；金木者，水火之形也。阴成形，阳化气，势态之本然也。而合者必大于生成之数也。

观洛书之象：中五不动不变，而显天一地九，三七分列左右，二四为肩，六八为足。

此图显示出：不独生成分也，而奇偶亦分，道理、法则，显而易见。

通观"河图""洛书"二图之象，乃明分合之机，动静之妙，察体用之微，阴阳之理，显微无间矣！

河图中有气、形的奇偶之妙，有内气、外形的显密微盛之象，有气、形上下定位之秘，有气、形的根阴根阳之旨，有气、形的动静循环不息之机，此图之妙在合。

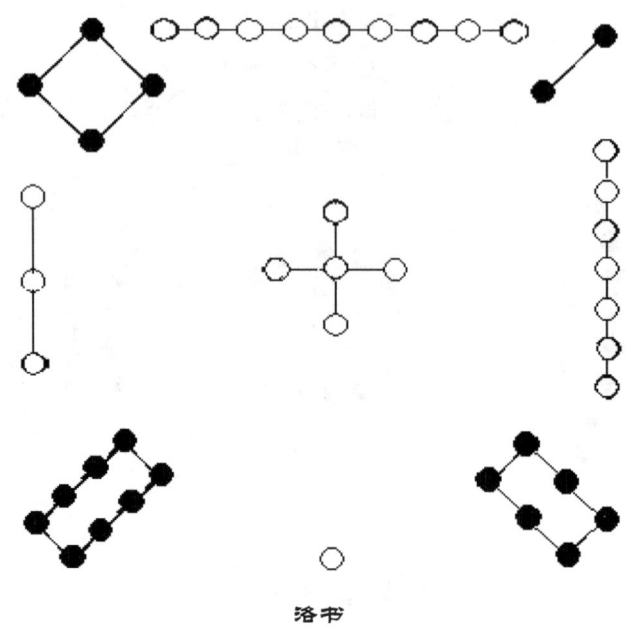

洛书

洛书中的阳数居正、居中、为首、为君主；而阴数居隅、居偏、为末、为臣民。以证万物生于阳而成于阴。其数生成相间而各居，则内气外形之体有别矣！凡皆由分处示之象也。

河图为示先天之道，其妙在合。即气形合一而用，即柔外刚中的法式，谓之先天之道。洛书，显示后天之象，皆于分处见之。故修炼者必先分出内气、外形之体，方可单独修炼之，故谓之为后天之象。即天地阴阳剖判，乾坤定位。此一合一分之妙，一体一用之道理、法则明矣！分合之妙，须从内气、外形的生、成、体、用处分别着眼论之，则道理、方法、准则明矣！习拳练艺有始有终，有本有末，有先有后，则几近于道矣！因其理明，故法密矣，得之者艺必成矣！

传统拳术攻防之道中的顺之体乃外形也，简称形体。形体所显示出的就是手法、身法、步法，三法合一的攻防招式。形体动则分阴分阳、分动静、分攻守、分宾主、分虚实、分刚柔等运用的法式。静则合，合阴阳，形体归中、归根曰静。健之体乃内气也，内劲也，简称内劲。内劲动则分阴阳，阳出阴入，阳升阴降，阳发阴收，阳散阴聚。静则合，合阴阳，归宿于丹田。内劲与外形，自然亦分为内外。虽然匹配合一而用，亦是动则分阴分阳，分内外、分顺逆、分虚实、分刚柔、分方圆、分曲直。静则合，和阴阳，归中、归根之谓合。以上所论述的就是传统拳术中所谓的内气、外形的动分静合之要义。

四、力量

过去，常见一用具（亦是儿童的一种玩具），名唤"拨浪鼓"，其最能感性认识动分静合之要义。摇转其把柄，两边线槌即分敲两面的鼓面而响，此乃分之义；不摇转则线槌下垂而静，此乃合之义。

拨浪鼓之原理又最能体现中轴之于拳法的重要作用。这样，分合于拳法的修炼、建体、至用内容的要义明矣！

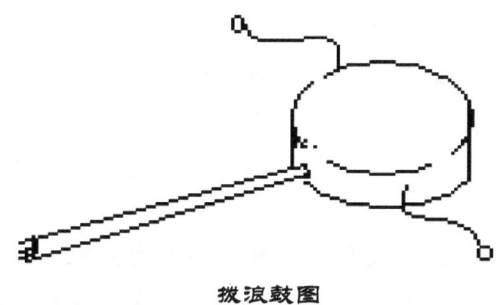

拨浪鼓图

传统拳术之开合说

开合者，即一动一静也。动者为阳为开，静者为阴为合。以拳势而论，阴变阳为开，阳变阴为合。阴阳开合相互转化互根之理明矣！修炼传统拳术攻防之道者的内外、上下、前后、左右无处不可开合。拳术之形无不具开合之势，内劲无不具开合之用。外形有开合之法式，神意有开合之妙境，内劲有开合之道路。外形之开合对中而言，内气之开合对丹田而言，神意之开合对内气、外形之开合的运用而言。神意的开合主宰着内气与外形的开合，从而有拳术攻防招式动静开合的攻防制胜之妙用。如以运用的方法立论，就有：开则以开打之，合则以合打之。其妙在顺随为法，手足无在非转圈之时，即无在非打人之地。吾岂有心打人哉！吾自打吾拳，亦行所无事而已矣。故拳论有云："不知开合，不可言拳。"《太极拳经》中曰："虚实开合，便是拳经。"可见，明开合的理法，乃习拳之大法门。就其用法如此，则其练法自在其中了。关于开合的具体技法之论述，前贤多有描写，为以资对照，录之如下：

　　总归神聚。神聚则一气鼓铸，炼气归神，气势腾挪；精神贯注，开合有致虚实清楚。左虚则右实，右虚则左实。虚，非全然无力，气势要有腾挪；实，非全然占煞，精神要贵贯注。紧要全在胸中、腰间变化，不再外面。力从人借，气由脊发。胡能气由脊发？气向下沉，由两肩收入脊骨，注于腰间，此气之由上而下也，谓之"合"；由腰形于脊骨，布于两膊，施于手指，此气之由下而上也，谓之"开"。合便是收，开便是放。能懂开合，便知阴阳。到此地位，功用一日，技精一日，渐至从心所欲，罔不如意矣！

——摘自《清代李亦畲太极拳谱·五字诀》

何为真懂（劲）？因视听无由未得其确也，知瞻眇顾盼之视觉，起落缓急之听知，闪还撩了之运觉，转换进退之动知，则为真懂劲！则能阶及神明；及神明，自攸往有由矣！有由者，由于懂劲，自得屈伸动静之妙；有屈伸动静之妙，开合升降又有由矣！由屈伸动静，见入则开，遇出则合；看来则降，就去则升。夫而后谚为真及神明矣！

——摘自《清代杨氏传抄老谱·懂劲先后论》

所引第一段的论述是：内气升者为开，降者为合的法式。第二段论的是：内气、外形，匹配合一的外形见入则开为阳，配以内劲的看来则降为阴；外形遇出则合为阴，配以内劲的就去则升为阳的法式。体现的是"阴阳逆从、劲形反蓄"的暗劲法式。

开合的道理、法则，亦从《易经》的天人合一之理法中明之。易有太极，是生两仪。两仪生四象，四象生八卦。顺者为开，为演义法；八卦归四象，四象归两仪，两仪一太极。逆者为合，为归纳法。这就是一阴一阳即是开合的道理、法则。阳者为开，合者为阴。所生之四象者：太阳为开，太阴为合；少阳为开，少阴为合。阴阳开合相互为用。以河图、洛书图观之，则知阴阳匹配的开中见合，合中见开。故于传统拳法的练、用中就应该认识到：内气、外形匹配如一的法式乃开中有合，合中有开。开即是合，合即是开，开合同时存在。能如此者，则明白内气、外形开合互根相互为用之要义了，则知道传统拳法乃阴阳动变平衡之技术、技巧、功夫也。而自身攻防动变平衡的技法乃以自然阴阳平衡的法则为法则为宗旨。有关阴阳逆从，劲形反蓄攻防动变平衡的法式，前贤亦多有论述，为以资对照，录之如下：

问曰：势去脚不稳，何也？
答曰：在势去意来。
　　　　势若去时要猛狠，意旋回时身步稳。
　　　　百骸筋骨一齐收，后手便顺何须恐。

——摘自《拳经·千金秘诀·问答歌诀》

此问答歌诀，已将自身攻防动变平衡的方法、准则，描述得非常清楚了。以开合法分析认识如下：

四、力量

歌诀第一句：势若去时要猛狠，说的是外形拳式攻击之展势的开法。第二句：意旋回时身步稳。说的是配合的内劲之收束的合法。两句合而观之，乃内劲、外形的劲形反蓄之开中有合的开合同时存在的动变平衡的方法之法式。

歌诀第三句：百骸筋骨一齐收，说的是防守的收束势之拳式，为合法。第四句：后手便顺何须恐。说的是后手顺出攻击的拳势，为开法。两句合而观之，乃拳势的合中有开之开合同时存在的攻防动变平衡的方法之法式。

如果将四句歌诀气、形之拳势的开合法式，浑为一势而出之，就是形用半，劲用对五，阴阳逆从，劲形反蓄，中土不离位，乃是完整圆满的攻防动变平衡之拳势的法式了。由此可见，开合之法式的重要性。

只因为修炼传统拳术攻防之道者不知道每招每式的拳法中都具备分合、开合之理法。分合者，分阴分阳、分攻分守、分气分形，分别之谓也。但必合一而用。乃分合之要义尔。开合者，就是内气、外形的匹配如一之法式中，还要阴阳逆从，劲形反蓄。才能具备开即是合，合即是开。才能开因合见，合因开显；开中有合，合中有开。此乃传统拳法攻防拳势具有弹性善变之用的优势，就在分合、开合之中见之。可知分合、开合之法式的功用大矣！故拳诀云：一开一合是为拳。此乃前贤极为精辟的见解之总结尔。

如以内气、外形之两仪观点论开合，则形开气要合，形合气要开，乃为基本法式。此乃外形顺之体、内气健之体的开合互根、互用以成攻防拳势的方法。这个内外匹配如一的方法在每招攻防拳势的方法中都存在着，是攻防招法运用产生攻防拳势刚柔变化的方法。故内气、外形开合互见互用的说法，就是拳诀："动静互为其根，阴阳迭神其用"说法的精义。乃为传统拳术攻防用招之精华内容。举例说明劲形反蓄的弹簧效应：

选一般沙发中的螺旋式弹簧一个，右手握住弹簧的一端，持平。此时弹簧为静而无功的无极状态。运用左手握住此弹簧的另一端，向左将弹簧水平拉开。此时眼中只见弹簧的形状开了；而双手却感觉弹簧之劲力确是向内收合之势。此乃拳中形开劲合之理法的证验。放松左手，弹簧又自动恢复原状常态，即无极状态。此乃拳中劲形虚静之理法的证验。再用左手向右手方向挤压弹簧，此时眼中只见弹簧的形状合了；而双手却感觉弹簧之劲力确是向外撑开之势。此乃拳中形合劲开之理法的证验。

通过上例的小试验，就可以证明传统拳术攻防之道中的内气、外形匹配合一之劲形反蓄之法式，是符合天右转、地左转的阴阳逆从之自然法则的方法。这足可以证明，修炼传统拳术攻防之道，攻防招法的运用，从开合角度立法之练用，可有内劲、外形匹配如一的阴阳逆从、劲形反蓄的法式。这就是在练习运用攻防招法的攻防能力之同时，要以攻防招法练习内劲、外形匹配如一的劲形反蓄之用法的单操内容。

故前面论说：外形有开合之法；内劲有开合之妙。乃是指外形、内劲的各自之开合而说的，此劲形反蓄的匹配如一的开合之法乃是指总汇内气、外形相互为用的法式而说的。此三种说法在传统拳术攻防之道中各有其修炼、至用之妙处所在，不可混淆。明此练用之宗旨妙义者，始明开合。

传统拳术攻防之道中的外形、内劲、气机、神意，都具开合之妙用。开合互根互用，同时存在于一身中，时刻不可须臾分离。孙式太极拳独取开合立义，而立孙式太极拳于武林中，开合之精义可见矣！况又有《太极拳经》中的"虚实开合，即为拳经"的说法。足见先贤之见解圣明、开合之法的重要了。

小结

以上论述"分合"与"开合"的道理、法则，虽同出于阴阳变化之理法，但有概念上的精微区别。故在"分合"和"开合"之理法指导传统拳术的习练和运用中，则有截然不同的概念意义及不同的练习方法和运用准则。希修炼传统拳术攻防之道者细心体察之，于精细处、微妙处分别清楚，则修炼传统拳术攻防功夫之艺境易精矣！

以易经的分合、开合之理法，讨论传统拳术攻防之道的修炼、建体，至用中的内容，可以明确传统拳术之"形、劲、气、意、神"的具体练用方法，可以知道，形有攻守之用，劲有顺逆之变，气（势）有缓急之功，意有动静之别，神有知来藏往之明。于此可见分合，开合乃传统拳术建体至用之大法矣！

但有一点须弄清楚，有的修炼传统拳术攻防之道者将内三合、外三合的六合说，按分合或开合的概念而论传统拳术之修炼、建体、至用的内容，则有概念上运用的错误！因为"神、意、气、力"的内三合；"筋、骨、皮、肉"的外三合及内、外的六合说，皆不属于两仪所论的范围内容。内外三合属于三才篇的内容；六合是属于六合篇中的内容。内、外三合及六合在传统拳术中虽属于内劲和外形的内容，原本内劲不可分，不可开；外形之六合变化不可分，不可开。故内劲为一，外形为一，才有一阴一阳是为拳之说法的。虽然内、外三合及六合之运用，有各种说法和变化，但三合及六合之概念是属于拳术攻防万变不离其宗之说法中的"宗"的意旨，属于一成不变之内容，是身法规矩中的内容。即传统拳术的修炼与较技过程中，内劲、外形匹配如一的分合诸法式所成的攻防招法拳势万千变化随机而运用，但内外三合、六合的态势之规矩是始终保持不变的。即六面一体的形之合及内外三合的规矩是不能破坏的。能做到时，谓之形不破体，乃是功夫的体现。

我在习拳练艺过程中，专心修炼过"拨浪鼓"拳法3年的时间。即古传的

"九宫拳法"。故于传统拳术的练、用中体会"中枢、中轴"之概念的运用有深刻的认知。在传统拳术修炼、建体、至用的始终过程中，可以说浑身无处不言中，浑身无处不用中，故而得出：用中而得中之用的诀言。中之一立，便见两仪，动则拧裹旋转。故在两仪诸论中体会到了两仪诸理法之精义，在传统拳术攻防之道的修炼、建体、至用之种种精妙处，感受极为深刻。故有两仪诸篇之理法的论述。

希望修炼传统拳术攻防之道的人，能够明确地认识到此乃坤为吾母乾为父，太极一气贯来衡的人身一太极，浑身无处不太极之境界的说法。就会明白：合则太极，开则两仪；分则阴阳、动静、刚柔、虚实、方圆、曲直、攻防、进退、胜负等，故"不有两，则无一；不见二，不知一"的练用之至理明言！

能知此"二一一二"之练用宗旨者，方可能明白分合、开合的练用之精义尔。于传统拳术攻防之道的修炼、建体、至用，可入门上道矣！

㉜沉托提纵、钻提搜索、拧卷惰涨、举抗推旋等问题已在其他题目里作了阐述。

㉝搜劈钻刺斜面滑车等内容，已经在其他地方注解、阐释了，其余的内容分为小标题阐述。

杠杆的劲势，就是上下相随的法式形成的。

"对法"中的三种具体技法之分析

或问曰：您在"读谱识法——论'四两拨千斤'和'借力打人'方法之异同"一文中提出了"顺从以为进退的四两拨千斤和逆力以为揭献的借力打人"之两个基本法式。对于这个认识观点，习拳者颇为赞同。但是，"逆力"打法的具体技法，难道只有"逆力以为揭献"的一种技法吗？我每有所思而不得解之，故而常困惑不已！今日有缘，得以当面请教先生！敬请先生不吝赐教！

答曰：请教谈不上，同道之间相互切磋、印证，共同探讨倒是一件乐事！"顺从以为进退，逆力以为揭献"。语出元末明初·毕坤先生所著《浑元剑经·剑髓千言》。其中"逆力以为揭献"的说法，就提出了"对法"的技法概念。但是，真正以"对法"概念提出的技法问题，确是武禹襄先生。

武禹襄在其撰著的《太极拳谱·四字秘诀》中说：

敷：敷者，运气于己身，敷布彼劲之上，使不得动也。
盖：盖者，以气盖彼来处也。
对：对者，以气对彼来处，认定准头而去也。
吞：吞者，以气全吞而入于化也。

此四字无形无声，非懂劲后，练到极精地位者，不能知全。是以气言，能直养其气而无害，使能施于四体。四体不言而喻矣！

此论中提出的"对法"，是言"以气对彼来处，认定准头而去也"的一个具体方法。

我在"读谱识法——论'四两拨千斤'和'借力打人'方法之异同"一文中做了如下的论述：

借力打人：就是"逆力以为揭献"的"刚发他力之前"的施手用招之打法。此法施出，可逆其力势而使对手"不及加不及"而败之。如对手来势力道尚弱，逆其力势而骤然以强劲之势发之，此亦属"对"法。《武谱·四字密诀》中说："对，对者，以气对彼来处，认定准头而去也"，也是说所发之势与对手之来力之势相反，即逆向而去，故可揭献而将对手击翻跌出。此乃借其来力不足迎头逆力的施招用手或施手用招之方法，故"逆力以为揭献"的打法，可称为"借力打人"的方法。当然，所谓对法的逆力，也是先天自然之力，即以内气对彼来处的方法。绝非僵拙蛮横的外形有为之力法尔，这一点同样应辨别清楚，修炼、至用，方不失误矣。

然就具体的"对法"而言，基本上是分为三层功夫，有三种具体法式。一是形拳招熟的舞锥子的立体三角的对法；二是气、意拳懂劲的斜破直、直破斜的逆力以为揭献的对法；三是神拳神明的一气涨渺的弧形球体膨胀的对法。下面分别论述：

形拳招熟的舞锥子的立体三角的对法

少林拳经"一线"条目中说："须于未敌之时，平心静气，若毫不介意，待敌人动手之际，而我方分分清清，一片射进，通身之力用在一时，如舞锥子钻入。牙齿带咬，眉间带麼，此所谓杀手之妙也。"

此论属于"线迹"拳法的打法。如以摹神设想之巧立论，就成了形拳招熟的舞锥子的立体三角的对法之法式了。举例如下：

如顺步左直拳出击，同时右肩有一条气柱支撑左直拳；还有一条气柱由右足根升起支撑左直拳，这样，左直拳就形成了立体三角的舞锥子之法式了。

如同是左直拳出击，同时右肩有一条气柱支撑左直拳；还有一条气柱由腰前出升起支撑左直拳，这样，左直拳就形成了立体三角的舞锥子之法式了。

这两种立体三角的比较，前者为大三角的法式，后者为小三角的法式。虽大小不同，但功能无异。虽然我举的例子都是攻击手法立体三角的舞锥子之法式，

四、力量

实际上防守法中亦同样地存在摹神设想之巧立气柱而形成立体三角的舞锥子之法式的。把这种立体三角的舞锥子之法式用于对法中,具有拳势威力强健的制胜效果。示意图如下:

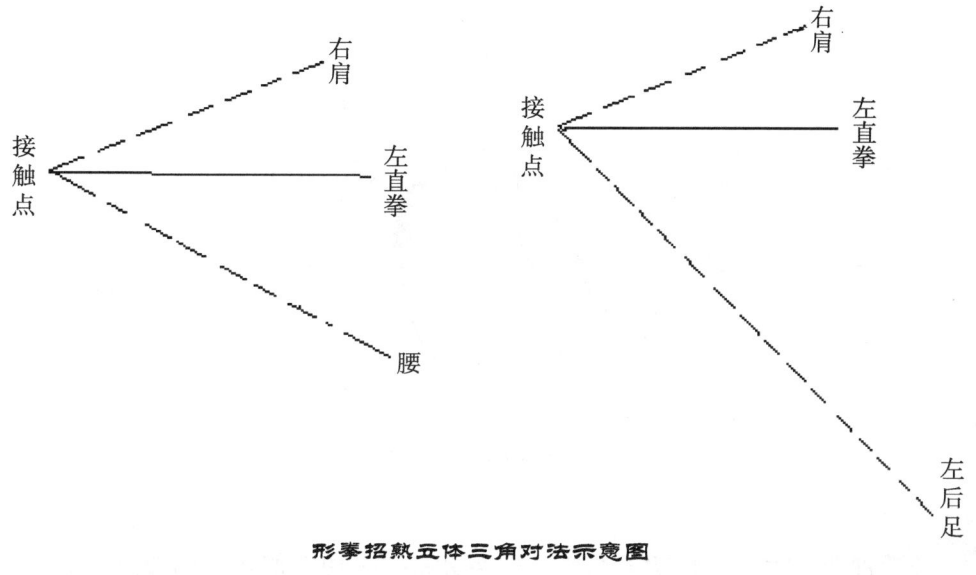

形拳招熟立体三角对法示意图

气·意拳懂劲的斜破直·直破斜的逆力以为揭献的对法

此法妙在外形和内劲运用的技巧上,如对手的拳势之劲力是直来的,以接触点来说,我之外形与其来势斜擦而去,同时内劲只在自己外形的皮内逆其力势亦斜擦而进,犹如木工用刨子刨木头一般,我正其偏,其必败矣!此为"揭献"的对法之法式。此法的内劲运用,可有明刚、暗刚两种法式;上、下、左、右四种气道法式。以图示说明如下:

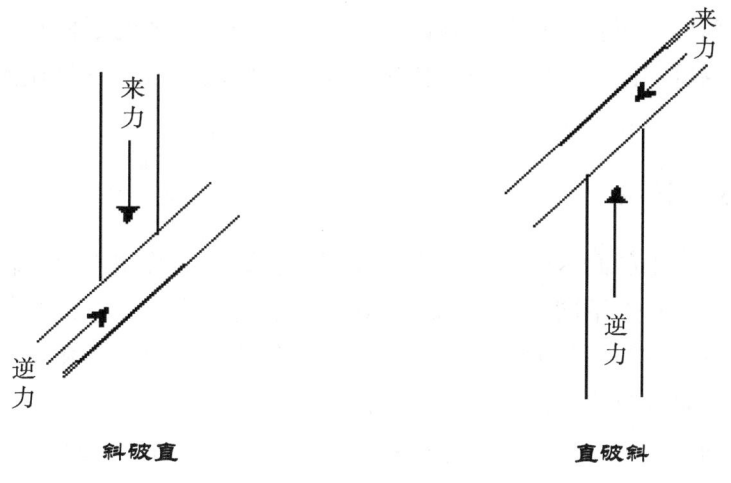

斜破直　　　　　直破斜

神拳神明的一气涨渺的弧形膨胀的对法

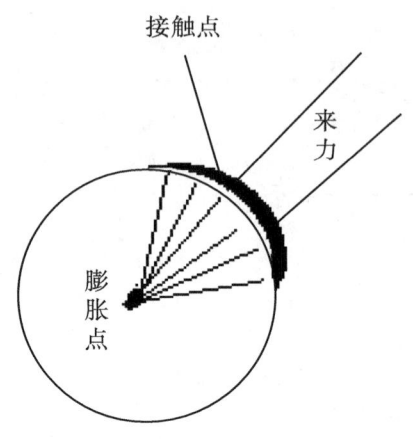

神拳神明膨胀点位图

神拳神明的大成攻防功夫艺境，已经具备"三功四德境"的攻防功夫，是以一气涨渺的方法来实施对法的。故而实施起来极具制胜的效果。

何谓三功四德境？三功者，内气三种内在功夫的景象；四德者，四种攻防功夫艺境之表现。说明如下：丹田的太极紫金球，一功也；铁布衫、金钟罩，二功也；一气涨渺，三功也。四德者：全体透空的身轻如羽，不受人之力，一德也；太极紫金球的沉势，稳重如山，二德也；铁布衫、金钟罩的来力不入，三德也；一气涨渺的去力无阻，四德也。所谓有德者得之，此也。

以上将小成的形拳招熟，中成的气、意拳懂劲，大成神拳神明三层攻防功夫艺境的"对法"的基本法式论述清楚明白了，以备习拳者参考、修炼、运用。

或曰：真是"闻君一句话，胜读十年书"。先生所做的剖析解答，使我顿开茅塞，谈拳论道如此的清晰明白，按法而作又如此的易行，真是让人赞叹不已，敬佩有佳！

"六合劲"法说

弟子问曰：于前面六合诸篇中为何没谈六合劲法的练用内容？传统传统拳术中内劲和外力有什么不同？为什么有时谈劲？有时谈力？劲在传统传统拳术攻防技击中的位置及其作用如何？各门派、拳种对传统拳术中劲的概念是否一致？如何才能练出具有发放威力的功夫劲？

师父答曰：传统拳术各门派、拳种都极为重视内劲、劲道、劲势的训练和

四、力量

讲究三者的运用方法及运用的效果。功力就是内劲、劲道、劲势三者统一运用效果的名称，是通过习拳、练功而出来的活劲表现。内劲是传统拳术技击中的灵魂和主宰，是修炼传统拳术攻防技击技术、技巧必须练出的内在的功夫内容之一。前篇谈了内劲修炼的静功之方法，本篇后面还要介绍动功训练的方法。技击中劲道运用得好，内劲才能体现得妙，劲势则能充分发挥应有的作用，方能表明拳艺攻防水平的高超。拳谚云："意气君来骨肉臣。"就充分地说明内劲在传统传统拳术中的修炼与攻防运用都发挥着主导作用，内劲运用得巧妙是传统拳术中的精华内容，是修炼传统拳术攻防之道者修炼传统拳术必须熟练掌握的功夫内容之一。

劲与力的根本分别

劲和力在传统拳术中的概念是有本质区别的：劲是通过正确的方法习练才能训练出来的功夫，才能掌握和运用于技击过程中。力是人体本身具有的本能。谚云："内劲为功夫，力气是本能。"很好地说明了这一点。内劲就像多股按捻度拧成的绳索，力就是独股的一根棍；劲可大可小，随时随意可变化，质量不变；力大则不可小，力小则不可大，不能随时随意变化，质量不保；劲有用形之能，力受形的运用。

劲和力在传统传统拳术技击过程中，功能亦有本质上的区别。试论如下：劲迅速而力迟缓，劲圆活而力僵直，劲通畅而力涩滞，劲沉稳而力漂浮，劲凝聚而力涣散，劲灵巧而力呆拙，劲刚健而力蛮横，劲善变化而力无变化，劲无形而力有形，劲可腾挪而力无腾挪等区别。劲有运用外形的功能而不受形所拘，力乃从外形出之受形所拘限。

由于劲和力有如上的种种区别和差异，故各拳种在修炼传统拳术攻防技击上是非常讲求内劲、劲道的训练和运用方法的，却不追求力的方法。但有一点须弄清楚：内劲、劲道、劲势功夫纯熟，乃用特殊的方法强化身体的内应力而劲大，是有好处的，可提高劲的功力。也正因此之故拳谚有"一力降十会"之说，然此力即活劲的外在表现，并非力气的"死力"。修炼传统拳术攻防之道者能明白此点，乃为学精细之人也！传统拳术界尚有一条不成文的看法，传统拳术功夫言力的运用："在体内者为劲，故名内劲；显现于外者，名外力"内劲是在机体松静状态下运用的意运动；外力是机体紧张状态下运用的肌肉暴涨的运动。故习内劲功夫以身体松静的意运动为主；外力以练肌肉发达为主。理不同，法不一。故功夫内容成果亦不同。然外形乃筋劲骨力之称，灵活为用。关于劲和力的根本分别，一言以蔽之：劲源于内气，力源于外形。前贤对此早有明论，为以资对证，录之如下：

> 气走於膜、络、筋、脉，力出于血、肉、皮、骨。故有力者皆外壮于皮骨，形也；有气者，是内壮于筋脉，象也。气血功于内壮，血气功于外壮。要之，明于"气血"二字之功能，自知力气之由来矣！知气力之所以然，自能用力行气之分别。行气于筋脉，用力于皮骨，大不相侔也。
>
> ——摘自《杨谱·太极气力解》

从此论中，我们可以知道：内壮者，行气于筋脉者为劲；外壮者，用力于皮骨者为力。外形架的筋劲骨力，源出于此论之总结。内劲者，用内气之法也；外力者，用外形之法也。意气君来骨肉臣，气力之内家拳法；筋努骨突之形状，力气之外家拳法也。

六合劲的提出

各门派、拳种，由于成熟的年代先后不同、地域各异，语言文字表达方式不同，还有对内劲功夫认识、练用的侧重不同，而产生了不同的内劲之名称及运用劲力方法的不同名称。如明、暗、化、整、分、寸、透、抱、十字、沉坠、三节、抽丝、缠丝、背丝扣、採、按、挪、挤、捌、搌等名称不胜枚举。乃说明了内劲和运用内劲方法的多样化，但内劲的实质乃一个。

以上所列举的种种劲的说法，既不规范统一又不易记，也不便于沟通交流。故前贤以融化法融化，清楚地认识到上述种种劲的说法不外乎就是：拧裹、钻翻、螺旋、惊弹、抖擞、崩炸12个字之六合劲的具体应用而已。于是就提出了这六合劲修炼运用的法式概念，以作为研究传统拳术攻防之道的种种劲势修炼、运用的纲领，而冠以诸劲法说之首。

各门派、拳种对劲的练习方法和运用方法上有很多共同点。六种组合用劲的方法各家都公认，都是内练一口气生成的内劲基础上演化出来的各种运用"内劲"的方法。都是采用吸提呼放的蓄敛发放内劲的功夫；技击过程中各家都采用避实击虚、曲化直发的攻防变化的技击法则，只不过有内变和外变的区别，因功夫深浅而不一样。如果都能做到意气君来骨肉臣，内外变化一样，就毫无区别了。劲由心出的方法是一致的；都有用劲的轻沉之别，巧妙之运用。再观各家之高手内外变化精纯，拳法运用精妙，一派大家文雅风度是一致的。

通过以上的分析，可以说明，各门派、各拳种所用的"内劲"，其实质是一样的：都是人体内"精与气合为劲，劲与神合为内劲"的内三合的产物。此劲轻灵无比，而在体内独立运行，在内其性纯阳、从气。内劲运用在技击过程中具有"神以知来，智以藏往"的功能，是按照正确的方法训练出来的产物。内劲确有其实质的存在，又一次证明了中华传统拳术微妙玄通之精深。也正是传统拳术具

四、力量

有无限魅力的所在之处。是修炼传统拳术攻防之道者必须精研、深刻体会的主要内容。

当然各门派、拳种入门修炼内劲的方法不尽相同，但必须达到的标准只一个，就是各门派、拳种的高手所表现的内劲功夫，即内劲具有"神以知来，智以藏往"的功能，用必打犯乃艺高；出手不伤人，乃功德高是一样的。

修炼传统拳术攻防之道者多如牛毛，然能明"内劲"功夫上身者少。因不明白"师父领进门，修行在个人"的意思。或不下苦功夫，难得真功夫。或习拳不得明师指点，不学习理论，不知正确的修炼、运用之方法。此种人习拳多空架子而不能实用，或蛮练蛮用。

传统拳术技击攻防过程中要求的"劲势"，是内劲在劲道中运行作用于形的外在势态，是内劲的真正运用。拳法云：运劲如抽丝，发劲如放箭；松得干净，发得干脆。说明内劲是存在着蓄发之技巧的。有了精纯内劲蓄发的功夫，才能体现劲势的作用。如拳动四海波涛滚，拳落猛虎见心惊；打拳如狂狮，比拳如饮酒等。拳势的威猛狂飙之威力和潇洒自如之安闲。所说的都是内劲在"势"形成和运用过程中的主导作用。《孙子十三篇·势篇》中讲：激水之疾，至于漂石者，势也；鸷鸟之疾，至于毁折者，节也，是故善战者，其势险，其节短。势如彍弩，节如发机。又言：故善战人之势，如转圆石于千仞之山者，势也！拳法即兵法，上论读之令人感觉：拳法招术的劲势之能迅猛异常，不可阻挡。可见内劲在传统拳术技击中的作用。修炼传统拳术攻防之道者修炼传统拳术攻防之道不精研内劲的生成、劲道的运用的技术技巧，如何能运用劲势于技击过程中产生更好的拳势呢？

虽然内劲在传统拳术技击中占有非常重要的地位，但不得六合一体之形的种种变化之运用，是不能体现而发挥出来的。这一点是《易经》学说理论的精华之处，其曰：

世间万物始于阳而终于阴，阳不得阴之维护而飞扬飘逸，阴不得阳则无立命之根。

传统传统拳术的修炼运用基于此理法而认识到：内劲从气属阳，其生于体内，其用必与形体合一而有效。形体在外其性属阴，必顺从阳刚之气而动静，才能至用。故初修炼传统拳术攻防之道者必须认识到：一阴形一阳气的相互匹配而用，即真拳法也。传统拳术的一切攻防变化皆由此生焉！能明此理，则可研究内劲的练法和运用方法。明内劲生成的道理也就不难了。习拳也就不用追求外形之力量了。

欲明六合劲中内劲的生成和运用之理法，应先明白天地万物的自然之理法，从自然界物理现象中所表现的力的角度看，物体有：固体、液体、气体之三种体态；三种体态皆有静态力和动态力两种主要表现形式。这就是六合劲提出的理法根本所在。

物体的动态力有：螺旋、旋转、杠杆、坠落、冲击、震弹、剪切、热涨、冷缩、山崩、雪崩、洪水、火力、风力等种种形式而产生。旋涡的力：龙卷风，水之旋涡，崩炸力，分力，合力，向心力，力偶的剪力，螺旋的钻力，弹震的抖擞力等内容。形式有圆弧形线迹、直线迹。有上升，有降落，有膨胀和收缩的四种主要现象。

修炼传统拳术本身就是遵照自然的规律法则来锻炼自身的形体和内劲的。按自然法则运用内劲和形体的合一之运用，则会更进一步明白，其所运用种种劲势的形式也不外乎自然的道理之体现。

前面谈到的六合劲：拧裹、钻翻、螺旋、惊弹、崩炸、抖擞，是各拳种中各种攻防手法招式用劲的最基本方法。传统拳术技击过程中，劲势的来源"外部条件即人体的脚作用于地的反作用力的结果；内部条件即体内的蓄劲和体内劲道的传导，达到击发点的。其中又有丹田一口气的催动是为关键"。如发竖劲即全力法。拳诀说：

前足夺后足，后足站前踪。
前后成直线，五行主力攻。

即体现了劲起于足下，传导于体内，而达到击发点的位置的运用内劲和形体统一的道理。但攻防招法发劲，是在蓄劲充足后，这一过程即"蓄发"，势必要使身体具备有拧裹、钻翻、螺旋之身法形式，才能有拧裹、钻翻、螺旋、惊弹、崩炸、抖擞等劲势的运用；才能有"曲中求直，曲化直发"等方法的体现，才能有用刚用柔的技击效果。从中可以看出形体蓄敛内劲的重要作用，而外形的力确是无法这样蓄敛的。

所谓六合劲，乃拳法要求人体在传统拳术技击过程中，必须做到符合六合一体的有攻防变化作用的形体。再使形体按一定攻防招法做到具备拧裹、钻翻、螺旋等的蓄放劲的态势，保证崩炸、抖擞、惊弹等六合劲发劲之法的运用，来完成技击招法攻防的最终任务。从上述分析，可以知道，六合劲的12个字之所以名"六合劲"，是身法六合和内劲上下、前后、左右六向腾挪合一而用的结果，即是传统传统拳术攻防技击过程中做到形体态势的名称；又是内劲运用势态的名称，又是运用"劲势"方法的名称，也就是说六合劲12个字，是劲形合一的身法名、劲法名，又是用法名，是同时存在的。六合劲具备着名词和动词的三重含义。也可以理解为形劲合一的劲势的蓄发的法则。以此方法研究六合劲之实质不难矣！如以六合劲专为劲名，或为形体名，或为用法名，都陷入片面的认识，而不知如何运用。此乃研究六合劲的着眼处。因为六合劲的提出，也是这种方法研究的结果。

传统传统拳术"气道"论

综合上述明白了劲源于足下之反作用力，变化于身法的变换方法，则内劲的表现形式不同，就应该研究内劲在体内的传导。即源于足下的反作用力和体内是如何传导内劲达到击发点的部位而发挥作用？即劲道的作用及劲道的概念。下面分析：

人为天地万物之灵，得天地阴阳五行之气最全，人体本身的身体结构，按阴阳学说论：头为阳在上，足为阴在下；人体外为阳、内为阴；身体上部、脊背为阳，胸腹为阴；下部、腿前面外侧为阳，腿后面内侧为阴；上肢外为阳，内为阴。凡身体属阳位乃经络阳脉分布之处，凡身体属阴位乃经络阴脉分布之所。按全身各部位乃阳中有阴，阴中有阳，得阴阳互用之理。天地已成，定位不变，人体已成阴阳之部位不变。可见天地自然造化人生之妙尔！子曰："酌两而用中"。就是说修炼传统拳术攻防之道，必须分辨出内气和外形，使之成为天地、阴阳、动静、刚柔、虚实、方圆匹配合一的法式，才能达到神明的艺境。

人体内劲的气机以脐下丹田气海为中心，由丹田气海向身体及四肢端部运劲，为发、为顺、为动，乃走阳面腰脊背、上肢臂外侧，下肢腿外侧阳面，是为出劲之道；由四肢端部及身体向丹田走劲为收，为逆、为静，上肢臂内侧胸腹肋，下肢足指端、足心、下肢内侧，少腹阴面，是为收劲之道。虽劲道阴收阳发之理已明，仍然不全面。易经两仪生四象之理，更进一步将劲道具体运用的道理阐明阳道发顺劲的同时，阴位劲道亦有少许顺劲同发。阴道收逆劲之同时，阳位劲道亦有少许逆劲同收。则劲道之用全矣！此乃太阳、少阴、太阴、少阳四象之理法尔。此乃传统拳术中"用半不用偏"之理论又得一证明。

但单此阴阳收发逆顺的"劲道"，仍不能满足于传统拳术技击瞬间多变的内劲运用之要求。则前人在"气以直养无害"的理论指导下，引入了内劲的"腾挪"运用之方法，来满足内劲达到技击的要求。所谓腾挪即指内劲不按劲道的走向，而由原击发点直接转到另一个击发点的用劲方法。如通臂猿拳之通臂乃两臂劲道贯通，便于左右两手的内劲腾挪之用，其他门派两臂左右相通亦指此义。腾挪法是实现技击过程中意在人先的战术意图的意到、气到、劲到的用劲方法之一。腾乃上下运动，挪乃水平之平移运动，此两者又不能断然分开，故腾挪同用。这样内劲在体内的劲道一目了然。这也是传统拳术招法快的一个艺境。能明此理，能运用内劲腾挪之法，则形体不快而疾，招法虽慢实快的功夫上身矣！此乃初级、中级艺境说法。

地面作用于足下的力，实质乃是由丹田气机催动内劲，由丹田向足下发出而走腿外侧阳面劲道之内劲的结果，又一次证明有的拳种要求脚外侧踏地，足心空起，乃根于此理的正确性。与此同时，由丹田气机催动内劲向脊背通过臂外侧，传到手击发点的结果，由丹田发出的内劲，同时作用于地和击发点处，即运用内劲的实质。故拳法中"一动无有不动，一静无有不静"。进击时身手步三节同到之理即此义。不如此则"形散劲乱"，乃出现"散慢呆乱"之病拳。至于是采用右手对右足，左手对左足，右手对左足，左手对右足，只是劲道长短的问题，因内劲在体内运动极快，技击过程中，体内劲道的长短不必顾虑，只在腾挪尔。至于采用六合劲中的什么劲势，那就要看身法招式采取什么方式来决定。拳谚云：练有定法，用无固法。即是说随机应变便是。劲道运用大致如上所描述，乃全身法的劲道运用。局部的击打动作，就是在全身法劲道运用的基础上多采用腾挪法的结果。但仍尊阳出阴入之法则。

如果修炼传统拳术攻防之道者将传统拳法中劲道问题研究清楚，能明白内劲腾挪的方法，而在较技攻防招法中纯熟运用，则能悟出"动作不快而疾"之理，则传统拳术攻防技击水平的提高则有事半功倍之效！上面所谈的劲道之理法，只是传统拳术中内劲在体内运行的通行道路的知识。此点相当重要，是初学传统拳术之人必修的技术功夫内容之一。有习拳多年之拳手，拳技不能提高，而不会运用内劲，乃不明劲道之理法尔。

明白了劲道以后，修炼传统拳术攻防之道者还要研究内劲的特点。尤其是初习传统拳术和未能达到中级技击水平的人，必须研究内劲功夫不同层次水平的特点，使自己习艺而不迷途。

其一，内劲是用正确的方法练出来的，独立存在于人体之中。丹田气海之"气"可以催动内劲而发挥作用。内劲习惯在人之外形有序的松静虚空状态下运行，运行速度极快，如将内劲比作胶囊里的水，而又是装不满的水，来回晃动胶囊，则水在运动过程中产生对胶囊的冲击效应，即同内劲在人体内的作用。太极拳所说的"皮囊劲"之"皮打抖弹震死牛"的功夫即是此意。水量增加，则皮囊受冲击的力量增加，内劲浑厚则劲势力量大，乃同理。如果水灌满了胶囊，则冲击力消失。同理，传统拳术中如将身体或肢体筋劲骨力内外用力充满，而成拙实之体，已非内劲矣！使其在传统拳术技击中运用，则为蛮、僵、呆、滞、横的无可变化的力了。已不是传统拳术要求的内劲之运用，已无传统拳术功夫可言。故拳谚云："内劲功夫，实非满，虚非无。"于此处可明白内劲运用的虚实之理法。如果胶囊中无水，则无冲击力产生。犹如拳手无内劲功夫！即使用拳较技亦是空架子，其理在此可明了。上述现象，乃传统拳术

四、力量

技击方法中,内劲通过劲道产生的劲势而与形体的形势结合造成拳势运用的道理和法则。各家拳法皆是此理。

其二,内劲的又一个特点:即聚之有"劲形",散之则成气。此乃指"内劲"收敛入骨但尚未入骨而在骨外之膜处的功夫艺境,即传统拳术中的钢条发劲功夫。此功夫特点:肌肉呈松静自然状态。故发招用劲时劲势沉重为主。顺自己骨向直发犹如铁棍头击人一般,对方感觉极硬无比;如以横向自己骨向而击人时,犹如用铁棍横击对手一般,对方感觉有入骨之硬。此两者对手虽觉极硬而透肉煞骨,但都不伤人,如欲伤人则立见,然以此功夫用轻灵是为妙手。然此钢条劲的功夫亦是文练法而练出来的功夫。如以武练、横练是不能出此艺境的。

其三,内劲的另一个特点,即像给球充气一样,气足球涨,为实;气少球缩(即渺),为虚。就如内劲在人体内一样,"丹田气海"向身体击发点按劲道充的气足,则有鼓涨击打的作用是为发。俗云"劲硬"。有两种解释:一为太极拳的"皮打抖弹震死牛"发劲的功夫;一为形意拳硬打硬进没遮拦的功夫。此劲之硬乃"其柔而劲者之中气"并非横气之硬,希修炼者认真区别之。肢体被击将内劲圆形收回到丹田气海或其他部位的过程是为化,可有防击打的作用而又引对方失根之用,此法亦为渺。如同时利用腾挪法将收回之内劲不通过丹田气海而直接转移到击发点部位,乃传统拳术中以腾挪的方法完成闪展的动作。上面谈到论述内劲的三个特点,是为了认识技击过程中内劲在身体内的作用和效果。目的是为了明白"劲势"产生的道理。达到更好的在传统拳术技击中发挥劲势的作用。

内劲能在肢体有序的松静虚空状态中运动疾速,有聚而成形的作用,有升降涨渺的作用。故内劲渺即闪,涨即展,即是传统拳术技击攻防转换"弹簧效应"的实质所在,如传统拳术招法的攻防变化以内劲涨渺作用变化而用之,则拳法攻防"以无形迹"可见,此乃拳法用之无形的上乘功夫。内劲有作用于形体而产生冲击力,正是传统拳术用招攻防的拳势之本质,亦是发劲的一个方法。但内劲必须与形体之拳式合而为一、为用,才能在传统拳术技击中体现"劲势"的积极作用。故知形体的拳招招式不同即可产生不同的劲势之效果。则可知拳势对"劲势"的作用。这正是传统拳术中"意为主导,形为宾辅"主宾相辅相成的道理之根据。然必须在拳招六合的形态下,内劲才能充分地发挥作用,这是不可改变的法则。

还有一点必须要剖析明白,即"丹田气海"的放大作用,即足下对地的作用力,通过丹田气海的气机作用,将劲传导到肢体击发点时,能产生大于"作用力"的劲势效果。因此现象就好像能将声音放大的麦克风原理一样,劲势的威力即此原因,可称为内劲的"丹田效应"。为什么各门派、各拳种都强调内练一口气的道理所在,并由此而产生了一系列的练"丹田一口气"的方法,也产生了奇妙的功夫现象。如气沉丹田、气入丹田、气射丹田、气炸丹田、声田内转与发声法联系到一起的练功方法。如谚语云：气沉丹田德润身；气入丹田功乃真，行拳用招惊人魂；丹田气炸，胆比天大；气炸丹田劲充沛，空架行拳何能对；吐气须发声，发声使精怪；哼哈二气妙无穷，问倒天下众英雄；呼喝风云变色，开拳山岳崩颓。从上面所引的一些谚语可以看到"内练丹田一口气的丹田放大效应"对传统拳术用招的作用。尤其是声田内转功夫，都是由丹田的炸力来发声的，要求声圆劲整是功夫。从上述的认识，可以看出这也是内劲与力的区别点之一。力是不能通过丹田放大的，而内劲可以。这又是传统传统拳术能产生弹性效应的道理！明此，则知传统拳术内劲为何矣！亦是传统传统拳术攻防之道的功夫精深奥妙处之一点！

通过上面的分析知道，内劲是按正确的方法训练出来的身体内在的功夫。内劲发放运行于劲道之内，而体现劲势的威力，通过气机的丹田效应可增强劲势运用的效果，但内劲必须与形体之式结合才能体现：内劲运行迅速，聚可成劲形，散则化气存，具冲击力作用、涨渺的功能。但要知道内劲动则有、静则无的特点。那进一步研究人体横断面的结果，搞清楚"劲道"的实质内容是什么，如何锻炼才是内劲生成的方法，即可明白如何练拳而不犯错误。内劲动之用乃初、中级艺境，静之无乃大成艺境。

四肢横断面：外为皮毛，皮内为肌肉腠理、血筋、筋，最里为骨、骨腔、髓。
胸腹部位为皮、肉、脏腑，胸部有胸肋骨。

背部：皮、肉、筋、脊骨（尾、腰、颈、胸）骨腔、髓。

头骨、脑。

但就传统拳术概念而论，只有三个部位概念：皮毛、筋（包括血管、肌肉、神经系统）骨、骨节。全身肢体部位横断面结构已清楚。下面引古拳谚来说明劲道的部位："内练一口气，外练筋骨皮；柔若无骨，骨响齐鸣，功夫上乘；传统拳术高手与常人无异。"从上引用谚语说明，皮内、骨外及骨关节间隙内乃是内劲的通道。骨响齐鸣功夫上乘，这点说明了修炼传统拳术攻防之道者并非肌肉发达者的信念。从现在练健美肌肉发达者，不一定会传统拳术功夫可知。练习传统拳术技击功夫，不是练成肌肉发达，其理可知。谚云："宁练筋长三寸，不练肉厚一分"。更直接点明筋骨在传统拳术中的重要性。所以中华传统拳术功夫有其独特的内劲锻炼和运用的法则要求。即使在平常的身体形态条件下，练出具有实战攻防技术的本领，即中华传统拳术功夫。能明白此点可知劲道存在身体皮内虚空之中。那对如何修炼内劲和运用内劲就不会产生错误的认识和错误的锻炼方法。这是修炼传统传统拳术攻防技击者必须认真了解和分辨明白的问题，明此，则六合劲的修炼、运用方法也就清楚了，容易把握了。

但是，由于传统传统拳术攻防之道的攻防功夫艺境，分为小成的形拳招熟，中成的气、意拳懂劲,大成的神拳神明,三个层次。就有关气道的概念内容不能一概而论,故下面分三个层次具体论之。

三层攻防功夫"气道"论

形拳招熟功夫之"气道"

形拳招熟功夫的攻防招法乃至妙变化之自出。其身势忽高忽低、或左或右,似进非进、似退非退,退中进、进中退,近而远、远而近,恍惚形如神飞无定。其中有欺诈、诳骗、引诱惊骇之势,横竖、斜直、奇正之机,以数式连合一式而出之。非身柔若絮,灵活稳准,难以为此也。

虽然形拳招熟的攻防功夫艺境如此,列入小成之候,但是,亦以先天之神为体用,方可以向机御变,极至道成。所谓的先天之神为体用,有两种解释:一是指与生俱来的听探之良知,顺化之良能及其相互为用的功能。即动静互为其根,阴阳迭神其用的能力。这一点我就不论了;二是指内气、内劲为体用。此时为内气初成之候,自然是以丹田为核心的外发内收为法式。具体内气在身体内是如何运行的,气道部位之所在?古人早有论述,只拣一条论述之。

气贯周身法

> 夫气起于丹田,升于泥丸,降于背。入于肩,流于肘,抵于腕,致十指尖,此气之上贯也。气自丹田入于两肾间会阴穴,沿腿过膝、踝,降于涌泉,此气之下贯也。

——摘自《浑元剑经》

此论只讲了气贯周身上贯、下贯经过的部位及所到之部位的内容。就是内气的上贯、下贯具体在外形体的什么部位运行的呢?内气回收至丹田又是经过了哪些具体部位,是如何运行回贯的呢?都未能具体说明,我今日补充清楚。

凡内气上贯、下贯皆起于丹田在外形的阳面运行,可具体分别在皮里肉外、肌肉腠理、筋膜骨膜、骨之阳面等各层面运行至四肢端部及体表。这些部位皆为内气外发时的气道;如内气由四肢端部及体表回归丹田时,内气皆在外形的阴面,亦可分别走皮里肉外、肌肉腠理、筋膜骨膜、骨之阴面等各层面运行。这些部位皆为内气回收时的气道。

外形阴阳面的确定,由目视外形体的阴阳界限可以清楚地知道,亦可参照中医经络图,凡阳经所运行的部位为阳面;阴经所运行的部位为阴面。

在形拳招熟攻防功夫阶段的内气运用之法式,乃是明劲的顺从法。内气是以丹田为核心的收蓄发放的法式。就内气的外发、回收与外形的拳势之开展发放、收束回缩是同步并行一致的。

如果进一步地修炼，在形拳招熟的功成阶段，可以有暗劲法的劲形逆从的反蓄法，就是外形展放，配以内气的回缩收蓄；外形的收束卷缩，配以内气的舒展发放，这就是阴阳逆从劲形反蓄之法式。但是，内气仍然是以丹田为中心的外出发放、回收卷蓄；运行的道路还是明劲顺从法所述之部位不变。即阴收走阴面，阳发走阳面。只是与外形的开展舒发、收缩卷束的动作运行相反相成而已。因为，这与气、意拳懂劲的内气、外形的阴阳逆从、劲形反蓄的法式有着明显的区别。后面自会论到的。

上述的明劲顺从法，暗劲逆从法，内气又是如何能够上贯、下贯的呢？这就要做到：

"气随心到，心逐气穿，心能普照，气自周全，久而能力自加焉！"这就是修炼攻防招法时亦如法用心而使内气如法运行，形成自然而然，心自能普照周身，内气自然如法运行的周到全面。如此用功日久，便可成为自动化运作系统了。其拳势自然如行云流水、无停无滞，瞬息存养，动静轻清而灵，入手神妙，进退如意了。

功到初步的劲形反蓄、阴阳逆从，虽属于形拳招熟的攻防功夫艺境，乃是全身五弓为筋发的周身一家之功夫艺境了。自然立马纯熟，具有一定的攻防能力。但是，艺无止境，仍须由形拳招熟之功夫艺境及时地转法到气意拳懂劲之功夫艺境的追求，方能升华。

气、意拳懂劲功夫之"气道"

气拳，就是意拳，故而合曰之为：气、意拳。形拳招熟向气、意拳懂劲的转法内容有三个方面。一方面是施手用招、施招用手的攻防招法之实施的转法；二方面是内气在外形体内运行机制的转法；三方面是内劲外形匹配法式的转法。下面分别论述之。

攻防招法之实施的转法：各种攻防招法还是原来的攻防招法，只是将原来攻防招法的至妙变化之自出的实施法则转法到攻防招法的实施，要含形随应至变，即从他力取法。这样，由原来的身法的身柔若絮，灵活稳准，转法到心身空灵，而手灵妙。何谓手灵妙？就是撑拳托掌若风烟的不撄人之力。而又要做到：猝变无心动中徨徨之色，动静皆自然，养成自然之能力。这样的潜神熟练，自可时至神知的艺境了。

内气运行机制的转法：就是内气的运行之起止，已经不以丹田为核心的收发法式了，而是以双足踝为气根的吸提呼放的上下一气贯串运行的法式，即上至百会及手指梢、体表；下至足踝。内气的运行方式为升降涨渺。但是，以升降法式为主，涨渺法式为辅而已。丹田中的定砣之气仍保留沉静在丹田中。

内气外形匹配法式的转法：就是攻防招法的实施要以内气的配合，贯彻意气君来骨肉臣的宗旨、法则，执行全身的阴阳逆从，劲形反蓄的暗劲法式为主，气道还是阳发阴收的法式，但不受层面的限制了。与人较技攻防时能够顺势借力地顺从以为进退，四两拨千斤；逆力以为揭献，借力打人，而胜之，乃为初步懂劲功夫了。此时内劲自成一体，外形虚空松透，就要继续转法了。

由于此时懂劲的攻防功夫艺境初成，内气在体内独立存在而不改；外形逐渐由虚空渐致空虚直至完全空透。就要及时转法以"皮囊劲"的用法为主了。有了这种皮囊劲的感觉后，即全身外形只有外皮的感觉，内劲似水，比水势薄；内劲似气，比气势浓厚。此内劲在外形的皮囊内可以上下、左右、前后任意随攻防招法之势荡来荡去以成势。此时的气道，已经不是原来之气道的概念和感觉了。而是初步的全体透空的鼓荡之劲势的机制了。这时，攻防功夫就达到了气意拳懂劲的"皮打抖弹震死牛"的懂劲之功夫艺境了。

如果说，在暗劲的初级阶段，由于阴阳逆从、劲形反蓄的实施，全身有如绳束一般，称为具有弹性的"钢条"劲势；而此时全体透空的鼓荡之皮囊劲势，两种攻防功夫艺境的比较，就可知道那种功夫成之在前，那种功夫成之在后了。

既然攻防功夫艺境，已经达到皮打抖弹震死牛的全体透空的皮囊劲之鼓荡机制的境界了，是不是就是太极艺境的全体透空之真功夫呢？回答是确切的：尚然不是。因为还有外形之皮的存在呢！故尚属于意气君来骨肉臣的健顺参半的功夫艺境，即属于有形的懂劲之高级阶段吧！功至此时此境还要转法而修，才能最终取得圆满成功。

神拳神明功夫的"气道"

神拳神明艺境已然脱化出有形攻防招法运用之境界，达到无形真功之候及"以天心为体，以元神为用"的体用一元了。故而不以有形的攻防招法立论言之，唯以无形之内劲的真功夫言明了，就是有关气道的概念亦有了全新的概念。此时内劲之真功夫的景象如何？可分为三阳、凌空、神化阶段来论述，简单述之如下：

三阳阶段

诀言：毛发松弹守三阳的神拳之初期阶段

古论：元气含三。此时的内气已经分成三股为用，一股为一阳，故曰三阳。一是少腹丹田有一太极紫金球，作为定砣之用；二是周身皮里肉外有一层由内气所合成的薄膜，古名铁布衫，在功夫深厚而透于体表外一至三寸厚，名之曰金钟罩。具有一定抗击打的卫身护体的功能，此两项所成之功果，已在前面的形拳招熟，气、意拳懂劲的功夫阶段就先后初步修炼功成了，只是现在功夫阶段其各自的功能作用更为突出了而已；三是剩下的一股内气之功能作用了。

因为，此时的攻防功夫艺境，早已从后天真人呼吸法寻得先天真人呼吸了。即自身的任何一个部位，皆可以做出内气的涨渺呼吸之法式了。此即真气呼吸法，亦名真气吞吐法。功臻此时的攻防功夫艺境，自然神气圆融，功德圆满。只有此时攻防功夫的功德艺境，才能具备浑身无处不太极，挨着何处何处发的无处不弹簧的艺境，一触即发的来力不入、去力无阻的功夫。即三功四德境，分解如下：

三功者，内气三种内在功夫的景象；四德者，四种攻防功夫艺境之表现。说明如下：丹田的太极紫金球，一功也；铁布衫、金钟罩，二功也；一气涨渺，三功也。四德者：全体透空的身轻如羽，不受人之力，一德也；太极紫金球的沉势，稳重如山，二德也；铁布衫、金钟罩的来力不入，三德也；一气涨渺的去力无阻，四德也。所谓有德者得之，此也。

凌空阶段

上述乃真正全体透空的太极之虚灵妙境功夫。此乃神拳神明的第一个攻防功夫阶段。还要转法，才能升华到"凌空劲"之第二个阶段上来。

诀言："彼此呼吸成一体，牵动往来得自然。此时再学凌空劲，坚持功夫一二年。"这是对全体透空之太极攻防功夫艺境的第二个阶段"凌空劲"艺境的定位法说。那什么是凌空劲的攻防功夫艺境呢？前贤早有明确的论述，录之如下，以资对照：

> 至于中气能令敌人进不敢进，退不敢退，浑身无力极其危难，足下如在圆石上站着不敢乱动，几乎足不动即欲跌倒，此时虽不打敌，敌自心服。
> ——摘自《陈谱·中气与浩然之气血气辨》

这是对全体透空体用一元太极艺境之凌空劲攻防艺境最真实之描述，功到此时，还要及时转法，才能最终功成艺就，功德圆满。

神化阶段

神拳神明的后两个阶段，就是要"气形化一归无象"，达到无极的无形无象的攻防功夫艺境。如果说全体透空的太极攻防功夫艺境，还有太极紫金球之定砣，铁布衫、金钟罩之卫身护体，一气呼吸之涨渺，即内气之形状景象的存在，虽是体用一元，内气尚具形象的痕迹，尚未真正地从有入无；虽然在凌空劲的阶段中已经体用一元了，由于尚具备凌空法攻击他人的现象存在，尚未达到神武不杀的终极艺境，即内气功夫未到十分火候，还要转法而修炼之。

这就是要练虚合道拳道合一的艺境。而练虚合道之方法，正如孙禄堂先生所言：

将真意（气）化到至虚至无之境，不动之时，内中寂然，空虚无一动其心。至于忽有不测之事，虽不闻不问，而能觉而避之。《中庸》云：至诚之道，可以前知。

只有修炼功臻此艺境，才是此拳道合一之境界，即无形无象的无极艺境。方至无执境。乃修炼传统拳术攻防之道的从有入无之真艺境。而此时的攻防艺境，也有一段描述，录之如下：

所难者，内要含蓄坚刚而不外施，终柔软而应敌。以柔软而应坚刚，使坚刚尽化无有矣！神明艺境，化境之极也！

——摘自《清代杨氏传抄老谱·太极下乘武事解》

此时的功夫艺境唯"道"存尔。功到此境，至德全神，圆满无缺！

摇山晃海法和打展手练法

如何习练内劲和运用内劲？通过上面的分析，已是顺理成章的事了。初始修炼内劲运用的方法虽多，各门派、拳种不同，然具体有两大类，一为静练法（前面已谈过），二为动练法。

静练法：有站、坐、卧、躺等不同姿势。

动练法：有以拳招训练法。即运用操练攻防招法修炼内劲。一般的习拳之人都以此法为多，但真能炼出内劲功夫精纯者少。如以特殊的动练法形式专门修炼内劲，待内劲功成，再移植到各传统拳术攻防招法里来运用，不是更简练了吗？

在这里介绍两种动练法，供修炼传统拳术攻防之道者参考。不管动、静练法，气沉丹田是生内劲之法。

一为"摇山晃海法"，二为"打展手功法"。此两种方法乃形、劲、气、意、神、中六合一同的修炼法式。习传统拳术不论何门派、何拳种，如何讲求内外六合，最终体现在具体攻防招法的运用时，此形、劲、气、意、神、中之六合一统必备，而在攻防招法运用变化过程中，此六合一统之势无时不具，无处不有，无处不在。用传统拳术语言描述乃：神为主宰，意为信使，气为动力，劲用对五，形乃用半，全为中之大本化出，拳法招招如是，此六合环环相扣，拳用阴阳，虚实之变，刚柔之用，进为人所不及知，退亦人所莫明速，攻之人不知其所守，守之人不知其所攻。势如滔滔之长河，静若巍巍之山岳。不打，打在其中；不化，化在其内。发之山崩地裂鬼魅神惊。收之风平浪静逸志闲情，泰然自若。拳艺精纯至此全为，形、劲、气、意、神、中的六合一统之功，得之是为神明之拳艺功夫。然此功夫具体练习则在手法、身法、步法、腿法诸有为方法中求得，而达无为为用是习拳真道路。上述摇山晃海法和打展手功法，皆为诸有为法之法。故修炼传统拳术攻防之道者从有为法而求得无为法，即拳门人说：无法便是法之"法"，亦是无上法，便得"传统拳术之法"可明传统拳术之道。即拳门前人所云：习拳之人初不得法，是为无法，得师真传，即是得师之拳法、练法、用法，由具体练法、用法而明"拳法"。即口不能言，文字不能表达之"拳道"，因拳法无形故曰"无"，亦只好以具有攻防效果之"功"来命名"拳道"。拳谚说："法自师处得，功果自己修。身外无一物，全在自心明；"说来"道本无形又无名，拳道无形无名一般同。难倒多少英雄汉，心有灵犀一点通；师傅领进门，修行在个人；法自修来功自得，功夫不负有心人。"由以上所举谚语来看，拳法易得，拳道难明。然可以理明，可以法现，故知习拳、明理、得法便可练己而知"拳道"。故明理、遵法乃习拳之正途也。故有"明理一盏灯，遵法得真功"的习拳至理名言。

摇山晃海法

乃形、劲、气、意、神、中轴，内外合一法。由此法亦可得分身法艺境。摇山晃海法是传统拳术中独特的一种"内劲生成"的方法，确立中轴的方法，使最佳形体与体内变化劲势运使协调一致。无论什么招式，任何手法、步法、身法都服从于这个整体的体动，而不局限于肢体的局部活动，自是一种上乘练法。前人以此法认为是"八切闪"的基本方法而流传下来。我由父、祖两代人传来而得之。

摇山有两解：一为两胯以上之身体为山；二为摇山系指摇肩，将肩胛摇活，使肩胛左右前后圆转协调灵活，继而与整个身体的摇动相协调，是为摇山。此乃用招法的基本功夫。

晃海系指晃动丹田气海，即小腹犹如一桶，桶中内气如水而比水轻，似气而较气浓，进行晃荡，是为晃海。进如波涌，退似落潮，由此功法出。

初练摇山晃海法时：有平开步式（开步稍比肩宽为度）；前后迈步式两种。

站好姿势，平心静气，全身放松，气沉丹田，双目平向前视，双手下垂于身体两侧，只用胯下大小腿变换虚实，产生左右或前后晃动（上身肩与胯锁住，腰部不能松动，用意锁住，非用力），上身整体随动，做到左右、前后不出偏，即中土不离位。身体各部位亦不能出尖，出尖则中轴弯曲。是为合法。

全身心放松，内心体会身体左右或前后晃动时，百会至会阴上下之立轴存在的感觉，中轴内观时，在身体晃动时运用此立轴做水平移位，而轴不弯曲，上身不妄动，只以两腿虚实变换，产生中轴位移而全身随之，是为动作正确。此乃体会"用中而得中之用"的艺境。

两目平视前方，意想丹田气海跟随摇山的身体晃动，渐而产生丹田内虚空，内有物随之晃动，渐觉似水而非水，较水轻松，似气而非气，较气凝重，此乃内劲也。随摇山晃海动作熟练，则内劲亦发明显而量增，丹田内劲晃动幅度增大，此时渐可意想内劲随晃动沿胸腹腔内壁向上晃起，达到前后、左右、少腹、上腹、前胸、后背、两肩，而可加冲击的力量，渐纯熟后可在胸腹腔内进行圆方直曲的冲击形势训练。此为晃海，出皮囊劲之良法。先以简单左右、前后直晃，然后再进行圆周形晃动，或左向右转，或右向左转，以圆为准。既而进行"S"形运转，此法亦是练习八切闪功夫的基础，又是步法之基础。此功夫纯熟后要进行动步的摇山晃海之训练，给动手较技打下良好的基础。

如习拳之初，即按法习练纯熟，则有立中轴，内劲速成之妙，又有明内劲运用之妙，给拆手破招训练，攻防进退步法运用正确打下良好基础，乃修炼传统拳术攻防之道者初期训练时的一法多功效之良法。"落步成招"功夫此法最佳。

如将摇肩和晃海同时训练，可知上下相随的形体虚实之法则。养成上下手足虚实的正确运用，给以后用招法于技击中，则上下相随已成良好的自然动作习惯。

故摇山晃海法，乃习拳初期之良法，因人多不识，故著文以明之。熟练后在以活步动练法式来修炼摇山晃海运用内劲的功夫，效果则更佳。此法古已有之，名之曰：站樁。录其歌诀如下，以资对照：

对待用功法守中土
——俗名"站桩"

定之方中足有根，先明四正进退身。
掤捋挤按自四手，须费工夫得其真。
身形腰顶皆可以，粘黏连随意气均。
运动知觉来相应，神是君位骨肉臣。
分明火候七十二，天然乃武并乃文。

——摘自《清代杨氏传抄老谱》

由此歌诀中，可以清楚地看出，以活步动练法修炼，可有两个明显的功夫效果。一是达到在活步运动中保证身法，做到"中土不离位"的功夫；二是可以采集正阳之气战胜自身中七十二阴邪，获得文建体、武用精的真实攻防功夫艺境。

打展手功法

打展手功法乃是自身"神、意、气、劲、形、中"，内外六合一统，形神兼备的全身蓄发劲势的训练方法，是最接近实战的练功方法之一。

闪展腾挪，拿打踢摔，八法中的闪法，是蓄势的法式，是由攻击动作转为防守动作的法式，闪后即是攻击；展法，是发放的法式，是由防守动作转为攻击动作的方式，展后又是转守，故束展是最能训练全身的蓄劲、发劲和内劲腾挪功夫的最佳方法。是一切动手较技功夫的总基础，一个拳手如没有专项进行过束展功法的系统训练，是不可能成为一个蓄放自如、哼哈胜负立判的好拳师的。

打展手的基本要求：必须肩关节、肩胛骨松柔圆转灵活，左右交替运动的一种练蓄放的功法。是身、手、步、足、胯、腰、脊、颈蓄发劲配呼放吸提，培养"气贯丹田，丹田发劲，气贯全身，整劲击打"的综合锻炼方法，并强调必须结合发声法进行锻炼的一种功法。发声音为：哼、哈、嘿，要求吐气发声"声圆劲整，声击丹田，而达声田内转"的功夫境界。虽是吐气发声，却并非喊叫，喊叫则精耗气散，非功夫也。高手功夫，以手置口鼻处试之，气不外吐为高艺境，非不外吐乃吐气之微渺手不可测之，不吐气何有纳气？人不吐气，呼降吸提功夫如何修为？智人明之。故拳谚云："哼哈二气妙无穷，一嘿惊倒众英雄。"足见开声吐气，气贯丹田，丹田气足是练习内劲的好方法。如展手劲练得精熟，则用此内劲再按手法招式习练各种手法之用劲，则成为容易之事，故打展手为诸手法之母的意思明矣。此乃虚胸、实腹的方法之一。

打展手：双平开步稍比肩宽，平心静气，气沉丹田，两手平伸向斜前方，沉肩垂肘，两手成八字掌形，即拇指和食指成八字形，中指、无名指、小指回收半握成拳，浑身放松，左肩及肩胛骨向后摇三圈同时吸气，身体蓄劲，左手向斜前方奇出、吐气、气沉丹田、发"哼"声，同时右脚踏地，左足斜向前迈半步，前脚掌踏地，后跟抬起，膝不改变，左胯随足跟前上提撑住，左肩下压，左肋收缩，右肋开张，尾骨前上翻劲，背圆，胸空。上述动作同时完成而身法中正安静，右手打展手时全部动作同左手，只发"哈"声。

第三次，左右肩交错各转动三圈，吐气发"嘿"声，双手同时发出，各种身步法同前，上述为一周。如上，循环反复练习，是谓打展手。当发劲精熟后，还要按上述方法打展手，但注意的是蓄劲的妙处，此乃练习内劲转化的妙法，使发劲时内劲走阳道发出，收劲时内劲走阴道蓄收，蓄发内劲纯熟，则运用之妙不可胜穷。蓄收的劲足有余，则发劲干脆，蓄发轻灵，则功夫精纯。上乘可达"内劲丹田出，用手掤中吐"的掤力发劲法。

四、力量

此法古已有之，然修炼传统拳术攻防之道者读谱时多见而不识之，故虽读过数遍亦不知是为此法，录之如下，以资对照：

口传百法

练打之时，要雄狠尽力，从硬打做软，从有力打做无力，方有精法。开始就以软打，后来终无精法，故拳要软中硬者此也。

又练攻防技法之时，如设一敌人在面前，手当如何进，肩当如何入，脚当如何管，俱要算定，打时必要认真着力。

与人练打之时，肘胯肩先下，是要紧关头，譬如一动手时，两肩一跌下，则身法自然低，随身转打，俱是恰对敌人空处，所谓垂肩带靠者是也。

又与人练打之时，前手如探子，必要理清，就是敌人一动手时，精神必要为之掀开，令彼自露其空处，然后一转进身，便处处是空中投石，所谓乘虚而入好用机是也。

又实施杀手之时，紧记后手一曳，必须要后脚一抵，而其最妙之处，更在坐桩，往下一蹲，则通身皆精其法也，自无仰前仰后之弊。

阐释：

精法者：传统拳术攻防之道中的体、用说，有"全体大用的功夫，内外精粗无不到"之说法。这句诀言里，将内劲功夫称为精，将外形功夫称作粗。故知精法者，乃指内劲的"神以知来，智以藏往"的攻防功夫而言。

上面谈了动练法修炼内劲的方法，只是修炼内劲功法中的一部分，各门派、各拳种，修炼内劲之静与动的练法相当多，但以提高功夫快而又实用的真方法，我认为在内功静练建体功法的基础上而以打展手的动练法为最妙，因少人知，我之打展手的功法乃家父所亲传的。在传授给我打展手的功法过程中并详细解释：拳法劲势、招法运用得"快而不乱、慢而不断，松而不懈，紧而不僵，轻而不浮，沉而不重"的周身一家的功夫艺境，皆可由打展手方法得出。"打人不用力，出手不露形"皆可由此悟出。

小结

前面所论拧裹、钻翻、螺旋、惊弹、崩炸、抖擞六合劲的具体练、用内容皆可由此悟出：初修炼传统拳术攻防之道者，即可由外形的拧裹、钻翻、螺旋的法式中，蕴涵着内劲的惊弹、崩炸、抖擞的法式之实施。如：外形的拧裹法式中而蕴涵着实施内劲惊弹、崩炸、抖擞之法式；外形的钻翻法式中而蕴涵着实施内劲惊弹、崩炸、抖擞之法式；外形的螺旋法式中而蕴涵着实施内劲惊弹、崩炸、抖撽之法式。熟练后再以内劲为主的运动法式，使内劲在外形上以拧裹、钻翻、螺旋的法式运行而造成外形的拧裹、钻翻、螺旋的运动形式。这样法分先后的修炼，就能掌握六合劲的基本运用方法了。在此基础上，运用拧裹、钻翻、螺旋、惊弹、崩炸、抖擞六合劲的基本法式，修炼本门具体的攻防招法之攻防技术，达到六合劲中的拧裹、钻翻、螺旋、惊弹、崩炸、抖擞等诸劲法皆可任意与本门具体的攻防招法之攻防技术有机结合起来而能任意实施，这就基本上掌握了六合劲练、用之精髓妙谛了。

而六合劲的拧裹、钻翻、螺旋、惊弹、崩炸、抖擞等诸劲法式，都要如法单操熟练，熟练到要哪有哪，再结合攻防招法的攻防技法中操练，才最见功效。

如果以六合劲的法式内容，结合前面所论述的形拳招熟，气、意拳懂劲，神拳神明三层攻防功夫艺境的"气道"论内容结合观之。六合劲的拧裹、钻翻、螺旋、惊弹、崩炸、抖擞等诸劲法式，只适用于形拳招熟和气、意拳懂劲的两层攻防功夫艺境中。而在神拳神明的"毛发松弹守三阳"之三功四德境中的功法看来，已属无形的拳法了，就应以纯内劲的法式认识。这样比对看来，修炼传统拳术攻防之道者应在"气道"论述的基础上认识六合劲的拧裹、钻翻、螺旋、惊弹、崩炸、抖擞等诸劲法式的练、用内容，才能修炼运用无误。这就是物有本末，事有始终，知所先后，几于道矣修炼之精义！六合劲法说的练、用内容，论述到此，可谓之尽善矣！

【点评】

《王芗斋先生专集选》中的文章最难阐述者。就数此篇"运用（33种）"了。因为，落于有形拳术的注解、阐述，就可能误导后人了。只能运用无形拳道的理法来认识，才能知道其本来精义了；亦数这篇文章内容好懂了。只要明白是在说无形法身道体的攻防功夫能力就好懂了。

五、诗词

（一）七言排句

脱肩松臂懒束腰，神情意力似粘糕①。
一切知感全不要，静室长露赤条条②。
有心练求得实象，无念含精任逍遥③。
钟山云雾如参透，天下晴空一羽毛④。
站桩从来不喜平，养生自古贵平庸⑤。
神动得自有象外，意存妙在无念中⑥。
浑身肌肉挂青霄，毛发根根暖风摇⑦。
慧眼默察三千客，凝耳息听两人娇⑧。
沧海飞波游龙戏，流云吐月紫虎嚎⑨。
无穷假借无穷象，有如蓬壶踏六鳌⑩。
神如雾豹容窥管，气似灵犀可辟尘⑪。
养生别开面目新，筋含劲力骨存神⑫。
静如伏豹横空立，动似腾蛟夹浪奔⑬。
吐纳灵源合宇宙，喊声叱咤走风云⑭。
不知素问千年后，打破樊篱更多人⑮。

【题名解】

这是一首描述站桩内功修炼养生之道内功景象的"排句"诗，精义深邃而又含蓄，只有一句一句地注解、阐述，才能注解、阐述得清楚明白。

但是，同样是内功养生之道的内功修炼，关于内功景象的描述，目的有所不同，语言亦不尽相同。故而，修炼内丹者，皆以丹药为核心比喻论述；而修炼传统拳术攻防之道的内功修炼，内功景象的比喻描述，皆以内劲、内劲的功能为核心。故而，言语略有不同，风格各异，各有无穷趣味。

故而，这篇"排句"诗，亦充分地反映了王芗斋先生拳学的基本观念，也就是传统拳术攻防之道修炼、运用基本理法内容的论述。

【注解】

①站桩的基本身形要求：沉肩、坠肘、松腰、坐胯，都是浑身松静自然的状态，按前人所说乃"肌肤骨节，处处开张"的艺境；内在的神意专注内气的运行往来缠绵不绝的景象，正如前贤所说："沿路缠绵，静运无慌。"

粘糕：形容站桩内功修炼时，内气运行沿路缠绵不绝的意思。

②内功修炼乃返观内视的事情，故而对身外的感知就全都不存在了，只是对身内景象变化的观注而已；站桩修炼内功，亦要暖室处空房，经常显露赤条条的法身景象。

长露赤条条：这里存在两种解释：一是赤条条地裸体站桩；二是站桩景象中经常显露赤条条的法身形态。为什么这样理解呢？因为内功修炼亦名之曰："出家"。何为出家？前人解释："出家，就是一丝不挂。"而一丝不挂的说法，不就是"赤条条"的景象吗？故而，如此理解亦是正确的。

③有心修炼内功养生之道是为了求得真实的内功景象；无妄念、欲念的含精默默随着内功景象的幻化而逍遥自在。

实象：无形真一之气，实实在在地存在，故曰实；象，真一之气所幻化的万千景象。合而言之，谓之"实象"。

④如果像能够参透笼照在钟山顶上的云雾而见到钟山山颠的轮廓一样清晰；那参透内功修炼中幻化的景象，就犹如天下晴空一羽毛那样清楚了，说明内功景象清晰了。这就是老子所说"知白守黑"修炼内功的因果之精义。

钟山云雾：到达坚（音mi，蜜）山（渭水的源头）山顶，极目远眺，西边山脚下云雾朦胧，连绵数百里，直通钟山。传说钟山是昆仑的第三道屏障，高三万仞。站在坚山之颠平目而望，数百里外的钟山模糊在云雾深处，庞大的轮廓如同衔接天地的一面巨墙，即使昂首高眺，也丝毫望不见钟山山颠的轮廓。

看一看前贤对内功景象的论述，录之如下，以资对照：

莲花净

夫行走之间，更有三字诀，乃"清、静、定"也。清字，存神泥丸，如水清月朗，风轻日暖；净字，一气到脐，思看取莲花净之意；定字一气至海底停住，思如泰山之稳，外诱难挠，如松之茂，如秋阳之清暖，如露之含珠，月之浸水。其坚如刚，其柔如絮。再合而为一，自泥丸一想涌泉，浑浑澄澄，无碍无停，久则神光聚也。

⑤站桩修炼内功养生之道，其内在景象万千变化，从来就不是平平静静的，所以说"不喜平"。内功养生之道的修炼，自古流传以来最为贵重之处就是遵守平和的中庸之道以炼己。正是："唯精唯一，允执厥中"的修炼之道以炼己的意思。

平庸：庸，《中庸》：平常的中正不偏不倚的修炼之道。武术前贤有歌诀以述之，录而并解之如下：

故戕贼成者，终难深造乎道。绵长者久必显达。过急则锐，恐多退速之虞；太缓则疏，未免作辍之清。然二夫准期何在？诗云：
休逞欢来歇力行，免将过役倦容生。
中庸万古传心法，中以庸行戒律清。
气欲足兮精为本，神光无滞天地春。
四肢鼓荡皆符道，力量增加要日新。

阐释：
前面论述了"无害者乃顺生机之自然，去其害生机也"的文练法。乃修炼传统手战之道的传统、正统、正宗之方法、准则。是君子执君一民二的道法长之修炼，并反复叮咛，唯执此而能功成。

此又谈明：糊涂练法、武练法、横练法的弊端之实质，并将此三法称为"故戕贼成者，终难深造乎道"。何为"戕贼"？戕者，残害之谓；贼者，邪也。完整地说，就是以残害自身生机之自然的修炼方法，皆为邪法也。为何如此之说？自古相传，一脉承之，正统的传统手战之道乃文体成，武用精、静炼体、动练用，以浑元虚无之体，以生一而三元之玄机妙用，乃尊无生妙有之义。就其运用之法则，亦是顺势借力成规矩，崇尚意气君来骨肉臣的尚德之大仁大义之勇，得此者是为真勇武，即以听探之良知，运用顺化之良能。

然而，历来就有不明其宗旨、不知运用之法则、不晓以听探用顺化之机理，"以柔用刚"之技术方法。而逞己之私欲，筋努骨突、尚血气用横力，背道而驰，明为修炼，实为戕贼而成，此乃小人之修，即崇尚后天有为之力法，故道法消。而危害生机之自然，即残害自身生机，造成疾病缠身甚至危及寿命。就前面所说的糊涂练法、武练法、横练法，皆是不同表现形式、不同程度上的"戕贼成者，终难深造乎道"，即终不得修炼的正果福报，反而以报身应接其祸之降临，实可悲也。

"绵长者久必显达"，其意深邃，以前人之论述的精义证之，其曰：

> 武事，外操柔软，内含坚刚。而求柔软之于外，久而久之，自得内之坚刚。非有心之坚刚，实有心之柔软也。内要含蓄坚刚而不外施，终柔软而应敌。以柔软而应坚刚，使坚刚化为无有矣！神明艺境，化境之极也！
> ——摘自《清代杨氏传抄老谱·太极下乘武事解》

此乃"绵长者"练、用之精髓，久必显达。达此化境之极，乃神明艺境，功夫艺境至此，是谓之显达。

然修炼者众，有过急者，乃指心性过急，操练过急，执一点攻防招法的表面之技，急操急练，经过一年半载，小获攻防之能，亦是以强凌弱，虽小有获胜之率，此乃锐进之人，自以为得意。谁知，此乃后天尚气用力有为之法。虽然表象上看疾锐之进，然不修炼，恐怕存在退步迅速之危机。老子曰："暴风骤雨不终朝，天地尚不能长久，何况人乎"？修炼传统手战之道崇尚后天有为力法，虽有近期之小效，然一不修炼则会迅速退去，况以此法持续三年以上者，多受害生机自然之苦，疾病痛苦缠身，乃得不偿失之举。现今此种例证，俯首即拾，真可谓举不胜举。现今习传统手战之道者，何不引以为鉴，此乃拜师学艺"敬其师，不贵其资，虽智大迷"的愚蠢行为造成的。

修炼之过急者，弊病百端，已经论明。而修炼太缓则疏，未免有作辍之情。修炼传统手战之道虽不能速成，亦不能太缓。应是每日按法修炼、精心体会，粗事细磨之事。其中旨趣横生，品味不绝，是一种享受。精神的、身体的、攻防艺境的收获，都是难以描述言知的。此种正确的修炼，就是一种动力，是正确修炼方法培养成的修炼乐趣。如果各种修炼的进阶缓慢，每日重复着同样练法，即守一法死，失去了其中之趣味，就会疏于修炼，最终就会中断修炼了。出现修炼中断的原因，皆由进程太缓所致。此乃"理不明，法不清，盲目修炼者之弊病，不知转法进阶之顺序"所致。

修炼传统手战之道，既不能过急地锐利进取，恐多退速之虞；又不能太缓则疏，未免有作辍之情况发生。究竟二者应如何把握，达到修炼之事不疾不缓而能适度进阶，以历诸境而最终功德圆满呢？其在诗中言明，就只好逐句阐释其诗中精髓，方能知之。

休逞欢来歇力行，免将过役倦容生。

修炼传统手战之道一事，外尊天道而行，内顺生机之自然而练，具体日程的修炼、内容之安排,既前面所言的午前练外形,午后静休守中,前半夜修炼内功。这样的安排,既有内外功法的练习之事,又有足够休息养气、养神的时间,既不疾劳又不缓逸。千万不要心血来潮,即兴逞欢狂练。

修炼时亦不尚血气,不用横力而纯自然先天之力而练。一不过劳,二可体认其中妙趣。如修炼时间过长,自会产生疲倦,属于一曝十寒,本就得不偿失了。就是静练功法,也不能时间过长。如现今有练站桩功法的,一站就是几个小时,都属练功不当。过于劳役之苦,反而耽误功夫的升华。练功本是"心领体会"的事,心往何处想,身体就会自然做对了。只要外形能够放松,自身不紧张,经过几次调整就基本上做对了。因为一般攻防招法都没有高难度的动作。只要身体会做了,就会熟练。熟练了再求变化,积少成多,只要顺随对手变化,持"以柔用刚"之技术方法,便可渐渐入门了。开始修炼实用变化,千万不要想着打人,只求对手打不着自己,也就抓住练用的要领了。只有这样务以意会,法以神传地渐悟修练,才能逐渐升华。而每次修炼1个多小时要休息半个小时认真思考总结,深刻地领会,提出新的可行的目标,然后再练。目的在于理解,通过这样领会、理解的练,身体自会产生系列变化,此乃我多年修炼的心得体会。这样修炼兴趣高,每次练后都有新的认识、领会和理解,身体适用的范围广泛,攻防能力在不知不觉中自然就会加强了。

中庸万古传心法

中庸之道,就是中和之道,即"无过不及,不偏不倚,中正安舒"。在修炼一事,又有"知、止、定、静、安、虑、得"七妙法门。对于任何事物,先要"知",根据知而"止"于此处,止于此处久也谓之"定"。定则能"静",静无不应则"安",安排得当则虑,滤其糟粕则能得其精华。无事不是起于知,终于得。故《大学》中言:"物有本末,事有始终,知所先后,则近道矣。"修炼传统手战之道的由始至终及诸种练、用之法的始至终,亦未出此七妙法门和这段论述,以上总归为"心法"。

中以庸行戒律清

中和之道,就是平常人皆能做到的。庸,平常也。平常的所作所为之阴阳不偏不倚,无过不及,就是中和之道。此中庸的戒律,算得清清楚楚、明明白白,并无难理解之处。

气欲足兮精为本

要想真气充足,真气生于精,炼精化气,故精乃真气之根本。故固精、聚精会神自能化生真气。修炼传统手战之道首在炼气。炼气在于存神，存神之始功，根于固精。能知此者，按法修炼就可以了。此乃修炼传统手战之道的根本所在。

神光无滞天地春
气足则神充，神充气足则质而弥光，即眼有神光，身有灵光，体有元光，浑光普照，神采奕奕。身内纯阳之气立定，众阴邪退尽，体内万物生气勃勃，亦如明媚之春光，一派温柔和缓安泰之景象。自是虚灵妙境，此乃修炼传统手战之道的正果，必得福报。

四肢鼓荡皆符道
满身空灵，内气腾挪。下之步法、中之身法、上之手法，步法进退鼓荡之势，身法腹内松静气腾然的鼓荡变化之势，手法攻防亦成鼓荡之势，此乃纯先天自然之力所成，故时时刻刻符合攻防之道的法则。

力量增加要日新
修炼传统手战之道，到懂劲以后，一天一个体会，每天都有新的体验。此乃进入日日新的境界了。大成艺境的神化之功，指日可待。力量增加，并非后天有为力法之"力量"，而是指"先天自然之力"的运用能力增加了。通读《剑经》前后文之意旨，也就可以明白，其言"在神为非人力也"就会分辨得更清楚了。

综观"歌诀"之精义，修炼要执"中庸"之道，才是修炼传统手战之道的正统。故在修炼、应用，时时刻刻都要以"中庸"的戒律约束自己，都要以"中庸"所传心法启发自己，才不会偏执、执偏，才不会产生"过和不及"所造成的弊病。这才是歌诀中所体现的练、用精神及其宗旨。

⑥站桩内功养生之道的修炼，有心意、有景象，尽管景象万千变化皆是心意所引领而成之的，然而，景象自是景象，自己的元神确在景象的外面观照、观看；尽管站桩内功修炼的内在景象万千变化，而意的存在之奥妙确实存在于无念中。

意念解
念者，心中即时所出；意者，心之使者。景象，真元一气幻化所成之。修炼内功养生之道，有念者不是，无念者不是，真念者是。何为真念呢？即"念住不住，是为真念。"又："行非所行，住非所住。"此两者皆是内功修炼的"真念"头。此处所说的"妙在无念中"，说的是"妄念"，就是妄动之念头，即不该动的念头动就是妄念。看一看前贤是如何论述内功养生之道的景象产生的原由及其功能作用,也就明白"真念"和"无念"的本义所指了。

洗髓之法·歌诀

两目内含光,鼻中运息微。
腹中觉空虚,正宜纳清煦。
一切唯心造,炼神竞虚静。
假借可修真,四大需保固。
柔弱可持身,造化生成理。
从微可知著,一言透天机。
渐进细寻思,久久自圆满。
未可一蹴企。

阐释:

此歌诀是站、坐、卧的精炼内功心法描述,即修炼内壮的"守中"之法式。而守中之法分为气沉丹田的生气、积气之法和内气运行的搬运之法。上为炼精化气,继而炼气化神,再炼神还虚。神还虚空之体内,即是内清虚的功夫成,而得内感通灵。配合易筋的外形之脱胎换骨、脱拙换灵,便是周身内外一家的内清虚而外脱换的艺境,如于攻防较技的招法运用精熟,便是"神光朗照巅顶"的"人不知我,我独知人"的功夫艺境成。是气唯中蕴而不旁溢,气积而力自积,气充而力自固。古论:气即力,力即气。

然修练传统拳术攻防之道的内功心法之内壮乃指元精、元气、元神的内壮功夫。故前贤《元精元气元神辨》一文,以告知后学,传统拳术攻防之道的修炼是以开启元精、元气、元神的功能为宗旨,这乃是传统拳术攻防之道的独特之处。

此歌诀最关键的一句"一切唯心造",就清楚地说明了内功修炼之景象万千的现象都是"心生、意领、真元一气成之的"。心生念,意传达通知真元一气,则真元一气即成种种景象变化,这就是"真念"的功能作用。待到内功修炼到高深艺境境界时,可以达到内景象自动变幻的艺境,那时只有"无念静观"了。

⑦当站桩内功养生之道的修炼到了"大乐俱生双运报身"的艺境,就是"幻身""化身"的艺境。内功景象呈现出自己浑身的肌肉犹如挂在青天九云霄之处,感觉到自身毛发根根都像在暖风中摇摆不定而自在的景象。这是内功养生之道修炼中"象天"的"幻身法象"的描述。

青霄: 青天九云霄的简说,如扶摇直上九云霄。

⑧站桩修炼养生之道达到运用慧眼圆融玲珑剔透的观之默想"三千客"人的内外功夫艺境,对他们的攻防功夫艺境了如指掌,自己还有什么不能战胜的;达

到凝耳息听"能与自己的元神对话的艺境",还有什么拳学中的问题不能清清楚楚、明明白白的呢。这就是内功修炼歌诀中所说:"假借可修真"句的精义。

慧眼:元神圆融观照的慧眼之谓也。慧眼可以圆融玲珑剔透的观之,而不是普通人的双眼之神。内功修炼慧眼默察三千界乃是功夫艺境。这里用"三千客"替代"三千界",是内功修炼的是攻防之道的缘故,只有如此运用慧眼圆融玲珑剔透的静而观照、默想"三千客"人的内外功夫艺境,对他们的攻防功夫艺境了如指掌,自己还有什么不能战胜的。这就是"假借可修真"句的精义。

息听两人娇:这是对站桩修炼内功养生之道,达到"能与自己的元神对话的艺境"的描述。与元神对话的功夫景象,古人乃说成"耳通真言"了。看一看前贤的说法,以资对照,录而并解之如下:

耳通真言

统真壳开:则目读心契,理无畛域,虚灵圆满,耳通真言。

统者,统一管理真气生成运行之窍的部位,即炼气化神之头中元神部位。可理解为脑中枢部位及其所属之各级官能部位,皆称为"统真壳"。故此壳开通,有目读心知,理而一贯,内外虚灵,功德圆满。基本表现是"耳通真言",即能与元神说话对答了。此乃谈的"炼神还虚"之元神还到虚灵之体内的境界时所能够产生的一种内功景象。有此,是"统真窍开"的表证。无此,是窍开得不完满,尚欠功夫之火候。

内功心法应在:金莲童子功法:日习两次,每次两小时,克成百日,基础坚固矣。

⑨站桩修炼内功养生之道的内功景象,有时好像沧海波浪翻滚,原来是飞龙游戏其间的缘故;有时又似明月当空彩云流行飘荡,似乎是紫虎咆哮嚎吼其中的缘故。

波游龙戏:内功景象可以幻化出现沧海波涛汹涌的景象,亦可以出现五条或九条金色飞龙戏明珠于天空一般;这是两种景象交合为一个画面的景象显现之描述。

紫虎嚎:内功景象亦可以幻化出现紫色的老虎咆哮嚎吼的景象,亦可以出现明月当空彩云飞渡漂流的夜空景象。这是将明月当空彩云飞渡流行飘荡和似乎是紫虎咆哮嚎吼合为一个画面的景象显现的描述。

⑩所以说内功修炼所假借的景象有无穷尽的变化,有如酷似蓬莱仙境而得名的蓬壶景象,亦有游玩欣赏似"龙伯国人连钓六鳌,二山漂流不能止"的景象。

蓬壶:蓬壶位于福建省永春县中部,素有永春的"次中心"之称,最早建制于隋朝开皇9年(公元584年),是一个历史文化名镇与商贸重镇。蓬壶四周群山环抱，中间像一片湖泊，故早称"毗壶、肥湖"。因其山青水秀、风光如画、民风淳良，酷似蓬莱仙境而得名蓬壶。

踏：从"踏青"春游之游玩欣赏美景的意思。这里是观"钓六鳌及二山漂流不止"的景象。

六鳌：亦作"连六鳌"。相传渤海之东有神仙所居之五山。然山浮海而动，天帝命巨鳌十五，分三批轮流负山，五山始屹立不动。"而龙伯之国有大人，举足不盈数步而暨五山之所，一钓而连六鳌，合负而趣归其国，灼其骨以数焉。"见《列子·汤问》。后因以为善钓之典实。宋·刘攽《和罗著作渔翁》："龙伯国人连六鳌，二山漂流不能止。"清·李调元《金鳌岭》诗："我闻龙伯人，巨钓连六鳌。"亦省作"连六"。唐·张友正《钓鳌赋》："谓优游以无穷，何瞬息而连六。"明·杨基《钓鳌海客歌》："重施龙伯国人技，一展丝纶连六归。"

清末民初惠安崇武渔民诗人张泗滨诗词：

钓 鳌

万里长风吹海涛，满空秋色月轮高。
何当龙伯❶纶竿撒，一钓欣然起六鳌❷。

【注释】

❶龙伯，《列子》龙伯国有大人，长三十丈，一钓而连六鳌。今人用以形容善捕鱼者，得鳌头者捕鱼冠军也。

❷六鳌，《列子》渤海之东有山，随波上下，天帝恐流于西极，失群圣之居，使巨鳌十五举首戴之，龙伯国人连钓六鳌，合负而归。

⑪站桩内功养生之道的修炼神如雾豹隐遁收敛窥视种种景象的变化，而真一纯阳之气逐渐地将尘缘俗见一一清除贻尽而至明心见性的艺境。正是内功修炼"驱尽众阴邪，然后立正阳"的精义之论述也。

此句乃从北宋·黄庭坚·次韵奉答文少激推官纪赠二首诗中脱化而来的。

诗来清吹拂衣巾，句法词锋觉有神。
今日相看青眼旧，他年肯作白头新。
文如雾豹容窥管，气似灵犀可辟尘。
憨愧相期在台省，无心枯木岂能春。

根据《易经·乾卦》解："乾尚文"的精义，文者，健之体，精神也，简称

"神"。所以,一字改动,就转化而成为修炼内功养生之道的意思,亦属具备"文字般若"而善假借者也。正是"他山之石,可以攻玉"之妙者也。

"不荡云海胸,焉壮平生观"。苏辙曾说:"文者,气之所形。然文不可以学而能,气可以养而致。"故内功养生之道的蕴养真一之气为文章之大道,亦为人品之大道。真一之气不雄浑博大,幽深宽阔,其文章似不足观,其人品似不足道也。

人的内功修炼之境界有大小,感悟有所不同,正所谓:

迷雾遮俗眼,灵犀涤尘埃。
常相自观照,轻舟渡彼岸。

窥管:一是管中窥物。比喻见识狭小。二是古代浑天仪上观察星体用的管状器。三是此处指一眼照三关的罩眼及元神圆融观照的慧眼的意思。

灵犀:犀牛角中空,谓之心,心虚则灵,故以灵犀名之,以喻"心虚空则灵"的意思。又古书记载,有一种犀牛角名通天犀,有白色如线贯通首尾,被看作为灵异之物,故称灵犀。

"灵犀"喻心之出处:身无彩凤双飞翼,心有灵犀一点通。

——李商隐《无题》

"心有灵犀一点通"现在常用于形容修炼者之间心灵相通,比如说对于某种功法准则、艺境境界的看法、见解异口同声、解决问题的方法都想得一样。

辟尘:一是犹除尘,去尘。二是香炉名。三是蚊帐名。四是避开尘嚣,指隐居。这里指内功修炼的"涤除玄鉴,可无尘乎?"的系列之"明心见性"的功法、景象、过程而说的。尘者,凡尘俗念也。

⑫经过一系列的内功养生之道功法的修炼,使得自己"脱拙换灵",而又进一步"脱壳换相"的转换而神采奕奕,这就是"养生别开面目新"句的精义,外形的筋劲骨力已经脱拙换灵内可具备神以知来,智以藏往的通神之灵通了,这就是"筋含劲力骨存神"句的精义。

⑬这时神态已经具备安静如潜伏待动之豹横空而立、豹眼环视、一目了然自知群兽之强弱了,自可随时出击猎扑食物了;一旦行动起来好似发水的蛟龙夹浪奔腾而出击。

腾蛟:有角为龙,无角为蛟,一种白色无角的龙,古代传说中能使洪水泛滥的一种龙。

⑭真气涨渺的运行方式符合宇宙的涨渺运动法式,真气涨渺运动亦能与宇宙

涨渺运动密切结合为我所运用，再加之"哼哈二气妙无穷，一声吓倒众精英"的威力，自能叱咤风云走神州了。

吐纳：吐故纳新的简单说法。吐纳，又是呼吸的代名词。然而，这里是指真一之气外发内收的运动方式。在内功养生之道的修炼中存在三种"吐纳"真一之气的方法：一是真气的丹田涨渺呼吸法，俗名"胎息"；二是"至人呼吸以踵"的双足踝的升降涨渺呼吸法；三是真人"皮毛呼吸"法和"无处不太极"的真气呼吸法，也就是"后天之真气呼吸法，寻得真人呼吸处"的法式。

灵源：拳诀言："精养灵根气养神，拳功拳道见天真。丹田养就长命宝，万两黄金不与人。"所以说丹田真气乃是"灵性体"成就的根源。而此处"灵源"又是指真一之气而说的。

合宇宙：合者，符合、结合的双重意思。宇宙的基本运动法式就是"涨渺"运动同时存在的意思，这种运动方式是为宇宙运动法式。

⑮真不知道中国医学经典著作《黄帝内经·素问·上古天真论》中所说内功养生之道的"贤、圣、至、真"功夫艺境的论述，再过千年之后，能够冲破肉身俗见之樊篱达到"提挈天地，把握阴阳，呼吸精气，独立守神，肌肉若一，此其道生"的真人艺境，还能够存在有多少人呢？

素问："素者，本也；问者，皇帝问于岐伯也。"岐伯乃上古医学先知，因此就诞生了以皇帝与先知们问答形式撰写的综合性医学文献——《黄帝内经素问》。

《黄帝内经》，即《素问》与《灵枢》之合称，是中国现存最早的医学典籍，反映了中国古代的医学成就，创立了中国医药学的理论体系，奠定了中国医学发展的基础。在漫长的历史发展过程中，《黄帝内经》一直指导着中国医药学的发展。直到今天，《黄帝内经》对于中医药学的理论研究与临床实践仍然具有重要的指导意义。此外，《黄帝内经》中还记述了大量中国古代天文、气象、物候、内功养生修真等学科的知识，为各有关学科的研究提供了重要的史料。

樊篱：篱笆，比喻种种"知见障碍"给予人的不良影响，使人对事物真知灼见造成的种种限制。这里指"肉身俗见"为自己的"樊篱"。

【点评】

这首七言排句，清楚地反映出王芗斋先生"意拳""大成拳"的修炼、建体、至用的系列方法，系统内容，完全体现的是传统的"意气君来骨肉臣"的宗旨，而站桩强调的是内功养生之道的修炼模式，即"炼精化气、炼气化神、炼神还虚"的修炼过程，崇尚的是以"无形拳道"的修炼目的为宗旨。

故而，王芗斋先生的"意拳""大成拳"的"制人而不为人所制"的修炼意图，也与传统拳术各门派、拳种的修炼法式、意图乃是本一无二的。这就奠定了"意拳""大成拳"的修炼、建体、至用及攻防功夫艺境升华的系列方法，系统内容，也与传统拳术攻防之道的各门派、拳种是相同无异的。所以，在传统拳术中各门派、拳种同时包括"意拳、大成拳"之间是平等互鉴的关系，是不存在优越感的。

（二）五言排句

不动如山岳，难知如阴阳，无穷如天地，充实如太仓①。
养生不喜平，岂知贵平庸，身动超象外，法在无念中②。
深究求精造，利用虚无空，意力似猿猴，脚步似猫轻③。
神意自内变，力由远处听，不即亦不离，日久便成功④。

【题名解】

以歌诀形式，阐述传统拳术攻防之道的修炼、建体、至用及攻防功夫艺境升华的系列方法，系统内容。内功养生之道的修炼，还要结合外功实作操练的内外双修法式，才是功成艺就的正确道路。

【注解】

①此句出自"心意拳诀"。意思是说：巍然不动其势静若山岳，敛神光、蓄其锐已经反璞归真，对手不知我之动静虚实，所向为何，揣度我就像欲知天气阴阳变化一样费解。谁知我确蕴藏着像天地一样的无穷变化，内气充实擎举全身，就像充满了粮食的大仓一样。

此四句原出自罗氏原本《三国志通俗演义》卷之二十·孔明祁山布八阵·孔明致曹真的一封信中：汉丞相、武乡侯诸葛亮，致书于大司马曹子丹之前：窃谓夫为将者，日就月将，能去能就，能柔能刚；能进能退，能弱能强。不动如山岳，难测如阴阳；无穷如天地，充实如太仓；浩渺如四海，眩耀如三光。预知天文之旱涝，先识地理之平康；察阵势之期会，揣敌人之短长。嗟尔无学后辈，上逆穹苍；助篡国之反贼，称帝号于洛阳；走残兵于斜谷，遭霖雨于陈仓；水陆困乏，人马猖狂；抛盈郊野之戈甲，撒弃满道之刀枪；都督心崩而胆裂，将军鼠窜而狼忙！无颜见关中之父老，何而归相府之庙堂！史官秉笔而记录，百姓众口而传扬：仲达闻阵而惕惕，子丹望风而遑遑！吾军兵强而马壮，大将虎奋以龙骧；扫秦川为平壤，荡魏国作丘荒！天书既下，速来归降！"

②修炼内功养生之道，其内在景象万千变化，从来就不是平平静静的，所以说"不喜平"。内功养生之道的修炼，自古流传以来最为贵重之处就是遵守平和的中庸之道以炼己。站桩内功养生之道的修炼，有心意、有景象，尽管景象万千变化皆是心意所引领而成之的，然而，景象自是景象，自己的外形确在这景象的外面存在而随之；尽管站桩内功修炼的内在景象变化万千，而身法变化的奥妙确实存在于"感而遂通"的无念之中。

这两句诀言与七言排句中的："站桩从来不喜平，养生自古贵平庸；神动得自有象外，意存妙在无念中"的句式意思差不多，然而还是有"神、意、形"的侧重之区别，这一点一定要分辨清楚，才能明白其中的精义。

③内功养生之道的修炼，攻防实作操练，都是为了深刻细致地研究传统拳术攻防之道修炼、建体、至用之精髓奥谛，精心地造就自己成为"文兼武全将相身"的济世人才；所以，利用真气运行的方法使自身外形虚空达到无形法身道体的全体透空之虚灵妙境，则无形之意气的转换似猿猴之敏捷，脚下生风如猫行之轻灵。

④传统拳术攻防之道的攻防变化，乃是神意自内变而导至外形随之变化的，劲力变化之听探能力乃由外面的触觉而感知到的；自身听探、顺化相互为用的攻防能力，在内外功法的修炼中即各有所长，故而既不接近亦不远离的相互为用也，如此用功日久便会功成艺就。

此论充分说明传统拳术攻防之道的修炼之根本内容乃是听探之良知，顺化之良能及其相互为用的攻防能力。这完全符合孙子兵法"知彼知己，方能百战不殆"的总法则。

【点评】

通过这段歌诀式的注解、阐述，清楚地认识到王芗斋先生"意拳""大成拳"的内外双修法式的修炼、建体、至用及攻防功夫艺境升华的系列方法，系统内容。与其他门派、拳种的内外双修模式的修炼、建体、至用及攻防功夫艺境升华的系列方法，系统内容相同无异。

（三）七言绝句

眼底手腕都留痕，直取旋绕力横撑①。
矛盾错综须统一，精神杠杆要长伸②。

【题名解】

阴在阳之内，不在阳之对。太阳，太阴。此论说明"健、顺之体、对立统一的存在；而其至用，乃是主从统一的相辅相成发挥各自的功能作用"。就是有形的外形服从于无形之道的统一的一致对外，这就是本歌诀的核心意思。

【注解】

①一眼照三关，谓之"眼底留有痕"；手腕一触即能攻防同时体现的一触即发的能力，谓之"手腕留有痕"，这两者皆是"听探之良知，顺化之良能相互为用统一能力"之体现。

留痕： 留有利用之机势，而机势就是"痕迹"的意思。

横撑： 浑元一气的圆融劲势谓之"横撑"劲势，即有竖劲又存在横向的圆融劲势。

②任何攻防技术法则凡两两相对的，如阴阳、动静、刚柔、虚实、方圆、曲直等，都要达到从"体"立论的对立统一；从"用"法立论的"主从统一"才得其妙用之精义耳！主要是"无形法身道体"的杠杆之主导作用要长伸展，才能做得准确无误。

错综： 内劲圆融整体之中阴阳各半的错位方法，称为错；相辅相成者为综。语出《易经·系辞下传》第十章："非天下之至精，其孰能与于此。参五以变，错综其数，通其变，遂成天地之文；极其变，遂定天下之象，非天下之至变，其孰能与于此！易无思也，无为也，寂然不动，感而遂通天下之故，非天下之至神，其孰能与于此。"

错综二字，来源于《易经》中的"错卦、综卦"之说法。阴阳爻相反的两个卦，名为"错卦"；两个卦阴阳爻上下相反，名为"综卦"。如"乾刚、坤柔"用"错卦"；"比乐、师忧"用"综卦"。从中可知"错综"乃指两个卦比，两个卦本身内爻象才是决定的因素。展开说，一势中刚柔各半的劲势为"错"；一势中刚柔相辅相成为"综"，合说之为"错综"的劲势。

精神： 从物来立论，则是"心物一元"的"天心为体，元神为用"之无形法身道体。这也是"人心灵，道心知"的"灵知"功能，亦谓之精神。

五、诗词

【点评】

我曾经作过一篇有关"矛盾统一"的拳论文章，为以资对照，录之如下：

传统拳术中"矛盾"统一之精义解

> 楚人有鬻（yù）盾与矛，誉之曰："吾盾之坚，物莫能陷也。"又誉其矛曰："吾矛之利，于物无不陷也。"或曰："以子之矛陷子之盾，何如？"其人弗能应也。以为不可陷之盾与无不可陷之矛，为名不可两立也。
> ——摘自《韩非子·难势》

此篇《矛盾》的短文，亦在《中国寓言集》中出现过，名为：自相矛盾。谁知此典故出在韩非子的《难势》一篇中。其是论："势治者，则不可乱；而势乱者，则不可治也"之道理的。就是："抱法处势则治，背法去势则乱"的治事之道理。如背法想得势治；抱法而欲势乱，这是不可能的。此论旨在阐明名实相符之道理，其所举矛盾之例子，也旨在说明这一道理。

在传统拳术攻防之道中的修炼、建体、至用及攻防艺境升华的系列方法，系列工程的躬身自厚的事业中。所谓抱法处势则治的道理，说的就是"以神为主，以气为充，形从则利"的无为而治之法式；所谓背法去势则乱的道理，说的则是"以形为制，尚气用力，神从则害"的有为则乱之法式。

如果以传统拳术攻防之道的攻防二字之体、用，来认识矛盾二字之精义的话，实际上乃是矛盾之体、用集一身的存在。即矛盾对立统一的存在于自己一身之中的攻防之利器也，矛具备攻击他人之作用，盾具备防守不受攻击的保护作用。但是，只有遵从无为的抱法处势则治的人才能够做得到"主从统一"的至用之精也；而执拙于背法去势则乱的人却是不能够做到了。

因为，抱法处势则治的人，其盾坚固自能防备他人之攻击而能自保，其矛锐利自能攻击他人而制胜的主从统一；而背法去势则乱的人，其盾必不坚固就不能防备他人之攻击而不能自保，其矛亦不锐利自然不能攻击他人以取胜。

修炼传统拳术攻防之道所谓背法去势则乱的人，表现在以形为制，筋努骨突，崇尚血气用横力；不习内功，唯务手舞足蹈的空架式，不谙元气，欲入元窍必不能也。这两种类型的修炼之人，背离无为的修炼法式，皆是有为之法式的矛盾自我相戕害者也。

何谓抱法处势则治的修炼者，就是遵从"以神为主，以气为充，形从则利"

的意气君来骨肉臣的无为之修炼法式。表现在外顺天道的自然法则，内顺自身内外各部器官的性情。直养先天自然之力，在神为非人力也。无害者顺生机之自然，去其害生机者也。施手用招、施招用手顺随为法，必然是尚德不尚力，自能建德体，至道用。故能遵循形拳招熟，气、意拳懂劲的修炼升华之阶梯，时至毛发松弹守三阳的神拳神明艺境，几成易事。

这里的毛发松弹守三阳之大成艺境的说法，就是矛盾主从统一于自己一身的一致对外的不自相矛盾的治事之精义，就是抱法处势则治结果之论述。下面分析之。

传统拳术攻防之道的修炼、建体、至用的系列方法，系统工程的躬身自厚之事业。始终以内功为主，外功为辅。以内清虚外脱换为筑基。以形拳招熟为第一步攻防功夫艺境，含有磕搁碰撞是骨打和全身五弓为筋发，致明劲的形拳招熟的攻防功夫艺境，经历三个阶段。以气、意拳懂劲为第二步攻防功夫艺境，含有势去意回的劲形逆从和以柔用刚的粘走法式，致皮打抖弹震死牛的攻防功夫艺境，亦经历三个阶段。以神拳神明为第三步攻防功夫艺境，含有神明的毛发松弹守三阳和彼此呼吸成一体的凌空劲的全体透空的太极艺境，致神化的气形化一归无象的无形无象的无极艺境。至此乃功成一也的无上境界，就是拳道合一之境界。

至于抱法处势则治的矛盾"对立统一"集于一身而能"主从统一"至用的一致对外的攻防功夫艺境，就是指神明的毛发松弹守三阳全体透空之太极艺境的攻防功夫而言的。拳论云："造乎神者，方称为法；化乎一者，始谓之拳。所谓的抱法者，抱持能造乎神明艺境的系列方法而修炼也；所谓治者也，能化乎太和一气之拳也。"

然此化乎太和一气者之拳中的一，谓之太极。此太极之一，就是太和一气，即道也，名之曰：太极。以太极立论而言拳，就是：太极者，无极而生，阴阳之母，动静之机。乃尊二一一二之宗旨以论传统拳学之练、体、用之系列内容的。就至用而言，拳诀云：以静驭动，动中亦静，静动互为其根；柔化刚发，以柔用刚，阴阳迭神其用。

以一气立论而言体用，则一而三之元玄，以昭其用，就是一气而有三种用法。此乃遵从三一一三宗旨的体用精义之一内容者也。即三用合建攻防之功业，以证矛盾统一一致对外制胜之道也。试论述如下：

一气而具三阳之备用，一阳者在少腹丹田成一太极紫金球，是为镇静安身"定砣"之用，可势重如山而不可撼；又一阳者，在自身皮里肉外形成一层薄膜，名曰铁布衫。又气可笼罩体表，名曰金钟罩。此两者合而用之，具备来力不入的一定之抗击打之护体的功用；又一阳者，在体内独立存在而不改，具有无有入于无间的去力无阻的击人之功用；驱尽众阴邪，纯阳之气立定，故能身轻如羽，就是动变时来无影，去无踪，一阵清风倏忽。故能不受人力也。此乃是神拳神明的"三功四德"之攻防功夫艺境。

此中的自身皮里肉外形成一层薄膜,名曰:铁布衫。又内气可笼罩体表,不管此内气的薄厚度,皆名曰:金钟罩。此两者合而用之,具备来力不入而有一定的抗击打的护体功用,谓之来力不入,乃盾防守坚固的护体功夫;一阳者,在体内独立存在而不改,具有无有入于无间的去力无阻的击人之功用,谓之去力无阻,乃矛攻击锐利的功夫。此两者集一身之内,乃是矛盾在自身内统一、一致对外的制胜之利器也,攻防之道也。

修炼传统拳术攻防之道者,能于自相矛盾之中,得到矛盾统一而一致对外之至用,乃为抱法处势则治之的得道者也。就是抱元守一之法式,可谓之练家子了。所谓无形的攻防之道不过如此而已。

就练家子的内容,再说上几句。就是,什么是练家子?就这个问题,前贤已有明论,录之如下,以资对照:

> 巧从熟生,灵从快生,刚生于柔,智生于拙。非养得目有神光,身有灵光,体有元光,难使敌一见生畏怯之心。非神光难御乱敌。非有灵光,难疾胜劲敌。非有元光,难临大阵而耐久。灵光者,身外有红光缭绕。神光者,目中有青苍之气,足以照远出威。元光乃身外黄光闪烁,是内外功满,毫无缺欠,浑光普照,无隙可乘。惟目中剑内手上,更有一番稳准气象,足使人畏。故敌人动得其咎。学力至此,乃为练家,方不愧居其名,亦可留芳千古,令后世慨见而神警。故闻声而惧者,因实称其名,威感夙著也。此真向战不持寸铁,何待矢折而胜也耶?古之将帅,操不胜之术者,以其训练精细,百战无敌,谁敢慢视哉?

——摘自《浑元剑经内篇·剑髓千言》

此论的精旨,就是修炼至目有神光,身有灵光,体有元光,德普三光者,方才能够成为练家子。然无内功系列修炼功法者,何能德普三光呢?故修炼传统拳术攻防之道者,当以修炼内功心法为核心内容,自能得到自身的矛盾统一而一致对外之至用,则攻防功夫艺境必能大成矣!

(四)五言排句

拳学理至精,运用在虚实,灵机自内变,力由远处听①。
身动似猿捷,步踏如猫轻,勿忘勿助长,久久自登峰②。

身动挥浪舞，意力水面行，游龙白鹤戏，含笑似蛇惊[3]。
肌肉含动力，神存骨起棱，风云吐华月，豪气贯日虹[4]。

【题名解】

这又是一首五言排句歌诀，又是阐述"意拳""大成拳"修炼、至用及攻防功夫艺境内容的。只有逐句注解、阐释，才能明白其所论述的精旨妙谛。

【注解】

①传统拳术攻防之道的修炼、建体、至用及攻防功夫艺境升华的系列、系统工称内容的道理至精至妙；如"法分三修，游历三境，九个阶段，成功一也"的说法，亦只是论说的一个大概的修炼次第而已，并非言语所能论述清楚明白的！这才是事实呢！而运用的攻防功夫艺境，只在无形法身道体的"形虚劲实"的灵机中求之，方能得到。听探之良知、顺化之良能及其相互为用的"灵机"的功能作用，完全是"内主外从"的变化法则，而攻防制胜的能力确实是有"听探"的功能在发挥着主导功能的作用。

②还要具备外形身法顺化运动妙似灵猿之敏捷，以及脚下生风步法轻灵如猫"踏雪无痕"的功夫；在修炼的过程中清静无为如法修炼"唯道是从"，故而能勿忘勿助长也，久久如此修炼，自然能达到神拳神明艺境，具备神化之功而达登峰造极的无上境界。

③身形的攻防运动犹如古传的"挥浪舞"姿态，优美动人而攻防则犀利无比，足下生风，步法轻灵，载动身形劲势犹如在水面上行走一般，这不就是"来无影，去无踪，一阵轻风倏忽"的写照吗！亦如游龙飞舞、白鹤戏耍狂舞一般；和颜悦色真刚毅恰似蛇惊抖缠灵。

④肌肉空灵含劲势，意敛内气入骨，神存骨内骨质坚硬犹如起棱；日月清明高照，故能翻手风云复手雨，豪气贯长虹。攻必克战必胜，双方较技一定赢了！

肌肉含动力：肉为气囊，内气在虚空的肉囊内蓄发自如，谓之"含动力"。

风云吐华月，豪气贯日虹：内功修炼术语：风云吐月华，乃丹田月明之谓也；豪气贯长虹，乃日照中天之日明也。日月合明，故曰：清明高照。

【点评】

此五言排句的核心意思，就是对神意内主形体外从的全体透空大成虚灵妙境的描述。从方方面面强调了听探之良知、顺化之良能及其相互为用的天衣无缝的攻防能力。

（五）七言律诗

刀光闪闪卷枯叶，惊吓天涯鸟飞绝①。
手握提按斜撑错，光芒无限力如铁②。
裹缠横绕云龙蛇，足踏泥泞半尺雪③。
雷电交加轻也重，眼底心头扫鲸穴④。

【题名解】

此七言诗是说明以内劲攻防技术功夫为主之内容的，运用的形容比喻亦恰如其分。下面逐句注解、阐述。

【注解】

①如果已经达到了德普三光的艺境，战胜对手就像秋风扫落叶一般容易了；就会惊吓得观看者亦不敢出来求战了。

刀光闪闪：乃是神光闪烁的意思。就是德普三光的艺境：非养得目有神光，身有灵光，体有元光，难使敌一见生畏怯于心。非神光难御乱敌；非有灵光，难疾胜劲敌；非有元光，难临大阵而耐久。灵光者，身外有红光缭绕；神光者，目中有青苍之气，足以照远出威；元光乃身外黄光闪烁，是内外功满，毫无缺欠，辉光普照，无隙可乘。

古有歌诀："刀对鞘直刺牵拳，手平肩下腰宜坚。头端面正眼勿闲，胸开背合体贵偏。"从中可以知道"刀光闪闪"是指攻防招法施实的上乘艺境而言的。

卷枯叶：形容被攻击的对手，似枯叶那样薄而又酥脆，一碰即败的意思。

我一般的弟子与人攻防较技，有时看到对方，就觉得对方像张薄纸一样单薄。因为，我经常以薄纸比喻对方功夫单薄的原因吧！王芗斋先生以"卷枯叶"来比喻形容，更为形象了。

②手握"提按"的劲势或"正斜"撑错的劲势，已经达到无形之道的神光不断的上乘艺境，劲势坚刚如铁必然无坚不催了。此正是形意拳诀"硬打硬进无遮拦"描述的大成艺境。

撑错：乃指自身球形劲势左右、前后、上下种种"撑错"方法错位的法式。

光芒无限：光芒，神光之谓也。无限，不断之意也。达到无形之道、神光不断的上乘艺境。光芒不断，乃是王芗斋先生所运用的语言；传统的说法乃是"三点神光九重天"。

③拧裹、缠旋、横绕之先后混合的劲势，皆生化于足踏泥泞的稳健之趟泥步、鸡行步。这正是"万化生乎身，皆以步为根"的劲整之精义。

半尺雪：形容"鸡行步"的步法。鸡行步，一足落地，一足高提起，连环而行走。鸡行步与趟泥步的区别是鸡行步为高提步法，趟泥步为擦地而行的步法。

劲整论

四曰劲整：一身之劲，练成一家。分清虚实，发劲要有根源：劲起于脚根，主于腰间，运化于胸，发于脊骨，形于手指。又要提起全副精神，于彼劲将发未发之际，我劲已接入彼劲。恰好不先不后，如皮燃火，如泉涌出。前进后退，无丝毫散乱。曲中求直，蓄而后发，方能随手奏效。此所谓"借力打人""四两拨千斤"也！

——摘自《李亦畬·太极拳论·五字诀解》

阐释：

内气的阳刚之性，外形的阴柔之质，为一身之劲势；内外匹配如一的柔化刚发功能，是所谓练成一家的德之体的劲势。分清外形体虚和内劲体实；外形有接骨斗榫的实之用，内劲有化无的虚之用。然攻防拳势发劲要有根源：劲起于脚根，主于腰间，运化于胸，发于脊骨，形于手指。这是顺发的法式；还有如法逆收的法式。不管是顺发，还是逆收，都要提起全副精神，即劲形鼓荡蓄势的态势充沛。这样，在动手、推手的过程中于彼劲将发未发之际，我劲已接入彼劲。恰好不先不后，如皮燃火，如泉涌出。做到如此，才能在前进后退之始终，自身无丝毫散乱之处。在能够如法的曲化之中求得直发的所在，这样蓄而后发的法式，方能顺随对手的变化而实施避实击虚的法则，做到让力头、打力尾而奏然生效。此就是所谓"逆力以为揭献的借力打人""顺从以为进退的四两拨千斤"之方法也！此段论述，关键在内气外形周身一家的劲整功夫上，做到劲整的功夫，就要及时掌握"逆力以为揭献的借力打人"和"顺从以为进退的四两拨千斤"之攻防技术方法。

④如若施实疾如惊雷闪电手法，就是轻灵的劲势也能给对方至败的重击，因为眼中、心头早已敏捷地扫察到对方即时掌管动变平衡的关键部位。

鲸穴：语出风水学中，乃指好穴，即好地方的意思。又《断手述要·五、腾

五、诗词

蛟挟浪旋》一文中："整体转动不已,进退发力,力生于足,劲贯指端,其势若腾蛟之破浪前进,力波起伏,旋涡滚滚,实有横扫鲸穴之意也。"此处的鲸穴者:乃指对方即时掌管动变平衡的关键部位,也就是通常所说的"千斤"管键。我曾经就"任凭巨力来打我,牵动四两拨千斤"句中的"千斤"所指为何?发表过一篇专题文章,为以资对照,录之如下:

四两拨千斤的"千斤"精义解

"千斤"精义解问题提出的缘由

在网上,有修炼太极拳术的人发表文章说:"太极拳是以自己的四两劲,拨动对方的千斤之力,乃充分地体现了太极拳'以弱胜强','以小力打大力'的独自特点。"这种论述是对太极拳术攻防技术、技巧、功夫的一种误解;这一观点与拳谚"牵动四两拨动八千斤"的说法犯了同一种类型的错误,就是把"千斤"当作重量单位的名词来理解了。故而,以正本清源的方法来进一步探讨拳诀:"四两拨千斤"中的"千斤"之精义到底是指什么内容而说的,下面就进行解析式的论述!

太极拳歌诀:"掤捋挤按须认真,上下相随人难侵。任凭巨力来打我,牵动四两拨千斤。"其中"牵动四两拨千斤"的四两,我已经解释过了,就是往来牵动自己的"四两"内劲。这在《龙涎集四·"四两拨千斤"精义解》一文中已分析解释过了。

论"千斤"的基本概念

但是,这个"千斤"的实质是指什么内容的问题当时没有说。综合观看现在太极拳修炼者所发表的拳论,都认为:"千斤"是实际的重量单位的一千斤。得出没有千斤力,哪来的四两功,又如何能拨动他人一千斤的力呀?所以修炼传统拳术攻防之道的尚力者,仍然大有人在,盛行而不衰!又有人认为"四两对一千斤的力来说"乃是弱胜强的具体表现,实际上"四两"根本就无法拨得动一千斤的力量。故而,有关"千斤"的问题,时不我待地必须解释清楚了。否则,修炼传统拳术攻防之道者,仍在迷途中寻求正确路径而不能上道。

其实,这里的"千斤"二字不是重量单位的数量词,而是"消息"管键的名词;如自行车"飞轮"中的"千斤"。假设使这个"千斤"抬不起来,再蹬自行车也就最终不能前行了。让这个"千斤"不能发挥其功能作用的意思,这就是"四两拨千斤"的一种比喻。"千斤"源于古时的器具的管键部位的"消息"说。又如撬棍,利用杠杆原理,可以在加力点上运用很少的力,将数吨重的物体撬起来。这也是"四两拨千斤"的一种比喻。

又如工具"千斤顶",它能够顶起一千斤的重量,可是摇"摇把"的力量却花得很小。摇"摇把",这也能比喻"四两拨'千斤'"的意思。千斤顶的"摇把"就是它的"千斤"。

如老鼠夹子,张开老鼠夹子,运用别棍挑上拴食饵的竹管豁口,老鼠一咬食饵,别棍脱开竹管豁口,老鼠夹子迅速合住将老鼠夹死。老鼠夹子靠弹簧的作用迅速合住的力量有十数斤之重,可老鼠咬食饵的力量不过几钱的力量,实际上老鼠运用的确是"四两拨千斤"的方法,触动了老鼠夹子上的"千斤",将自己打死了。

再有,一个人关门,同时另一个人拿起一个木楔子迅速将木楔子放置于门缝处,立时门回弹反打关门者。拿木楔子的力量不大,门反弹回打关门者的力量却很大。这也是"四两拨千斤"的一种比喻。

古人在攻防较技中实施"避实击虚"的法则中发现,只要适时地"点中"对方即时"动变平衡"的关键部位,对方就会应击飞跌而出,自己并不用花多大的力量。经过不断的探索,而得出"任凭巨力来打我,牵动四两拨千斤"的诀言。又经过许许多多人的不断探索、总结,而得出"打穴、点穴"的技法来了。这里的"打穴、点穴"之"穴",就是指动变平衡管键"千斤"而言的,即人身劲道的管键所在;并非医生所说能治病疗疾的"穴位"。当然,医生所用治病疗疾的"穴位",虽然都是真气运行所在,用在治病疗疾,自有其理法。但在技击中所点动变平衡的管键"千斤"之"穴",乃是对方即时的关键部位。所以,两者的"穴位"概念有所不同,这是传统拳术中"点穴""打穴""拿穴"方法认识辨别的关键所在。

攻防拳势瞬间万变,即时能点中对方的"千斤",只有在顺随法中才能得以实施。所以前贤得出"任凭巨力来打我,牵动四两拨千斤"的诀言。一个"拨"字,画龙点睛地将此"打穴、点穴"的功夫形象地比喻了出来。

但在动手较技的过程中,是否是以外形手法直接"拨"动对方动静平衡的管键"千斤"的呢?非也!这里存在接触的是对方的体表,拨动的确是即时对方体内某个部位,即动变平衡的管键"千斤"。这里就存在一个术语"隔物打物"的真正含义问题,第一个物字是指对方的身体,第二个物就是那个管键"千斤"。这在"人一触我皮毛,我之意(内劲)已入其骨(节)里"说的就是我的"四两内劲"已经到了对方动变平衡的管键"千斤"之所在;接着,"接定彼劲,彼必跌出。""接定"就是四两劲的"拨"法,"彼劲"就是对方的"千斤"所在之处。从表面看来,就是传统拳术攻防之道中"隔物打物"功夫之说法。

其实,在"以气击气,手方动而可畏"和"以神击神,身未动而得人"的懂劲、神明的艺境中，运用的都是这种方法，即"四两拨千斤"的法式。就连"借力打人"的法式，也是以自己的内劲击打对方的动变平衡之管键"千斤"的。如果功夫精纯的话，顺从法、逆力法，都是在"拨动、击打"对方即时动变平衡的管键"千斤"以制胜的，这就是传统拳术攻防之道内家拳法尚巧功夫所在。能得到这样精确的攻防功夫，亦非易事！故而前贤说：

  功夫先炼开展，后炼紧凑。开展成而得之，才讲紧凑；紧凑得成，才讲尺、寸、分、毫。
  由尺住之功成，而后能寸住、分住、毫住。此所谓尺、寸、分、毫之理也明矣！
  然尺必十寸，寸必十分，分必十毫，其数在焉！故云：对待者，数也。知其数，则能得尺、寸、分、毫也。要知其数，必秘授，而能量之者哉！
        ——摘自《清代杨氏传抄老谱·太极尺寸分毫解》

此论说明先明"明劲用法"，继之再求"暗劲用法"，继之再求"毫厘"劲势之用法；但是，必须口传身授才能得知！其又曰：

  节膜、拿脉、抓筋、闭穴，此四功由尺、寸、分、毫得之后而来之。
  膜若节之，血不周流。脉若拿之，气难行走。筋若抓之，身无主地。穴若闭之，神昏气暗。
  抓膜节之半死，身脉拿之似亡，单筋抓之劲断，死穴闭之无生。
  总之，气血精神若无，身何有主也？如能节、拿、抓、闭之功，非得点传不可。
        ——摘自《清代杨氏传抄老谱·太极膜脉筋穴解》

  此论又说明"节膜、拿脉、抓筋、闭穴"非得明师"点传"不可，这里的"闭穴"之说法，就是封闭对手即时动变平衡管键"千斤"的最精确说法。符合古拳谱《易筋经·贯气诀》中所说："红肿高大乃形所伤；截营断卫，莫非气乎？"只有"内劲"才具有"无有入于无间"的功能，即"隔物打物"的"拨动、击打"对方即时动变平衡管键"千斤"的功能。
  从全文的分析论述看来，内家拳法所说的是"尚巧"的拳法，就是不与对方所发拳势的"力"直接碰撞，而是避开对方的拳势锋芒，不管是"顺从以为进退的四两拨千斤"，还是"逆力以为揭献的借力打人"，都是"隔物打物"巧取豪夺的"拨动"或"击打"对方的致命弱点：即是动变平衡的管键"千斤"，这才是"弱以胜强、小力打大力、静以制动"说法的制胜根本原因。

明白了"四两拨千斤"中"千斤"的实质内容为何，对理解传统拳术攻防功夫的体、用内涵，就能免走迷途，少走冤枉路。这也就是这篇"四两拨千斤的'千斤'精义解"一文的价值所在！

"四两千斤两相挑"的"千斤"之精义

或问曰：三皇炮捶拳拳谱中有"四两千斤两相挑"这一说法，又是什么意思呢？是不是这里的"千斤"，亦是"管键"意思的理解呢？

答曰：是的，四两对"千斤"乃是合情合理的方法。如果是用量词的"一千斤"来理解："四两"和"一千斤"是不能两相挑的。这要运用过去使用的"杆子秤"来分析才能说明问题的实质。

如果一个只称量一百斤以内重量的"杆子秤"，秤杆不过三尺，秤砣不过斤数；而能称量一千斤的杆子秤，秤杆将近五尺，秤砣有十多斤。如果将秤砣改成四两，则秤杆要有多少米长才能做到，那这样的秤又如何能作为称量物体重量的工具呢？

经过分析，清楚地知道："四两千斤两相挑"句中的"千斤"二字，不是指重量的一千斤而说的，而是指管键名词之"千斤"而说的。所以，不管何种说法，在传统拳术中这里的"千斤"所指，都是管键名词"千斤"的意思是永不改变的。这就是我的基本认识。

这可以从兵法"并敌一向，千里杀将"的说法来看"四两千斤两相挑"所说的攻防技法之精旨妙谛，乃是论说"顺从以为进退，四两拨千斤"的顺随法式的，属于过上加过的"泻法"之法式的攻防技术内容。亦可以是不及加不及的"补法"之法式的攻防技术内容。具体"补泻"技法的概念可以观读《清代杨氏传抄老谱·太极补泻气力解》一文。

如果非要认为四两重量，对千斤重量，就只能运用杆子秤的方法来理解了。就是能称量一千斤的杆子秤，秤杆将近五尺，秤砣十多斤重。在称量时已经平衡了，这时只要用四两劲将秤砣轻轻托起，则千斤重量自会落地。这个现象在技击中，还是"顺从以为进退，四两拨千斤"的法式。这也是"四两千斤两相挑"攻防技术方法的精义！或是运用四两内劲放在秤砣上，则千斤重量亦会升起悬空，这个现象在技击中，还是"顺从以为进退，四两拨千斤"的法式。这也是"四两千斤两相挑"的又一个攻防技术方法的精义所在！

由此论可以清楚地知道，本文的"千斤"说法，就是王芗斋先生所说的"鲸穴"的意思。

【点评】

这首歌诀，主要说明了两点内容：一是，一定要修炼到"德普三光"的神拳神明艺境，才能使对方望而生畏，又能一目了然地先知于人，才能先机于人，这是战胜对手的先决条件；二是，一定要运用浑元一气"劲整"的功夫艺境，施手用招、施招用手，才能干净利索地战胜对手，这是战胜对手必备的功夫艺境。

（六）长短句

精贫出豪举，得闲慷慨声，大气包寰宇，挥浪卷朔风①。
吴钩连起吐长虹，发场声喊，山摇谷应，舞龙象，飞似梨花影②。
赋长歌，整备山河定③。
七尺躯，任纵横，浑似山崩潮涌，顿开金锁走蛟龙，打破樊篱舞④。

【题名解】

反复地修炼内劲攻防功夫，达到全体透空的太极虚灵妙境艺境，继之达到无形无象的无极艺境，才能达到形不为神之累赘物、亦不为人之"力"所拘的攻防潇洒自如动变豪放不羁的无上艺境。

在这个修炼过程中，亦要精炼地修炼"吐气开声"法，才能达到"胆气包身"的大无畏艺境。才能真正做到攻防较技时"硬打硬进没遮拦"的"制人而不被人所制"的艺境。

【注解】

①内劲重复的修炼，可以修炼出全体透空的虚灵妙境，形不为神之累赘、亦不为人之"力"所拘的攻防潇洒自如动变豪放不羁的上乘艺境。而在精贫的空闲时间修炼"吐气开声"的打展手法。修炼到浑元一气如圆柱似的包含自身的艺境，运用挥浪的手法犹如卷起朔风一般。

精贫：精者，内劲也，拳诀有"内外精粗无不到"之说可证之。贫者，贫嘴呱拉舌的"贫"，反复地重复也。精贫，内劲反复地修炼。

豪举：举止行为豪放不羁。以喻攻防潇洒自如动变豪放不羁的上乘艺境。

得闲：有空闲时间。这里是指精贫的空闲时间。

包寰宇：包者，包住也；寰宇，此处比喻形容自己有形的身体而说的。所谓"胆包身"也。我曾著文论述过这种功夫景象，录之如下，以资对照验证：

桩势功夫——一步一桩论

前已有论"练桩"的内容，然此处所言之"桩"乃攻防招法运用时"一步一桩"的运用论述，众口不一，又有将此"桩势"功夫与站桩之"桩功"相混淆的趋势。而出现对"桩势"越描述越不清楚，越说越模糊，越说越神，致使后学者不知遵从何说为是。故有必要将"桩势"论说明白，以利后学者明白。

此"桩势"的形成，即内劲之劲势和形体之形势，内外合一而成，是以柔用刚之拳势功夫达到一定水平的功夫景象。此"桩势"的形象，就是"外有自身形体"，而以防守手法部位为准，内劲围绕自身形成"劲势圆柱体"景象之名称。前贤亦以此功夫艺境为"桩"论，故有攻防招法运用时"一步一桩"之论，我为述说明白，以区别练习桩功的"桩"法，而名之曰"桩势"，因其劲势像"圆柱体之桩"。此桩势因其随自己攻防之招法而善变无常形，攻防运用时具有的威力最大。此桩势皆以防守手法位置而决定着"桩势"圆柱直径的大小，不管此桩势直径的大小，其威力的质量不变，而存在功夫厚薄之分。所谓桩势的威力，是说，"用招攻防自身稳健，攻则势锐，守则无懈，其顺随对手招法善变无形而不为对手所主宰"。它是拳术功夫上乘者，遇强劲对手时常用的功夫艺境之一。

此"桩势"功夫艺境，必须是"心清气静，形虚气运"的修炼者才能达到，必是"德之所施者博，威之所制者广"的内劲功夫深厚者才能修得，是在"文练法"暗劲功夫阶段内，而以"阴遁阳使之守，阳遁阴使之攻"用招方法中，才能逐渐地、清清楚楚地体会到"桩势"以防手之手为准的"圆柱形劲势"的存在，而自身即在此圆柱劲势形之中偏后。如果说此圆柱形劲势是虚构的，是不尊重客观事实的认识，它是练功夫达到一定程度水平时的"场效应"是可信的。以我练功的切身感受，感觉此"圆柱形的桩势"是物质的存在，这是不容置疑的，但是什么级的我无法凭感觉辨认清楚。可以肯定地说，是修炼内劲功夫出来的自身内最微妙物质形成的，而以气场的现象存在着，这是客观事实。最大的特点是收发自如，轻沉自调。

论述至此，修炼拳术攻防之道的人，应该明白，练习"站桩"是修炼功夫的方法；此说"一步一个桩"乃言说攻防招法运用中的"桩势"功夫，此两者，练功之人万不可混淆。

如以练"桩功"的方法，直接求"桩势"的功夫，其内景象是，但功夫不是，因"桩势"功夫是：内功、外功、静功、动功综合练法而修炼出来的功夫，岂能依赖一法而能成之。况且，此"劲势圆柱体"的"桩势"是运用的说法。

②拳法连连拳势气蕴犹如吐长虹，发声呐喊，山摇谷应声连连；演练无形拳道的拳式大气磅礴的情景，势势翻飞恰似梨花倩影，令人眼花缭乱。

吴钩：钩兵器形似剑而曲。春秋吴人善铸钩故称，后也泛指利剑。这里比喻拳法、拳势。

长虹：虹霓。此处指"剑气"。有"极之光则闪耀而人影无踪，身飞腾而剑芒倏忽，或一跃千里之遥，纵横随其意向；或静息方寸之内，神威感于至诚"。此处指拳势锋芒。

龙象：象之上者名龙象；又意指龙、象各为水上、陆上之最有力者；引申为有功德艺境之高人为龙象。此处比喻无形拳道拳式表演大气的情景

梨花影：出自清代诗人纳兰性德："忆生来，小胆怯空房。到而今，独伴梨花影，冷冥冥，尽意凄凉。"但是，这里借"梨花影"以喻拳势翻飞像似"梨花"的影子令人眼花缭乱。前贤亦有以"梨花"比喻剑术身法功夫的，如《古剑诀》："梨花舞袖把身藏"句，即如是。正所谓"拳花一片，真打一线"。

③比喻练拳已有一定规矩、法则，借喻建立自身攻防机体、机制秩序已经基本周全完备圆满了。即具备"大乐俱生双运化身"的"幻身、化身"的功能能力了。

赋长歌：吟赋作长歌，都是有一定韵律规定法则的。这里比喻练拳已有一定规矩、法则。

整备山河定：借喻建立自身攻防机体、机制秩序已经基本周全完备圆满了。即具备"大乐俱生双运化身"的"幻身、化身"的功能能力了。

④七尺身躯，可以任意纵横了，拳势浑然任天成，威如山崩地裂潮水波涌，恰似顿开金锁走蛟龙，打破樊篱任我迎风舞。即如吴殳所云："我无所能，以敌为体，如水扬波，如火焰烘"的艺境。

打破樊篱舞：即如吴殳所云："我无所能，以敌为体，如水扬波，如火焰烘"的艺境。

樊篱：比喻障碍。人的凡心杂念，乃是元神的障碍；人身的外形，乃是自己内气的障碍。只有神不为形所拘而达到"神明九重天"的艺境，就是跳出自身之樊篱障碍了；与人交手较技能够不攖人之力，不被对方力所拘，则对方亦不为自己的樊篱障碍了。也就达到如吴殳所云："我无所能，以敌为体，如水扬波，如火焰烘"的艺境了。

【点评】

这是一篇描述拳道艺境的诗，运用形象比喻的手法，将无形拳道的打破心灵识见障碍、冲破身形束缚，达到无形无象、有无两不立，动便是法的道心知的艺境阐发得淋漓尽致。这与前贤拳法歌诀的描述有异曲同工之妙！为以资对照，录而并解之如下：

古剑诀

电挚昆吾晃太阳，一升一降把身藏。
摇头进步风雷响，滚手连环上下防。
左进青龙双探爪，右行单凤独朝阳。
撒花盖顶遮前后，马步之中用此方。
蝴蝶双飞射太阳，梨花舞袖把身藏。
凤凰浪翅乾坤少，掠膝连肩劈两旁。
进步满空飞白雪，回身野马去思乡。
镆铘曾入千军队。

——摘自唐顺之《武编·卷五·剑》

阐释：

此"古剑诀"，亦见于茅元仪《武备志·卷八十六》，但少最后一句，只十四句。其中有具体剑法作为剑诀的解释，为人们领悟古代剑法提供了方便。但是，如何修炼而能实施用于攻防较技中？乃我阐释的目的。

古之言手战之道者，必言剑。至今，剑虽不用于兵战之中，然精于剑道之修炼、建体、至用，必有利于传统拳术攻防之道的修炼、建体、至用。剑道自古相传，早有《越女论剑道》一文，庄子论剑术之说。元末明初有毕坤先生的《浑元剑经》问世；明代有卞庄之纷绞法、王聚之起落法、刘先生之顾应法、马明王之闪电法、马超之出手法、边挚后脊短身合计为六家，此乃当时民间流传的名剑法。但是，从前人记载"庸或有传"几字可知，真能得其真传而剑法精者并不多。由此可知，皆在学者明理知法，悉心求之，精心体认，方能自得其秘。明末吴殳，曾从渔阳老人学过剑道，深得其中三昧，并称"只手独运捷如电"，可见其单手剑技已是炉火纯青了。渔阳老人授剑于他时说："此技世已久绝，君得之，慎勿轻传于人。"但是，他亦恐此技终止不能流传于世，故著《剑诀》和《后剑诀》。他在《剑诀》中指出："剑为短兵，应以臂为柄，进退须足（轻灵

五、诗词

快）利，足如脱兔身如风，三尺坐使丈八废。"即手持三尺剑，步法敏捷快利，灵变如龙，就可以战胜手持张八寸长兵器之人。他言剑术有左、中、右三门："龙、虎、蛇"。攻防较技，亦凭前后左右、进退腾挪的虚实变化，就可以体现各种剑法刚柔相济之妙用而能克敌制胜。

修炼传统拳术攻防之道，除修炼传统拳术内外功夫，观看拳谱、拳论、拳诀、谚语外，亦要观看器械练用之论，如棍法论、枪法论、剑法论、刀法论等，其中精华之阐述，皆可为拳术所借用。如古剑诀，虽曰是剑法之论，但又无不是言拳术练用之法式。

此古剑诀，如与明代的拳诀、拳论、拳法相对照来看，亦似是明朝时代的产物。今以拳术招法名称与之对比，从中便可发现很多类同的东西。

剑诀法	拳诀法
昆吾晃太阳	双锋贯耳摆太阳
滚手连环上下防	滚手迎面取中堂
左进青龙双探爪	左打青龙出水势
丹凤独朝阳	丹凤朝阳手最良
撒花盖顶	插花盖顶
梨花舞袖	翻花舞袖
凤凰浪翅	凤凰展翅

由上述几条的简单对比来看，诀法近似，足可以证明古剑诀乃是明朝时代总结的。据我的练拳体会，悉心按法而修，功夫会不断升华，所得功法艺境自会与古人相同；与今之善者无异也。只是见识、论说方法的言语不同而已，这是因为时代的不同、地区有别而出现的必然现象。

现以拳法之用通解此古剑诀。拳法通，则剑法之用自在其中，手中持剑，无非是手臂的延长而已，双手用剑又何尝不是这样的呢？况且，拳术攻防双手的变化之用，是诸器械无法比拟的。拳术攻防之道，比任何单一的器械之运使复杂细腻得多。但是，要认识到器械之运用，相对空间要大一些，故对步法、身法的要求略有不同。器械之运用对于步法来说，进退在三四步之间，而拳术攻防之步法的进退只在一两步之间就可以了。但是运用步之方法、准则是相同的。器械相斗，身法攻防变化相对的开展、紧凑要大一些；而拳术攻防的身法动作相对的开展、紧凑收缩，但身法运用的准则是相同的。拳术功夫是械斗术功夫之基础，这在武林界是公认的。但拳术功夫的攻防艺境，不等于是械斗术功夫的攻防艺境。所以必须修炼器械之术，器械种类繁多，一器械有一器械之特性，不修之，则不知其用。这一点一定要辨识清楚。

下面逐一阐释古剑诀之精义。

电掣昆吾晃太阳　一升一降把身藏

昆吾者：剑名也，自有昆吾剑法流传至今。

电掣者：掣，提、领带之意；电，闪电、电闪，提剑、带剑、击刺如闪电之疾快。

晃：摇摆动转不住曰晃。或左右、或上下、或前后。

太阳：足太阳经穴名。足太阳经起于目内眦，止于足小趾外侧。此即指上刺头面、下刺足踝之意。

一升一降：上刺头面曰升，下刺足踝曰降。即指剑刺上下升降晃动之用，亦有身法升降晃动之谓。

把身藏：剑法有上下、左右、前后、升降晃动之刺，皆由身法上下、左右、前后、升降晃动主宰而完成的，在整个系列攻击转换过程中，都要将自身保护好。即术语云："攻防藏身而无圭角，动变敏捷则自快利"，即是此功夫。

此句乃言攻防出手要快，疾如闪电，步如腾兔，身入龙之灵变，伸缩自如，左右腾挪攻敌左右，用力不见力而山莫能阻；起升落降攻敌上下，似虎之快利伸爪不见爪而物不能逃，上可击对手头面，下可刺对手足踝，全凭身法升降、步法腾挪、手法起落而完成，亦是步法进退旋转以载之。完成上述的攻防动作一气呵成，皆因身法藏机用势尔。最重要的是"把身藏"，即时时处处要保护好自身不被对手所攻击，必须顺其势而用招，借其力而乘势。不能因为击刺而伤害自身动变灵敏之机，反被对手所伤，此得不偿失。又有传统拳术攻防之道的攻防招法，不独在手足，而在身法中变化，故出手用招的隐蔽性特别强，对手不易揣度；又常有已被击败而不知对手所用何招何法的。

摇头进步风雷响　滚手连环上下防

此句承接上句晃太阳。摇头进步，头为全身领气之所，一身之主，步如舟车以顺头领之动，自身乃上头下足，上下呼应，此乃上下相随的动变法则。摇头则身法前俯后仰，摆则左旋右转。身法摇摆偏闪腾挪自无间断而能续接。进步如风之疾，才能实施进亦打，退亦打，偏闪腾挪皆是打。顺其势，借其力，随其变化轻灵如风行，沉重势如山，施招似雷霆，拳掌百响，发无不应。拳拳不从空处起，亦不向空处落。不单攻击招法如是，锋芒所到，无坚不摧，就是对手攻击我时，亦以滚手法连环施用，将自身上下、左右、前后防护得无隙可乘、无懈可击。做到攻中有防，防中有攻；攻即是防，防即是攻；上手势就是下手势的预备势。这样才能达到势势相连、生生不已的艺境。没有手足上下相随的功夫，是做不到这一点的。此句诀又有"拳花一片，真打一线"的味道存焉，不可不知。

左进青龙双探爪　右行单凤独朝阳

青龙：剑名，亦有青龙剑法。

左进：有两解，一为自己出左步进身，二为出右步向对方左侧进击，皆如是。右行，亦如此而解之。

双探爪：双手的手法、指法，可采、可提、可捋、可挂、可挫、可扑、可撞，变化多端。可以两手同用，亦可两手分施。如可一手回勾采挂，另一手挫摩搓扑；亦可上下顺逆，里外变化。形意拳的虎扑势，三皇炮捶拳的夫子三拱手，八卦掌的单双换掌，无不是此意。

单凤：一名丹凤。即以单手上扬的擢挑接下劈砸势。其蕴藏着下落劈击拍打之用法，或以掌心、手背、拳之阴阳两面直取对方头面，皆属丹凤朝阳手法。单手攻击，另一手造势，是基本法式，即现在所说的"以定用手"的法式。

手战之道，行势用招，讲究攻防进退"行门入户"之攻，"封门闭户"之守。虽说左进施用青龙双探爪的方法，其中蕴藏着相当多的攻防变化方法，皆可相机而用，右行丹凤朝阳手法，也同样有攻防多种变化的应用。而左右者，自可左用右行法，右用左进法。拳诀云："掌使一面不为能，全凭两面建奇功。"这一点习拳者一定要记清楚，施招用手、施手用招自然分明。

撒花盖顶遮前后　马步之中用此方

此又承接"滚手连环上下防"一句。滚手，即身法"节转轮防"的拧裹钻翻螺旋法完成的招式，圆转如环连连不断、生生不已，所演示的拳花上可护头顶，下可护双足，亦可将自身前后左右遮护得滴水不漏，使对手无懈可击，无隙可乘。之所以能如此，并非单纯的手法变化、身法的伸缩闪展吞吐所能完成的，皆是在马步的前进后退、左腾右挪碾转变化的过程中施用这些攻防招式的。

插花盖顶遮前后，不单是防守的说法，也是攻击的方法，上打插花盖顶，可击打对方头面，如插花盖顶，体现的就是"打人全凭盖势取"的法式；进可以"黑虎掏心"击打对方的心胸肚腹和"黄鼬掐嗉"的插喉；又可以拳花遮护，实施"摘身幻影"手法击打对方的后背腰眼，左右攻击对手的两肋部位；退可以运用"倒卷肱"的连续拍击，或实施采捋扒跌法，皆可随势而运使。之所以攻防如此自由又自如地做得完整无缺，都是在马步的碾转腾挪进退过程中完成的。这里的马步，是所有步法的通称，含有各种步法的运用在其中，故都要纯熟才能运用精纯。过去较技，常让对手先动，就有"请你撒马过来一战"的说法，可以证之步如载人之马之意尔。

蝴蝶双飞射太阳　梨花舞袖把身藏

前说晃太阳，此说射太阳，一晃一射，其字不同，其意无差，皆在攻击对手。其法略有不同之处：晃者，虚惊之法；射者，实取之法。虽说都是攻击，然防守之意识、方法亦在其中。

蝴蝶双飞：是指攻防招法招招法法蕴藏"伏机"之势，即有上必有下，有左必有右，有前必有后，有开必有合，反之亦然，追随跌宕，形影不离，攻防转化之妙跃然纸上。

梨花舞袖：梨花盛开，灿烂夺目，舞袖蹁跹，龙飞凤舞，瑞气霞光，曼妙神怡。攻防皆在其中。

此两句之喻，皆神来之笔，真乃"杳之若日，翩如腾兔，追形逐影，光若佛彷"的越女剑法再现。拳法之妙，亦不过如此："发如美女采花，收似文士藏笔。诸葛君羽扇纶巾，羊叔子缓带轻裘。运气在腰间一条，杀神在眉尖一线。"前人论武谈拳，处处妙笔生花。武事文为，粗事细磨，意境无穷，神气十足；文体武用，时时如画似锦，招法有数，杀机一片，变化无穷，耐人寻味。正如前人所言："来无影、去无踪，一阵清风倏忽。"如此高深的攻防功夫艺境，皆在摹想神思之巧设中悟得之。

手战之道，虽曰见境生情，但要知"权变造势"，才能"乘虚而入好用机，见势因之跌更奇"。双手攻防连环而用，犹如蝴蝶双飞，忽起忽落，忽左忽右，忽前忽后，忽聚忽散，双手如一，追随跌宕，形影不离对手的要害所在，其目的皆是曲化直发、直射对手面门击之，这是狭义的说法。广义地说："上打咽喉下打阴，左右两肋并当心，下取两臁分左右，脑后一拳夺真魂。"施招用手，对手一身无不是我所攻击之处，远了足踢手击，近了肩抖胯靠，不远不近上肘下膝，总之是见势因之跌更奇。蝴蝶双飞，四字妙不可言。即剑招、拳招皆不可以数言之，只是借喻其艺境尔。梨花舞袖，四字美不胜收。即言剑招、拳招皆尚意不尚力，势之所成，力必所趋。

前面只论说攻击的一面了，实际手战之道，攻防如一。攻中有防，防中有攻；攻即是防，防即是攻。下有马步载身进退腾挪如舟车；中有身法吞吐伸缩灵变如龙；上有手法拳势如花似锦，双袖舞动如蝶翻飞，对手眼花缭乱，只见拳花一片，怎知我藏身严紧无隙可乘，无懈可击，顺其势，借其力，以藏杀机一片，以露杀机一线，直射对手要害而发之，无不中的。

五、诗词

凤凰浪翅乾坤少　掠膝连肩劈两旁

凤凰浪翅和凤凰展翅在剑法与拳法中运用招式时还是有区别的，展翅是展臂开合横击、侧击的里外连续击打的法式；浪翅是臂的升降起落上下连续击打的法式。下掠足膝回环至上面连肩劈两旁，说的是浪翅法式，即上劈下掠法。

乾坤少：是说凤凰浪翅这个招式的应用，能得其精髓的人，在习武者之中太少了。

掠：横竖擦之而过，掠夺之意，是攻击法的一种，轻灵者为掠敌之法，重者亦有杀伤之效果。

劈：由上而下或斜下之势皆为劈法，属于沉重手法，剑法可用，拳法亦用，形意拳的劈拳就是；古拳法中的"披"拳亦是。凡手战之道不可无劈法、披法。

掠劈上下配合，剑法可形成正反十字连环法，在剑法中名之曰：凤凰浪翅，上下翻飞，或正劈反掠，或正掠反劈，皆见境生情，因势而用，既可连施，又可单用，确实是剑法的妙招，然皆从手法十字变中脱化而出之。故十字手法，乃拳法招式变化的母拳式，习拳者不可不知。

此句承接"蝴蝶双飞"直射法，"梨花舞袖把身藏"的回环法式，又进一步提出"凤凰浪翅"上下交叉回环的拨法之运用，这个技法的实用性更强，正掠反劈，反掠正劈，交叉回环劈掠对手双肩、双膝，这是在梨花舞袖把身藏的基础上接连施用的攻击手段。剑法如是，拳法也如是。如拳法中大身法的双手十字变，就有上面的劈手劈击对方的双脖颈，如对手拦挡排开，随即俯身下掠对手双膝弯处，同时转身上步肩靠之摔法。又有因对手上拦挡劈击，随势下掠对手腘窝处，同时转身上步，另一手由腋下穿过，用剪打方法将对手摔跌而出，亦是拳中之妙法。从中可以看出，剑法、拳法之精妙处，全在变化之中见矣！不外"纵则放其势，一往而不返；横则裹其力，开拓而莫阻"的变化之用。

进步满空飞白雪　回身野马去思乡

双方动手较技，应知审势料敌之法——审势。要知对手的虚实如何，所在何处，才能料敌的所动之势是虚惊还是实取，以便因势用招。凡较技对阵，避其实击之势，总要攻彼防守薄弱的空虚之处。然人之空虚之处在何处呢？大体说来，胸腹、两肋、颈项、肘心、腘窝等。施招用手能攻击其空虚之处，则对手无所用其力，自能百发百中，此所谓避实击虚之大法也。如何避实呢？"精神为之掀开"便是精髓。必先知于人，先机于人方可施之。

满空：就是上面所说的对手空虚部位的总称。此即精神为之掀开的无不空中投石之所在，即袭击之处所，亦名"空中"。

飞白雪：即无不空中投石的击打之描述。形容击打对手之法，犹如雪花落身。白雪，剑器之别名。

野马：以喻剑有定法，但用无定法，似如野马之性，全凭见境生情，借机用势，但不脱定法之规矩。野马，也是攻防招法之名称，如"野马分鬃"。

思乡：即剑法所击、所刺、所劈、所射皆有一定之部位。虽是见境生情而用剑法，剑之所到之位自有一定之规矩，又有一定之部位，即"认位识穴"的准确性之意思。

回身：向前进步、左右腾挪、退步的用法，皆面对敌人，此乃撤步回身反刺的用法，隐蔽性强，突发性更出乎对手意料，故命中率极高。

双方较技，对方一出招，须要认清，心要明，身要灵，步要疾，手要精。虽是起手承接，我不动彼丝毫，借势趁机进步而入身，彼自露其空处，便可处处是空中投石，击无不中矣。此即"乘虚而入好用机"是也；"眼清明，则手疾快如闪电"之谓也。剑法之妙，亦如是，得之者，艺必精良。即得"以柔用刚"之巧法也，再得"借柔用刚，以柔破刚"之法，则通诸巧之用，谓之精良。精法不过如此。简而易行，谓之认清。

如果对手封闭严紧，不得进步而入身，自然要善卖破绽，以为诱饵，诱其攻进而来，待其进来之时，就其势转步回身以招势上击对手面门，下刺对手膝踝，中刺对手胸腹，自可击败对手，此乃败中取胜之法，兵以诈立者此也。此亦是用巧之法式。

镆铘曾入千军队

镆铘：古时名剑之名，又名"雌雄双剑"。

名剑，固然有其精妙处，然名剑在庸人手中，与烧火棍无异。剑法精妙者，即使手中拿着烧火棍，亦能杀敌于顷刻间。名剑，乃国之宝物，可遇而不可求。能遇见者，千古之福也！剑法，乃身之宝，可求而不可遇，遇而求得者，乃一人之福也。故常人习武练拳，皆求此剑法功夫艺境也。名剑，形而下之器也；剑法，形而上之道也。故上求者，剑道也。

此句歌诀，借名剑而言剑道之法也，曾在千军万马争斗厮杀的实践中，以前人的鲜血精炼而得，皆是前人智慧的结晶。说来就这样简单，故作歌诀以酬之。

> 内实精神，外亦安仪；布形候气，与神俱往；
> 节转轮防，生生不已；曲中求直，蓄而后发；
> 如龙灵便，似虎快利；顺遂其势，借彼之力；
> 方圆转化，以柔用刚；让中不让，避向击背；

五、诗词

> 弱能胜强，攻其不备，出其不意，妙在其间；
> 用在当场，别无妙诀；会意用力，何中所求？
> 卷舒收放。由熟而精，必然贯通；离形离象，其境光明。

古剑诀以"镇铩曾入千军队"句结束，无终结之收尾，真可让人品味。但我却从此剑诀所述的剑法中悟得拳法之妙谛，得以窥视到武术之精髓，真乃幸事。

再有唐顺之的：

峨嵋道人拳歌

> 忽然竖发一顿足，崖石迸裂惊沙走；
> 来去星女掷灵梭，火矫天魔翻翠袖；
> 翻身直指日东停，缩首斜占针眼透；
> 百折连腰竟无骨，一撒通身皆是手；
> 余奇未竟已收场，鼻息无声神内守；
> 道人变化故不测，跳上蒲团如木偶。

阐释：

此拳歌乃明代拳术大家唐顺之先生所作，记载了一个峨嵋道人拳术套路表演之始终。该诗作以神来之笔，生动地刻画了峨嵋道人从起势到收势的演练全过程。从拳势、手法、身法、步法、招式、劲势、击法、防守、节奏、呼吸、意境、神韵、气势等方方面面给予了形象的描述，为我们后人认识、理解当时的传统拳术技击技术、功夫内容，提供了真实的修炼、运用之依据。唐顺之先生当年观拳以成文，而今以文观法，为我们所应用。

从诗歌中"百折连腰竟无骨"和"鼻息无声神内守"的描述中告诉我们：外形要柔弱无骨是功夫；内气要神会身中气自固是功夫。只有内气、外形柔外刚中、匹配合一为一神所用才能具备"一撒通身皆是手"的攻防运用效果，此乃神拳神明艺境的"浑身无处不太极，挨着何处何处发"的一触即发的上乘功夫艺境。

唐顺之先生在这首歌诀中提出了外形、内气、神明三项内容及神、气、形三者合一而用的主从关系和效果。其中"百折连腰竟无骨"是言说外形功夫的；"鼻息无声神内守"是论述内气、神明功夫内容的；"一撒浑身皆是手"讲述的是神明、内气、外形三者合一攻防至用的功夫内容。此三句歌词乃是观看此拳歌的着眼用心之所在。

"百折连腰竟无骨"形象地描述了自身外形柔弱无骨之功夫景象的。此正是《越女论剑道》中所说的："开门闭户，阴衰阳兴"之阴衰的宗旨及其艺境。

《杨谱·太极下乘武事解》说:"太极之武事,外操柔软,内含坚刚,而求柔软之于外,久而久之,自得内之坚刚,非有心之坚刚,实有心之柔软也。"从上述三个不同时期所论外形功夫的实质内容来看,是一脉相承的,柔弱无骨视传统拳术攻防之道中外形体功夫的正道,毋庸置疑。而这一思想、宗旨的来源,基本上说有三处:一是兵法学说中的"兵形如水、兵无常形";二是老子《道德经》中"骨弱筋柔而握固""柔者道之用";三是《易经》中:"坤卦,坤者地也,静而厚载,阴柔之质,顺随之德。"

由此可知,修炼传统拳术攻防之道的外功法、内功法、内外合一而炼之功法,皆为了外形达到柔弱无骨。这样,就可将抻筋拔骨的各种修炼方法摆正位置,充分利用各种抻筋拔骨、展筋伸骨法,按序而修,不断提高自己柔弱无骨的功夫境界;及至柔弱无骨,便可善变无形又无穷了。

"鼻息无声神内守"句,形象地描述了自身内气和神明的修炼功法及其内容,正是《越女论剑道》中"开门闭户,阴衰阳兴"的阳兴之宗旨及其艺境。武禹襄在《太极拳解》中说:"身虽动,心贵静,气欲敛、神贵舒。"其中"气欲敛"乃言说传统拳术攻防之道中的内气。而此气,非口鼻呼吸之气,是气沉丹田德润身之德体,是修炼而成之内气。初期之内气聚集在少腹丹田中,是名"混元一气",少腹充实圆满之内景象正是此内气初成之候。这时,表现在内呼吸功能之腹部体表的横纹逐渐下降,最终降至耻骨处时,功夫艺境为"桶子劲";此时口鼻呼吸已归根丹田,而神气合一,故攻防动静变化时必然神清气静,不会出现口鼻呼吸气喘之声和身内气机憋涨满闷的现象。因为神与内气相守而不散。再加深练习,以足踝处之升降法的内气"吸提呼放"而用,则为全体透空的太极虚灵妙境,乃达真人艺境,自能提挈天地,把握阴阳,呼吸精气,独立守神,肌肉若一。由此分析可知,内气的生成乃是传统拳术攻防之道的内劲功夫,内劲在自身内独立存在而不改,是自身内实实在在的真功夫。此内气功夫的修炼方法及其功能的主导思想来源,基本上也有三处:一是中医学说中的心肾相交,水火相济,则真气生;二是老子《道德经》中"虚胸实少腹,多言数穷,不如守中;君子在腹不在目;涤除玄鉴,能无尘乎?"三是《易经》学说:"乾,阳物也,健运不息,纯粹之精,阳刚之性,万物之资始。"而其具体修炼方法,则直接源于魏伯阳的《周易参同契》中的"炼精化气、炼气化神、炼神还虚"诸法之中。

拳家的气沉丹田德润身之气乃心气;之德乃气沉丹田炼精化气之气,此物质经不断修炼,不断积累而成。故此可知,心气沉丹田,乃能炼精化气;此气周身运行谓之再炼此气,可炼气化神;神明灵动,复入人身虚空之中或体外运行,是名炼神还虚。神还虚空之体内,则具备神以知来,智以藏往的先知于人、先机于人的功夫艺境。此乃"含精者,饱含真永之精以炼己;养神者,外养全体之神以合气"的全部过程。古有"养气忘言守，降心为不为"，今有"十年练拳，十年养气"的说法，皆可证实内气功夫是传统拳术攻防之道自身内在的真实功夫，而包涵神明艺境，都是通过系列的方法修炼出来的。

由此论可知，一切内功修炼方法，皆为内气的生成、运行、其独立而不改。内气可以启动、激活神的灵明，使自身具备神以知来，智以藏往的先知、先机之功能。这样就将气沉丹田、炼精化气、炼气化神、炼神还虚等各种内功修炼方法摆正了位置。清楚了这些，可以充分利用各种内功法来不断修炼、提高自己运用内气功夫的能力。这有利于内气、外形柔外刚中、匹配合一用于攻防之中，此即内清虚外脱换的基础定矣！而神明功夫亦是在此修炼过程中完成的。

此外形、内气、神明的三合一而至用，即《越女论剑道》中所说："布形候气，与神俱往"之论；也是《神运经》中所说"击敌有用形、用气、用神之迟速"之说；又是今人所论："攻防较技，外形从地，具占地位以得地利为用；内劲从天，具占时机以天时为用；神明从人，占人和以内劲、外形合一以为用，而得'一'之拳势。故此，可知此拳势之'一'，已非外形、内劲、神明原来之面目，而又不失原来之性体的功能作用，即拳道中枢的内容。"内气的中枢作用，外可致抻筋拔骨的外脱换的功夫；内可致神用之灵明的功夫成。"鼻息无声神内守"一语之精妙奥义，代表了内功修炼的成果。

"一撒通身皆是手"，此乃神明、内气、外形三合一之拳法所具有的威力。"通身皆是手"乃是"浑身无处不太极，挨着何处何处发"的最早论述。少林拳有"八锋不挠，随颠随狂"之论，拳法自得精妙。而此"一撒通身皆是手"的说法，较之更为精妙得多。我们从中可以看到传统拳学由"八锋不挠，随颠随狂"到"一撒通身皆是手"，再到"浑身无处不太极，挨着何处何处发"这样一个发展、完善的递进演化过程。具此艺境，一可当十，十可当百，百可当万！

然拳歌中其具体战胜对手的威力，并不十分清楚。虽有"崖石迸烈惊沙走，缩首斜占针眼透"的描写，似仍不确切，读后仍然使人有扑朔迷离之感，对峨嵋道人的拳法威力不能完全清楚。故有必要列举数条前人之论述，来解透其精义。

《易筋经·贯气诀·点气论》中说："着人肌肤，坚刚莫敌者，形也；而深入骨髓，截营断卫者，则在乎气。"

此乃外形、内劲各自所具备的胜人之功能。

《六合十要序·十曰内劲》中说："内劲寓于无形之中，接于有形之表，而难以言传，然有其事理可参也……唯颤劲出没，其捷可使日月无光，而不见其形；手到劲发，天地交合而不费其力。"

此乃直接论述了内劲能够胜人之威力。内劲者，内气、中气也。

《拳经·拳法备要·二卷》曰："伸缩者，如龙之灵变，用力不见力而山莫能阻；似虎之快利，出爪不见爪而物不能逃。"

此乃神明、内气、外形三合一之拳势的威力。

《内功四经·神运经》曰："击敌有用形、用气、用神之迟速。以形击形，身到后而乃胜；以气击气，手方动而可畏；以神击神，身未动而得人。攻则有仆也、怯也、索也之浅深。形受形攻，形伤而仆于地；气受气攻，气伤而怯于心；神受神攻，神伤而索于胆。"

从古至今，能将神明、内气、外形攻人之威力论述得这样清楚而又具体者，莫有过之此论者也。

这样，我们再来理解、认识"一撒通身皆是手"的具体威力，就有用形、用气、用神之妙法在其中，亦有三者合一运用之威力自存在其中了。然而要知道，虽有用形、用气、用神的分别之论，在具体运用中，又是三者相互而为用的：用形击形，比借助内劲、神明之威力；用气击气，必依神明而借形；用神击神，必假形借气方可见功。由此而知，"一撒通身皆是手"的说法，已含上述内容在其中。故此不能孤立对待，只是侧重不同而已。

通过对唐顺之《峨嵋道人拳歌》一文的细读拆解阐释，看到了传统拳术攻防之道的自身内在功夫内容：外形的柔弱无骨功夫；内劲的健运不息的功夫；神而明之灵动敏捷之功夫；三者合一而具备的神以知来，智以藏往的先知于人、先机于人之功夫；动手较技顺随为法的粘走相生、化打合一之功夫；才是传统拳术攻防的真实功夫。

我们从"一撒浑身皆是手"一句，感觉到唐顺之能看出峨嵋道人练拳的撒放式皆是手法，证明峨嵋道人练的是实战拳法；亦证明唐顺之是个精通拳术攻防之道的里手行家。这从唐顺之的《拳论》中也可以知道，文中说："手技要精，欲多，欲熟，欲驭、欲狠，欲精，精此五者，方可与人较技。"

通过对歌诀的阐释，可知外形柔弱无骨、内劲健运不息、神明灵动敏捷，三者合一，具备神以知来，智以藏往的先知、先机之功夫，才能具备"浑身无处不太极，挨着何处何处发"的艺境；还要学会观看别人演练拳术功夫，这乃是"法眼"功夫。拳术的演练，要有神韵、意境，才能将各种攻防技法打得有情有景，其形态变化往来，外行看了觉得美，内行看了入门道。由此可知，功夫上了身，怎么做怎么有，既能知己，又能知人，是为得了真功夫。

以上歌诀的注解、阐述，与王芗斋先生所作的歌诀之精义内涵，皆本一不二，可为互证了。

（七）七言

守定平庸尽心求，奥理研习意作舟[①]。
神含太虚息俗念，通体松整狂傲收[②]。
圆融和悦心胸静，气息平细缓中修[③]。
浩气包容天地广，慎严求索与时酬[④]。
笑尔不识髓根理，解读心法共参究[⑤]。
有朝一日明析理，同得大道任遨游[⑥]。

【题名解】

此歌诀阐明传统拳术攻防之道的修炼、建体、至用及攻防功夫艺境升华的系列方法，系统工程内容，由始至终皆以站桩的内功养生之道的修炼方法内功为主；还要遵从《中庸》的健顺和之至的中和之道，达到无形法身道体的感而遂通的艺境，才是功德正果。否则，皆为旁门矣！这是个认识极为正确的观念。

由此亦可以认定，王芗斋先生谈拳论道虽然自造的术语名词多多，然要透过这些术语名词的表象，就能看出其所论的内容，皆传统拳术攻防之道的理法概念。

【注解】

①守定《中庸》的健顺和之至的中正平和之道，尽心求得无心法身道体完善圆满周全，使得听探之良知、顺化之良能及其相互为用的"感而遂通的能力"。传统拳术攻防之道的修炼、建体、至用及攻防功夫艺境升华的系列方法、系统内容之深奥理法研究，都要运用心意的功能才能安全地渡过去从而达到彼岸。

奥理：就是无形之道的理法，以理来论，乃是无生有、有生万物；无生有，虚胜实的道理；以法立论，就是清静无为、唯道是从的"有化无，无生有，有无相生"的准则。

意作舟：诀言："全凭心意用功夫。"说的就是内外功法修炼、运用中"意"能引领真一之气幻化种种景象的功能作用。

②在站桩修炼内功养生之道的过程中，都要做到内外虚空如太虚的景象，只有止息凡俗念头的功果才能做到，才能通体松和柔静整和到"健顺和之至，太和一气"的无形道体的"太极"艺境，功到境界才能将妄自狂傲不良习气收敛，甚至化于无有了。

③无形法身道体融和圆满周全完善，和悦的心情胸中空荡平静，气息平和细密在内环境舒适和缓的景象中修炼，则幻化的种种境界就能体认得更为亲切清晰了。

气息：真一之气动静运行源源不断、生生不已的意思。

④自己的真一之气球形涨渺运行所成的景象包容天地无边无际；这是谨慎严格要求自己"唯道是从"、上下而求索、与时俱进的功德果报。

浩气：浩然之气的简称。在自然界的大气，称为浩然之气；在人身内的大气，称为先天真一之气。

时酬：时，时间；酬，酬劳，收获也。修炼内功与时俱进即时之果报的意思。正所谓："一分修炼，一份功德；十分修炼，十份功德"的意思。

⑤笑话那些不认识内功修炼养生之道的人，根本就不知道传统拳术攻防之道的修炼乃是以内功养生之道返观内视的系列方法求得自己无形法身道体修炼功德圆满完善为主要内容的；只有内功养生之道系列方法的修炼，才能解读无形法身道体知能统一的功能，只有体会了这一基本功能，同道之间才能共同商榷、研究讨论传统拳术攻防之道的修炼、建体、至用及攻防功夫艺境升华的系列方法和系统内容达到共识。

髓根理：髓者，《洗髓经》及洗髓的功法；根者，根本也，这里指万物祖的自己"无形法身道体"而言的；理者，内功养生之道的修炼理论、方法、准则等系列的内容。

心法：这里指内功养生之道的系列方法，因为"心法"的心字是指"以天心为主，以元神为用"说法中的"心"而说的。

共参究：在同一法式、法则、艺境的概念中体认清楚、进行商榷、探讨，才能达到共识。

⑥只要有正确的内功养生修炼方法，然后认真体会、体认建体、至用及攻防功夫艺境生华的系列方法、系统工程的内容，有朝一日清晰地明白了唯道是从的修炼、至用的道理，就能同得无形大道的艺境，就可以在无形的道的艺境境界中任意地遨游了；亦可以"以武会友"在神州大地任意遨游了。

五、诗词

明析理：清晰地明白传统拳术攻防之道、内功养生之道的修炼，乃是遵从"以神为主，以气为充，形从则利"唯道是从的"意气君来骨肉臣"的宗旨，这才是传统武学之根本道理。

遨游：有两种理解的解释：一是内功修炼景象及攻防功夫艺境中的遨游；二是可以任其在神州拳术界以武会友地任意遨游了。

【点评】

歌诀中最为贵重的一点："有朝一日明析理，同得大道任遨游。"只要有正确的内功养生修炼方法，然后认真体会、体认建体、至用及攻防功夫艺境生华的系列方法，系统内容，有朝一日清晰地明白了唯道是从的修炼、至用的道理，就能同得无形大道的艺境，就可以在无形的道的艺境境界中任意地遨游了；亦可以"以武会友"的在神州大地任意遨游了。这不就是前贤所讲："造乎神者，方称为法；化乎一者，始谓之拳"的结论，不正是"同得大道任遨游"句之精义吗！看看前贤是如何论述的？为求对照，录之如下：

太极拳缠丝法诗（四首）

其一（七言四句）

动则生阳静生阴，一动一静互为根。
果然识得环中趣，碾转随意见天真❶。

其二（七言四句）

阴阳无始又无终，来往屈伸寓化工。
此中消息真参透，圆转随意运鸿蒙❷。

其三（七言四句）

一阵清来一阵迷，连环阖辟赖斯提。
理经三昧方才亮，灵境一片是玻璃❸。

其四（五言十八句）

理境原无尽，端由结蚁诚。
三年不窥园，一志并神凝❹。
自当从良师，又宜访高朋。

处处循规矩，一线启灵明❺。
一层深一层，层层意无穷。
一开连一合，开合递相承❻。
有时引入胜，工欲罢不能❼。
时习加黾勉，日上自蒸蒸。
一旦无障碍，恍然悟太空❽。

太极拳缠丝法，乃是正名。现在有云："缠丝劲"者，属于概念模糊的说法。这四首歌诀是专门为阐明缠丝法式而作的，其意义非常重要。古时代，人们将"三股拧成的绳，名之为绳"；而将"两股拧成的绳，名之为缠"。拳家以此"缠"字之精义，来论自身"内气、外形"相互为用的法式时，名为"缠拳"。又在"缠拳"的基础上，以《易经》的"顺逆"论之理论，出现了"顺逆缠手"的基本认知。而陈氏太极拳之传人又在"顺逆缠手"的基础上，而形成了以"顺逆缠丝法"为核心的论拳之练、用方法，即在"顺逆缠法"的基本内容中，形成了"左右缠、上下缠、里外缠、大小缠、进退缠"的"方位缠丝"法之概念。然后又认识到各种攻防招式，如以"缠丝法"认识，总结出不外"双顺缠、双逆缠、一顺一逆缠"的三种组合之法式。四首歌诀中，第一首歌诀以"动静法式"立论，第二首歌诀以"屈伸法式"立论，第三首歌诀以"阖辟法式"立论，当然，还有刚柔、虚实、方圆等多种环中的法式可以立论。但是，以此三首歌诀的法式内容，就足可以完全说明内气、外形之两仪的缠法相互为用的问题了。第四首歌诀以简明的语言，论述了一个人要习拳练艺，就要首拜明师，如法修之，必须循规蹈矩，渐修顿悟，才能使攻防功夫艺境不断升华，最终达到无形无象的无极之虚灵妙境为功成艺就。这乃是内气外形"二一一二"练用法式的论述。

注：

❶内气、外形阴阳刚柔匹配如一，阳者主动，阴者主静；又听探之良知为阴，顺化之良能为阳。自然是"驭静以动，动中亦静，动静互为其根"。如果能认识到这一点，就能认识到动静相互为用的环中变化之趣味，则攻防辗转自能随机如意动变中见得到纯茌天然之自然力之真机了。

❷阴屈阳伸，就是内气、外形相互为用的伸缩吞吐方法，亦是无始无终的循环法式。内气、外形匹配如一的往来屈伸的法式中，蕴藏着避实击虚之攻防变化的功夫。能够参透随屈就伸而不丢，随伸就屈而不顶的真消息，就能顺随为法随机就势圆转变化而能够随心所欲运用自如了。鸿蒙者，健顺和之至，太和一气

也，就是自己的法身道之体。

❸阖辟者，开合之谓也。三昧者，昧者，不明之谓也；三昧，形、气、神三者不明之谓也。古人云："故形者命之舍也，气者生之根也，神者生之制也。一失位则三者伤矣。夫形者，非其所安而处之，则废，（一昧也）；气不当其所弃而用之，则泄，（二昧也）；神非其所宜而行之，则昧，（三昧也）。是故圣人使之各处其位，守其职，而不得相干也。"其法乃修真的炼精化气，炼气化神，炼神还虚，是谓之理经三昧而至明心见性之候；而修炼太极拳术攻防之道，就要法分三修，游历形拳招熟，气、意拳懂劲，神拳神明，具备神化之功，达到无形无象的无上境，就是灵境一片是玻璃的体、用之精义。正如孙禄堂先生所云："惟身体如同九重天，内外如一，玲珑剔透，无有杂气搀入其中，心一思念，纯是天理，身一动作，接是天道。故能不勉而中，不思而得，从容中道，此圣人所以与太虚同体，与天地并立也。拳术之理，亦所以与圣道合而为一者也。"

对于种种拳法的获得来说，经过修炼已经非常清楚了，然而未及的内容仍是扑朔迷离的不解状态，修炼当中的每个环节、每层攻防功夫艺境，皆是如此，这就是"一阵清来一阵迷"句的精义。就是具体的开合连环运用法式修炼的细致内容，也是依赖修炼的清迷连环之法式渐修顿悟而得来的。

❹修炼太极拳术攻防之道的理法、攻防功夫艺境，原本是无穷无尽的。就是理无疆域，艺无止境，境无止界，呈现出知无涯的境况。但是，有了修炼良好的开端，就要渐修顿悟，点滴积累，发扬"海不让滴水，能成其大；山不失粒土，能成其高"的治学精神；再加之勤于修而毋嬉戏，自然是志向与神凝结一处，而练之必有所成。

❺修炼太极拳术攻防之道，自然应当拜明白的人为师，又应该勤于拜访功德艺境高明的朋友以印证。修炼、建体、至用及攻防功夫艺境的升华，时时处处都要遵循规矩而动，并养成为良好的习惯。自然能遵循法分三修：内功修炼、外功修炼、内外合一的修炼。游历三境：形拳招熟，气、意拳懂劲，神拳神明的正确道路行功而不断地进步升华，最终达到前知而灵明的境界。这就是"处处循规矩，一线启灵明"句的精义。

❻太极拳术攻防之道的形拳招熟功夫艺境中有骨力、筋发、招熟三层功夫阶段；气、意拳懂劲攻防功夫中有逆从、黏走、皮打三层小的功夫阶段；神拳神明攻防功夫艺境中有三阳、凌空、神化三层攻防功夫阶段。这就是攻防功夫艺境的"一层深一层，层层意无穷"之诀言的精义。这都是从内气、外形的开合法式中，亦可在开合法中递相增进而功成的。这就是开合法式的重要性，亦是"一开连一合，开合递相"诀言的精义。

❼如果能如法的法分三修，游历三境，用功真切，功夫景象的趣味无穷，可以引人进入前所未有的圣境，用工欲罢修而不能。此乃真修炼者常常能够体会到的境界。

❽要想具有不断学习、修炼的兴趣，就要不断地勉励自己上下而求索的情趣，才能见到攻防功夫蒸蒸日上不断升华的景象。一旦攻防功夫达到懂劲的艺境，就会日异一日，而至全体透空之明心见性的豁然贯通之境界，终至无形无象的无上艺境。此时，方才恍然大悟，真功夫乃是自己无形无象的法身道体，其存在如太虚的空间一样。正如前贤所言："一点天清，二点地灵，三点神光遍九重。"这就是"一旦无障碍，恍然悟太空"句诀言的精义。

"一旦无障碍，恍然悟太空"和"有朝一日明析理，同得大道任遨游"的意思是多么的相同呀！看来，我前面的认识基本上是正确的。

六、杂　谈

（一）养生

　　我国养生学历史悠久，唯多失传散佚，门派迭出，多至不可名状，而各有专家独造之功，以致奥精遂老手，各有其特长，所有理论，大都歧正相生，参互为用，而结果多自矛盾错综，辩证再辩证，发挥出人体及多种生物独赋特有之精神①。

　　盖人飞不如禽，走不如兽，故采鸟兽之长，补人身之短，都是在"以形取意，以意象形"，显倒互用，体会操存，逐渐得来些掣电轰雷，惊神泣鬼之术，而是学他的精神、特能所在，如果光学其形体，则风度、秉赋、性格、特有的良能，就完全销毁，这种方法是在"但求神意足，不求形骸似"，永远保持有毛发如戟之意②。

　　但凡鸟兽多有无畏精神，它的智力不会增长，而特具的本能是永远存在的。鸟兽的头是灵活的，目尖锐，肩撑肘横，指弯爪拧，头颈更多增强顶缩力，鹰目、猿神、猫行、马奔、鸡腿、蛇身，会其意，静如潮涌涨，动似风云走③。

　　先师云："神如雾豹如窥管，气似灵犀可辟尘"，这种练功方法，肌肉里总含有活变动力，骨中存着横撑拧转动荡的精神力量，力的发作"有形无形""有意无意""有定位无定位""被动自动""整体局部"可具体而微④。

　　练功时，不在于姿势如何，也不在于形式之繁简，更不在于次序之先后，而在于精神支配之虚实大意，以达舒适得力为上⑤。

　　有人问："力量如何以为之活动？"上至头顶、下至肩足，都是牵一发而动全身，手足膝胯，都是不期然而然，莫知至而至，五脏之内亦都有所配合，此之谓"活力如蛇""游泳相似"⑥。

　　亦有人问："既云养生又何以为动力？"按养生与锻炼是一回事，养生基础已定，就须学习锻炼经稳定，内在舒适，虚灵守默，而应万变⑦。

大致是神好静而意分扰，意性本定，而欲来乱，实际都是虚象，应当是对境忘境，不堕于庸俗愚昧，居尘出尘，免沉于"得失惧忧"万念之中，有动之动出于不动，有为之为出于无为，无为则神息，神息则万念俱忘，耳目心意俱忘，即诸妙之圆与所谓"耳目生意"颇相近似⑧。

【题名解】

养生，保养生机者也。

本文清楚地阐明内功养生之道基本上是法禽兽之自强不息的精神，恢复人的本性能力。这就证明《鬼谷子本经阴符七篇》中所说的："盛神法五龙、养志法灵龟、实意法腾蛇、分威法伏熊、散势法鸷鸟、圆转法猛兽"说法之正确。然而，人的修炼保养，除此之外更重要的是"损益法灵蓍"，就是养生之道的取精髓、去糟粕的方法，还要效法《易经》天人合一学说的内容，效果更佳。从此，可以看出对于养生之道，古今大家的见解之一致性了，这是承传的缘故。

【注解】

①确实，我国的养生之道的学问历史悠久，流派众多，门派繁杂，多至不可名状，这是历史的事实。然而，稍作分析，不过内外两家而已，就是"内炼一口气，外炼筋骨皮"的洗髓、易筋之两家。如以专功内炼一口气的内功养生之道来看，亦不过：道、儒、医、武、释五家而已；如以修真、修丹、修内劲来看，不外三家了。如果以内功养生之道为"洗髓"，外功修炼为"易筋"，也不过两家而已。如果一个人兼修内外，则乃一家之事了，这就是武门拳家的修炼内容。

拳家是专功内外功法的。所以，不管内功养生之道的任何流派之经典秘笈，皆可为拳家所用以炼己；不管外功修炼"易筋"之道的任何流派之经典秘笈，皆可为拳家所用以炼己。

虽然拳家选用内、外功法的经典秘笈之多难以尽述，无奈各秘笈中皆各有其特长，所有理论，大都奇正相生，参互为用，而论述之结果多自矛盾错综，这就需要读者辩证再辩证地认识清楚，才能在正确修炼功法中发挥出人体及多种生物独赋特有之无形法身道体的功能作用。

②就是因为人所具备的功能，飞行是比不了鸟类的，行走、奔跑是不如兽类的。故前贤有"盛神法五龙、养志法灵龟、实意法腾蛇、分威法伏熊、散势法鸷鸟、圆转法猛兽"的说法，以此来补足人身之短处，这都是在类物比象的"以形取意、以意象形"的法式。其中之内气、外形，体、用功能，显隐、颠倒、相互

为用，就要认真存心操练体会清楚"听探、顺化相互为用"的能力，达到自动化的艺境之全过程的内容。其过程中会逐渐得来些出手疾如电、迅雷不及掩耳的惊神泣鬼的攻防技术功夫。这些不是关键的内容，而是应当学他的无形法身道体的知来藏往特点功能的根本所在。如果光学其外形体的功夫，则风度、秉赋、性格、特有的良知、良能及其相互为用的功能就会完全销毁而泯灭了。所以，站桩法式修炼内功养生之道的方法，是在"但求神能窥其势，意能占其隙"的能力充足，不求形骸的相似与否，永远保持有毛发如戟的意境，就是神意足的表现。

惊神泣鬼：神者，内气也；鬼者，外形也。内气、外形刚柔相冲所形成的震颤抖动之势很大，十分使人胆颤心惊。就是"手方动而可畏，身未动而得人"的艺境。

出处：明·程登吉《幼学琼林·文事》："惊神泣鬼，皆言词赋之雄豪；遏云绕梁，原是歌奔之嘹亮。"

显倒互用：内气、外形柔外刚中匹配如一，外形明显易见、内气隐晦不易知也。这是内气外形的"显隐"之分别；倒者：内气者体圆而其用刚直、外形体方而其用柔曲。这是内气、外形体用颠倒的法式也；互用：内气外形刚柔相互为用。如"人刚我柔谓之走，我顺人背谓之黏"的一点子黏走相生，化打合一的法式。这是内气、外形，各负其则，各司其职，相辅相成相互为用之法式也。

所以，显倒互用，说的是内气、外形，体、用功能，显隐、颠倒、相互为用的意思。

体会操存：体会，体：健之体、顺之体、健顺德之体、健顺道之体；会：各体具备的功能达到自动化的艺境。操存，操练存心而得之。统而说之，就是要认真存心操练体会清楚"听探、顺化相互为用"的能力达到自动化的艺境之全过程的内容。

神意足：其自解曰："永远保持有毛发如戟的意境，就是神意足的表现。"其实，神能窥其势，意能占其隙的功能体现，就是神意足的艺境。还有"心能普照，气自周全"。

③但凡飞禽、走兽多有无畏的精神，他们的智力不会增长，而特具备的本能是永远存在的。鸟兽的头是灵活的，眼目是尖锐的，都是肩撑肘横，指弯爪拧，头颈更多增强的顶缩力。所以，效法鹰目罩眼、猿神灵敏、猫行轻灵、马奔疾猛、鸡腿稳健、蛇身缠绕，都是体会其意境妙趣。全能做到了，就能做到静如潮水波浪汹涌之涨渺，动似风云变化无穷尽。

④先师云："神如雾豹如窥管，气似灵犀可辟尘"的炼精化气、炼气化神、炼神还虚的法式，乃能达到外形虚空内气运行如盘走珠的灵活变动的能力，有形之体中存在内劲的横撑拧转动荡的劲势，劲力的发作"有形无形""有意无意"

"有定位无定位""被动自动""整体与局部"等诸法式可以做到精细具体而又微妙的境界。

先师云：郭云深大师的"炼精化气，炼气化神、炼神还虚"的三步功夫、三种练法的说法，见《拳意述真》郭云深谈形意拳炼用精义。

⑤修炼站桩功法、试力的实操运作，不在于姿势如何，也不在乎形式之繁简，更不在于次第之先后，而在于心灵支配内劲、外形之虚实变化的大概意境，已达到自身内外舒适得力为上乘。就是达到中正安舒，大活一统的艺境为上乘。

⑥有人问："周身的劲力应该如何活动正确呢？"上至头顶，下至肩足，都是牵一发而全身变动的整体与局部的关系，如果身如绳系内劲一而贯之，则手足膝胯，都能是"不期然而然，莫知至而至"的自动化配和状态，五脏之内在的神、意、魂、魄志都有所及时的配和，此之谓"活力如蛇""游泳相似"的精义。

⑦也有人提问"既然说是养生，又何以为是动力呢？"按养生与煅炼本是一回事的两方面的说法，养生就是修炼先天一气以达到明心见性之性坚命固的状态，先天一气的运行乃是拳道的基础定矣！先天一气还要经过向内劲的转化过程，才能将其稳定在"神以知来，智以藏往"的境界，以为拳家所能用于攻防中以至用。即内在舒适，虚灵守默，内劲达到神以知来，智以藏往，方能应对攻防较技的万般变化之用。这正是："枢得环中，应变无穷"的论述。

⑧人大致上是心明如镜则神好安静、神静则意性本就安定。然而人心欲念来分心扰乱，则神不安静，意性不定则妄动丛生必然身不宁了。内功修炼虽然实际上都是虚幻的景象，修炼者亦应当是对景忘境不动其心，做到来者便真，过者便假；来者不喜，去者不忧，任期自生自灭而已；不要堕于庸俗愚昧的凡俗知见，做到居于红尘而又出于红尘的内功修炼，避免对景象而沉浸于"得失惧忧"的万念之中。有动之动的景象出于不动无形道体，有作为的景象变化皆出于清静无为的法式；持守有化无，无生有，有无相生的无为法式则神息其中，神息则万念俱忘。

【点评】

养生之道，方法内容之多。然最佳者，莫过于内功养生之道了。这是历来有目共睹的事实。儒家、道家、医家、武家、佛家，皆是以内功修炼功法传承的为正宗、正统。故而可知，各家皆以内功养生之道为至宝。拳诀言："精养灵根气养神，拳功拳道见天真。丹田养就长命宝，万两黄金不予人。"就充分地证明了这一点。

而王芗斋先生就"养生"问题，专题立名阐述，要达到全体透空、无形无象的无上艺境，而最终的攻防功夫功德艺境乃是"听探、顺化相互为用"之最佳统一的状态，就这一点在当时也是难能可贵的。

看前贤如何论养生之道的？我只引用拙著《鬼谷子本经阴符七篇·阐释》中的第一篇内容来说明修炼内功养生之道这个问题。录并解之如下，为求对照：

盛神法五龙

盛神中有五气，神为之长，心为之舍，得为之大❶；养神之所，归诸道。道者，天地之始，一其纪也❷。物之所造，天之所生，包宏无形，化气先天地而成，莫见其形，莫知其名，谓之神灵❸。故道者，神明之源，一其化端，是以德养五气，心能得一，乃有其术❹。术者，心气之道所由舍者，神乃为之使。九窍十二舍者，气之门户，心之总摄也❺。生受于天，谓之真人；真人者，与天为一。内修练而知之，谓之圣人；圣人者，以类知之。故人与生一出于物化❻。知类在穷，有所疑惑，通于心术，心无其术，必有不通❼。其通也，五气得养，务在舍神，此谓之化。化有五气者，志也、思也、神也、德也；神其一长也❽。静和者，养气。气得其和，四者不衰。四边威势无不为，存而舍之，是谓神化。归于身，谓之真人❾。真人者，同逃邙合道，执一而养万类，怀天心，施德养，无为以包志虑思意而行威势者也。士者通达之神盛，乃能养志❿。

心为一身之主，神为心之主。如何使神的功能光明正大，神通广大，谓之"盛神"。盛神的方法，化五气以合一，一气灵明谓之神盛，基本方法就是内功修炼保养志气。志气者，真元之气也。

五龙：五行之气如龙也。龙则变化无穷，神则阴阳不测，故盛神之道，效法五龙也；又：五龙者，乃指五脏神也。神者，一气灵明不昧之谓也。龙者，《易经》乾卦之六爻，本六龙者也，六龙本一龙也。所以，五龙者，五脏神之灵明之气也。

五脏神：《灵枢》说："心藏神""肺藏魄""脾藏意""肝藏魂""肾藏志"。

注：

❶盛神中的五气者，在自然界中乃是"金、木、水、火、土"五行之气也；在人身中则是"心、肝、脾、肺、肾"五脏之气也；五脏神中有心之神气，脾之

意气，肺之魄气，肝之魂气，肾之志气。五气中神气为之长官，魂魄为神之佐辅佑弼，意气为神之使者，志气为神之所用，又名之曰"五龙"。心为神之舍。修炼而得此五气化一者谓之大，大者，谓之"盛神"。盛神隆大，其大无外，能生万法。一法不立，能破万法。即其无所不能，之谓大。

五气：五藏之气也，谓神魂魄意志也。神居四者之中，故为之长；心能舍容，故为之舍。

得为之大：有的版本乃是"德之为人"。以"德能制邪，故为之人"解之，亦通。然养事之宜，归之於道。

❷养神之所在，在于内功修炼之得道。道者，就是"天地之初始的无形之物。"正是"道本虚无生一气"，乃是"道的纲纪。"正如老子所说："执古之始，以御今之有，是为道纪！"

一其纪也：道始所生者一，故曰：一其纪也。

❸盛神，乃无形的道所造就的，天道所生成的，包容宏大而又无形，乃自身内气、外形的天地之健顺合之至所化生，先于自身就存在了。莫能看到它的形状，也不知道它的名字，故而谓之"神灵"。

莫见其形，莫知其名，谓之神灵：无名，天地之始。故曰：道者，天地之始也。包容弘厚，莫见其形，至於化育之气，乃先天地而成，不可以状貌诘，不可以名字寻。妙万物而为言者也，是以谓之神灵。

❹故而，无形的道乃是神明的源头。太和一气是其有无形的道向神灵转化的开始，是以德养心、肝、脾、肺、肾五脏的五行之气，心能得其灵也，乃有内功养生术的修炼，才得以实现的。

一者：无为而自然者也。心能无为，其术自生，故曰：心能得一，乃有其术也。

❺内功养生术，心气沉丹田，心逐气穿，气随心到，心能普照，气自周全，自可使之至德全神。九节、十二经络都是神气出入交会的所在。皆由"天心为主，元神为用"以总摄也。

术者：心气合自然之道，乃能生术，术之有道由舍，则神乃为之使。

九窍：《素问》说："真气九州，九窍，皆通乎天气。"此谓人之九窍，地之九州，皆通天之五行之气。而"九窍"有两解：

一曰：眼、耳、鼻、为六窍。口、前阴、后阴，为三窍。合计为九窍。此乃生化机能的九窍说，此处不论。关键是要知道眼为见性，耳为灵性，心为勇性，是为三要。人能收视返听，审时度势，希言，则精气神凝结内固而不散。动静变化，尽是真如，并无人机，更何有邪气之不灭哉！此乃固身之道也！但是，要明白此九窍之不正常时，就是自身的神、气、形，三者中发生了故障。

六、杂谈

二曰：拳术中将人体决定动静的关键部位分为"九节"。即肩、肘、腕；胯、膝、踝、腰、脊、颈，共计为九个关节。关节者，人身之豁谷、两骨间之空隙也。古论曰："窍"。九个关节，名曰"九窍"。披窍导窍，练用之根本大法。

❻内功修炼，提挈天地，把握阴阳，呼吸精气，独立守神，肌肉若一，故能寿敝天地，无有终时，此其道生，是谓之真人者。真人者肌肉若一，与天合一真一不二。内功修炼而能达到这个艺境境界的人，谓之圣人。圣人者，以类物比象的方法而能知"道"。故而知道：人与人的一生都出于无形的道所演化而成的。

❼知道类物比象的方法，在于内功修炼的格物至知，穷性尽命。如果对此有所疑惑，都是通过内功养生术的修炼返观内视而得以解惑的。如果没有内功养生术的修炼之实践，必定有不能通透而疑惑的地方。

❽内功养生术的修炼，其能够通透而破七壳，则五气得养，而首要的任务神舍在其中，此之谓"化"。就是神存在化于无形的道体中。化有五气者，志者肾气也，思者意气也，魂者肝气也，魄者肺气也，神者，心气也，神者，诸气之长者也。此乃五脏之德者，得者也。得之于微妙神通以为用矣。

❾内功养生术的修炼，处于安静的返观内视为基本方法。静而安和，则真气得养，真气和合，则意、志、魂、魄的功能得养而不衰。故而，意、志、魂、魄四德的威势则无不能为了，存神舍于其中，是谓之"神化"。归于身体达到虚其形质以气势为用的状态，归于真人的艺境，自能真一不二，谓之真人。

四边：意、志、魂、魄之四德。神在中，故曰：意、志、魂、魄为四边也。

静合者：内功修炼养生术，"涵养之以静以蕴其继，灵妙之以动以畅其用"。

神化：神，天德；化，天道。德其体，道其用。神乃天德，氤氲不息，为敦化之本；化乃天道，自然界四时万物各正其秩序，为古今不易之道。

❿真人者的言行和于道，执一道而养万类，怀天心，施德养。即生养万物而不主宰万物。实施无为法式以包容万物而行，自见威势者也。修炼内功养生术的人通达炼精化气、炼气化神、炼神还虚之道，则能神盛，神盛乃能养志气、立志向。

逃邙：邙，亡也；逃亡解，比喻无影无踪的无形无象之真人艺境。

合道：与太虚同体，言必天理，行必合于道。

译文：

盛神中的五气者，在自然界中乃是"金、木、水、火、土"五行之气也；在人身中则是"心、肝、脾、肺、肾"五脏之气也；五脏神中有心之神气，脾之意气，肺之魄气，肝之魂气，肾之志气。五气中神气为之长官，魂魄为神之佐辅佑弱，意气为神之使者，志气为神之所用，故又名之曰"五龙"。心为神之舍。修炼而得此五气化一者谓之大，大者，谓之"盛神"。盛神隆大，其大无外，能生万法。一法不立，能破万法。即其无所不能，之谓大。

养神之所在，在于内功修炼之得道。道者，就是"天地之初始的无形之物"。正是"道本虚无生一气"，乃是"道的纲纪"。正如老子所说："执古之始，以御今之有，是为道纪！"

盛神，乃无形的道所造就的，天道所生成的，包容宏大而又无形，乃自身内气、外形的天地之健顺合之至所化生，先于自身存在就生成了。莫能看到它的形状，也不知道它的名字，故而谓之"神灵"。

故而，无形的道乃是神明的源头。太和一气是其有从无形的道向神灵转化的开始，是以德养心、肝、脾、肺、肾五脏的五行之气，心能得其灵也，乃有内功养生术的修炼，才得以实现的。

内功养生术，心气沉丹田，心逐气穿，气随心到，心能普照，气自周全，自可使之至德全神。九节、十二经络都是神气出入交会的所在。皆由"天心为主，元神为用"以总摄也。

内功修炼，提挈天地，把握阴阳，呼吸精气，独立守神，肌肉若一，故能寿敞天地，无有终时，此其道生，是谓之真人者。真人者肌肉若一，与天合一真一不二。内功修炼而能达到这个艺境境界的人，谓之圣人。圣人者，以类物比象的方法而能知"道"。故而知道：人与人的一生都出于无形的道所演化而成的。

知道类物比象的方法，在于内功修炼的格物至知，穷性尽命。如果对此有所疑惑，都是通过内功养生术的修炼返观内视而得以解惑的。如果没有内功养生术的修炼之实践，必定有不能通透而疑惑的地方。

内功养生术的修炼，其能够通透而破七壳，则五气得养，而首要的任务神舍在其中，此之谓"化"。就是神存在化于无形的道体中。化有五气者，志者肾气也，思者意气也，魂者肝气也，魄者肺气也，神者，心气也，神者，诸气之长者也。此乃五脏之德者也。得之于微妙神通以为用矣。

内功养生术的修炼，处于安静的返观内视为基本方法。静而安和，则真气得养，真气和合，则意、志、魂、魄的功能得养而不衰。故而，意、志、魂、魄四德的威势则无不能为了，存神舍于其中，是谓之"神化"。归于身体达到虚其形质以气势为用的状态，归于真人的艺境，自能真一不二，谓之真人。

真人者的言行和于道，执一道而养万类，怀天心，施德养。即生养万物而不主宰万物。实施无为法式以包容万物而行，自见威势者也。修炼内功养生术的人通达炼精化气、炼气化神、炼神还虚之道，则能神盛，神盛乃能养志气、立志向。

六、杂谈

点评：

此篇从"盛神"立言。本经七符，首篇便详细地论述内功养生术的炼精化气、炼气化神、炼神还虚的系列修炼方法，可以培养一个人的志气、志向；可以明心见性以得"道"；可以运用无为的法式成就圣人的事业！由此可以见到：前贤是如何重视内功养生术的修炼。

所谓盛神，就是内功养生术的修炼达到"以天心为体，以元神为用"的体用一元的真一不二之境界。

天心者，妙圆之真心也，释氏所谓妙明真心，儒家所谓成性存存者也。心本妙明，无染无著，清净之体，稍有染著即名之妄也。此心是太极之根，虚无之体，阴阳之祖，天地之心，故曰："天心也"元神者，乃不生不灭，无朽无坏这真灵，非思虑妄想之心。天心乃元神之主宰，元神乃天必之妙用。故以如如不动（即成性存存）妙圆天心为主体，以不坏不灭灵妙元神为用也。此乃自身无形法身道体的"体用一元"之说法。

"静者为性，动者为意，妙用则为神。"天心即性体，此体寂然不动，本来无染，但能感而遂通。禅宗六祖慧能大师悟道后说："何期自性本自清净，何期自性本不生灭，何期自性本自具足，何期自性本无动摇，何期自性能生万法。"

这是对性体，即"道体"最具体的描述。

还有一种自古而传的对此"道体""道用"的一段精彩论述，一并记之如下：

放之则弥六合，其大无外，无所不容；卷之退藏于密，其小无内，无所其入；卷放得其时中，丝毫无差，无不切机。

以上的内容，皆是"盛神"的具体功能论述。"盛神法五龙"的内容论述全矣。

然经文中"知类在穷，有所疑惑，通于心术，心无其术，必有不通。其通也，五气得养，务在舍神，此谓之化"的这段论述中"有所疑惑，通于心术，心无其术，必有不通"到底是什么意思呢？什么是通心术呢？都有哪些内容呢？简单地回答：通心术，就是内功养生术。其中虽然有一般人都知道的"炼精化气，炼气化神，炼神还虚"系列方法。但是，详细地说，尚有"破七壳，通达心术功能"的内容，为求对照，录并解之如下：

破七壳　通心术

尝思天下之物，皆具灵气，况人乎哉？人为万物之首，受命而后性理咸备。果能从生后识开之侯，窒欲惩忿，使七情六尘，永息无生，则人心日死，而至灰扬，道心日明，以至纯粹，则基乃固矣。且心中各具七壳，尤得当诀以通，斯可矣。

七壳者：曰玄通、灵根、妙钥、统真、通枢、涵神、洞幽，左辅元龙，右辅白虎。

玄通壳开，则甘露没夜子时升于泥丸，每日午时，流贯周身，则皮肤鲜嫩。

灵根壳开，则先天之精，刻漆一粒，日夜生九十六粒，流走上下；久则皮润泽生，光眼清爽，永无生眦、发热发胀昏迷；虽数夜不眠，亦无倦怠，面色如金。有歌诀两首为证：

（一）

一窍开时便通天，初时幽暗妙又玄。
静候静待无烦恼，灵根洞开入九渊。
霹雳声声飞龙起，一片通明九重天。

（二）

此时天人合一体，便与天地通气机。
可借精华补自己，灵神圆满香寰宇。
根窍通时百窍通，此窍通时知天机。

妙钥壳开：则心性含香，阳和遍体，而立主宰，外则芳气袭人，身活如绵，发招捷速。

统真壳开：则目读心契，理无畛域，虚灵圆满，耳通真言。

通枢壳开：则身活骨轻，百节生胎，日夜不眠，永无怠倦。

涵神壳开：则气无涌出，神生泥丸，普照涌泉。左目日也，右目月也，故曰照临下土。

洞幽壳开：目生真精，而天文地理奇偶之妙，变化之神，自然豁通于心矣。耳塞能通，清音可聆，役使勿停。

元龙白虎壳开：则周身三万六千毛孔皆开，通天地之气。功夫至此，周身气候，节之运行，与天地无违，久则孔孔生胎，则外三宝始称坚实，无六淫之感冒，可谓疾魔退矣。

——摘自《浑元剑经内篇·剑髓千言》

阐释：

尝思天下之物，皆具灵气，何况人了。人为万物之灵，命立而后性理也就全都具备了。即人降之初，目能视、耳能听、鼻能闻、口能食、皮肤能触。颜色、声音、香臭、冷热、轻沉、五味，皆天然固有之良知之觉；其手舞足蹈与四肢身体动变之能，皆天然运动之良能。思及此，是人孰无？因人性近而习相远，迷失固有。果能从生后识开之侯，即七八岁开始，窒息欲妄，惩处忿怒，使七情六欲永息无生，则人之凡俗心日死而至灰扬。要想还我固有的良知、良能。非习武无以寻求运动之根由，非修文无以得知觉之本原。是乃运动而知觉也。即内修精气神合一，外修筋骨皮合一，以灵神合内外而归一。道心明以至纯粹，则根基乃坚固矣。

然人修炼传统手战之道，之所以不易通之，乃心气不达、不通之过，故习者乃先通心气为法。"气沉丹田德润身"是为初通心气之法。古人云："心，乃七窍玲珑心。"而此七窍被七壳所蒙蔽，故心之七窍不开。如心气通达七壳全开，则于传统手战之道自能通之。只因心气不能冲破七壳以自通之。尤当得内功诀以通之，斯方可矣！俗云："一窍通则百窍通"此一窍者，乃心窍也。心窍通，则手战之道百法皆通之也。据古人所云："七窍玲珑心"，故此经文有此"七壳"之说。"七壳"之名曰：玄通、灵根、妙钥、统真、通枢、涵神、洞幽，左辅元龙，右辅白虎。

此所谓之"心"。非指具体心脏器官而言，乃指"道心"。心身一元的良知、良能的中心之"心"。即口、眼、鼻、耳、舌、身、意等根、枢及终端功能所在。即各种功能之根本中枢之地。不明此则不明"七壳"开通之法。开通"七壳"之法，即是"内功心法"尔。修炼内功，以真气为念，以意为向导，意到气到心到神亦到。心逐气穿，七壳自开，神能普照，气自周全，神自圆融，久而自然之能力生焉，七壳陆续地通开，手战之道必能达神化之功的神明艺境。

内功心法，基本上乃"炼精化气、炼气化神、炼神还虚"的三个步骤。然开七壳，本经文中所列的"六字诀：提、催、灵、润、妙、工"和"三字诀：清、静、定"。都是非常实用的功法。我亦在阐释七壳开的景象时，随后附有我之修炼的"内功心法"之名称，已经证验有效。以明"内功心法"乃修炼内功方法尔。而此中方法，自古流传，数不胜数，故不能说哪好哪不好，只有通过验证有效而无弊病者最佳。我是这样认识的，运用如何，也全在练功者把握，悟性之明昧而分之。下面具体解析之。

玄通壳开

壳者，两音，一为皮壳之壳，一为窍解。此七壳，未开时，乃以皮壳之壳而言，如鸡蛋外硬皮名"鸡蛋壳"。已开后、壳破碎化无。则以"窍"名。故玄通壳开，亦可名玄通窍开。七壳皆可以此而理解之。

　　玄通壳：玄者，一指天，一指气，合指深邃之意。玄色黑，其象洞深。此"玄通"二字，乃指自身内景如天之象，色黑，深邃无疆界，气沉丹田，真气自生，而出现"气升液降"的景象，可为玄通壳开。此"玄"乃"有无相生"同存同在同出之名也。内气由会阴或涌泉而升至百会，复由百会而降至会阴或涌泉，周而复始地循环往复，即是"子升午降"之精义。此乃"身中之时"也，会阴为子，百会为午，此乃小"子午周天"法；涌泉为子，百会为午，此乃大"子午周天"法。此正经文所言："则甘露每夜子时升于泥丸，每日午时，流贯周身，则皮肤鲜嫩"之精义。此夜升午降，非自然界之日夜尔，乃自身中之日夜子午之日时说也。

　　内功心法：应在"无极天一生水桩法"，内气由双足踝至百会穴的升降涨渺同期运行。日练两次，每次两小时，日收两次功，可收两粒，百日筑基，克以成之。一点清明者，此也。

灵根壳开

　　真气生则聚而生黍米粒。此即本条目所言："则先天之精刻添一粒，日夜生九十六粒，流走上下。"此乃自身觉知之内景象。有此景象，谓之"灵根窍开"。久则皮肤润泽，生机勃勃，眼光清爽，永无生眦（眦者，眼屎，俗名"吃模糊"）；也不会发热，肚腹不会胀满，头脑不会昏眩、痴迷。此乃强身之效果。虽数夜不眠，亦无倦怠，面色如金。即数夜不眠，尚见其有倦怠之现象，面色黄而发亮，实自己不觉倦怠。可知是精满气足神充的初俱之候。然此"先天之精，刻添一粒，日夜生九十六粒"的说法是取梁武帝受佛教影响推行印欧文化体系的九十六刻制而言说的，可知毕坤先生沿用此说。现今的一日九十六刻制是清代以后，中国再次受印欧文化体系影响改行的，今天的4刻（1刻等于15分钟）/小时乘以24小时/日等于96刻/日，就是从那时定下来的。实际上，古代以十二时辰的十二进制配地，以百刻的十进位制配天，使人类生活、练功于天地交谐的时间场中，受场力影响而阴平阳秘身体康泰，有很深的指导意义。

　　拳诀云："精养灵根气养神，万两黄金不与人。"灵根者，即灵性体之根，丹田也，丹田不开，是名地户，又名坤户。开者称为天门。内功诀云："死我地户生我门。"下者坤户，上乃乾宫，此上下乃一地也。此乃按"上天下地"而言的"上下"也。未开者为地户坤宫，已开者为天门乾宫。老子曰："天门开合，能如雌乎？"即此天门乾宫也。也可称为"玄窍"。灵性体所生之地也。此即经文所言："一窍开时便通天，初时幽静无所见"的初开之景象。经久修炼，便可内明。即经文所言"一片通明九重天"，可从此玄窍直通自然之天，即与太虚同体。便可与天地之气信息相通。借日精月华以补自身。道家言："不得此窍不为真"，即此窍也。

内功心法应在：凝神照气穴功法。此乃文火温养法。工久即可开少腹丹田为玄窍，即灵根窍。此乃地户变乾宫之法。即"灵根窍开"，不开此窍灵性体不全则不灵也，即不能达虚灵妙境。即不能以天心为体，以元神为用尔。

妙钥壳开

何为妙钥？即能开启生香的内窍，散发芳气的外窍之功法，称为玄妙的钥匙，简称妙钥。关键在"阳和遍体"，乃真气独立，即正阳之气。"而立主宰"，乃一身之主宰之物。能够"身活如绵"。但"心性含香"，乃是能够生香，散发芳香之气的根本诱因，即有了纯阳之气也不可能发放香气，只有"心性含香"才能最终达到内有"心性含香"，外能"芳气袭人"。也只有这两条的体现，才能有"阳和遍体，而立主宰，身活如绵，发招捷速"之兼有的效果。

至于是如何之香味，据我所知，有檀香、兰香、茉莉花香、佛手香、桂花香、莲花香等数种，较为常现。乃练功的"生命化学反应"之产物。

内功心法应在：无极地二生火桩法：日练两次，每次在两小时，日收两次功，冬春秋炼之以火，夏季炼之以莲花。百日筑基，克以成之。此即"二点灵光"之精义。

统真窍开

统者，统一管理真气生成运行之窍的部位，即炼气化神之头中元神部位。可理解为脑中枢部位及其所属之各级官能部位。皆称为"统真壳"。故此壳开通，有目读心知，理而一贯，内外虚灵，功德圆满。基本表现是"耳通真言"，即能与元神说话。此乃谈的"炼神还虚"之元神还到虚灵之体内的境界时，所能够产生的一种内功景象。有此，是"统真窍开"的表证。无此，是窍开得不完满，尚欠功夫之火候。

内功心法应在：金莲童子功法日习两次，每次两小时，克成百日，基础坚固矣。

通枢窍开

通者，通道也。枢者，机枢也，中心关键之谓也。通枢者，通达中枢之壳也。自身有听探之良知，顺化之良能，即"知能"之"枢"，故"枢"有内外之别，大小之分。故通达中枢之道亦非一也。然，"虚实相需，内外一贯"，又非二也。由内至外，由外至内，乃通枢之法，虽有两种，实为一功德，即通枢窍开。

其功法乃"阴阳8字劲道开发功法"，得法随时练，分皮、肉、筋、膜、骨、髓，各层运行，直通肺、脾、肝、心、肾之五脏，内达口、眼、鼻、舌、身、意六根之中枢，可虚实相需、内外一贯，神、魄、魂、意、志、形六合一统，精足不思食，气足不知疲，神足不思睡，形虚身活骨轻，百节生胎，乃通枢窍开之明证也。

涵神壳开

涵者，含也。有其处有其物而神藏于其中，谓涵神之壳。古人云："养神者，外养全体之神以合气。"可知，神者非一个。全体，就说明了这一点。按本剑经中所言，就有"阴阳互蒂之神、阴阳迭用其神、自然之神、先天之神"数种之说，而古人所论"阴阳相薄谓之神、一气灵明而不昧者谓之神、元神"等不同的说法。可知内外全体之神，非一也；涵神之壳，亦非一也。然从"精足气清，气足神灵"一说中可知，气足则涵神窍开，窍开神自灵的意思。便知气达自身至幽至明之处所，将自身气化无形，便是涵神壳开，此乃简便之法也。诸神壳开，则自显诸神之灵通，五官之神，五脏之神，五体之神，皆能神其用尔。

内功心法应在：如意金箍法。日练两次，一次两小时，百日筑基，克以功成。再辅以六丁六甲功法，变化之神的功能，则更妙之。

洞幽壳开

洞幽者，洞，乃窍穴也，幽者，至深之处，至静之地。修真一派认为是"会阴"部位。然此文所说"则气无涌出，神生泥丸"又似非指"会阴"。此"洞幽"二字之"洞"字，乃动词"观、看"解。"幽"字，乃至深至暗不明之事、之物解。以此意揣之，此乃知是涵元神之处的壳开。人身之元神在头中，则开泥丸才是此条"涵神壳开"之本义。元神藏于泥丸宫中，泥丸宫不开，元神不能返还身中以事事、以做功。其讲"神生泥丸，普照涌泉"，乃照临下土。可知开泥丸就是涵神壳开了。

内功心法应在：妙开泥丸宫功法。常转上丹，再配以凝神照气穴功法，效果更佳。一身只有妙开泥丸才见"气无涌出"之景象。

左辅元龙　右弼白虎窍开

道家修真讲"三清"，三清者，精、气、神，即三才。以人修炼而言，乃"神、气、形"。形者，精气阴聚而成之；气者，阴精所化之物也；神者，生之制者也。阴精者血也。阳气者，真气；神者，精气相互转化之制者也。故知"血、气、神"为三才。血以魂言，气以魄言，魂乃血之神，魄乃气之神。制之神名元神。又名元始天尊；元龙乃魂之神，又名燃灯天尊；白虎乃魄之神。又名太乙天尊。此三神同居头之泥丸宫中。元始天尊在中，元龙之燃灯天尊在左，白虎之太乙天尊在右，即称天尊。天者，自在头中。尊者，尊贵也。其理使然。

元龙、白虎，乃一身内外的灵气之主。此二神之壳开，表现在：周身毛孔皆开，是肺主皮毛，肝主筋脉之由内至外的最佳表象。可通天地之气息，故功夫至此，周身气候，节之运行，与天地无违，即"同步"。久则孔孔生胎，真气息之谓之生胎，故能润泽，气血周流润养滋育之德的证验也。功至此时，则外筋骨皮三宝称坚融矣，无六淫之候，可谓疾病之魔退矣。

内功心法应在：浑圆一气功法。俗称"虚体来风沐浴法"得法日习一次便可，百日基础功夫大成，日习一小时即可。

上述针对疏通"七壳"的效果，谈了我的认识、见解，并随之确立了具体疏通七壳之功法。这些功法具有直截了当的捷径之妙。如按现行所述大小周天功法，循序渐进，未尝不可，修真可以，修炼传统手战之道，则其法进功升华费时而慢。我所立诸功法，皆传统的正统内练功法，具有顿悟立得之效验。其中任何一个功法专持操练精修，皆可历尽此经文所述开七壳的各种境界，而能破七壳，以通心气，但所破七壳之顺序、层次，则先后不可测定。故在此处说明之。然尚有数十种内功修炼心法，此处不一一列举了。

三步睡功和六字诀

又有三步睡功夫。一曰仰卧，两腿伸直，十足趾回勾腰控，存想涌泉，双手搭扣撑住；二曰左偏卧，头枕左足尖，左手搬左足跟，右换如之；三曰伏卧，双手抱头，足跟朝天，十足趾尖用力向地，存想泥丸。随便卧时，头腰腿要三直。立时足勿实踏，双手齐垂，目光四射，时或垂帘。行步必活稳轻急，宜自跟撤尖碾，行非无跟之轻跳。闲息时，有引气下行之法，乃六字诀，连念到下丹田存在。久则气不涌出，亦能久而无倦，用力少而成功捷。

前所云六字诀，传列于后——提催灵闰（音按）妙工。

此乃通天彻地功夫，宜得暇即用，久可却疾，添益精气，培补下元，活涌泉穴。此穴开通，则身中筋骨血络，皆舒展自如，乃千古不宣之妙，宜当时习之即觉也。提者，自涌泉直上泥丸；催字，自天目中少停，绕头三转，自左而右；灵字，至玉枕，归一度喉间；闰字，分入两肩，从臂内降至十指尖，由手背上穿缺盆夹脊，横穿前后心，降脐中少停；妙字，自腰眼小小穴三转，少停至海底（丹田）气海多住，降肛前肾后（海底）少住，至尾闾多住；工字，入环跳穴多住，至膝胫达涌泉，反上胫间，膝后多停，升到肾前九转，至下田停住。九转为满，此坐功完也。

——摘自《浑元剑经内篇·剑髓千言》

阐释：

再讲桩功练用之精髓。桩功者，内功修法之形式。内练精气神，外练筋骨皮。使内劲生成、运行，可外形脱拙换灵而能建浑元道体之法也。桩功有站、坐、卧三种基本形式。

站桩：有形体桩功和意念桩功的分别。站桩形态，多种多样，数不胜数。可一桩之形态、练多种功夫内容；亦可多种桩之形态，练一种功夫内容。故意念桩随意性强。而形体桩则是固定内容之修炼，主要是抻筋拔骨、展筋伸骨。亦可配合意念功法修之。

坐、卧桩功，多以内练为主。

凡桩功所练，皆基础功夫。桩功所出乃动手较技应用的功夫之基础。有此基础功夫，方可言说技击之修炼。技击之技的修炼后，方可言动手较技之运用的能力。此乃练功顺序也。不要认为站了桩功，就有了技击之技术、功夫的应用能力了。如果这样认为，就不觉而进入认识上的误区了。

此文所论，三步睡功夫，即三种卧练功法。以现今而说，乃三个卧桩练法。

一曰仰卧：两腿伸直、十足趾回勾，用腰控制，存想涌泉，双手插花，手心向头顶方向撑住。此乃足向下、手向上的全身对拉拔长的练法。只在用意，不能用力，存想涌泉，内气从涌泉向上，沿身体内部向腿、腹、胸、头、手臂劳宫穴运行，再复返而降至涌泉穴，周而复始，内气循环往复。此乃卧式的"天一生水"沐浴法。既可修炼内气运行，又可修炼肌肤骨节处处开张，亦属气形双修之法。

二曰左偏卧：此乃双腿叉开坐地，复侧身头枕足尖。左侧身则头枕左足尖，左手搬左足跟；右侧身则头枕右足尖，右手搬右足跟。此桩又名"仙人睡觉"亦属气形双修之法。

三曰伏卧：双手抱头，左右手大拇指按住左右玉枕穴，双肘落地，百会前顶势，足跟朝天，十足用力向地，身体悬空。如体力不支，亦可腹部着地，存想泥丸宫，此乃使涵神壳开之法，亦有"不空桩"之效果。即"不空而空，空中自有妙有生出"。此谓"不空桩"之精义，只是具体练法形式稍有区别。

随便卧时，头、腰、腿要三直，头为一身之梢节、腰为中节、足为根节，直则内气运行流畅，自然有利于气形匹配之用。

六、杂谈

站桩时，足勿实踏，即双足敷平在地，劲意莫落在双足底版处，要含蓄在双足踝处，就是足没有实踏之义，双手齐垂，此乃无极桩的站式。如睁眼练功，目光四射，乃罩眼功法，是桩功后期练法。时或垂帘，乃桩功初期练法。如动练法，行步必灵活、稳健、轻捷、急敏，宜自跟撤用足前掌碾转，行走擦地而行，进步低，退步高，非无跟之轻跳法也。

闲着没事或休息的时候，有引气下行之方法，亦应随时而练，就是"六字诀"。用意以气为念，行"念住不住"之功。连念到内气在下丹田存住。久则"气不涌出"，是为"伏练"。值此而能"结胎"于下元，行"胎息"之法。继而，由此胎息，可内生玄窍，外开玄府，自可与天地之气相通矣。其说"亦能久行而生无倦怠之功"，乃精髓矣！此乃花费工夫少而成诸功之捷径而，此言不假。下面将六字诀，传列于后。此六字为"提、催、灵、闰（音按）、妙、工"。

其言为"通天彻地"之功夫，宜得闲在之时即可用之，久可却疾，添益精气，培补下元，活涌泉穴。涌泉穴开通，则身中筋骨血络，皆舒展自如，乃千古不宣之妙法。亦是开通七壳之功法，所述感觉，宜当时习之即可觉知也。

提：意以气为念，吸提内气由涌泉穴沿腿、腹、胸、颈、头中，直至泥丸宫。

催：意念内气由泥丸宫至天目中少停，即稍住。然后意念内气绕头三转，自左向右，即顺时针方向。为何名"催"？即意导引法的意在后跟随催动之练法。

灵：意导引内气由头中直至玉枕穴，由玉枕穴再至喉之上节历尽喉中。为何名灵？无有入于无间之妙。故曰：灵。

润（音按）：意导引内气分两支直入两肩，从臂内降至十指尖，由手背上穿缺盆、夹脊、横穿前后心，降脐中少停。此乃有滋润五脏六腑之意。故为润字，读按之音；因意导引下行之意味。

妙：由脐中至腰眼小小穴三转，少停至气海海底，即会阴穴；小小穴，可谓之命门穴和肾脏的统称；此中之妙，妙不可言，故立为"妙"字。再由会阴穴至尾闾穴，在尾闾多住。可有开通脊柱内，直可上头入脑，确实功效妙不可言。

工：再由尾闾直入左右环跳穴，可有开胯之功。内气在环跳穴多住，再至膝、胫达涌泉穴。复反上胫骨间，在膝后多停。升到内肾前，天枢处，九转，至下丹田停住。九转为满，此坐功完也。

然"九转为满"，应如何理解？可有两解：一曰内气至丹田后转九圈收功。二曰此六字诀乃"提、催、灵、润、妙、工"。是为六字一转，共作九转，也就是做九次为满之数。

因以坐功而言，此六字一轮的周期快可3分钟。慢可6分钟，如坐九转，快则半小时，慢则1小时。以普通练功者而言，皆能做到。

这样九转，小了说乃丹田中气转九圈收功；大说，乃六字法由始至终为一转，共作九转，也就是连续九回，可称为坐功法了。

我按此法修炼，一做便知其妙不可言。后文所论"开七壳"之景象。多由行此法之功也。结合前文之睡功，后面介绍的行走之间的三字诀："清、净、定"。可知，传统手战之道的内功法，自古相传法法具实。然现今习拳者能从师处所得内功法却寥寥无几，甚至不知有之。而有者，亦不知其功用为何？致使空谈习武练拳之健身、技击的不良风气盛行，不知"健"者，乃"内气"功夫之说，造成练则崇尚后天有为力法。因此而疾病缠身、不能长生而促死者，屡见不鲜。习武者，五六十岁就逝世了。在当今社会生活条件如此良好的环境，长寿乃自然的。为什么修炼者倒不能长寿？甚或练拳者至老年时体弱多疾病？应该引起广大习武者的反思了。应该重新认识传统手战之道的精髓了，不要盲目练功，不明理法而妄为了。这一点，精熟《浑元剑经》之理法，人们应当醒悟了。应当明白传统手战之道的内修外练之宗旨、功法、至用之道理了。

行走三字诀

夫行走之间，更有三字诀，乃"清、静、定"也。清字，存神泥丸，如水清月朗，风轻日暖；净字，一气到脐，思看取莲花净之意；定字一气至海底停住，思如泰山之稳，外诱难挠，如松之茂，如秋阳之清暖，如露之含珠，月之浸水。其坚如刚，其柔如絮。再合而为一，自泥丸一想涌泉，浑浑澄澄，无碍无停，久则神光聚也。

气愈下兮身愈轻❶

神居上兮心生灵❷

精常固兮法术行❸

形自空兮玄妙通❹

外固则内壮，心静则神安。欲为人上人，且莫行捷径❺。

工夫要在学愚鲁❻，神常生兮心如腐❼。

不见不闻身形固❽，不动不牵意诚笃❾。

何非大效何非功❿，务远贪高徒自误。

——摘自《浑元剑经内篇·剑髓千言》

阐释：

"夫行走之间"这句话有两个意思。一是接上文的六字诀之功法，在行功意走之间要随功所行，还要将"清、净、定"三字功法融于其中。如

六、杂谈

提字诀的内气由双足踝升提至泥丸时,要有"清"字诀,存神泥丸,如水清月朗、风轻日暖之念,效果更佳。此即"元神朗照巅顶"的说法。又是"西山悬磬,海阔天空"之精义。

润字诀的内气降至脐中稍停,要用"净"字诀的一气到脐,思看取莲花净之意。莲花本出淤泥而不染,乃洁净之品。故思看莲花取净之意。练功者,守身如玉,亦取玉之洁净。古有"涤除玄览,能无尘乎"?即"净"之意。净无杂质则精纯。但静则能净,古有"静之徐清"一说。而此以"净"论"静"之精义,即静则净矣。

妙字诀,内气至气海海底多住。要用定字诀。一气至海底停住,思如泰山之稳,外边诱惑难于干扰。自觉有如松之茂盛,如秋日之清暖,如露之含珠、月之浸水。此乃"一片冰心在玉壶"之情景,"弄壶中之日月"的结晶,定则景象万千,此情此景,如历仙境,一尘不染、一念不生、精、气、神、形,坚固如钢,柔软如絮,坚融一体,成于此中,此乃养之成,非练之成。正是"精于练者,善于养"。以养为练者,乃此功诀所述之意尔。再精气神形合而为一,即工字诀中的至膝胫达涌泉,自泥丸一想涌泉,浑浑澄澄,无碍,全体透空;无停,一气不停,一念不住,无所思、无所想,只住此情此景之中。又是"定"字诀之功夫,久则"神光聚明",全体通明。

由此可知:以气为念的意练桩功之法,甜蜜蜜之精义,于此可知矣!此乃内功六字诀再结合"静、清、定"三字诀之妙义尔。

一是随时散步行走之间,也可用"静、清、定"三字诀来练功。有云:"百练不如一走,百走不如一站"。如果在练、走、站的练法中,皆能运用此三字诀,则不是更好吗?今以走而言,在走时,存想神居泥丸,则虽然在走着,自身内亦如水清月朗,风轻日暖,定于此情此景之中,自得元神照巅顶之功。如果在行走中,一气到脐,用静定诀,思念看取莲花,自然有净之意。如秋阳之清暖,如露之含珠,月之浸水的不练自练,以养精气神形的坚融之功德。在行走中,再合精、气、神、形而为一,自泥丸一想涌泉,自然全体透空,气行无碍,气自不停变化,久则神光聚而明也。一如桩功之修。所得无异也。推而广之,以此"清、静、定"三字诀,糅合于练法中,练套路、练单操等诸练法中,所得艺境是相同的、一样的。于此可知:练功之形式,不在于是站、走、练,关键是否有此内功法及"清、静、定"三字诀中所述内容之修。如果没有内气运行和清、静、定三字诀之内容,就是站桩也不会有所获得。如练法不对,落入空境,则成顽空,是名"枯桩";如果欲妄之心不绝,凡想凡念,则多妄动,已入歧途;再有欲望不止,私念为患,难免不入魔境矣!由此论而知:习练传统手战之道,要拜明师,无明师指导引渡,不知径矣。还要知道明理,按法而修,方得浑元虚无之妙境，才有一而三之元玄之妙用。修炼传统手战之道，本是灭己欲，唯道是从之事。故不能以私欲度之而妄为，期盼能成功者，绝无此理。因有一己之私欲，便生"贪、邪、巧、吝"之四病。简论之如下：

贪：犯之者，乃沽名钓誉，习得雕虫小技，藉以人前夸耀，沽名一时，貌似功能盖世，最终手眼身法步，不见章法；肩肘腕胯膝，不得功夫，自认为通，其实样样稀松。此种人可笑亦可怜，此其一也。

邪：邪者，不入正道，功乎弊端。踏入歧途，盲从瞎练，想入非非，狂妄自大，不求实学，竟抱幻想：一指可伤人命，半日就可登峰造极。招惹事端，无是生非，谎言实事，颠倒本末，故多积怨成仇，反伤生害病，整日忧心忡忡，无片刻之安宁。此其二也。

巧：指的是奸巧者，独裁自专，一味占便宜、取捷径，学些零零碎碎，不能一而贯之，反觉为美。孰不知："美之为美，斯不美矣"！"善之为善斯不善矣"！不知"君子行无为之事，尚不言之教"的道理，反而投机取巧，结果一无所成，什么也不是，落得跟着别人跑，自成个混混儿。不知天文，不晓地理，不通人情世故，完全一个习武中的"瘪三"。只能惹人一笑而已。此其三也。

吝：不肯用功曰吝，用功不用心思曰吝。不勤练、不勤思、不明道、不知理、不懂法，皆曰吝。此种"吝"人，对于名声，向来贪得无厌。明明于拳学无知，反要神秘而摆阔，还要愿为人师者造场面、捏事实，结果搬石头砸自己的脚。做些欺人而自欺的事而已。大损自己功德而已。于人于己皆不利，此其病之四也。

凡习手战之道，犯此四病中之一者，皆不知艺为珍宝。仁人珍之宝之以自享用。彼匪人之所畏惧者，此也。故喜好传统手战之道，修炼传统手战之道，能知其中"恶习弊病而不为之者"方是最可贵的，是真修炼者，必具超人之功夫。其处事练达，为人温文尔雅，必能逢凶化吉，趋福避祸，自无是非之言行。乃具大功德者，如其问世立言，必以利他为己任，不以名利而能改之。剖析已明，再阐诀言之精髓妙义。

❶气无上下内外，经云："其下不昧，其上不皦；其大无外，其小无内。"此言气之体也。至柔而纯刚，是言其体象，其至用之性也。而此诀言"气下"，乃在"外形"而说上下也。此气即真气，其下则体空，故身轻，而此轻，亦应有"清"之意。此乃言说"六字诀"的"引气下行"之妙用，即"下到外形"中之为下。乃从全部修炼的角度立言的。

❷即存神泥丸，乃言"提"字法之妙用。俗云："精神要提得起""提提神"。都说明神要提，才具其妙用。一气灵明不昧，谓之神。正是"神居泥丸""一神朗照巅顶"的"西山悬磬"之景象。自然居高临下，明而灵通。所谓"站

得高，看得远"即此妙旨。古诗云："欲穷千里目，更上一层楼。"也说的是高明之意思。所谓之天神：天者为上，上而又高，神所居之，乃指人之神在头中。头乃诸阳之首，阳者气也，气之首领，谓之神。古云："一气灵明不昧者，谓之神。"心藏神，然只有神居头中，心方灵明，又居一身之中则体轻灵。

❸气依神，神依气。虽真气流行周身，然其归宿，乃丹田气海。固守丹田，即工字诀之至下丹田停住之旨，乃固精之法。肾藏精，肾之神，志也。肾者作强之官，技巧出焉。故固精则肾之功能健全。既有刚健之勇，又能技巧变化之谋化，乃以柔用刚是谓之法术行。

❹此乃自泥丸一想涌泉，浑浑澄澄、无碍无停，久则神光聚也。全体透空之象，外形不空，真气不通透。全体透空，真气通透，久则神光聚，则外形内感通灵可至玄妙之境，外形具有内顺内劲之用，又具有外顺他人拳势之能，具有内顺外从之功能，可谓之玄妙了。即通玄入妙的功能，只有外形全体透空之境界时，通玄入妙的功能俱全。而外形之所以能全体透空，是真气在体内运行周流，乾之体健全完善之所至，即修炼内功的洗髓所致的外脱换之易筋骨。功有内气运行，效在外形脱胎换骨。此即"真形合真象"的"体太一"之太极艺境。故曰："练拳始练气，练气要首在存神。存神之始功，根于固精。"实乃说"炼精化气、炼气化神、炼神还虚"。而炼神还虚是言说"神还虚空之体内"。虚空之体内就是全体透空。只有全体透空，才是精足、气满、神充、功德完备之景象，即拳诀所说的"真形合真象"之艺境。所以说形自空兮玄妙通，即交手较技通玄入妙，神化之功，此境界方为其真。故知道外形之状态亦可表明其功夫艺境如何。

此四句歌诀，实乃藏头诗，即"精气神形"，又寓藏尾"轻灵行通"。而"精气神形"说的是自身修炼的内容；"轻灵行通"讲的是修炼后的功果状态；而中间嵌入的"身心法玄"，又论的是"身心"二物，法于玄观。只有通过"无生有、有化无"之修炼，才能具"浑合归一之体，具一而三之元玄之妙用"，此正是批讲"非浑于始，奚得其元之玄；非元之大，无以显其浑之德。是浑元者，其即无生妙有也"之精旨妙义的。可见此歌诀精妙之极，将传统手战之道的"练、体、用"之因果关系、修炼法则、功法境界、系统过程，基本全部纳入其中，无一缺欠，可谓周全。非亲身修炼、体认、证验，如何能成此诀。可见前贤对传统手战之道的修炼求真，治学严谨，真乃后人之师也。学以至用，大匠之学业也。

❺乃言坚融的双重艺境。即外形至全体透空之时，其坚则破之而不开，撞之而不散；融则周身一家，善变无形又无穷；一羽不能加，蝇虫不能落的毫不受力之能。此两者乃外形的"钢者如柱，柔若绳束"之功夫。故简曰"外固"。为何不言"外强"？以避免与崇尚后天有力之力法相混淆，故不用强，

而用固。《易筋经》有言："外强则内伤"，即外形聚劲力凝形或尚血气的肌肉爆发力，称为外用强。此法在传统手战之道中称为"有为、人力、注血之力"等，皆非先天自然之力也。古人行文，将先天自然之力称为"气力"，将崇尚后天有为力法称为"力气"。基本上是这样的。如内家拳法尚气力；外家拳法尚力气。这样，习练传统手战之道者便可分辨清楚了。气力者，刚健也；力气者，强壮也。习拳者，要刚健，不要强壮，此之谓也。

外形的坚融，其根本原因在于内壮，即内气在体内健运不息，独立存在而不改所致。内气乃精之所化，神者，乃气之所化。一气聚而为精，化而为神。精气神三者为内，内壮者，精固、气足、神充，乃真壮者也，极至则光明，乃内真壮之景象。

欲求内壮，心静为法，静则混者可以徐清。清净则神明，心静神安宁则自明。静者，一念不生。清者，一尘不染。则净矣！皆内功修炼之法则。"降心为不为"，即静心。心静之法，乃言说"炼精化气、炼气化神、炼神还虚"之事的准则。即此文中所言"六字诀、三字诀"之准则。唯依此中方法、准则，循序渐进而修，自然顿悟而进升有阶，终得正果。

修炼传统手战之道能艺高他人一筹，就要按部就班、层层递进、苦练精修，期可功成艺就。本是一项系统修炼工程，由始至终，有根、有本、有末，本无捷径而言。故从心里就不要寻觅捷径，实言修炼历程的"法分三修，游历三境，成功一也"，即"三一一三"之旨义。此乃嘱咐后人，修养健体，修炼至用。养体至中至正；练用至精至纯。哪有捷径之言。只有至诚者方能得之。故又作诗诀以明之。

❻修炼传统手战之道的内功、外功，内外合一之功夫，喂手、盘较等系列过程中，更要学习愚公移山的坚韧不拔之毅力，不怕困难之精神。难从易处起，大从小处做，高从低处登，多从少处积，最终必能成功。此虽然看似笨拙，实乃成功之捷径。此正是"诚之者"人道之行。莫要偷机取巧，偷机取巧实乃自欺、愚弄自己之事，最终会一事无成。古人云："诚于内，形于外。"即诚心诚意之修炼，最终的神化之功定会显达于外。正所谓"精诚所至，金石为开""铁杵磨成针"全在精心励志之所为而能成之。正是"功夫要在学愚鲁"的"愚"之精义。没有大志以得道，只图小技者，又不可能成之。又如何能此而修炼呢？

上文只解了"愚"字之精义。而"鲁"字之精义，乃是鲁班的典故之借用。除鲁班的对技术精益求精之外，尚有鲁班的善于借物创造之能力。如其上山采木，爬山时被茅草割破手掌，鲜血流淌，鲁班不顾割肉流血之痛苦，而产生了为何小小茅草割破手掌之肉如此厉害？原因何在？随手将茅草拔起仔细观察，原来

六、杂谈

茅草叶的边缘生些锯齿状的利刺,随一手拿茅草用其倒刺向另一手拉去,轻轻一拽,茅草刺便有入肉割裂之感。鲁班悟到:如用铁片做成齿状,便可锯断木头,可比用斧子砍断木头省材、省时、省力得多了。回去后便投入制锯的实验,经过多次反复的实验、修改,最后制成了第一把锯。果然达到预期的效果了,后来"锯"就成为木工的得力工具了。学拳除了精心励志、坚韧不拔的毅力和学习前人的宝贵功法经验之外,还要有创建的铸法之悟性,才能达到"举一反三"的效果,终于铸法之能以传世。

上述两种学习精神,综合观之,就是"功夫要在学愚鲁"之精义的深刻内涵。

❼修炼内功者,心死神活。欲心死,元神活。元神活跃,以主修炼、攻防之事。欲心不灭,道心不生,精神不真。人能无所畏惧,神明则见之真,真知则无所畏惧。无所畏惧,因其神明,故能应无不当,故无所畏惧。此并非莽撞行事者可比。知止止者,是为神明。神明,则君子有所不为,如"君子不站危墙之下",是谓无所畏惧。当行则行,当止则止,行止皆至善,是无所畏惧。行止皆至善,就是行于当行之时、之地;止于当止之时、之地。无所畏惧者,则战无不胜,是谓之神明,神明缘于"心死"。此"神常生兮心如腐"精练地概括了"道心、理心"和"凡心、欲心"的因果、本质之区别处,乃修炼传统手战之道的基本法则。

❽紫阳真人云:修炼一事,本无诀窍。乃是:

始于有作无人见,
及至无为众始知。
但信无为为要妙,
孰知有作是根基。

注:
老子在《道德经》中提出的"唯道是从"的概念。就是"不先物为,因物之所为"的法式,名之曰:"无为而无不为"。以传统拳术攻防技法论,就是"人刚我柔谓之走,我顺人背谓之粘"的静以待动,后人发先人至之"粘走相生,化打合一"的"避向击背"之"静以制动"的法式。

此歌诀之言语正说明了"不见不闻身形固"之精义。正确的修炼之要妙,他人不能见,亦不能知,外表征象与他人无异,实乃法无为而修,即始于有作之意,及至功成,达到不先物为,能因物之所为的无为无不为艺境之时,众人才知道此艺境之精妙。精妙在何处?法"无为"尔,既不与人争,天下莫与之能争尔。

❾顺人之势，借人之力，巧妙自然，以柔用刚，不撄人之力的粘走相生，化打合一，丝毫不差，乃是我神、气、形三者浑化归一的功夫纯静自然、不妄动、无牵挂。是意气诚于内而实实在在坚志不移的顺势借力之用，除此而不为也。意之精诚笃实于此，神化之功必得矣！

❿具此攻防较技不撄人之力的顺其势、借其力，以柔用刚的粘走相生，化打合一的神化之功，已见其真矣，何非需要大可赞育天地之效果，何非需要经纶之功德证验，就在攻防较技中已经证验无误、效果无差了。见此小效，便知大功可成，大事可为之的能力了。

此一句总结，言明上五句所论内容，实修炼传统手战之道的"诚之者"之所应为。不如此而修炼，而好高骛远，见异思迁，一暴十寒，妄为妄动，投机取巧，有始无终，不知本末、根由，犯者皆徒劳无功，自己耽误自己之举措。此正严厉地批评了那些犯有贪、邪、奸、巧、滑、吝等诸种不诚之修炼者的弊病之根源。习练者应引以为戒。唯道是从，不逞私欲，乃谓之修炼。

以上论述的皆是"通心术"盛神的内功养生术内容。正是"有所疑惑，通于心术，心无其术，必有不通。其通也，五气得养，务在舍神，此谓之化"内容之精旨妙谛！

拳家关于盛神方法的论述

郭云深先生云："形意拳术，有三层道理，有三步功夫，有三种练法。"

三层道理：第一层，炼精化气；第二层，练气化神；第三层，练神还虚，练之以变化人之气质，复其本然之真也。

三步功夫：第一步，易骨。练之以筑其基，以壮其体，骨体坚如铁石，而形式气质，威严壮似泰山。第二步，易筋。练之以腾其膜，以长其筋，俗语，"筋长力大"，其劲纵横联络，生长而无穷也。第三步，洗髓。练之以清虚起内，以轻松其体，内中清虚之象，神气运用，圆活无滞，身体动转，其轻如羽。拳经云：三回九转是一式，即此意义也。

三种练法：第一种，明劲：练之总以规矩不可易，身体运转要和顺不可乖戾，手足起落要整齐而不可散乱。拳经云：方者以正其中，即此意也。第二种，暗劲：练之神气要舒展而不可拘。运用圆通活泼而不可滞。拳经云：圆者以应其外，即此意也。第三种，化劲：练之周身四肢运转，起落进退皆不可着力，专神意运用之，虽是神意运用，唯形式规矩仍如前二者不可改移。虽然周身运转不着力，亦不能全不着力，总在神意之贯通耳。拳经云：三回九转是一式，亦即此意义也。

——摘自《形意拳谱》

六、杂谈

此论中强调了内功养生术的系列功法的修炼，才是盛神的根本方法。

气贯周身法

夫气起于丹田，升于泥丸，降于背，入于肩，流于肘，抵于腕，至十指尖，此气之上贯也。气生丹田，入于两肾间，降于涌泉，此气之下贯也。气随心到，心逐气穿，心能普照，气自周全，久而力自加焉。式如行云流水，无停无滞，瞬息存养，动静清轻而灵，入手神妙，可以进退如意，形无定门，非斜非横，忽高忽蹲。功夫到此，可谓通真。

——摘自《浑元剑经内篇》

这是拳家的内功修炼"炼气化神"的功法描述。

拳家关于盛神艺境的论述

拳诀云：静无漏其机，动不见其迹。这是针对攻防功夫已经修炼到全体透空的太极艺境之"毛发松弹守三阳"境界时的说法。因为此时的听探之良知以臻寂感遂通的艺境，先知于人的能力极佳，自然不会漏掉战胜对手之任何机势的。而顺化之良能以化为太和一气，自然圆能粹正具备无有入于无间的功能，自能先机于人以至也，又至于无幽杳之内。故秘密而人莫能窥其机，故动而人不能见其迹，发则必中。此即自身的动静之机的以柔用刚之巧，以静用动之妙也。然非功臻神明的大成艺境者，不知此中无形功夫之神奇妙用尔。即功臻以天心为体，以元神为用的体用一元之艺境者，方能明此之论。前贤对此艺境有修炼、建体、至用的详细介绍，为求对照，下面从修炼、建体、至用三方面，依序摘出，录之如下：

拳术至练虚合道，是将真意化到至虚至无之境，不动之时，内中寂然，空虚无一动其心，至于忽然有不测之事，虽不闻不见，而能觉而避之。《中庸》云："至诚之道，可以前知。"是此意也。

——摘自《拳意述真·第八章·练拳精义及三派之精意》

放之则弥六合，其大无外，无所不容；卷之则藏于密，其小无内，无所其入；卷放得其时中，丝毫无差，无不切机。

——摘自《龙涎集·修炼、建体、至用之真诀》

本境有某甲，武进士也，体力逾常人，兼善拳术，与先生素相善，而于先生之武术，则窃有不服。每蓄意相较，辄以相善之故，难于启齿。一日会谈一室，言笑一如平常，初不料甲甲之蓄意相试，毫无防备之意。而某甲于先生行动之时，乘其不意，窃于身后即捉住先生，用力举起，及一伸手，而（指某甲）身体已腾空斜上，头颅触入顶棚之内，复行落下，两足仍直立于地，未尝倾跌。（某甲）以邪术疑先生。先生告知曰："是非邪术也，盖拳术上乘神化之功，有不见不闻之知觉，故神妙若此，非汝之所知也。"时人遂称先生曰：神拳李能然。

——摘自《拳意述真·第一章·形意拳家小传》

以上所引用的三段，都是有关神拳神明艺境的功臻以天心为体，以元神为用的体用一元之拳道合一之艺境者内容。然三段所论的内容各有主次之分。第一段乃以修炼的方法为主要内容，第二段乃以法身道体性状为主要内容，第三段乃以法身道体的功能作用、效果为主要内容。

（二）论舞

运动是平易近人的学术，然而情趣无穷。古人大都以礼、乐、射、御、书、数为基础，到清初就破坏无余①。

从前不论文人武士，无不精心研讨，文人善拳技，武士多能文②。

自清以来，拳学虽被湮灭迨尽，而舞道更是久湮无闻，殊不知舞道是启发人类天赋良能活力的一种学术，也是抒发感情，振奋精神的最高艺术，并且可以却病养生，陶冶性情，更可使爱好者延年益寿③。

舞道内分四项，游龙、惊蛇、白鹤、挥浪④。

初练时浑身肌肉伸展，骨节起棱，头直、目正、神庄、声静、手指腕拧，有勾、搂、扭、错、裹、撑、横、卷之力，两足如在泥雪中求动，双膝提纵，力若抽丝，目光远望，手底留痕，掌握这些基本动作之后，方可进一步学练复杂舞法⑤。

【题名解】

这是一篇以"舞技功夫"而言"武技功夫"的文章，有将历史上的"武舞"合一观之、研究的成分存焉！又是在导出"健舞的舞道之游龙、惊蛇、白鹤、挥浪"四形的内容来。那就让我们先看一看历史上的舞道之健舞是何内容，不就清楚了吗？

六、杂谈

武舞

古有"舞干羽而降有苗"的记载。今人作诗记之：

山深藏旧铁，老地祖龙蹋。
干羽舞尘开，青砖渐生苔。

干羽，《虞书·大禹谟》："帝乃诞敷文德，舞干羽于两阶，七旬有苗格。"说明武舞由来已久了。

西周时代的武舞

武舞：中国古代舞蹈，具有古代体操雏形。周代，由于社会政治、经济、思想文化的发展，当时社会风尚非常重视舞蹈，在学校、民间及军队中，舞蹈都很盛行。学校把"大舞"作为正式课程。大舞用于庙堂祭祀，按内容和形式分为两类。一类名"武舞"，用以歌颂武功，舞时执干（盾）和戚（斧）。《淮南子·谬称训》中记载："禹时三苗叛，三败苗而仍不服"，于是禹改以"执干戚舞于两阶之间，而三苗服。"这种武舞，还专门有"乐师"管理和传授，舞蹈时有严格规则。可见，公元前10世纪，我们的祖先已有了韵律体操的雏形。另一类名曰"文舞"。

唐代舞蹈的分类

按照唐代舞蹈的风格特点，大体可以分为两种类型，一类为健舞，一类为软（柔）舞。健舞舞姿矫捷雄健，节奏明快，这种舞大多来自西域各族和中亚、波斯等地；软（柔）舞舞姿优美柔婉，抒情性强，节奏比较舒缓。

健舞

中国唐代广泛流行于宫廷贵族、士大夫家宴及民间堂会的表演性舞蹈。节奏明快，矫捷雄健，动作力度大，与软舞风格相反。古籍《教坊记》和《乐府杂录》记录了许多健舞名目：《柘枝》《剑器》《胡旋》《胡腾》等。《剑器》即剑舞。《柘枝》是从西域传入中原的，为女子独舞，伴奏以鼓为主。舞女时而舞袖低垂，时而舞袖飞扬，配以刚健明快的舞步，身上的金铃发出有节奏的响声。《胡旋》和《胡腾》都是西北及中亚一带的舞蹈，经丝绸之路传入中原，前者以急速如风的旋转为特征，后者以急促多变的腾跃为特征。据记载，唐代的安禄山是《胡旋》高手。

柔舞（亦名软舞）

中国唐代广泛流行于宫廷贵族、士大夫家宴及民间堂会中的表演性舞蹈，节奏舒缓，优美柔婉，风格与健舞相反。古籍《教坊记》和《乐府杂录》中记录了许多软舞名目：《绿腰》《凉州》《春莺啭》《屈柘枝》等。《绿腰》又名《六么》，亦属唐代歌舞大曲。为女子独舞，节奏先慢后快，舞姿轻盈飘逸，以舞长袖为其特色。五代画家顾闳中所绘《韩熙载夜宴图》中有舞姬王屋山舞《六么》的场面。《凉州》又名《梁州》，是甘肃武威一带的舞蹈，颇具少数民族风韵，可能是持碗、盅之类的舞蹈，与现代一些少数民族执碗执筷而舞有渊源。《春莺啭》是一种糅合了龟兹歌舞风格的舞蹈，为女子独舞，进退旋转，婆娑曼妙，该舞曾传入朝鲜和日本。《屈柘枝》，在《乐苑》一书中有明确记载："商调有《屈柘枝》，此舞因曲为名。用二女童，帽施金铃，抃转有声。其来也，于二莲花中藏，花坼而后见。对舞相占，实舞中雅妙者也。"

武舞对传统武术套路起源之渊源的认识

拳术套路源于武舞

不少学者指出，在原始文化形态中，是没有现代意义上的艺术存在的。实用性与情感性，可能是古人更为关注的。追溯武术套路的原始形态，应该在古代神话中是早已经存在的武舞了。

《山海经·海外西经》说："刑天与帝至此争神，帝断其头，葬之常羊之山。乃以乳为目，以脐为口，操干戚以舞。"这是对远古时期战争现实的一个浪漫主义的艺术表述。帝断刑天之头的精明干练，操干戚以舞的潇洒飘逸，使我们已经感受到了凶残的搏杀技术与艺术之间的某种联系。帝操干戚以舞，已经是武术表演的原始意味；不难看出，帝之舞，完全是对自己战胜刑天之喜悦心情的一种表现形式。这种神话色彩较浓的描述并不能作为我们界定武术套路起源的依据，然而，它至少可以说明，这种以武为舞的形式，在很早以前就已经存在了。

西周时期的武舞，已经不再需要我们通过神话来了解。此时的武舞，常以模拟战胜对手过程的方式来表达自己喜悦的心情，并以此展示自己的军事实力，炫耀自己取得的辉煌战果。另外，在当时，武舞也常被作为一种搏杀技术的训练方式，并以集体的武舞演练方式来增强军队的士气。此时的武舞，著名的有两种：一为象舞；二为大武舞。象舞是周文王时的武舞。汉代郑玄说："象，周武王伐纣之乐，以管播其声，又为之武。"大武舞是对周武王伐纣的战斗历程的描述。"武王伐纣，至于商郊，士卒皆欢乐，歌以待旦，因称之'武夙夜'。"如果我们可以把舞武作为武术套路的原始形态的话，那么，应该说，在周代，姓舞的武术套路与姓武的武术套路，似乎是分离而并存的。只是，从现有的历史记载看，姓舞的成分更多一些。

春秋战国时期，在百家争鸣、百花齐放这一宽松的学术环境下，武术的功能与形式开始向多样化方向发展。此时，以前主要被运用于战场的军事武术，开始向生活领域渗透，日渐形成了具有一定娱乐性和竞技性的民间武术。武术的发展开始出现了一定的自觉意识。武术功能与形式的多样化，为武术套路的形成与发展创造了较好的环境条件。

古时的武舞，经由春秋战国的发展，到汉代尤其是东汉时，已有较大的发展。此时的剑舞、斧舞、钺舞等，已多了强烈的攻防含义。作为一种简易的武术套路，当时的武舞，其技击性与规范性已经形成。

范增起，出召项庄，谓曰："君王为人不忍，若入前为寿，寿毕，请以剑舞，因击沛公于坐，杀之。不者，若属皆且为所虏。"庄则入为寿，寿毕，曰："君王与沛公饮，军中无以为乐，请以剑舞。"项王曰："诺。"项庄拔剑起舞，项伯也拔剑起舞，常以身翼沛公，庄不得击。

这段记载，至少表明了以下几个信息。其一，项庄舞剑的行为得到允许，大家能够接受以剑舞为乐的提议，已经说明，在当时，剑舞已经是一种可以用于娱乐的方式。其二，项庄之剑舞随时可以击杀沛公，也已经说明，此时的剑舞之剑术，绝非是徒有形式的舞蹈，而是实实在在的搏杀技术。其三，项庄意欲在舞剑中出其不意地突袭沛公，正好说明，项庄之剑舞与真正的搏杀，在形式上还是有些区别的。《史记》对"鸿门宴之项庄舞剑"的记载表明，当时的舞武，乃是以舞的形式对攻防技击实战的真实的艺术演练。

【注解】

①传统拳术攻防之道的修炼、建体、至用及攻防功夫艺境升华的系列方法、系统、内容的运动乃是平易近人的一门武术学问；虽然是一门武术学问，然而具体修炼起来却是情趣无穷尽的。古人大都以礼：道德、礼仪规范，乐：举行各种仪式时的音乐、舞蹈，射：射箭，御：驾车，书：书写，数：计算等内容为基础来体现的。这种传统的教育活动，到了清朝初期的时候就被破坏得所剩无几了。

运动：源于古代哲学认识自然界"金木水火土"的五运和"风寒湿燥火热"六气的循环往复的周流动变过程内容而说的，简称"运动"。

然运动有宇宙生成运行天体运动，有天地生化万物的运动，有生物的生命运动，有生物维持生存的运动，有人类社会的种种运动，有人的个体生活、生产运动，有人的养生运动，养生运动有内功运动，有外功养生运动，有种种体育运动等，就运动方法形式而言不一枚举。但是，这里的"运动"是指传统拳术攻防之道的修炼、建体、至用及攻防功夫艺境升华的系列方法、系统内容而说的。

礼、乐、射、御、书、数：西周时期的学校实行"六艺"教育。所谓六艺是礼：道德、礼仪规范，乐：举行各种仪式时的音乐、舞蹈，射：射箭，御：驾车，书：书写，数：计算。

其中张扬等级观念的礼、乐是核心，书、数是基础，射、御等技艺也很受重视，其成绩可作为奖励的依据。教师往往由官员兼任，如宫廷乐师教授乐舞，师氏（军官）则教以射、御，"师"之称呼即由此而来。

六经，是春秋时期孔子教授和编译六类科目的教科书。这六本教科书在孔子晚年成型，在弟子的不断传播中被强化，最后在汉代被称为汉代"六艺"，即"《易》《诗》《书》《礼》《乐》《春秋》"，具体的课本被称为"六经"。孔子所教授的"六艺"与周朝教授的传统"六艺"即"礼、乐、射、御、书、数"相比，其文化课内容和外延内容显然丰富多了，应该算是一种创新。从此，这"六经"就成为儒家的必读书目。

②《三皇炮捶拳谱·原序》开篇就说："自盘古至今，已有三皇治世。有济世之才者，必有文武之道。习文有武备，练武有文理，文武兼备可谓全矣。"由此可见历代前贤皆遵"文武双全"者方称为济世之人才，这是古今一致的见解。

③然而，自清朝以来，传统拳术攻防之道学已然被淹灭迨尽了，而《虞书·大禹谟》中的"舞干羽而退有苗"的"舞道"更是久久淹没而无所闻之了。殊不知"舞道"乃是启发人类天赋良知、良能相互为用之生机勃勃的、活动能力的一种学术，也同时是一种抒发情感、振奋精神的最高艺术形式；并且，修炼舞道可以祛病养生，陶冶性情，更可以使修炼者延年益寿。

拳学：传统拳术攻防之道的修炼、建体、至用及攻防功夫艺境升华的系列方法、系统工程的内容，乃是躬身自厚，自学成"文兼武全将相身"的济世人才的一门学问。

迨尽：一无所有了。

舞道：乃指远古时代表示战胜猛兽、敌方而在庆贺活动时的以"武舞"娱乐传播教化形式而说的，例如：历史记载的"舞干羽而降有苗"，将此种舞称为"舞道"。这种武舞虽然后来发展成了广泛的健柔之"舞蹈"了，然其要求舞蹈演员亦要具备"健之体的阳刚之性，顺之体的柔弱无骨的顺从之德，健顺德之体的内主外从之刚柔相济"的功夫却始终未曾变化。现实之杨丽萍的孔雀舞即属于武舞的遗风（图6-1～图6-3）。

六、杂谈

图6-1

图6-2

图6-3

巴蜀武舞

《魏书》记：王者之师，有征无战。故虞舜舞干羽而有苗服，周武有发财散廪表闾之义。

这里所说"舞道"的内容，就是传统拳术攻防之道的代名词而已。

天赋良能活力：天赋，天然秉赋，就是与生俱来的意思；良能，乃指与生俱来的听探之良知，顺化之良能及其相互为用的能力；活力，生机勃勃的活动能力。

④以舞道而言，内分四项内容：游龙、惊蛇、白鹤、挥浪。有关具体内容，将在后面"桩功与四形"中专题讨论。

⑤初期修炼传统拳术攻防之道，无非就是内功修炼养生之道的洗髓内容，外功修炼易筋的内容，使自身达到全身"肌肤骨节，处处开张"的外形松静自然，内气健运不息，柔外刚中匹配如一；身法中正安舒，神态庄重肃静安然自得；手指具有腕拧，有勾、搂、扭、错、裹、撑、横、卷之变化运用的能力；两足如在泥雪中求

245

得动便灵活稳健；双膝提纵屈伸，劲势若抽丝；神光远眺一览无遗漏，手底留痕勾错自如，掌握这些攻防身法基本动作的劲力之后，方可进一步学练复杂的舞法。

【点评】

论舞，就是论武；舞道，就是武道。自古流传就有"武舞同源"的说法。武，用于战胜猛兽、敌人；舞，作为庆贺的一种艺术方式，一方面抒发情感，另一方面锻炼身体素质，培养战斗意识、能力的一种有效的传播教化的方式。寓"武备"于"舞"的娱乐中，乃是先圣的智慧英明所在。

这篇"论舞"的内容，已经将传统拳术攻防之道的修炼、建体、至用及攻防功夫艺境升华的系列方法、系统内容的修炼次第基本上安排妥当了。只有内功养生之道的"洗髓经"功法之修炼的内气健运不息，外功"易筋经"功法的修炼之外形柔弱无骨，健顺两者内外匹配结合才能修炼的柔外刚中之身法基础的功法功夫具备了，只有如此健顺柔外刚中之身法功夫，才能再进行具体攻防功夫技术方法的修炼，才能活得成功；否则，枉费心机也，反而戕贼自害，适得其反，修炼者不能不明此中的理法耳。

至于王芗斋先生所说"游龙、惊蛇、白鹤、挥浪"四形的健舞出于何处，就不得而知了。然而，"健舞"内容不在于名相，而在于其健顺和之至的实质内容。这才是理解健舞精华的关键内容。

（三）桩功与四形

站桩是大成拳的基本功。持桩之法有行站坐卧之分，持桩之目的是为了培育内劲[①]。

内劲培育至何种程度始为有得，须有其检验依据。本文即拟将持桩之效果，以扼要论述，供同好参考[②]。

内劲能爆发为外力始能收到练拳之真实益处，善拳者力之奋也[③]。

四形为内劲爆发为外力之最适当的形式，故在论述持桩效果同时，文中亦将四形加以简单说明[④]。

大成拳为一种特殊拳学。既谓之学，自应有其理论根据。关于力学理论根据，我曾在别处有所论述，此处兹不赘述。欲使学者明了大成拳之学术渊源，对其哲理之依据似有加以论述之必要[⑤]。

此文原系《大成拳论》之一部分。当时欲试从我习拳诸生是否确有真实体识,故在出示《大成拳论》时将这一部分抽出,非我自私,实不愿嚼饭混人,知我者谓我心虑,不知我者谓我何求⑥?

王芗斋先生　一九五九年冬于天津寓所

【题名解】

这是王芗斋先生谈拳论道中的一篇极为重要的文章,因为在这篇文章中首先谈出了"站桩是大成拳的基本功。持桩之法有行、站、坐、卧之分,持桩之目的是为了培育内劲。"这就清楚地表明:前面所谈论的一切内容,都是围绕"内劲、外形刚柔匹配如一"的攻防功夫而说的。这一点充分表明了王芗斋先生"意拳""大成拳"的修炼、建体、至用及攻防功夫艺境升华的系列方法、系统内容,与传统拳术攻防之道各门派、拳种之间没有根本的区别。而"意拳""大成拳"的产生乃根生于传统拳术攻防之道的学问中;根植于中华民族大一统传统文化中。这是毫无疑义的了。

【注解】

①站桩修炼内功养生之道的炼精化气、炼气化神、炼神还虚等内容,乃是大成拳建体筑基的基本功法内容。持桩修炼内功养生之道的方法有行、站、坐、卧的形式之分别,持桩修炼内功养生之道的目的是为了培养内劲,即自己的无形法身道体。

这是王芗斋先生论述意拳、大成拳,明确地说明站桩目的之一——修炼内劲的体用。就内劲的认识而言,王芗斋先生与其他门派、拳种的大家之认识是相同的。但是,在传统拳术发展历史上,首次提出内劲这一概念的却是《六合十要叙·十曰内劲》一文,而各家亦多有论述,为以对照,录并解之如下:

十曰内劲

夫内劲寓于无形之中,接于有形之表,而难以言传,然其理亦可参焉。盖志气之帅也,气体之充也。心动而气即随之,气动而力即赴之,此必至之理也。今以功于艺者言之,以为撞劲者非也,功劲者非也。及谓抖劲、崩劲者皆非也,殆颤劲是也。撞劲太直,而难起落;功劲太死,而难变化;抖劲崩劲太促,而难展招。惟颤劲出没,其捷可使日月无光,而不见其形。手到劲发,天地交合,而不费其力。总之,运于三性之中,发于一战之顷,如虎伸爪不见爪,而物不能逃,似龙之用力不见力,而山不能阻。如是上九法合而为一，而克人其有不利乎。

阐释：
前面的文章已经对内劲有了具体的描述："心一颤而内劲出也"，说明内劲的收放之机在心，对于"心"前贤有明确的论述，其曰：

> 天地间人为万物之灵，而心又为五官百骸之灵，故心为一身之主。心一动而五官百骸皆听命焉。官骸不循规矩，非官骸之过，实心之过也！
> ——摘自《陈氏太极拳图说·心》

此乃指修炼者"凡外病于形者，皆失之心有定规"句的精义。由此论而知，人未习拳之时，对于传统拳术攻防之道实乃"心气不通之过也，故习拳先通心气为法"。"气沉丹田德润身"的内功修炼方法，然心气沉丹田，是为初通心气之法。根据前后来之贤者所论，心肾水火相济而产生的内劲是为"文体"，而自身外形之修是为"武事"，以此而论，传统拳术攻防之道乃文物之修。

有关内功心法的修炼内容，前贤多有明确的论述，引数家之有关方面的论述以证之，以资对照，录之如下：

> 炼剑莫先于炼气，炼气要首在于存神。存神之始功，根于固精。能此方可以论剑之练法，否则作辍之，鲜有成为完璧者。功夫贵勿刚勿缓，和平得中，且存且养，内外兼济。直外便能和中，炼形亦可长生。活动筋骨身轻灵，周身气血力加增。
> ——摘自《浑元剑经·剑髓千言》

其一

但识拳技空操练，内绵机关怎得知？
漫道工深恃无上，还须运气立根基。

其二

内壮形骸气作君，流通筋骨保此生，
饶君刚健如狼虎，不知运气定伤身。

其三

天罡气诀本无踪，怙撤仙经路便通。
要知至道通玄处，先教呼吸到脐官。

其四

丹田呼吸气流通,肚腹腰肢渐渐充。
一往一来须着意,心归到处气归宗。

其五

百骸运到使成功,浑身气血自流通。
不希骇世争名利,可向无为悟通踪。

其六

气到功成乐自然,不争名利不希仙。
有意人间播名誉,纵此歧途别有天。

——摘自《良轮·张横秋秘授迭打抓拿谱·内锦气血六章》

这两段论述充分说明了修炼内功的重要性。

尝思天下之物,皆具灵气,况人乎哉?人为万物之首,受命而后性理咸备。果能从生后识开之侯,窒欲惩忿,使七情六尘,永息无生,则人心日死,而至灰扬,道心日明,以至纯粹,则基乃固矣。且心中各具七壳,尤得当诀以通,斯可矣。

七壳者:曰玄通、灵根、妙钥、统真、通枢、涵神、洞幽,左辅元龙,右辅白虎。

玄通壳开,则甘露没夜子时升于泥丸,每日午时,流贯周身,则皮肤鲜嫩。

灵根壳开,则先天之精,刻漆一粒,日夜生九十六粒,流走上下;久则皮润泽生,光眼清爽,永无生眦、发热发胀昏迷;虽数夜不眠,亦无倦怠,面色如金。有歌诀两首为证:

一

一窍开时便通天,初时幽暗玄又玄,
静候静待无烦恼,灵根洞开入九渊。
霹雳声声飞龙起,一片通明九重天。

二

此时天人合一体,便与天地通气机。

可借精华补自己，灵神圆满香寰宇。
　　根窍通时百窍通，此窍通时知天机。
　妙钥壳开：则心性含香，阳和遍体，而立主宰，外则芳气袭人，身活如绵，发招捷速。
　统真壳开：则目读心契，理无畛域，虚灵圆满，耳通真言。
　通枢壳开：则身活骨轻，百节生胎，日夜不眠，永无怠倦。
　涵神壳开：则气无涌出，神生泥丸，普照涌泉。左目日也，右目月也，故曰照临下土。
　洞幽壳开：目生真精，而天文地理奇偶之妙，变化之神，自然豁通于心矣。耳塞能通，清音可聆，役使勿停。
　元龙白虎壳开：则周身三万六千毛孔皆开，通天地之气。功夫至此，周身气候，节之运行，与天地无违，久则孔孔生胎，则外三宝始称坚实，无六淫之感冒，可谓疾魔退矣。
　夫练剑亦当先开七壳，再演外武功。火候有准，武备成道法明，所谓性命双修者此也。平时贵饮白水，茶多伤神冷精，使阴阳未和，奚以刚柔相济也？食宜淡，浓则浊，气挠神，珍馐美味也，况肉食乎？非身心了无一病，何以神通绝技乎？五谷之气，尚能损人，而况厚味乎？故嗜欲消一分，则道长一分；臭味薄一分，则心性明一分。常叩大罗，则头中风火油渣之气渐消；常揉两腿根之筋骨核，则筋脉渐长。
　夫气灵力长身轻之后，还须保养百日，方许试习。如随养随练，谓之抽筋扒骨，费力难成。如成之后，再力活静息三百日，则三宝凝定矣。又诗云：
　精神凝结一团团，动静之为贵自然。
　随所往来无阻滞，任从指点合先天。

又诗云：
　　手眼身勿滞，敌难知我武。
　　睛光威射人，甫不至于人。
　　稍疏便有失，此为真起手。
　　　　——摘自《浑元剑经·剑髓千言》

　　此段专门论述了修炼内功的破七壳通心气的重要功能作用。此"心"乃指"以天心为体，以元神为用"的体用一元之无形"法身道体"尔。
　　故而，本文的作者认为，内劲是无形无象，在自身内产生，又存在自身之中，只能自己知道，而他人不知。内劲可以与外形相配合自有攻防之妙用。至于

六、杂谈

内劲的存在及其功能作用，实在是用语言难以表达清楚、明白的。但是，有其事理可以知之，有其功法可以体认之。

前贤论"志"，心之所发谓之志。但是，心如何能启动志呢？是通过"意"。意，脾之脏神，心神之子。神之使者，意也。按五行生克学说，土克水，意可以动志。故心机一动，意行志动，志动气行，气行形随之以动，此乃内气、外形能够匹配合一而具有攻防之用的基本道理。知此机理者，拳术攻防功夫的修炼容易成功。

前人有"意"论，意者，吾心之意思也，心之所发谓之意。心之所发者正，则形体之所出之拳形亦正；心之所发者偏，则形体所出之拳形亦偏。如人平心静气，则所出之拳形之手法、身法、步法自然端正。推理可知，双方较技，吾之意可知，彼之意可揣，能知其意，我则可以控之、制之；吾之意，彼不能知，其奈我何。综观前后文，为什么有心意拳问世，有形意拳问世，有后来的意拳之说？无不以五行学说为根基，无不以此文而论拳。

为说明什么是内劲功夫之运用，作者与当时流行的拳术功夫艺境相对比，相当精确地阐明了内劲功夫的艺境。

今以功于拳术攻防之功夫艺境者言说：以为整体的撞劲，不是内劲功夫；以为具备一定功力拳势的功夫，也不是内劲功夫；就是所谓的抖劲、崩劲，也都不是内劲功夫。所谓的内劲功夫，是心一颤而内劲发的颤劲，即内劲是指在自身中独立存在，而又为心能调动的纯阳之"物"，是修炼出来的内在功夫。

所谓的"六面一体"之撞劲，是与外形的结合而强化了自身的筋劲骨力形成的整体之撞势，因为其所发撞劲太直拙，而难于随机随势地起落变化。所以，不是内劲功夫的运用。

所谓的功劲，现名之曰：功力。亦是强化了外形筋劲骨力的发招用势功夫所体现出来的拳势之劲力，亦因为其所发出的拳势太直拙，而难于随机随势的伸缩、吞吐之变化。所以，亦不属于内劲功夫运用的范畴。

所谓的抖劲、崩劲，也是以外形体筋劲骨力运动产生的，因其所发劲势短而仓促，而难于展示攻防招法之"突如其来，人莫知然。只觉如风，催倒迭翻"之精妙。

唯有以"心机"所能调动的内劲在形体内的升降涨渺的形式而收发运行所产生的拳势，威力最大，效果最好。因为其具备"善变无形又无穷，不疾而速得真宰"的攻防能力。内劲在形体内升降涨渺的收发运行之敏捷迅速不可言表矣！从外形体态的变化上又不见其运行之形状。较技时内劲与外形匹配合一之攻防拳势，丝毫不费外形之筋劲骨力，对手应击而被跌翻飞出以落败，传统拳术攻防之道的拳法攻防之妙于此可知矣！

从此文的内劲之论可以知道，内劲功德圆满，其在外形体内独立存在而不改。此乃后人所论"全体透空"的太极艺境，"无形无象"之无极艺境的实践、理论基础。

作者强调，内劲又是三性调养的好方法，可以使自己达到神而明之的艺境。一旦与人交手较技，能做到身心空灵而手灵妙的"不撄人之力"，运用靠吃、粘走的法式，必能做到人不知我，我独知人的境界。施手用招、施招用手，对手不见其形而又不能逃脱，此乃再"粘连黏随"功夫艺境之描写。如果欲想达到如此的攻防功夫艺境，须以修炼内劲功夫为主，还要结合上述的内容，达到融会贯通如一之艺境。再与人攻防较技，哪有不速胜之道理呢？

如何具体修炼内劲功夫呢？前贤已有明确的论述，为以对照，录之如下：

气贯周身法

夫气起于丹田，升于泥丸，降于背，入于肩，流于肘，抵于腕，至十指尖，此气之上贯也。气生丹田，入于两肾间，降于涌泉，此气之下贯也。气随心到，心逐气穿，心能普照，气自周全，久而力自加焉。式如行云流水，无停无滞，瞬息存养，动静清轻而灵，入手神妙，可以进退如意，形无定门，非斜非横，忽高忽蹲。功夫到此，可谓通真。

——摘自《浑元剑经内篇·气贯周身法》

此段论述，已经将内功法修炼内劲功夫的方法、功能作用、效果，全部阐发详尽了。修炼传统拳术攻防之道者自可如法修炼之，假以时日，必见其良效矣。

②内劲培育到何种程度始为有得呢？这必须有其检验的依据。本文就拟将持桩的效果、检验的依据，以扼要的方式论述出来，仅供同好参考。

③内劲能爆发为外力始能收到修炼传统拳术攻防之道的实战之真实的攻防效益，善于传统拳术攻防者皆是"内劲外形匹配如一"才能发挥最佳的攻防能力、作用。

力之奋：力，劲势也；奋，直奔也。古云："拳者，力奋于外也。"三皇炮捶拳谱言："将力打在身之外。"都是"力之奋也"的意思。也就是说"只有内劲作用于外形"才能发挥最佳的攻防作用，而在攻防较技中还要作用到对方的身体中攻防效果才更为显著。

④所说的"游龙、惊蛇、白鹤、挥浪"之四形为内劲爆发为外力之最适当的形式。故在论述持桩功能效果的同时，文章中亦将"游龙、惊蛇、白鹤、挥浪"四形的修炼、至用内容加以简单的说明。有关"游龙、惊蛇、白鹤、挥浪"四形的修炼、至用内容将在后面具体文章中论述。

六、杂谈

⑤大成拳为一种特殊拳学。既然谓之学,自应当有其理论根据。关于力学理论根据我曾经在别处有所论述,此处就不再赘述了。欲使学者明了大成拳之学术渊源,对其哲学理念之依据就有加以论述之必要。

⑥此篇文章,原来系《大成拳论·又名拳道中枢》一书中的一部分。当时(1940年前后)欲试从我习拳诸学生是否有真实体认的正确认识,故而在出示《大成拳论·又名拳道中枢》一书时将这一部分抽出来了,非我自私,实在不愿意嚼饭混人,知我心情者说我考虑得太多了;不知道我心情的人或不了解我的心情的人,还以为我另有所求呢!

嚼饭混人:内劲的说法始于《六合十要叙·十曰内劲》一书中,后来各家皆以内劲言拳论道了。王芗斋先生不愿意运用"内劲"谈拳论道,认为运用内劲谈拳论道乃是"嚼人剩饭"的意思,故而另辟蹊径以言之。

知我者谓我心虑,不知我者谓我何求:此句脱化于"知我者谓我心忧,不知我者谓我何求。"这句诗出自我国最早的诗歌总集《诗经》,在《王风》集中,题为《黍离》。"知我者谓我心忧,不知我者谓我何求"的原意为:了解我心情的人,认为我心中惆怅;不了解我心情的人,还以为我另有所求呢!

《拳道中枢·又名大成拳论》所成书年代乃是"到了1944年,王芗斋先生开始写有关意拳的拳论时,就不再使用大成拳一名,而是定名为《拳道中枢》。"这是后人考证的结论。可是这篇《意拳论——桩功与四形》部分的书稿,却是著明:"王芗斋先生 一九五九年冬于天津寓所"的时间、地点。到底这篇著作是什么时间著作的?成了玄疑的问题!这关乎到王芗斋先生运用"内劲"谈拳论道的时间问题,同样是了解王芗斋先生拳学思想发展、成熟之脉络的关键内容。换句话说:如果在1944年,王芗斋先生开始写有关意拳的拳论时,就运用内劲谈拳论道,为什么在此篇文章之前从没有立题目专门讨论拳学中这一关键问题呢?怎么给我的感觉总是以前没有运用内劲谈拳论道,王芗斋先生只是到了一九五九年冬于天津寓所后才开始运用内劲谈拳论道。这从现在修炼"意拳""大成拳"人们的习惯用语中多的是六面浑圆力而不是内劲的说法来看,王芗斋先生运用内劲谈拳论道的影响不会是从1944年,王芗斋先生开始写有关意拳的拳论时。所以,这篇《意拳论——桩功与四形》部分的书稿成于何时,对于我来说,乃是一个谜了。

【点评】

这是王芗斋先生一篇重要的传统拳学著作,重要的地方就是:站桩修炼内功养生之道的炼精化气、炼气化神、炼神还虚的修炼方法,乃说明是"建体筑基"

基础功法的内容，并声明站桩是为了修炼内劲功夫。这就充分表明了王芗斋先生所论的"意拳""大成拳"乃是传统拳术攻防之道的修炼、建体、至用及攻防功夫艺境升华的系列方法、系统内容，而与其他门派、拳种没有体、用本质上的区别，这一点认识是非常重要的。

（四）论桩功之境界

持桩需经历三种境界，体认有得，方为功夫①。

所谓境界，即持桩时所有之心理状态与生理状态也。盖心理作用于生理，生理作用于心理交相辉映也②。

清末学者王国维先生尝谓：凡成事者皆须经历三种境界，一曰：衣带渐宽终不悔，为伊消得人憔悴。二曰：昨夜西风凋碧树、独上西楼，望尽天涯路。三曰：众里寻她千百度，蓦然回首，那人却在灯火阑珊处。习拳亦应如是③。

桩功之第一境界：从心理上讲谓之"不悔"。学者需坚信不疑，有百牛挽之不动决心。从生理上讲坚持百日即有感觉。坚持三、四年，即觉四肢膨胀，手足发热，有灌铅之感。四肢阴面有感觉较易且快，其阳面有感觉则较难且慢。四肢之阴阳面皆须有灌铅膨胀之感，方为有得，臻此境界始可学功④。

桩功之第二境界：从心理上讲谓之"望尽天涯路"，此际须信天下拳道之妙，唯我自尔独尊，而他家所无也。从生理上讲持桩至五六年即觉两耳膨胀，眉鼻梁觉如有物在内鼓动，颈项挺拔犹如顶上有大绳吊引，头皮发胀、须发飞涨，觉有大石压顶之感。此即持桩时壮举直顶竖之功也。同时上肢之感觉渐渐蔓延至臀部及小腹。至此四肢之感有日增焉。臻此境界，即觉天趣盎然矣。然所发之力还非源自腰脊而是梢节之机械之力也⑤。

桩功之第三境界：从心理上讲谓之"回首"，此明本能活力如蛇，"神庄意静"，弹指挥手，无非天籁。回过头来再看，十年来所操各法，皆如敝屣，理应弃之沟壑而不异初步所练即为正果。从生理上讲坚持十年左右即觉腰脊有膨胀之感。此种感觉直达各谷道臊根，却觉体不息如铸，身如铅灌，肌肉如一，行走似趟泥，抬手锋棱起，身动如挟浪，腰脊板似牛。臻此境界，动则自有奇趣横生之感，所发之力始能均整。至此技击之资备矣。

以上所谈之年限，皆系我自身体识所得。在于学者或可略长，或可略短，均在于个人天赋与功力然耳。曾文正公曾谓："成就事业天资仅作三分，而勤奋则占七分"。此非虚语也，学者勉之⑥。

持桩虽日久，但见效不著，须求之于己身，不是姿势不正确，或既是心理起副作用于生理，或既生理起作用于心理，总之必有问题，当求证于高明，莫自以为是，切要！切要⑦！

又持桩切忌死持一式，各式须交替轮流，每日如此。同时又须有站卧之分，站式与卧式尤须坚持。如是始有调配生理机能之作用。各式桩法虽皆可培育内劲，但各式之效应不同（故以桩功治病，才因人设式）。若死持一式，从技击角度看则为偏颇，学者慎之！每日之中持桩时间以一小时至一个半小时为宜。每日持桩之时间应占练功总时间的三分之二，以三分之一做试力，就我之经验而论，如此为宜。盖桩功为意拳之基本功之故也⑧。

【题名解】

标题说得非常清楚，主要论述桩功修炼内功养生之道的内功景象和所达到的境界、艺境。这关乎攻防功夫艺境的体、用之内容，故而要精心领会其中所论述的精义，才能功夫上身，能为己所运用。否则，只能养生不能成为功夫矣！

内气和内劲是有所区别的，内气养生，气以直养而无害；内劲，必须具备"神以知来，智以藏往"的功能，方能用于攻防较技之中以制胜。这就要清楚地体会内气转化成内劲的行功步骤，才能最终功成艺就！正所谓："体非无以立其大本，用非无以彻其元功"的精义。

【注解】

①前文谈到站桩有行站坐卧的形式，此章谈到修炼内功养生之道有三种境界的体认，体认有所得之，方为功夫艺境。

②所谓境界，就是持桩修炼养生之道的过程中所经历的心理状态与生理状态的景象变化。这是心理作用于生理，生理作用于心理交相辉映的结果。

③清末国学大家王国维先生经常说："凡能成事的人必须经历三种境界，一曰：立志勤行，衣带渐宽终不后悔，为此事消瘦的人憔悴了。二曰：昨夜西风凋碧树、独上西楼，望尽天涯路。三曰：众里寻她千百度，蓦然回首，那人却在灯火阑珊处。"修炼传统拳术攻防之道亦应如是耳！否则，难得功成艺就也！

王国维给修炼内功赋予了新的艺境：满怀勤修之情之所以挥之下去，正是因为他不仅不想摆脱这"勤于修行"的纠缠，甚至心甘情愿为"勤于修行"所折磨，即使渐渐形容憔悴、瘦骨伶仃，也决不后悔。"为伊消得人憔悴"才一语破的：词人的所谓"春愁"，不外是修炼者"相思得道"而已。

王国维在这里机智地活用了这一十分诗意的境界。本是元宵佳节，游人如织，灯火如海，就在这样的情景寻觅心里的理想佳人，当然难找，因此虽然千百度地寻寻觅觅，可怎么也找不到，然而最后在蓦然的一次回首中，却发现那人就在灯火阑珊处，佳人在冷落的灯火处。这是何等的欢欣鼓舞！何等的喜出望外！何等的出乎意料之外又正在情理之中！

这种喜悦是一般人不容易体会到的，正如王国维曾经说过的："夫人积年月之研究，而一旦豁然省悟宇宙大道人生之真理；或以胸中惝恍不可捉摸之意境，一旦表诸文字、绘画、雕刻之上，此固彼天赋能力之发展，而此时之快乐，决非南面王之所能易者也。"这是连南面称王者也享受不到的，是无法交换的。

所以说：修炼传统拳术攻防之道的始终亦是如此之境界的体验也！

④桩功修炼内功养生之道的第一个境界，从心理志向上讲谓之永"不悔"。学者需要坚信不疑，有百牛挽之不动的决心；从生理上讲坚持百日筑基的修炼，即有丰富的内景变化。坚持三四年的光景，就会觉得四肢膨胀，手足发热，有灌铅松沉稳重的感觉，四肢阴面有物运行感觉较易且松快；其阳面有物运行感觉较艰涩且慢。四肢之阴阳面皆须存有灌铅膨胀的感觉，方为有得，臻此境界始可以学习攻防功夫了。

⑤站桩修炼内功养生之道的第二个境界，从心理上讲谓之"望尽天涯路"，此际需要相信天下拳道之妙，自比圣贤唯我自而独尊，而他家所无从有也。从生理上讲，持桩五六年，就觉得两耳膨胀，眉、鼻梁骨内觉得有物在内鼓动，颈项挺拔犹如顶上有大绳吊引，头皮发胀、须发飞涨，觉有大石压顶的感觉。此就是持桩时壮举顶竖之功也。同时上肢的感觉渐渐蔓延至臀及小腹部位。修炼至此四肢有日日增焉的感觉。臻至此境界，就觉得天然情趣盎然矣。然所发之劲势还非源自腰脊而是梢节之外形的机械的劲势也。

⑥持桩修炼内功养生之道的第三境界，从心理上谓之"回首"，此时明白听探之良知、顺化之良能及其相互为用的本能活力如蛇，温柔之中锋芒锐利，弹指挥手之间无非天然情趣之动作也。虽为武士，而有儒雅之风，亦有威严之度。即温柔之中锋芒锐利。传统拳术攻防功夫内外浑然如一，运用无非得之自然而然之感而遂通应物自然的趣味焉。从初步所修炼站桩功法的内功养生之道由相而言，称为不异法门；就是为了求得由性而言，称为不二之正果。

回过头来再看十年左右所操练而得的各种功法，皆如破旧鞋子，等于将没用的东西统统丢弃掉了。这正是："得非所求，成非所练"的说法之论述也。舍得，舍得，从此明之矣！

从生理上讲，坚持十年左右的站桩修炼内功养生之道即觉腰脊有膨胀之感。此种感觉直达谷道臊根，却觉得无形法身道体健运不息，形体如铸，身如铅灌，肌肉如一，行走似趟泥，毛发如戟、抬手锋棱起，身动如挟浪，腰脊板似牛。臻此境界，动则自有奇趣横生之感，所发之力始能均整。至此技击之资本备矣。

以上所谈之年限，皆系我自身"体验认识"所得。在于学者或可略长，或可略短，均在于个人天赋与功力然耳。曾文正公曾谓："成就事业，天资仅作三分，而勤奋则占七分。"此非虚语也，希望学者勉而为之矣！

本能活力如蛇：本能，听探之良知、顺化之良能及其相互为用的能力；活力，活动能力；如蛇，如蛇之听探、似蛇之行动缠绕的柔弱无骨之能力。

神庄意静：虽为武士，而有儒雅之风，亦有威严之度，即温柔之中锋芒锐利。

天籁：自然界的声音，"物"自然而然发出的声音，如风声、鸟声、流水声等。

指传统拳术攻防功夫内外浑然如一：运用得之自然而然之"感而遂通，应物自然"的趣味，谓之"天"。诀云："敛神听风雨，返婴寻天籁。"就是说的这个意思。

内功修炼时体内的音乐声音：内功金丹修炼合成的瞬间，身内产生的种种音乐声音，亦名天籁。正如《钟吕传道集·论证验第十八》中所说："次胎仙常欲腾飞，祥光生于卧室。次静中时闻乐声。"

敝履：敝，破旧，坏；履，鞋子。敝履：也作敝屣，破旧的鞋，比喻没有价值的东西。

沟壑：溪谷，山涧，或名壑谷。

虽少，愿及未填沟壑而托之，此处是死的意思。

> 拳家讲："其所以坚硬者，则在逐节之骨节。骨节者，两骨间之空隙也，乃人身之壑谷，为神明所流注。此处精神填实，则如铁如钢，屈之不能伸，伸之不能屈，气力方全。"
>
> ——摘自《易筋经·贯气诀·七、十二节屈伸往来落气内外上下前后论》

不异：此由"不二即不异"而来。由性而言，称为不二；由相而言，称为不异。

——摘自《止观辅行传弘决卷五之四》

⑦坚持站桩修炼内功养生之道求得攻防之道的体、用真功夫，但是见效不显著，必须求于自己的身体内外，不是姿势不正确，或者就是心理障碍作用于生理，或者是生理起作用于心理，总之必然存在种种知见、生理的障碍。当求证于功夫艺境高明的人，莫自以为是而误进入歧途，这是切记、切记的要点。

⑧又持桩修炼内劲功夫忌讳死持守一个桩式的修炼，需要各种姿势、站、坐、卧、行种种法式交替论流地修炼，方能全面体察清楚、印证精确，每日都要如此地修炼。站式与卧式犹须坚持，方见功德效果。如是修炼，开始有调配生理机能的良好作用。各式桩法虽然皆可培育内劲，但各式之技击、治病的功能效应不同，假若死守一个站桩姿势，从健身、技击角度来看则为偏颇了，学拳者慎之！再慎之！

每日之中持桩修炼内劲及其运用的方法时间，以一个小时至一个半小时为适宜，时间长了易于神意疲倦、形体疲劳；时间短了神意不能灵通、形体不能知之而所得功果效率低。每日持桩之时间应为练功总时间的三分之二，以三分之一的时间做"试力"内容的修炼，就我之修炼的经验而论，如此为适宜。就是因为桩功为"意拳""大成拳"之建体筑基的基本功法的缘故，故而论之。

【点评】

在这一篇文章里王芗斋先生主要谈了三项内容：一是，站桩为了修炼内劲及其运用方法。二是，坚持站桩修炼的三种境界的变化，同样是需要十年左右的时间。这与"太极十年不出门"的说法基本上是吻合的。三是，站桩修炼时间长短的问题，已经否定了现在人所说的"四五个小时，甚至十多个小时"的说法。以每天站桩1小时30分钟计算，再加上"试力"的45分钟的修炼，总计才是135分钟的修炼时间，合2小时15分钟时间，再加上修炼中途之短暂的休息，也过不去3小时的时间。将3小时的时间分为每天的两次修炼计算，每次的修炼时间所耗亦不过1小时30分钟，这样的修炼强度对任何人来说都是轻松愉快的事情。让我们重温一下前贤在《浑元剑经·剑髓千言》中的论述，录之如下：

（一）

休逞欢来歇力行，免将过役倦容生。
中庸万古传心法，中以庸行戒律清。

（二）

气欲足兮精为本，神光无滞天地春。
四肢鼓荡皆符道，力量增加要日新。

可见，修炼的时间、强度，修炼法则等概念，古今一致。就以此"歌诀"作为本篇文章的结束语吧！

（五）论四形

持桩而达于"体整如铸""身如铅灌""肌肉如一""毛发如戟"之境界，始可言拳[①]。

拳者何？拳者力之奋也，非局部方法之谓[②]。

昔日我曾有一首题为"舞相"的诗：

身动挥浪舞，意力水面行。游龙白鹤戏，迂回似蛇惊。

肌肉含劲力，神存骨起棱。风云吐华月，豪气贯长虹。

诗中所说"挥浪""游龙""白鹤""惊蛇"皆拳式也。然此拳式的舞蹈，亦即所谓"健舞"或"武舞"。在隋唐时代健舞甚为盛行，为当时之养生术与技击之法。不仅武夫操之，即使文人学士亦多习之，后多失传[③]。

近世拳学家黄慕樵先生本多年参拳之体会，并揣敦煌唐人壁画之中人物与陶俑之舞姿，始将健舞之几个姿势仿出，北伐之际，我南游至淮南，得遇黄慕樵先生，遂得其传，乃约略得其健舞之真意，我不敢私其秘，曾再传于从我习拳者，然其中能得健舞之妙者仅十余人耳[④]。

习健舞之先决条件则须达于四如境界，即能整体如铸、身如灌铅、肌肉如一、毛发如戟，否则难出舞相。舞起来岂不是摇摆四肢而已。我过去尝谓：劲营自体内，力奋形骸外。持桩而达于四如境界则内劲具矣。然如何将此种内劲爆发出来而成外力，以收技击之效应，四形则为最适当之形式也[⑤]。

四形舞法乃系依"形曲力直"之法则。习时须永设一假想之敌，对之蓄势搏斗。手指腕拧，指弯爪摄，不论手起舞或单或双，指端永远指向对方口鼻，须用最大能力控制对方之中线，给敌造成威胁。控制对方中线亦即保持住己方之中线不受侵犯矣。不仅掌之食指、中指、无名指、小指皆指敌，即拇指亦须弯曲蓄势与其他四指同指一方向。此种掌法与所谓内功拳如太极拳，外功拳如少林之掌法根本不相同，此即手指爪摄之意也[⑥]。

欲手指爪摄则腕不许上拱、不许下塌，不拱不塌故运行时必拧腕始能圆活制敌，具有勾、错、敛、抗之妙。十指不许僵直，皆须曲蓄；指要分、掌要凹，如果运行时指端可有透电之感，此即指弯腕拧之妙也。两臂运行时永不许失去裹、卷、撑、抱之力，桩内蚊蝇不落。双足进退永不许失去刀、叉、分、刺之能，步法寸步不让。肩要撑、肘要横，两臂始有裹、卷、撑、抱之力。裆要坐，膝要纵（横），坐裆纵膝始有力，方有刀、叉、分、刺之能[⑦]。

与对方交接我无执令彼亦无执，其决窍要在肩胯之扭错。而肩胯之灵活扭错又须以腰脊为动力，故习时腰脊须摇旋如轴，如是始能以无执而破有执也⑧。

双足运行觉如在泥雪中求动，两足重量三七互换。脚无定位，身无定势，或以后步作前步，或以前步作后步，前后交替，虚实互演，以步法夺敌之位。运行起来身随意走，手底留痕，觉全身如与物遇，三尖协调，四心相印。若快，快不许飘浮，若慢，慢不许呆像（相）⑨。

力之爆发皆在一瞬间。此时如襟人，心毒为上策，力由意发之故也。手狠方克敌，法随意生之故也。故习时每一动作皆需假借，无假借之动作身体力不笃。习时周身永不许失去体整如铸、身如铅灌、肌肉如一、毛发如戟之感。所谓意不使断、灵不使散、浑噩一致、不忘不失也，如是，舞起来始有妙趣横生之境界。生理作用于心理，此即健舞之养生意义也。由此看来，意拳之真功夫非自动中得来，须于不动中求之。故曰："不动之动方乃生生不已之动也"⑩。

练习四形是对内劲的一种定向训练，使之能随时随地爆发为外力以及技击应付效用，故习进只求舒适与否，不求姿势好坏美观与否。但姿势确是形之代表，故需求姿势正确，即不违反生理运动力学之规律也。若动则能循力学之规律且不失四如之境界，其大动正确小动亦正确，否则均不正确⑪。

习时还须善于运用人体外力与内劲之间的对立统一规律。人体外力有四种：人体重力，即重力位能向重力动能之转化，此即所谓之"与地心争力"；地面支撑与支撑反作用力，此我所说"拔地欲飞"；空气阻力，此我所谓之"与大气呼应"；技击时对方之作用力，此我所谓之"假借之力"。这些力我总名之曰"宇宙争力"。人体内力即是处于四如状态之整体肌肉拉力，此即我谓之"浑元争力"。膈膜动力，此我所谓之"呼吸弹力"亦为人体内劲之一种。欲收技击之真实效用，须使浑元争力与宇宙力相合拍，其作用之妙皆在于呼吸弹力也。故曰："吐纳灵源合宇宙""喊声叱咤走风云"。因此只要横膈膜一发紧即错误，故学者宜慎之⑫。

【题名解】

这一篇文章的内容，虽然说是论四形，实际上表达了王芗斋先生运用运动力学的观点，阐发传统拳术攻防之道的修炼、建体、至用的系列方法及其所确立之术语概念。因为当时能运用运动力学来阐发传统拳术攻防之道的修炼、建体、至用之内容的人为数甚少，其为首创，故而确立新的术语概念乃是义不容辞之举。

故而，要了解王芗斋先生的《拳道中枢》《断手述要》的内容，必须先要明白其所确立的拳学术语，才能知道其所论述的内容之宗旨精义。否则，难免混乱矣!这才是这篇文章的价值所在。

【注解】

①持桩修炼内功养生之道,而能达到接骨斗榫的"体整如铸"之刚健,"身如灌铅"之松沉,身体犹似九重天的"肌肉若一",气贯四梢的"毛发如戟"的景象之境界,始可以言说修炼拳术攻防之道的功夫了。我的内功心法中"托塔伶捶桩"功法中有"四如"境的修炼方法及体认的内容,放在后面"点评"条目中具体介绍。

②拳是什么?"拳者力之奋"也!乃是全身内外健顺和之至的整体运动之结果,并非只是外形局部方法的运动也。

奋,《广雅》载:"动也。"《史记·乐书》载:"奋力;施展;发挥;奋至德之光。"《史记·平原君虞卿列传》载:"集解'发也';岂其士卒众多哉,诚能据其势而奋其威。"综合地看,乃是拳者,自己修炼,劲势发动也;与人对较,乃是将自身运动的劲势放到对方身上而产生制胜的效果,就是"拳者力之奋也"的意思。

③早年间我曾经做过一首题为"舞相"的诗:"身动似挥动波浪似的舞动之柔弱无骨,劲势艺境好像在水面上运行的空灵敏捷。势若游龙、白鹤之戏耍,翻转迂回恰似蛇惊。肌肉似含蓄着无形的劲力,神存于骨内的意敛真气入骨犹如骨起锋棱。整套的运动劲势好似风云吐华月,豪气贯长虹一般。"诗中所说"挥浪""游龙""白鹤""惊蛇"皆是拳术姿势也。然此拳术姿势的舞蹈动作,也就是所谓的"健舞"或"武舞"。在隋唐时代"健舞"甚为盛行亦为当时之养生术与技击之法。不仅是习武之人修炼,就是文人学士亦多习之,后来就失传了。

意力水面行:《拳意述真·郝为祯论太极拳》中说:"第三层练习,身体愈轻灵,两足如在水面上行,到此时之景况,心中战战兢兢,如临深渊,如履薄冰,心中不敢有一毫放肆之意。"

唐代健舞:《浑元剑经·剑髓千言》中说:"昔唐太宗养剑士数百人,时或令舞,则诸士身共剑各飞。若此神舞,神威足以胜人者,非此而何?"由此论可以推出,剑舞乃是"健舞"中的一种而已。

唐太宗贞观盛世之时,剑术、剑道大兴。简略介绍如下:
杜甫《观公孙大娘弟子舞剑器行》一诗中写道:

> 昔有佳人公孙氏,一舞剑器动四方。
> 观者如山色沮丧,天地为之久低昂。

《意拳论》注解点评

> 耀如羿射九日落，娇如群帝参龙翔。
> 来如雷霆收震怒，罢如江海凝清光。

剑影声光，似闻如见，精湛的技艺，惊心动魄的气氛，如呈眼前，难怪书法家张旭看了"公孙氏舞剑器，而得其神"，成了一代书法大家，真乃善假借而通神之上悟者。

裴旻为唐时之将领，文宗时诏以："李白歌诗，裴旻剑舞，张旭草书"为之三绝。裴旻与幽州都督孙佺北伐，为奚所围。旻舞刀于马上，矢四集，皆迎刃而断。奚大惊而走去。裴旻常以刀于战场，而又善舞剑。唐李冗《独异志》云：

裴旻走马如飞，左旋右抽，掷剑入云，高数十丈，若电光下射，旻引手执鞘承之，剑透空而下（直入鞘中），观者数千人，无不悚怵。

这反映了裴旻剑舞艺术的高超及唐时剑舞所达境界强烈的艺术感染力。

唐时人们将"学诗书，能击剑"视为一个青少年的主要修为之课程，故著此文之人说："当太宗之时，剑术大兴。善斯技者，精而且备矣。"是有其可信之事实的。

由于时代的变迁，自唐代以后，历宋元两代之久，剑道衰落。是因手搏之道的兴盛，即徒手搏击术的兴盛。虽有精于剑术者，亦是精于外功者不少，能于剑术中"以神为主，以气为充，形从而利"的行内功者稀少了。这里提出了"内功、外功"的分别之说法。看来，手战之道所谓仙脉一宗，皆注重内功修为。这一点应当引起现在习拳者的高度注意。一内功者何？二修法内容者何？此乃《浑元剑经》中所阐述的精髓之处。但此段所论："内功不通，纯外功之精，不为手战之道的真传一脉。"这一观点表述是相当明确的。注意以后经中的"此乃性命双修之旨意也"一句之说法，便知此论之精义了。

由此论而知健舞者，乃是"意气君来骨肉臣"为宗旨的武术修炼者"徒手"或"持械"之舞蹈娱乐活动；而非"意气君来骨肉臣"为宗旨的武术修炼者"徒手"或"持械"之舞蹈娱乐活动，不能称为"健舞"，这是肯定的。所以，照此观点论说，"健舞"并未绝迹。现在之"意气君来骨肉臣"为宗旨的武术修炼者"徒手"或"持械"之套路演练的舞蹈娱乐活动，都属于"健舞"的范畴。

④近代拳家黄慕樵多年参拳之体会，并揣敦煌唐人壁画之中人物与陶俑之舞姿，始将"健舞"之几个姿势仿出。北伐之际，我南游至淮南，得遇黄慕樵先生，遂得其传，乃约略得其健舞之真意，我不敢私其秘，曾再传于从我习拳者，然其中能得健舞之妙者仅十余人耳。

黄慕樵：王芗斋先生在北伐时期为寻求拳学真谛，万里参学中投明师访高友之际，在安徽淮南拜访心意拳巨匠黄慕樵先生，黄慕樵先生之心意拳为南派内家拳之嫡传，其功夫艺境精绝高深。

健舞：健舞者，顾名思义——内气运动为主、外形柔弱无骨为从的舞蹈动作，而又温柔含蓄平和快慢相兼的一气贯穿，这种舞蹈动作中含有技击的成分，只有如此，才能是"健舞"之真义！否则，全凭外形动作则不为"健舞"矣！《易经》中："乾健，坤顺；天行健，地势坤，坤顺乾以动。"亦可以说明"健舞"为何宗旨内容了。现在之杨丽萍的孔雀舞就可以说是健舞中的一种类型。

⑤学习健舞之先决条件则是须达到四如境界，即能整体如铸、身如灌铅、肌肉如一、毛发如戟，否则难出正确的舞姿相貌。如果没有能够达到整体如铸、身如灌铅、肌肉如一、毛发如戟的四如境的基础功夫境界，舞起来岂不是单调地摇摆四肢而已，当然不是健舞了。我过去尝谓："劲营自体内，力奋形骸外"。持桩而达于四如境界则内劲具备周全矣。然如何将此种内劲爆发出来而成外力，以收技击之效应，"挥浪""游龙""白鹤""惊蛇"四种运动法式则为最适当之形式也。

"四如境"解析

其实，四如境的内容皆是内功修炼而体认到的功夫景象而已！下面分别解析其内中含义：

整体如铸：就是前贤所说"其所以坚硬者，则在逐节之骨节。骨节者，两骨间之空隙也，乃人身之壑谷，为神明所流注。此处精神填实，则如铁如钢，屈之不能伸，伸之不能屈，气力方全"的景象和"且拳事之论亦甚繁矣！而要之千变万化，无往非势，即无往非气。势虽不类俦，而气归于一。夫所谓一者，从首项至足底，内而有脏腑筋骨，外而有肌肉皮肤、五官、四肢百骸，相连为一贯之者。破之而不开，撞之而不散"的身法功夫艺境。

身如灌铅：正如前贤所说内功修炼中，内气如铅，要从头定"如实沙袋，逐层填实，则虽软物亦可使之坚硬"的说法，身体松沉，其势如山之沉重稳健。

肌肉如一：就是"身体如同九重天，玲珑剔透"的无形无象艺境。语出《黄帝内经·上古天真论篇第一》："余闻上古有真人者，提挈天地，把握阴阳，呼吸精气，独立守神，肌肉若一，故能寿敝天地，无有终时，此其道生。"

毛发如戟：语义出自古拳谱《四梢论》一文。为以资对照，录之如下：

试于论身、论气之外，而进论乎梢者焉。夫梢者，身之余绪也。言身者初不及此，言气者亦所罕论。然拳以内中而发于外，气由身而达梢。故气之为用，不本诸身则虚而不实，不形诸梢则实而仍虚。梢亦可不讲乎？然若论手足之指为梢，此特身之梢耳，而犹未及乎气之梢也！四梢为何？

发,其一也。夫发之所系,不列于五行,无关于四体,似不无足论矣!然发为血之梢,血为气之海。纵不必本诸发以论气,要不可离乎血而生气;不离乎血,即不得不兼乎发。发欲冲冠,血梢足矣!

毛发如戟,就是从此文中"发欲冲冠"的说法中升华出来的;又是有内功修炼体认而总结出来的。此两者乃以内功修炼为主,否则不能得出如此结论也!

⑥"挥浪""游龙""白鹤""惊蛇"四种形式的舞法乃系遵依"形曲力直"之法则。修炼的时候必须永远设立一个假想之敌,对之蓄势搏斗。手、指、腕要拧转,指要弯曲,爪要存有摄取的劲势,不论手势如何起舞,或单或双,指端永远指向对方口鼻,须用最大能力控制对方之中线脊椎,给敌造成威胁。控制对方中线脊椎亦即保持住己方之中线脊椎不受侵犯矣。不仅手掌之食指、中指、无名指、小指皆指敌,拇指亦须弯曲蓄势与其他四指同指一方向。此种掌法与所谓内家拳法如太极拳,外家拳法如少林之掌法根本不相同,此即"手指爪摄"之意也。

⑦欲达到"手指爪摄"的劲势则腕不许上拱、不许下塌,不拱不塌则中直,故运行时必须拧腕始能圆活善变以制敌,才具有劲势的钩、错、敛、抗之妙用。十指不许僵直,皆须曲蓄劲势有余;指要分开、掌心要凹则掌背自圆而有蓄势,如果运行时指端可有内劲外放似透电之感,此即指弯腕拧之妙也。两臂运行时永不许失去裹、卷、撑、抱之力,桩柱之势内蚊蝇不落。双足进退永不许失去刀、叉、分、刺之能,步法寸步不让,乃形占一分,具有"一夫当关,万夫莫进"之勇。肩的劲势要饱满圆撑,肘要具备外开的横劲,两臂始终具备有裹、卷、撑、抱之劲势。胯要坐,裆要圆,膝要纵(横),坐胯、圆裆、纵膝下盘始有能力载运全身动静变化,方有刀、叉、分、刺之攻防能力。

⑧与对方交手接招变势我无所执则清静令彼亦无所能执则不知我矣,其诀窍要在肩胯之扭转顿错的法式中不撄人之力也。而肩胯之灵活扭转开合顿错又须以腰脊为动力,故修炼时腰脊须摇摆旋转如轴,如是始能以己之无执而破彼之有所执着也。

无执:精神、外形皆不执着;不拘泥的意思,才能见景生情,随机而变,为清净。

有执:精神、外形有所执着的意思,即神意、外形如有所执着,则身法功夫僵拙矣,就不能见境生情,随机应变,则为杂染。

有执无执杂染清净记

《瑜伽师地论》之四云:"若于彼问作如是记,我亦唯依根境界识,假立自作他作俱作若苦若乐;而于实我的无形法身道体,都无所执。汝于此中,有邪执

六、杂谈

著,故不随许。所以者何?若有执著,即为杂染;若无执著,即为清净。云何名为若有执著即为杂染?谓彼世间不聪慧者,若于前际,有所执著;无明缘行,广说如前。便于中际,苦乐杂染。若于中际,有所执著;彼亦如前当于后际苦乐杂染。云何名为若无执著即为清净?谓聪慧者,若于前际,或于中际,不于诸行执我我所;彼于前际诸受因灭,已般涅槃。或于后际诸受因灭,当般涅槃。是名第三有执无执杂染清净记。"

⑨健舞之双足运行,感觉犹如在泥雪中求动,两足重量三七互换。脚无定位而有眼,身无定势而有势,或以后步改作前步,或以前步改作后步,前后相互交替,虚实互相演变,以步法抢夺对方之位。运行起来身随意走,手底留痕,觉全身似与物遇,三尖协调相照,顶心、手心、足心、本心之四心相印。若轻灵快捷,虽轻灵快捷不许飘浮无根,若松沉缓慢,虽松沉缓慢不许存有痴呆之相,方为合乎"健舞"的法度。

⑩内劲势之爆发为外力的景象皆在一瞬间完成。此时如果交接领带对手以制胜,动不容情,心一颤而内劲出也,因为内劲乃由意发之缘故也。手法动不容情方能克敌制胜,法随意生之缘故也。故修炼时每一动作皆需假借内劲动静变化之景象,无假借内劲动静变化之动作的身体能力不笃诚实在也。修炼时周身永远不许失去"体整如铸、身如铅灌、肌肉如一、毛发如戟"之感觉。所谓意不使断、灵性体不使散乱、周身内外浑沌淳朴一致、不忘不失也。如是,舞起来始有天然妙趣横生之境界。顺化之良能的生理作用于唯道是从的心理活动,此即健舞之养生的意义也。

由此看来,意拳之真气运行功夫非自外形之动中得来的,须于外形不动中求之。故曰:"不动之动的如如之动,方乃生生不已之动也。"

襟人:襟,本义:古代指衣的交领;如衣襟,屏障于前。此从"交领"的说法,襟人,交接领带对手以制胜的意思。

心毒:一般是"心思歹毒"的解释。然在拳术中,乃指"真一不二"的意思,就是"动不容情,心一颤而内劲出也;真者,发定中见之真"也。

不动之动:站桩修炼内功养生之道,外形静立曰不动,内气运行曰动,此即外形不动之内气运动的"形静气动"法式,简单地说为"不动之动"。正:"提挈天地,把握阴阳,呼吸精气,独立守神,肌肉若一,此其道生"的修炼法式。

生生不已:生生:中国哲学术语,指"有化无,无生有,有无相生"的变化及旧事物衰亡新生事物的发生交替;不已:没有终止,形容一切生物吐故纳新之新陈代谢,永不停止。

出自《周易·系辞上》:"生生之谓易。"宋·周敦颐《太极图说》:"二气交感，化生万物，万物生生而变化无穷焉。"

⑪练习四形是对内劲运用的一种定向训练，使之能随时随地爆发为外力及技击应付效用，故修炼者进取只须求得舒适自然与否，不必强求姿势好坏美观与否。但姿势确是形之代表，故需求姿势正确，即不违反生理、运动力学之规律也。若动则能循力学之规律且不失整体如铸、身如灌铅、肌肉如一、毛发如戟四如之境界，其大动正确小动亦正确，否则均不正确。

"**大动·小动**"句：以"道大器小"的观念认识：内劲为大动，外形为小动。即内劲运动正确，外形运动就亦正确。否则均不正确，这是内主外从观点之论述。

⑫修炼时还必须善于运用人体外形的筋劲骨力与内劲之间的对立统一和主从统一的规律。人体外力有四种：人体重力，即重力位能向重力动能之转化，此即所谓之"与地心争力"；地面支撑与支撑反作用力，此我所说之"拔地欲飞"；空气阻力，此我所谓之"与大气呼应"；技击时对方之作用力，此我所谓之"假借之力"。这些力我总名之曰"宇宙争力"。

人体内力即是处于"体整如铸、身如铅灌、肌肉如一、毛发如戟"四如状态之整体肌肉拉力，此即我谓之"浑元争力"。膈膜动力，此我所谓之"呼吸弹力"亦为人体内劲之一种。欲收技击之真实效用，须使浑元争力与宇宙力相合拍，其作用之妙皆在于呼吸弹力也。故曰："吐纳灵源合宇宙""喊声叱咤走风云"。因此只要横膈膜一发紧即错误，故学者宜谨慎为之：

人体外力：乃是指人身外形的筋劲骨力而说的，这是传统的说法。而王芗斋先生又认为：人体重力，地面支撑与支撑反作用力，空气阻力，对方之作用力，四种力为外力的说法。又总名这四种力，曰"宇宙争力"。

故而，知道这篇文章中所赋予的名相内容，对王芗斋先生要表达的拳学体、用内容，也就能一目了然了。否则，就不知道、不清楚他在说什么。为了与传统的说法吻合，将其所定立的概念稍作对号如下：

人体重力：就是攻防能力。

地面支撑与支撑反作用力：自身闪展腾挪的攻防能力。

空气阻力：自身灵动变化的能力。

对方之作用力：假借对方之劲力及其能否假借的能力。

四如状态之整体肌肉拉力：就是全体透空的周身一家的功夫景象之描述。

浑圆争力：就是浑元一气的功夫艺境。就是《九要论·一要》中所说的艺境："且拳事之论亦甚繁矣！而要之千变万化，无往非势，即无往非气。势虽不类俦，而气归于一。夫所谓一者，从首项至足底，内而有脏腑筋骨，外而有肌肉皮肤、五官、四肢百骸，相连为一贯之者。破之而不开，撞之而不散。上欲动而下自随之，下欲动而上自领之；上下动而中部应之，中部动而上下和之。内外相连，前后相需，左右相应。所谓一以贯之者，其斯之谓欤！"

膈膜动力：就是内气运行所产生的劲势之说法。后面有"吐气灵源合宇宙"的说法以为证。亦含有"吐气开声"法的"喊声叱咤走风云"的说法内容。

【点评】

这一篇文章，清楚地表明了传统拳术攻防之道的修炼，存在站桩内功法式之内劲生成及运用内劲法式的修炼。而且只有"形静气动"的法式才能更好地体认内劲的生成和运用内劲的诸种方法。否则，修炼传统拳术攻防之道的功夫艺境是不会功成艺就的。

而所介绍的挥浪、游龙、白鹤、惊蛇之四形，乃是内劲、外形，刚柔匹配如一的内主外从的修炼法式。这正是传统的"以神为主，以气为充，形从则利"的"意气君来骨肉臣"的法式。由此可以清楚地知道：王芗斋先生的意拳、大成拳与传统拳术各门派、拳种的拳，没有什么区别；如果说有区别的话，也同样是修炼者的"尚力"和"尚巧"的外家拳法和内家拳法的区别而已。

托塔拎锤桩

【功法步骤】

（1）鸡步桩站式，右脚前左脚后，将两手前臂向前抬起，手心向上，右前左后；沉肩坠肘（反之亦然）；浑身松静自然，收神闭目垂帘，反观内视，降心气沉丹田。

（2）眼神遥视北海的白塔，默想将北海白塔幻化为两个30~50厘米高的小白塔，运用意念将白塔搬运移至双手上，左右手各自托着一个。此为外搬运功成，眼神注视两手掌上的白塔，运用意念加重白塔的重量，自觉得白塔的重量加大，双手欲向下坠落，就运用意念在左右手背中间各自向下发出一根直径3厘米的气柱支在地上，虽自觉双手托塔沉重，但双手的坠落感却消失了。

（3）接下来眼神观注自己的双脚，心意默想着双脚上穿上一双齐膝高筒厚铁盔甲靴，自觉双脚沉重了。再在盔甲靴筒内放上一些小的铁砂袋，双脚就会觉得越发的沉重了。眼神接续观注自己的下半身，心意默想着再穿上一件厚铁盔甲裤，下半身越发觉得沉重了。接着眼神上内观上半身，心意默想着再穿上一件厚铁制的盔甲坎肩，外罩带袖铁盔甲战袍，头戴铁头盔，这时自己觉得身体越发的沉重。沉重得自觉有些摇晃得站立不稳了。这时，眼神观注自己的两腋窝，心意默想着由两腋窝处各自发出一根直径5厘米的气柱，45°角支向左右两侧的地面上；眼神再观注自己的前膻中穴、后灵台穴处，心意默想着自己的前膻中穴、后灵台穴处，前后各自发出一根直径5厘米的气柱，前后各45°角支向地面；眼神观注自己的百会穴，心意默想着由百会穴向下过会阴穴有一条垂线，垂线下端离地面5～10厘米，端头系一铜线坠，线坠尖端离地面2厘米。此皆做完，自觉身体稳定了。

（4）接下来眼神遥视五岳仙山，默想将两座仙山幻化变小，运用意念将两座仙山搬运移至左右肩上，左右肩各自扛着一座仙山。再将眼神遥视五岳仙山，默想将一座大一点的仙山搬运到自己的头顶上顶着。外搬运功成，眼神返观自己的百会穴，运用意念在与百会穴接触的仙山底部开一个1厘米的小洞口，仙山中有一股白色的气体向自己的身内流灌，这股白色的气体直向双脚底部灌去，逐渐地由双脚底部开始向上层层充填，双脚、双小腿、双大腿、小腹、上腹、胸膛，直至双手臂填满，至喉咙止。此时，眼神返观自己身内的白气，心意默想着这些白气如铅之沉重，就觉得自身沉重如山。此就是内功景象的"体如灌铅"之说法。

（5）接下来眼神返观自己身内的这些白气，心意默想着这些白气如铅般地凝固成一体之状，再想象一下自己的身体犹如钢铸一般。此就是内功景象的"身如钢铸"之说法。

（6）接下来眼神返观自己身内的这些如铅铸之白气，心意默想着这些如铅铸般的白气幻化成轻灵无比的气状物由中间分开环行向自身体表敷贴成一层薄膜，这层薄膜向外充斥到毛发中，自觉浑身空空荡荡的，而毛发耸立又坚挺如矛戟。此就是内功景象的"毛发如戟"之说法。

（7）接下来眼神返观自己身内的景象，心意默想着自己身内这些景象顿然消失的无影无踪，运用眼神返观自己的身体亦荡然无存了。此就是内功景象"肌肉若一"至德全神之真人的境界说法。

以上的"身如钢铸，体若灌铅，毛发如戟，肌肉若一"，就是王芗斋先生所说的内功桩法中"四如境"的内容。

（8）接下来眼神返观自身，心意默想着自己荡然无存的身体慢慢地恢复常态了。此时眼神返观自己身内将敷贴在体表的白气，运用心意将此白气收敛到小腹丹田气海中，成一个网球大小的乳白色球体。

（9）接下来眼神返观自身，心意依次默想着将三座仙山送回去，铁头盔去掉，脱去铁战袍，脱下铁坎肩，收回前后左右的内气支柱，送回两个小白塔，收回双手背的内气支柱和百会至会阴的线坠子，脱去铁盔甲、裤子，掏出铁皮靴内的铁砂袋，脱下双脚的铁皮靴，此时自身内外轻灵无比。

（10）接下来向前伸开左右双手，手心向上，眼神返观丹田中已经成一乒乓球大小的乳白色球体，心意默想着这个网球大小的乳白色球体幻化成两个乒乓球一样大小的球体，两个小球分左右向上由两腋窝贯通左右两手臂，到左右两手心劳宫穴而出来，幻化成直径15厘米大小的球体，将两手掌立起，手心向前。运用心意将两个皮球大小的球体幻化成两根气柱向前发放射出，犹如探照灯光一般，至极远，可运用意念让劳宫穴的吞吐来收放此内气光柱。此即前贤所说的"极之则光闪耀而人影无踪，身飞腾而剑芒倏忽。或一跃千里之遥，纵横随其意向；或静息方寸之内，神威感于至诚"的内功内景象之描述。这是驭气法的吞吐功夫。

（11）接下来眼神返观双手的气柱，运用心意收回气柱，而内气在两手心内又形成皮球大小的球体。如果将两个内气球体收回身内丹田中，就可以收功了。现在亦可接下一个功法的修炼。因有诸多功法可继续修炼，故再按以下几条分项而言之。

（12）拎捶功法：眼神内观两手心内又形成皮球大小的球体，心意默想着这两个球体幻化地渗入两手腕以下的两手之中，两手顿觉沉重如捶一般，就这样保留着这种状态，不用进行收功。以此样的两手之状态，进行日常生活的事情。此就是所谓的"拎捶"功法。也可以此两手之状态，打拳练艺，功效极佳。什么时候不想如此练功了，随时皆可以收功恢复常人之态。注意，不要贪于过重。只有略微沉重感就可以见功效了。此乃身中虚空梢节松沉劲势的用法，乃好功夫也。

【功法作用和功能】

此功法有两个功能作用，一是松沉功夫的修炼、体认；二是轻灵功夫的修炼、体认。攻防身法的轻灵、松沉，关键在于内劲的用法。

秘诀是内气收敛入骨成一线者，修炼轻灵功夫，轻灵如羽；内气至体表皮毛，内有内气凝聚则修炼松沉功夫，势沉如山。皆由此内功法的修炼而出之，再移植到各种攻防招式手法中运用，可知此为基础功法耳！

再有就是平时内劲沉在双手中，则双手有如"拎捶"负重一般；运用时内劲归于后背，则双手轻灵善于变化，这体现了手法"沉炼轻使"的法则。有关这一方法内容，戚继光在《纪效新书·比武较技赏罚篇》中说："凡兵平时所用器械，轻重分量当较重于交锋所用之器。重则既熟，则临阵用轻者，自然手捷，不为器所败矣，是为练手之力。"道理是一样的。

而由此功法，又能派生出众多的内功修炼方法来，这亦是其奥妙所在！

现再将四形分项加以说明：

挥　浪

此式仍依"形曲力直"之法则，仍须不失四如之境界。其具体则为运用伸、缩、抑、扬、沉、托、提纵之力。盖人体站立时两足不动，而躯体与两臂同时做上下方向相反之波状运动，即双臂同时向上扬提而躯体却往下沉坐，双臂向下抑探而躯体却向上伸长，亦即上下对拔位长，此时人体重位能即转化成重力动能，全身即有一种波浪力，谓之"重力波"。此种重力波正是技击之所需也。同时上下对拔拉长荡起纵波力，借双臂左右圆撑之势，使纵波之中夹带横波，如是始有挥浪之舞姿。运行时，双臂一前一后。若左手在前，则出左足，若右手在前则出右足。双臂与躯体配合，上下伸缩抑扬对拔拉长，双手走一椭圆形轨道。左右进退互换无穷。此式之形象犹如龟之游出水面，欲浮而又沉，时常地浮而挟浪扬波于水面，故此形又名神龟出水❶。

游　龙

此式仍须依"形曲力直"之法则，仍须不失四如之境界，然具体则系运用提、按、抚、横、分、闭、开、合之力，此式之运行与挥浪同，仍需利用重力波以发提、按、抚、横、分、闭、开、合之力。双臂与躯体配合上下对拔拉长。所不同者在于双臂在躯体之前以提按开合之势走椭圆形轨道。须以纵波出提按之力，以横波出开合之势。纵横高低进退互用。其形象若一龙游苍海，龙即是浪，浪即是龙，龙行浪动，浪动龙行❷。

挥浪、游龙二式皆系利用重力波以收技击之效应。故用时需掌握力波之松紧。松以蓄劲，紧以发力，松紧紧松无波不浪。波浪主要需有弹力，此种弹力遇物即须爆发为炸力，此即意拳之蓄弹惊炸也❸。

习挥浪、游龙二式，又须有仰之则弥高，俯之则弥深之身，对方高来我则高以行之，使有凌空失重，高不可攀之感。对方低来我则低以行之，使有如临深渊摇摇欲坠愈陷愈深之感，此即高则扬其身，低则缩其身之法也❹。

挥浪式健舞的基本姿势犹如太极拳的起手势，阴阳逆从、劲形反蓄的起落提按左右摆动，犹如波浪翻滚，即心意拳诀"进退如波浪翻滚"的劲势。最后以神龟出水喻之，乃知遵从上下相随的四象法则为规矩而又能"不撄人之力"方为真功夫。

游龙健舞的基本姿势犹如少林拳法"牵椽手"的回环运动或如"搬打，云手"回环运动的法式,同样遵从上下相随的四象法则为规矩。

然而两种健舞的身法基本要求都是外形柔弱无骨,内气健运不息,柔外刚中匹配如一,才能做到舞姿之势的身法、步法、手法之起落进退拧转开争裹合之劲势源源不断、生生不已的艺境。而每一动作都具有蓄势松紧适度而充沛,故而可以随时爆发为能用于攻防的炸力。

而"仰之弥高,俯之弥深"的言语、艺境皆出自王宗岳《太极拳论》中。由此可知,健舞并没有绝传也!

但是,没有内劲功夫者,确实难以为之!有前贤之论可以为证,为以资对照,录而并解之如下:

"秘钥"歌诀,论之最明,记之如下:

(一)

一志凝精眼未呆,横斜进退认从来。
辨清虚实心能定,识透弯环路不乖。
缓急自然难上当,屈伸灵稳莫疑猜。
随机应变熟而已,神化无方妙矣哉!

(二)

先将要诀记分明,手眼身形式在清。
大小枢机随运用,高低正复有权衡。

第一首歌诀中的"心能定",是说外辨清对手之虚实,可避实击虚;自身内则虚胸实腹,才能更好地避实击虚。此两个内容方是"心能定"的全部内容,其秘钥之精义在此。

第二首歌诀中的"有权衡",其中就含有"存气常实腹"的气沉丹田而守的"定砣"之作用。权衡之器即含"丹田中内气"的功能作用。

能以如上所论之法修练"吐气开声贯气法",则丹田内气坚固,既能"存气常充腹"又能内气"贯通筋骨壮形骸"。有了如此内气运用的技术、技巧、功夫,在较技中也就能够做到"杀手休将气放怀"了,也就不会再生喘满而气喘吁吁之症状了。此正如拳诀所言:"固灵根而静心者,修道也。"即静心则气下,气下丹田则根固,根固则气不浮妄,乃修练之大道也。今将"气沉丹田"运用之精义剖解明白,不生喘满的原因分辨清楚,以备习拳者参考用之。但妄用力者,不能达此艺境也。

能明白歌诀之精义者,便能明白挥浪健舞和游龙健舞的内涵精义了。

《意拳论》注解点评

注：

❶ 此式仍依浑元一气涨渺的球形"形曲力直"的法则，仍须不失身如钢铸、体似灌铅、毛发如戟、肌肉若一的四如之境界。其具体攻防技法则为运用伸、缩、抑、扬、沉、托、提纵之能力。盖人体站立时两足不动，而躯体与两臂同时做上下方向相反之劲势波状运动，即双臂同时向上扬提而躯体却往下沉坐，双臂向下抑探而躯体却向上伸长，亦即上下对拔位长，此时人体重位能即转化成重力动能，全身即有一种劲势波浪力，谓之"重力波"。太极拳的起势动作就是如此的运动法式。此种重力波动的劲势正是技击之所需也。同时上下对拔拉长荡起纵波力，借双臂左右圆撑之势，使纵波之中夹带横波，如是始有挥浪之舞动的姿势。运行时，双臂一前一后。若左手在前则出左足，若右手在前则出右足。双臂与躯体配合，上下伸缩抑扬对拔拉长，双手走一椭圆形轨道。左右进退互换无穷。此式之形象犹如龟之游出水面，欲浮而又沉，时常地浮而挟浪扬波于水面，故此形又名神龟出水。运用神龟出水式的时候具有不撄人之力的艺境为功夫。

❷ 此式仍须依浑元一气涨渺的球形之"形曲力直"的法则，仍须不失身如钢铸、体似灌铅、毛发如戟、肌肉若一的四如境界。然具体攻防技法则系运用提、按、抚、横、分、闭、开、合之能力，此式之运行与挥浪健舞同，仍需利用重力波以发提、按、抚、横、分、闭、开、合之能力。双臂与躯体配合上下对拔拉长。所不同者在于双臂在躯体前以提按开合之势走椭圆形轨道。须以纵波出提按之劲力，以横波出开合之形势。身法纵横、高低、进退相互为用。其形象若一龙游苍海，龙即是浪，浪即是龙，龙行浪动，浪动龙行，此即传统的龙行蛇身之谓也。

❸ 挥浪健舞、游龙健舞二式，皆系利用重力波浪的动态以收攻防技击之效应。故运用时需掌握浪力波动之内气、外形匹配如一的阴阳逆从、反蓄之松紧状态。形松气紧以蓄劲，形紧气松以发劲，外形、内气阴阳逆从的松紧紧松无波不浪。波浪主要需有惊弹的劲势，此种惊弹的劲势遇物即须爆发为炸力，此即意拳之蓄弹惊炸之劲势也。

❹ 修炼挥浪健舞、游龙健舞二式，又须有"仰之则弥高，俯之则弥深"的身法功夫，对方高来我则高以顺行之，使之有凌空失重和高不可攀之感觉；对方低来我则低以顺行之，使有如临深渊摇摇欲坠、愈陷愈深之感，此即进退乃"高则扬其身，低则缩其身"灵活运用身法功夫之方法也。

点评：

王宗岳《太极拳论》中说："人刚我柔谓之走，我顺人背谓之粘……虚领顶劲,气沉丹田,不偏不倚,忽隐忽现。左重则左虚,右重则右杳。仰之则弥高,俯之则弥深。进之则愈长,退之则愈促。一羽不能加,蝇虫不能落。人不知我,我独知人。英雄所向无敌,盖皆由此而及也!"这是从"上下、左右、前后"六个方位阐明了运用顺随法式的一点子"黏走相生,化打合一"的避向击背的法式。能如此而施攻防技击功夫,只有形体似水流的艺境才能做得到。

吴殳《手臂录·枪法六品》中所说:"神化。我无所能,因敌成体;如水生波,如火作焰。"

再看《易筋经·贯气诀·点气论》中的:"似梦地着惊,似悟道忽省,似皮肤无意燃火星,似寒侵骨髓打战悚,想情景,疾快猛,原来是真气泓浓。震雷迅发,离火焰烘,洪水波涌。欲学不悟个中窍,丢却别寻哪得醒?"

由上述三家说法的体用精义来看,挥浪健舞和游龙健舞的功夫艺境亦不过如此而已!

白 鹤

此式仍依"形曲力直"之法则,仍须不失四如之境界。然具体则系运用搂、劈、钻、刺、翻、扬、裹、拧之力。盖我之整体任一曲蓄部位,当其作用于敌体之某一部位而受阻,或当敌体之某一部位作用于此处,即将发生变形时,我之此一曲蓄部位即产生一种阻力,阻止变形这弹性力,即爆发之为炸力。此种爆发之炸力正是技击之所需,此即我所谓之"蓄弹惊炸"。必须知在我曲蓄部位伸缩自如之限度内,弹性力与我曲蓄部位之伸展量(或回缩量)成正比。故练习此形时两臂运行之幅度应大些,以增强爆发力之直射强度❶。

运行时两臂交替自外向内划弧。若高,指端不过顶,若低,指端不过脐,设左臂先起则出左足,右臂先起则出右足。划弧时,两手臂须有搂、劈、钻、刺、翻、扬、裹、拧之力,习时需根据不同之假想、假借,我手臂曲蓄部位所产生之弹性力或翻扬或裹拧或搂劈或拉钻刺爆发为炸力。此式之妙还在于起脚制敌。若左臂先起的则左脚用劲横起横落。起须不高于自己实脚之膝,落时不超于敌胸,提膝、脚落劲发于手,力出应为一声,此种落脚之势并非踢、蹬、踹、踩,实为顿也。只运用爆发力两臂交替连用,双足一齐互用,其形象颇似白鹤突围拔地欲飞也。意拳之"三拳一脚"即从此式化出❷。

白鹤健舞主要论述的是,在四如境的身法功夫和上下相随法则的基础上,时时处处能够做到"曲中求直,蓄而后发"感而遂通的形曲力直之自动化能力,以及膝击、脚法如何配合手法攻防以制胜的能力。

这方面前贤多有论述，为以资对照，录而并解之如下：

问曰：用膝可以敌人，何也？
答曰：在推上击下。
　　　　　两手相加敌扰攘，无心思到下盘伤。
　　　　　横直撇膝因穴道，纵是英雄也着忙。

阐释：

用"膝"在攻防较技中既可以防守破解对手向我下盘的攻击，又可以各种膝击的方法攻击对手的中、下盘，奏效显著，其道理何在？原因何在？技法为何？

答：膝乃全身的"七星"点位之一，又是下盘腿法、步法的"三才"中枢之"人才"的部位。是地户的三道防线之一，膝为二道门户。而脚（踝）、膝、胯则是下盘的三道门户防线，同时又是三支奇兵，在较技中，皆可即时出奇制胜；又可回防固守无隙。故膝具备着提上击打、下跪击打、里扣、外撇的横向击打、前后左右的摆动击打。其攻防点位全面，防守能力强。膝击属于下盘之法。

较技时，双方手法攻防拆变不可开交之际，谁也想不到下盘膝击制胜的方法。其实，此时此刻正是用膝攻击对手下盘最好的时机。故平时应多加习练各种膝击方法，熟而又熟，必能在与对手攻防变化不可开交之际择机而用。此乃出奇制胜之法。

膝击有直膝击打、横膝击打两种基本形式；有提膝击打、跪膝击打两种姿势。如横提膝击打对手大腿的风市穴、环跳穴、血海穴、箕门穴；小腹丹田气海穴、关突穴、脐中、中脘，直膝跪击对手的梁丘穴、阴市穴、伏兔穴。摇摆法的膝击打对手桩腿的阴、阳陵泉穴，委中、承山穴，撇膝击打亦如是。还有摇膝转打配合脚勾的反关节摔法。可有破解对手抱腿摔或黑狗钻裆等，可直提击打对手面门，横膝击打对手太阳穴、颊车穴等。或采用飞身跪击对手颈、背的跪砸击法。更有正面对敌的飞身抱头双膝直击对手胸部、胃脘部的凶猛方法。故较技中一旦被膝法击中，常有疼痛难忍，力不能支而惨败，就是铁打的英雄汉，着了膝打重击的道儿，一样会忙乱而自顾不暇的。

故平时多练膝击诸法，纯熟达到出击自然而然，能与各种攻防招法配合紧密无间，方可在较技中至用，而能出奇制胜，也就必然能出奇制胜了。但运用于切磋较技中，最好不用重击伤人之法，才是武德淳厚的表证。

六、杂谈

下面在介绍"脚法"的运用以制胜的内容：

问曰：轻勾可以倒人，何也？
答曰：在手不在足。
　　　承手牵来将次颠，用脚一勾边自然。
　　　足指妙在勾身用，微微一缩望天掀。

阐释：
前讲手勾进身之法，此论脚勾倒人之用。轻勾，即指脚勾、腿勾到位，起到勾法的拦挡作用，辅助身手招法的倒人之效果，是名"轻勾"。顾名思义，如以脚勾、腿勾的动作为主连贯而施出跌摔对手的勾法，是名"重勾"了。"轻勾"是以手法为主而脚勾为辅助配合的招法；"重勾"是以脚勾为主而身、手为辅助配合的招法。这里说的是轻勾法，故曰："在手不在足"。是用手法为主，脚勾辅助配合，脚勾为宾的方法。施招用手，手足的主宾分明，则轻重缓急先后秩序分明，便于修炼和应用了。此问轻勾为什么可以倒人？倒人者，即摔人之法。道理何在？可知：道以法现，是法皆可用之。

较技时对方出拳、掌、长拳法击来，双手顺势採捋，对方收势不住而前冲，伸脚勾起拦挡其足，对方全身惯性的前冲之势下盘突然受阻，上盘前冲惯性力的作用难以克服必然跌扑在地。此招出手利索，脚勾适时到位，先后顺序井然，而施手用脚勾又潇洒自然，可谓之倒人之法精妙矣！

尚有进步进身上扑下勾跌人之法。如对手出拳直击而来，分手化解其攻势，趋步进身，脚落对手脚跟后成勾势，同时双手虎扑势扑击对手胸部，对手应击必然仰翻跌摔在地，此脚勾名为"刀勾"之法，有内扣脚的"里刀勾"，有外掰脚的"外刀勾"之用法的区别。

尚有左右架臂勾拦摔。如对手右直拳、掌击来，我左手拦握其腕，上右步以右手肘弯挎架其右臂腋下，右拧身旋转带领起其身，右脚成勾栏挡其双足，撒手，对手必然扑跌在地。此招瞬间一气呵成，干净利落，足见此摔法之精妙。如对方左手，反之亦然。

抹脖带勾拦摔，对手左直拳掌击来，我以左领手里截，再交右手握其腕，同时上右步踏实，左手顺势抓其后领，左拧旋身，领带起对手之身，伸左足勾拦其左足踝，对手必然旋转飞跌摔扑在地。

用脚勾胜人之摔法，数不胜数，如靠摔外刀勾：对手顺步右直拳掌正面击来，我以左手下搬其前臂，上右步从其右腿外侧过其脚后，以右肩靠其右侧同时右脚后跟勾其右足，形成上下剪摔之势，其必仰翻跌摔在地。如果左手上托掀其右上臂，则缩矮身形亦能以肩靠脚勾胜之。亦可以右肘配合脚勾如此摔之。

挑勾摔法：对手左直拳击来，我右手从外搬截，对手复以右手拳掌直击我面门而来，我起左手内抄其右臂肘部同时缩身，右足至对手右足外侧，右手抱拦其身左侧，我左背脸左足踏实并向左旋身，右足将其挑起翻摔。如对手逃闪右足必向我右前方落地，其身亦从我身上滑脱，我此时伸右足里刀勾拦其右足踝，将身靠击对手，其必跌翻，此名"扒勾子"，此法可施用于各种攻防之后，顺势使用，一气呵成，自有妙不可言的摔人、跌人的神奇效果。

分手进身合抱里刀勾摔法，对手直拳正面击来，分手化开，进步双手抱住其身，用一足里刀勾法，勾拦其踝，上身前倾，对手必后仰翻跌在地。此法妙在突如其来，贵在抱得起，勾得灵，摔得快。要的是个干净利索和脆快，猝然即成。

通过上面数例介绍，可知"轻勾"倒人之法，全在于手法的领带，身法的伸缩拧转，运用精熟，较技时必有出奇制胜的极佳效果，故而不可轻视。

下面再介绍两例"重勾"法，以求齐全，方为上策。跪腿外刀勾摔法：如对手右直拳顺步正面击来，我左手领之上左步踏实，缩身起右步从其右腿外侧疾进到其右足后，以足跟勾拦其右足速屈膝跪下，用大腿外侧挞击其小腿外侧，其必跌翻而出。此乃出以重勾的摔人之法，又是不招不架，就打一下的妙用。运用此法常有出其不意的制胜效果。

勾踢，又名"金勾钓鱼"，对手顺步右直拳直击面门而来，缩矮身形闪让，定住右足，起左脚勾踢对手右足踝大筋处，即可将其右足踢起而将其掀翻后仰摔在地，亦属不招不架，就打一下的方法。而此勾踢用法讲求勾踢的角度，必与对方侧扁身形成直角方向效果最佳。诀云："足指妙在勾身用，微微一缩望天掀。"着实不假，我曾运用此法而速胜数人，平息了一场群殴群斗。

由此可以看出，白鹤健舞的攻防功夫内容，亦不过如此而已！

注：

❶此式仍须依浑元一气涨渺的球形之"形曲力直"的法则，仍须不失身如钢铸、体似灌铅、毛发如戟、肌肉若一的四如之境界。然具体攻防技法则系运用搂、劈、钻、刺、翻、扬、裹、拧之诸种技法功夫能力。盖我之整体任一曲蓄部位，当其作用于敌体之某一部位而受阻，或当敌体之某一部位作用于此处，即将发生变形时，我之此一曲蓄部位即产生一种阻力，阻止变形这弹性力，即爆发之为炸力。此种爆发之炸力正是技击之所需，此即我所谓之"蓄弹惊炸"。必须在我曲蓄部位伸缩自如之限度内，弹性力与我曲蓄部位之伸展量（或回缩量）成正比。故练习此形时两臂运行之幅度应大些，以增强爆发力之直射强度。

❷运行时两臂交替自外向内划弧。若高，指端不过顶，若低，指端不过脐，

设左臂先起则出左足，右臂先起则出右足。划弧时，两手臂须有搂、劈、钻、刺、翻、扬、裹、拧之劲势，修炼时需根据不同假想、假借的景象，我手臂曲蓄部位所产生之弹性劲势或翻扬或裹拧或搂劈或拉钻刺爆发为炸力。此式之妙还在于起脚制敌。若左臂先起的则右脚用劲横起横落；若右臂先起的则左脚用劲横起横落，以保证上下相随的四象法则的法式才为正确。起须不高于自己实脚之膝，落时不超于敌胸，提膝、脚落劲发于手，力出应为一声，此种落脚之势并非踢、蹬、踹、踩，实为顿也。只运用爆发的劲势两臂交替连用，双足一齐互用，其形象颇似白鹤突围拔地欲飞也。意拳之"三拳一脚"即从此式化出。

三拳一脚：乃是自己先出手的法式，如虚招一拳，见对手破解，随其势变手两拳连击附加一脚在其中，正好是"三拳一脚"的打法。如果是对方先出手，则如诀言所说："一攻一防一补招，此是盘中第一功。"这里的补招是脚法，或是其他什么招法都可以。

点评：

攻防较技制胜，并非都是"一触即发"可以制胜的，往往需要全身各部位有机之配合，白鹤健舞中清楚地说明了这一点。历代前贤亦多有论述，为了说明这一点的重要性，择其要者录而并解之如下，以资对照：

少林寺短打推盘步法

两下合掌挤步行，着地拨势认分明❶。
若还连珠之步进，左右两拗随后跟❷。
连珠步进单鞭出，回马则用撤步行❸。
倒骑龙势梅花步，谨转开门认分明❹。
梅花五步牵连进，拗单鞭下势法门❺。
他若高时高探马，我若低盘雀地龙❻。
一上一卸一补招，此是盘中第一功❼。
有人识破其中妙，敌纵高强莫逞雄❽。

此步法歌诀，乃专论"短打拳法"攻防运用时步法要领的。推盘者，术语也。推者，太和一气之流行，谓之"推"。现在的"太极推手"，就是"太和一气流行的手法运用"之简说也。理解其精义，就是"推行太和一气之流行的手法，名曰太极推手"。盘者，古时盥洗用具的一种，现时浅而中凹之圆形的餐具之一。拳家引而借用称以自身为轴心回旋转绕的规定之范围。如手臂范围为天盘，肘为人盘，肩为地盘，此乃内外三盘说；头颈为上盘，腰腹为中盘，双足为地盘，此乃上下的三盘说。两种"盘"说，概括了攻防的进退门户和道路，以及攻击线路、部位、目标、防守的部位范围。故"推盘"者，推行太和一气之流行的攻防范围者也。

短打推盘，就是"短打拳法里推行太和一气流行攻防范围"的方法。

少林寺指河南嵩山少林寺。说明此"短打推盘步法"的歌诀，乃河南嵩山少林寺武僧所撰。根据曹谱所言，乃"玄机和尚"所传出。而传出之时，正是明朝时期，张横秋先生得陈松泉师所传，自己"尝系拳经（歌诀）数百首，并附诸械百法，编成一帙"。此正是张横秋先生所撰的《拳经·拳法备要》一书之内容。

而此少林寺短打推盘步法歌诀之内容，既是练习步法的精华，又是实战交手盘搏的步法运用和制胜的精华，到底步法的精华在哪里？观歌诀内容，便可知之。下面逐句阐释之。

阐释：

❶此言双方对阵较技，与人搭手接触，谓之合掌。即是双方接触了，就要手法顺势，步要前进站位，载身而进，谓之"挤步行"。此挤步乃广义的步法说，并非具体的"挤步"。古传"挤步"乃"挤步侧身前进者，俱横步。挤步正身前进者，前步微横，后步全顺，俱是后步先动，挤步前进，后催前也"。而此说的挤步，乃"场中切要"条目中"到身"中所说的"后脚第一要伸得直，以后脚过身法，以身法送前手"的通常步法。即后文中所言的"斜步拨托，接步闪靠，缩步剐穿，横步封膀，直步劈胸"的"大全躲影活神仙"诸步法。也可以概括地说，就是本"歌诀"中所述的一切步法，皆为挤步者也。

既然接手挤步而行，凡是要抢里抢外，抢上抢下，运用手法拨托披掀，裹拦勾抹必须认清其势，劲势运用恰如其分，方能破门而入，避实击虚以胜之。否则，势必受阻，或落空而陷险境。此句表明，到身入门虽主要是步法的事，然必须有手法、身法的有力配合，方能显出步法的重要作用。明表步法，实亦未忽视手法、身法的重要作用。这充分地体现出手法、身法、步法，三法合一的周身一家之观念。此言表过，以下数句歌诀，皆是在三法合一观念的基础上，阐述步法的重要作用。此乃第一、二两句歌诀所欲言表的精义。

❷此乃论"之"字步法的妙用的。"之"字步，又名"蛇行步"，亦名"斜行步"。乃属于连进、连退；进而退，退而进，连续进退运用的步法之一。连续数步进或退的步法，皆可谓之连珠。而此句是说"之"字步法的连珠法式的。故曰：若还连珠"之"步进。

"之"字步的特点就是"斜行"，也是本《拳经》所言的"右斜行一步，复左斜行一步插进的打法"名曰"半步打法"的法式。然"之"字步的最大特点

六、杂谈

乃是"右足右斜行一步，左足亦斜行跟进；复左足左斜行一步，右足亦斜行跟进"。凡跟进的步足与前行的步足成"堆步"式。这就是"左右两拗随后跟"一句之斜行连珠"之"字步的要点。

❸左右连珠之字步，每进一步皆有单鞭手法攻击对方面门耳腮，所谓"披人力在肘和肩，连披带劈耳门边"。此单披手就是单鞭手法。古有："左右单鞭任意行"之说，常配合的步法有"之"字连珠步。然能运用单鞭手法，并非只有"之"字连珠步。各种步法皆可配合单鞭手法运使。习拳者一定要辨明弄清，才能练、用不误。

乘机而进，无隙则退，攻防之道也。如进击受阻，或对手反击而来势凶猛，必然回马防护，则用"撤步"，而此"撤步"又是广义的，如先撤后步，前步跟回的"疾步"；先撤前足倒为后足的"倒步"；撤前足从后足前往后落地再撤原后足仍为后的"盖步"等，皆可名为"撤步"。就是本拳经所说的"缩步、御步"都属于"撤步"的范畴。此用撤步一句之精义。在于即要退回，就要以步法载身而回，才能撤退到安全范围，从而进行有效的反击。故撤步之远近只有即时见境生情而定。此正强调了撤步的妙用所在，即退而能进，方得撤步之精髓。

此两句歌诀着重说明了步法进退之妙用所在及手法配合的重要性。此正说明"进也打，退也打"的连珠妙法的可行性、可用性之价值。

❹倒骑龙步出自梅花步中，如果右足踩在中心点位，左足踩在五花心图的右下角位，左足右向旋转，回落在五花心图外的点位上落定，此乃"倒骑龙"步势，故有"正骑马，倒骑龙"之说法。此"倒骑龙步法"常用于背靠，倒钉肘，反背掌等攻击招法使用，亦可用于闪化防守之时，亦属于撤步之一种。此步亦可连续左右步旋转而用，乃变招换势常用的步法，此即"倒骑龙势梅花步"一句之精义，因其在梅花五步法图中的任何点位皆可反转而成的缘故。

正面对敌击人防守，皆可破门而入，然运用"倒骑龙势"时，乃背后对着敌人，或左转，或右转，仅转到"开门"时才能攻击有效。这就在需要实施倒骑龙势的步法和手法时，一定要认准对手的"开门"所在才能运使有效。否则，不能胜敌，反而招致惨败。

开门者，乃出自八阵图的"生、死、惊、开、杜、景、伤、休"的八门说。拳有"八行门"拳种，专以此八门法论拳之攻防技法。开门者，乃对手之拳势敞开不能自护之位置，谓之开门。然此"谨转开门认分明"之开门，乃指对手即时没有防守措施或不能防护之所在。因为，任何一个攻防拳架，皆有防护不严谨之所在。故任何拳势都有"开门"之部位，故运用"倒骑龙势"乃背对敌人更要认准对方的"开门"而去方才有效。这一点正是运用"倒骑龙势"的秘诀要点。就是正面对敌，亦应破门而入。如从开门进击，乃最捷当便利也，然对手容易防护。而运用倒骑龙势，乃背对敌人，故有出其不意，攻其不备，出奇制胜的捷效。

为避免敌开不能自护之位置存在敞开门户的现象，故"九宫戳脚拳"又名"九宫闭门戳脚拳"。取义于施招用手、施手用招的攻防较技中，始终是关闭着自己的门户打人。从不出现敌开不能自护之位置存在开门的现象，"闭门戳脚拳"的立名精义于此可见矣！

然"倒骑龙势"的具体"步法、手法"，本《拳经》之曹谱、良谱都未做介绍，只好依据明戚继光著《纪效新书》的"拳经捷要篇"中"拳经三十二势"的"倒骑龙势"之精义来作阐释的依据了。后面之"高探马，雀地龙，拗单鞭"等，亦取自"拳经三十二势"中的拳势来作阐释依据。

❺所谓梅花五步，乃指良谱"梅玄五步着诀图式"中的"五个步法"而言的。而五个步法又换成"大全躲影"的五个躲影步法。就是：

直步躲影劈胸栽，
横步躲影封膀送，
斜步躲影挨身拨，
卸步躲影留胸前（缩步窝挪剐穿），
接步躲影闪后靠（倒骑龙势）。

一切攻防进退变化，皆是此梅花五步前后交互连续变换而成的。此即"梅花五步牵连进"一句这精义。

拗单鞭，乃拗步单鞭手。此首歌诀云：

拗单鞭晃花紧进，披挑腿左右难防。
抢步上前连劈揭，沉香势倒推泰山。

从歌诀中可以看出拗步单鞭手的系列攻防手法不下十来个。皆须梅花五步的交互连续运用才能完成拗步单鞭系列手法的运使。说明了步法乃手法的根基。此乃拗单鞭下势法门一句所蕴含之精义。

❻他若高架来攻我上盘三门时，我可用高探马势顺势揭掀。何为高探马势？有歌诀云：

探马传自太祖。诸势可降可变。
进攻退闪弱胜强，接短拳之至善。

六、杂谈

由歌诀"诸势可降可变"一句知道,高探马势可以降服其高来之势;又可破解对方之从左、中、右、下四路的进攻之势。这是"他若高时高探马,诸势可降可变。"后一句之精义。

然我若运用"不招不架,只打一下"的招术,就采用下取低盘的雀地龙势最佳。何为雀地龙势?有歌诀为证:

> 雀地龙下盘腿法,前揭起后进红拳。
> 他退我进随颠补,冲来短挡休托延。

从歌诀中知道,雀地龙势乃出手便是扫堂腿法,当然能破对方高来之拳势。

关键是对方逃过了扫堂腿,我随后用前揭起后手"过道红"拳手法击其腹胸、颈、面门,他若退闪我随即进步跟进补手攻打。左闪,则左搬右进披揭,右闪亦如前法。雀地龙势妙在不招不架,只打一下;无争为争;追进补招,以收全功。此乃"我若低盘雀地龙,前揭起后进红拳"一句所蕴含的精义。这在下一句歌诀中表达得相当明白。

❼以上乃说对方较技攻防变化无穷无尽,并将攻防技法之众多繁杂形容为万殊。然运用融化法融化,归纳法归纳,其结果不外是"一放一化一补招"三个内容。攻则对方不知如何守;化则对方不知如何攻;一补招则使对方过上加过,不及加不及而落败。然此"一攻一防一补招"之所以能完成得完美无缺,无不是步法载身及时到位的功劳呀!此乃攻防较技能够战胜对手的第一等功夫,再次强调了"上法"乃是第一功夫。虽然赞颂了步法的功劳,但并没有忽略对手法的极度重视。这就是"一上一卸一补招,此是盘中第一功"之句的精义。

❽习拳者,如果有人能够识透"一上一卸一补招"皆是由"步法"完成的这一点玄机奥妙之所在。又明白此是施招用手、施手用招落实避实击虚法则的策略。如果与人较技,对手纵然高强,仍然不可能逞其雄健之威风的。由此可知"步法"在较技中所占的位置是相当重要的,所据有的分量、比重也是相当大的,谚云:"手打三分脚打七。"就是这个意思,此乃技法含量的"分量"比,并非"劲势"比。读谱者一定要将此点分别清楚,才能正确地理解、认识,方能照此而修炼。

最后这一句,亦可概括整部《拳经·拳法备要》之全部内容。这样可以统领其宗旨而练、用自然无误了,功艺大成乃成易事了。

这段论述清楚地说明:没有上下相随四项法则和四如境界的身法功夫是难以施展白鹤健舞之"曲中求直、蓄而后发"的攻防技法以制胜的,这就是白鹤健舞要说明的自身"体、用"功夫之内容精义。

惊 蛇

此式仍依"形曲力直"之法则，仍须不失四如之境界，然具体则运用起、顿、吞、吐、撑、抱、悠、扬之力。此式之运行与白鹤同，仍需利用曲蓄部位所出之弹性力而发起、顿、吞、吐、撑、抱、悠、扬之力❶。运行时若出左足则起左臂，自内向外划弧，同时右臂在左臂下自外向内划弧。进右足，右臂向外划弧，同时左臂在右臂下划弧。运行时根据不同之假想、假借，曲蓄之弹性力可以起、顿、吞、吐之形式爆发为炸力，亦为撑、抱、悠、扬之形式爆发为炸力。前后左右互换无穷，其形象宛似惊蛇乍走，左右迂回刀光闪❷。所谓三拳（钻、裹、践）、三棍（肩头棍、胸前棍、脑后棍）皆从此式中化出，厉害无比也❸。

白鹤、惊蛇二式皆系利弹性以得技击之效应。故习时需掌握回缩量与伸展量，回以蓄劲，伸以发力。将欲伸之，则必回之；将欲回之，则必伸之；回伸须至遍体似弹簧。此种弹力遇物即须爆发为炸力。故白鹤惊蛇二式亦系蓄弹惊炸之运用也❹。

习白鹤惊蛇二式又须知白鹤能制衡，惊蛇可夹纵。对方齐出，我则裹其力，使之旋转而拔根；对方独进，我则放其势，令彼力尽而前俯。此即横则裹其力，纵则放其势之法也❺。

惊蛇健舞亦同于白鹤健舞，主要论述的是在四如境的身法功夫和上下相随法则的基础上，时时处处能够做到"曲中求直，蓄而后发"感而遂通的形曲力直之自动化能力，以及膝击、脚法如何配合手法攻防之用以制胜的内容。然白鹤健舞的动作主要是手法"云手式"的回环动作，而惊蛇的手法主要是"搬打式"回环动作，这两种健舞的配合所形成的攻防拳势自然能生生不已、源源不断。

这方面内容前贤亦多有论述，录并解之如下，以资对照：

交手法

占左进右，占右进左。发步时足跟先着地，足以十趾尖抓地。步要稳当，身要庄重。捶要沉实而有骨力，去时撒手，著人成拳。用拳拳要卷紧，用把把要有气。上下气要均停，出入以心为主宰，眼手足随之去。不贪不歉，不即不离；肘落肘窝，手落手窝。右足当先，膊尖向前，如是换步，亦如是势。拳从心发，以身力摧手，手以心把，心以手把。近人进步，一步一捶，一支动百支俱随。发中有诀：一握浑身皆握，一伸通身皆伸；伸要伸得进，握要握得狠。如卷炮卷得紧，崩得有力。

六、杂谈

不拘提打、按打、烘打、冲打、膊打、肘打、腿打、头打、手打、高打、低打、顺打、横打、进步打、退步打、横步打、截气打、借力打及上下左右前后百般打法，总要一气相随。

出身先占正门，此之谓巧地。骨节要对，不对则无力；手把要灵，不灵则生变。发手要快，不快则迟误；打手要狠，不狠则不济。脚手要活，不活则担险；存心要精，不精则受愚。

发作要鹰捉勇猛，外静胆大，机要圆活熟运，切勿畏惧迟疑。心小胆大，面善心恶。静似书生，动如雷发。人之来势，亦当审察：视斜犹正，视正犹斜。足踢头撞，拳打膊下。窄身进步，伏身起发。斜行换步，拦打倒身，抬腿伸发。脚指东顾，须防西杀。足来提膝，拳来肘拨。顺来横击，横来捧压；左来右接，右来左迎。远便上手，近便用肘；远便足起，近便加膝。上虚下必实著，诡计指不胜屈，灵机自己揣摩。手急打手慢，手快打手迟。俗言不可轻，的确有见识！

起望落，落望起，起落复相随，身手齐到是为真；剪子股、望眉斩，加上反背，如虎搜山。起手如闪电，打下如迅雷。雨行凤，鹰捉燕，鹞钻林，狮搏兔，起手间三心要对，捶落时三尖相照。

不动如书生，动之如龙虎。远不发手，双手护胸旁。左来左应，右来右应，此为捷取。远了就上手，近了便加肘；远了用脚踢，近了便加膝，远近宜知。拳打脚踢，头至把势，审人能教一思进，莫教一思停；有意莫带形，带形必不赢。捷取人法，审顾他形，拳打上风。手要急、足要清，把势如猫行。心要正、目要精，手足齐到定要赢。若是手到步不到，打人不得妙；手到身亦到，打人如薅草。

善击者，先看部位，后下手势。上打咽喉下打阴，左右两肋并中心。前打一丈不为远，近来只在一寸间。身动时如墙崩塌，脚落时如树栽根。手起如炮直冲，身动要如灵蛇：击首尾应，击尾首应，击中节而首尾皆相应。打前要顾后，知进须知退。腿动快似马，臂动速如风。

操演时，面前如有人；交手时，有人如无人。起前手后手紧催，起前脚后脚紧跟。面前有手不见手，胸前有肘不见肘。如见孔不打，见空不上。拳不打空起，亦不打空落。手起足要落，足落手要起。

心要占先，意要胜人。身要攻人，步要过人。前腿似跏，后腿似添。首要仰起，胸须现起；腰要长起，丹田须运起。自顶至足，要一气相贯。胆战心寒者，必不能取胜；未能察言观色，不察形势者，必不能防人。

先动者为师父，后动者为弟子。能叫一思进，莫教一思退。胆欲大而心欲小。"运用之妙，存乎一心"而已！

一理运乎二气，行乎三节，三节要停，三尖要照。现乎四梢，四梢要齐。统乎五行，五行合一气。明了三心多一力，明了三节多一方，明了四梢多一精，明了五行多一气。明了三节，不贪不歉，起落进退多变化，三回九转是一势，总要一心为主宰。统乎五行，运乎二气，时时操演，勿误朝夕；盘打时始而勉强，用功久而自然！诚哉是言，岂虚语哉！拳术之道，终于此而已矣！

阐释：

交手法，是心意拳门比武较技交手方法的基本准则，如何能够战胜对手，基本法则都在文章中简练地论述出来了。

双方交手较技如何占位，相当讲究。对手右步在前，我就左步在前就近而进；对手左步在前，我就右步在前就近而进。发步时足跟先着地，继以足十趾抓地；发招放人时，后驱动而内劲逆行，便能奏效。步法在整个运使过程中，松沉而又轻灵，保持身体上虚下实的不倒翁之态势，守住虚中，拳要沉实而有骨力。

此进步占位发招用手的方法，乃继承《易筋经·贯气诀》中"头手二手前手后手论"所论之法："未交手而聚气凝神，两手交拦胸前，看他哪脚在前，即贴近哪边身子，注意他转根，制住他膊根，此闪门之法也。"陈式太极拳推手法中的步法，仍然保持这种"逆步法"式。由此可知，就近发招用手，是比武较技中优先选用的方法，明白这一点对初习拳者来说是非常重要的。

去时撒着手，乃是保留变化的方法。对方没有防护，成拳便打；对方如有防护，可随时随处顺其势转动手头而打之，可转为提、压、搬、拦等防守手法，以利于另一手的攻击。因为掌善于变化，拳头在灵活上不如掌，但在着身之瞬间聚气坚刚、势厚，是拳头的特点。拳头的威猛，掌指是不及的；然掌的灵活善变，拳是不可比及的；手指的轻灵、巧妙、神速，又是拳掌不可比及的，如功夫已就，戳打之威力足可使对手立败，如抹眉红手法。由此可知，传统拳法中的拳法、掌法、指法，都应当精熟之，方可于运用时信手拈来而又有制胜之奇妙效果。

"捶要沉实而有骨力"一说，充分地体现了当时拳术思想对拳法的认知。我们知道，拳势是由内气、外形柔外刚中匹配如一而组成。外形中有筋劲和骨力，《易筋经·贯气诀》中言及："着人肌肤，坚刚莫敌者，形也；而深入骨髓、截营断卫者，则在乎气，可以分筋骨毙性命于顷刻，气之为用大矣！"而这里强调捶要沉实而有骨力，是防止为求运用内气而成松软无形势之病拳也，所谓沉实就是外形的虚空松柔而内气的沉静实在之运用。综合观之，此言强调明劲之形拳招熟层次的以内气用外形,以形势用内气的"气形合一"之法则,这乃是传统拳术攻防之道的基本法则。

用拳如卷饼,握要握得紧,才能沉实有力,每手的施出,都要把把有气势。所谓"把",是指自己之拳、掌、指的拍位、打点要有稳、准的效果,要能把握住机势,把握住局势。把,是对传统拳术中攻防手法是否有效而提出的技术上的抽象概念,不是具体手法。势正招圆,乃是"把把有气势"的基础。初习拳者,理解"把"即为"有把握"的意思就可以了。

自身脐上如天,轻虚而灵;脐下如地,松沉稳健而实在。但是,实非满,虚非无,只在自调,即上下劲势要均停,并非上下劲势一样,以笔者的认知,下为五阴之三十,上为五阳之二十五。根据攻防功夫艺境的不同,自身整体的虚实感觉就不相同,但是,上虚下实的比值是不变的。如一个初习功夫的人,计为110之整数,则上有50,下有60,显然自我感觉是上虚下实整体"沉重稳健"的艺境;功夫轻灵后,整体计为11,其上身为5,下身为6,表现的是上虚下实的"轻灵之稳健"的艺境。谚云:"上虚下实不倒翁",就是指此松沉、轻灵的上虚下实之体态的均停艺境而言的。

出入以心为主宰,此心者,本心也,即理心、道心,以此心为主宰,外形体以"中心"为枢,是外形体方圆变化有根底、有规律,此即前论"三心四体归一气"的阐述。如虚中,百会至会阴之中轴,身体之旋转、步法之运用、手法之方圆变化的"规、矩",皆以此虚中为心;手足上下相随的运动,皆以腰为运转的中枢。有形者以中心控制,全身以本心所主宰,即"事中以治外"的法则。此乃由本心支配内气,使内气运行于形体之中,使形体外脱换为基础,再以各种攻防招法不断操练,使身体各部位以"中"或"心"为"枢"而建立攻防运转机制,最后达到神、意、气、劲、形、中六合一统的功夫艺境。此是心意拳所论述的"以心为主宰"的传统拳术攻防之道修炼和运用的宗旨。

做到六合一统时,出手用招必能以心为主宰,而眼、手、足、身必然随之而到位,但要作各种攻防招法变化时,心不贪意不歉,才不会出现"过与不及"的病拳。

肘与手有其各自具体的预备位置,用在对手身上又有具体部位,是名肘窝、手窝,在攻击与防守的过程中,又有各自具体的运行轨迹,这些都是拳法练用必须提到的内容。

攻防招法的形架,如右足当先而站,右肩在前,则右手为长,名前把手;左手为短护心,名后把手,护右前手,此为顺步式。尚有右步在前,左肩在前,则左手为长,右手为短护心,护左前手,此为逆式,前人称为拗步式;又有左肘与右膝垂直相合的十字手式。顺式、拗步式、十字手式,就是古传的"一步三捶"

的法式。所以，攻防招法的变化，就有换步不换身和换身不换步的两种基本法式，其中有左右两面顺步式、逆步式、十字手式六种用法。

但是，不管以何种顺、逆、十字架式来运用攻防招法，拳从心发，运用步法产生以身体重量催手的整体发劲击人的法则是不变的。运用手的起落收放要由心机把握，而心机亦要由手的感知把握，这样才能虚实相随，内外一而贯之，故心意拳又名"心意把"，也就不觉奇妙了，拳法攻防运用之妙，确由此发。自身要想整体进入对方门内，必由步法的前进来实现，为了与对手保持有效距离，必须做到一步一捶，即随其所动之方位而进步落点击发，能达到落步成招，是为妙境了。

运用一步一捶的连续攻击方法，必须保证上下相随。四体的一举一动，能按序随之以助势，乃是得手发人致远的诀窍。前面已经论述过的背发劲、落势尾发劲、外胯鲤鱼打挺、全身正、侧双足虚实变化一止为正发劲法，皆是发劲放人的绝妙方法。一收束全身皆能收束，一伸展全身皆能伸展；伸展就要伸展得到位，收束就要收束得根固。收束如卷鞭炮，自身形体要卷得紧，内劲展放才能有力度。这种内气外形束展的方法，适用于所有具体的攻防招法。所以，束展法或曰趋避法，不拘提打、按打、烘打、冲打、旋打、斩打、锛打、肩打、膊打、肘打、腿打、头打、手打、掌打、高打、低打、顺打、横打、进步打、退步打、横步打、截气打、借力打及上下左右前后百般打法，都是适用的。但是，总要一气相随，才是诀窍。出手如能先占对手之正门，即抢中门，此之谓"巧"的运用，拳谚云："脚踏中门，就是神仙亦难防"，说的就是先占正门的好处。

全身的骨节要对，要有柔弱无骨一气节节贯串的九曲珠功夫（骨节不对则拳势易断），才能保证攻防拳势变化轻灵活便圆通的柔行气；"接骨斗榫"，即发手时形架的整劲效果，才能保证发劲时刚落点的效用。此柔行气、刚落点，都需要骨节相对。但是，柔行气，是利用骨节相对的连续性，保证变化内无滞碍；刚落点，是利用骨节相对的整体性，保证捶捶要沉实而有骨力的击打之有效性，即整劲、劲整的效果。

手把要灵活机动不撄人之力，才能有得人之准而又不见其形，不灵则攻防手法变化滞呆而笨拙。发手灵便能疾快而出之，但要适时即动才见妙用。该打不打稍一迟慢，则误失良机；举手应活如灵蛇，善变不拘。一旦不灵活，即可被对手所乘而有失败的风险；存心要有机谋而又果断，不这样则出拳发招不准确，易落空；手脚灵活上下相随，才是攻防动作迅速敏捷的根基；出手用招，存心要精细，要明白对手攻防变化的各种可能及相应防守反击的方法，做好还击的准备。如果存心不精细，一旦一厢情愿用手施招，便会被对手灵活变化之妙招巧手所愚弄而落败。出手之精，表现在攻击时换身发劲，对方不易化解。

六、杂谈

如出手带力而发，对手拆变可以利用；如果出手用招不用力，换身即发，对手防守拆变，我可随其变化而再用招法攻之，自可拳势攻击连连不断。此为存心精细之运用。故打手前出，后手要跟而相护，这是预防对手拆变而我能保留变化的方法之法式。如果前手孤军深入击打对手，后手不跟随相护，这是两手不能攻防相济的方法，容易失败。故前贤总结"存心要精，不精则受愚；打手要跟，不跟则不济"。

发招做势要像老鹰捉小鸡那样，占有绝对的优势。但是，要做到外形体松柔而又安静，内要心细而胆大，自然神壮而拳势威猛，诀云："积神则威力猛"者，此也；自身攻防机制要能熟练地运作，心机还要精细敏捷，才能保证攻防招法的胜势，切勿从心理上畏惧对手而造成心机和形体攻防变化的呆滞、迟误，这是动手较技中极大的障碍。心精细而小心才能听探清楚、顺化得明白而能面面俱到，才能防微杜渐；胆大，出拳势无顾忌，才能应变自如；面目要和善，显示出自己内外清静，虽然攻防变化紧张激烈，也能应对拆变自如，出手发招如美女采花，轻灵而又干脆利索。常言说，静似文弱之书生，对方不惧我，而我又明耀如三光，可洞明局势微妙之变化，察对手之动势，应机合势，故而动手行招疾如迅雷之发，变如行云流水，连而不断。

人之来势，详细审察，来脉听真，脚踢头撞，拳打膊挤，肩靠胯打，宜侧身进步，合身齐进。或伏身而蓄，或起身而发，斜行换步，倒换身法，抬腿伸脚即发，脚指向东面而发，须防对手由西面施入的杀招；凡实施攻防招法皆要保持上虚下实不倒翁的身法态势，才能无后顾之忧。什么以强示弱，以弱示强；以远示近，以近示远；实快似慢，实慢似快；欲进示退，欲退示进；声东击西，指南打北；取上打下，取下打上；藏巧若拙，大智若愚。凡此诡计举不胜举，全在临场应敌，灵活机动地揣摩而用之。运用自如，精熟斯计，全在于平时练功用心之体认积累。虽是诡计施出不穷，全是符合大道之正眼法藏的法式。

拳势攻防有时也体现在往复打法之运用上，即重复运用一招的打一打二之法式，乃不二法门。再有就是起势之打，也要有落势之打的心机和机制；落势之打，也要有起势之打的心机和机制。此谓之"伏机"机制。有了伏击攻防机制，起落之势便可随时应机相互随之跌出而用。运用时一定要身手齐到，才是真正有攻防效果的施手用招的法式。各种身法，如纵横、进退、闪展、趋避、伸缩、吞吐、旋转等，皆如是法，非但指起落一法，而以起落一法而论诸法之运用的基本法式。

剪打、望眉斩手、反背掌，运用起来犹如猛虎搜山之势不可阻挡。起手疾如闪电，对手不及合眸；打下如迅雷劈物，对手应击而跌，不及防守；翻手风云覆手雨，闪电雷鸣齐交加，什么鹰捉燕、鹞钻林、狮搏兔诸种攻防招法之运用，起手时要三心相对，落点时要三尖相照，才能气形合一而具有攻防之威力。

不动如书生清静自在，行招用手似龙腾虎跃，这就是攻防拳势动静的法则。而用招时，远不发手打，打上也无效果，反而容易让对手利用，乘势而发招用手，于己不利。双手长短护心旁，对方右手向我左侧击来，我左手起而应之；对方左手向我右侧击来，我右手起而应之，此为快捷的取势用法。当对手已至身前，远了就上手击打，近了便用肘法击之；腿法亦如是，远了起脚踢，近了便提膝击之。如果是对手敢于贴身，上有肩靠抖弹，下有胯靠崩炸。拳之较技，远近招法之用宜应全知而又精熟，是明"全体大用"之方法。

攻防用招虽表面看来是拳打脚踢，但实际上，从头顶至脚底，由内至外，一气贯串，全由"心"把定总势之动静，审人度势，应手对战，宁要一丝之进取，莫要一丝之停断；高手用招，能叫对手长思进攻，因为卖了破绽，已经设下擒敌之埋伏机关了；莫叫对手有一点停止进攻的打算，这才是好手的功夫艺境。即后人总结曰："引之使进，其不敢不进；呼之使去，其不敢不去，内劲一发，对手犹如摧枯拉朽一般飞跌而出。"各种攻防招法的运用，内虽然有意而用，但用时却不见形之所动，才能出招用手击败对手，而对手却不知我如何发招，此乃上乘用招的妙法。如出手用招带形、带象，对手已知在先，定会应招拆解，甚至利用我之形势而击败我。

巧取对手，须审视照顾好地形，为我所用，为对手设置陷阱。如我在上风势头，对手在下风势头，则我高彼低，我易守易攻，而对手则难守难攻。地形利用得好，手法还要疾如风，足要轻灵敏捷，步法走动如猫之行走；心要放得正，则心机灵敏，自然能先知内外一切变化；眼要聚精会神，则眼精明，自然能洞察对手的拳势之短长，揣摩其动作的意图；再有手足齐到的用招之身法配合，肯定能战胜对手了。若是手到脚不到，自身游移抽扯，牵制吊挂，形势必然散乱，就是击中对手也没有效果，这是因为没有得到发人的真传妙法。手到脚也到，打人便如拔草一样容易，故有"落步成招"的口诀，八卦掌的"打人全凭步来转，站住便是落地花"，也是手脚齐到的说法。

施招用手、施手用招必定有落点，上打咽喉下打阴，左右两肋并当心，脑后一掌夺真魂，此都是拼命打法之落点位置，进击必取之地。知所击之位，前打一丈不为远了，因有横直纵步可助发拳之威势，距离全凭步法齐，其理也在此；近打只在一寸间，因有贴身靠打、腹肋靠打，则距离也就不为近了。知道方法了，发拳用招身法一动要如墙倒崩塌之势，整体射出，威力才猛。落脚时犹如大树栽根，才能稳健，有利于劲从足下起以助拳之威势，易见效果。手起如炮直冲到位，即直发者节贵短，所谓不钻不翻，一寸为先。身要如灵蛇一般：击尾则首应，击首则尾应，击中节而首尾皆相应。只有形体柔弱无骨，似水之流，方能

六、杂谈

做到。可见，心意拳交手诀，句句言打之精妙，而"身要如灵蛇"一句，更如画龙点睛一般，将传统拳法对身法形态的基本要求，表达得淋漓尽致。修炼传统拳术攻防之道者，应于此处领悟心意拳法的精旨妙谛，可入门上道，而不误入歧途矣！由此可知，交手诀所言皆是在身形如灵蛇一般的基础上完成的。这才是领悟拳之精妙的入手之处。

传统拳法攻防，打前要顾及后面，知道向前攻打进击的诸种法式，也要知道后退防守的诸法之运用，此全凭自身圆机活法中"伏机"之法的实施得当，才能运用得有效。必须腿动快似奔马疾蹄，步法才能转变疾速；手臂又要快速如风，才能确保打前顾后，进退攻防自如。也就是"头如波浪，手似流星；腰如摆柳，腿似疾风"的身法功夫，才能保证瞻前顾后，进攻退守运用自如。

要想达到上述各种攻防招法运用之精妙的艺境，在平时操练时，要面前无人似有人地空操空练，全在意想自身内攻防机制的建立及如何正确运作，各种攻防招法的如何运用；体悟自身攻防机制及各种招法攻防变化之方法、准则、规矩、规律，熟之则技艺必精，然后功有所成。故而在与人交手较技时能够达到面前有人似无人之艺境，不为对手的身体形态、精神气势所动，自能左右逢源，有隙而进击，无隙则自退，势如行云流水，进则人所不及知，退则人所莫明速，能胜而不武。正所谓"成竹在胸"者也！"练时面前无人似有人，用时面前有人似无人"这两句诀言，流传之广，影响之深，难所言及，而真能道出其中玄机者，凤毛麟角（如欲知其中练用玄机者，请观拙著《龙涎集·练时面前无人似有人，用时面前有人似无人精义解》一文）。

在实战较技时，起前手发人必要后手紧催；起前脚进步，后脚要紧跟而进，打人长身之势就在此中产生。面前对方来手，不见其手，自己一手或拦或压，或搬或挒，或搂或採，另一手向对方要害就发手；胸前对方来肘，同样如法炮制，对手无不迎击而落败，这就是以定用手的法式。另外，自己行招用手攻防变化，致使对方不可见之，胸前藏肘、用肘，亦令对方不可见之。因为不用不知，用便有手有肘，随机变化顺势而用之，其不知有之的缘故耳！拳谚云："拳打两不知"，就是言说此用招法则、艺境的。

动手较技，性命攸关，胜败相系，必见高低，起手用招，讲究实效。故起手发招莫向非要害打，要向对手要害部位用招发手。为讲究实际效果，故前人总结有"拳不打空起，亦不打空落"的口诀（所谓要害部位，非要命部位，乃指"跌落点对就成功"的对方之"力背"部位）。

传统拳术出手用招讲求连而不断，活似车轮，拳势如风行，起落似浪翻，着人如火作焰。所谓"手起足要落，足起手要落"，就是后人总结的"上下相随，不可空谈"。左手起为虚，左足落为实，乃上手动而下足随之；配合右手落为实，右手起为虚，合为"形"的手足四象之虚实协调。左手落为实，左足起为虚，是下足动而上手随之；相配合右手落为实，右足起为虚，亦是手足上下相随的四象变化法则。这就是两仪之攻防的用法出招，必根于四象变化的法则而出之。为什么只言"手起足落，足落手起"，而不说"手落足起，足起手落"呢？因为交手法所论，皆是实手发招的发劲放人之法；对于化解的方法，则含蓄其中而又在口传身授中论明，故文字中只论攻手法之用而已。

在较技时，心要占先机、先知、先行蓄势带变，此乃对手无不被我主宰，是立于不败而能胜人的先决条件。意要胜人，是说交手较技不能气馁，因为胜人之制的关键在于气势旺盛，这是前贤早已定论的，即"两军相遇勇者胜""积气则神威势猛"。拳打脚踢下乘拳，是说单纯的拳脚相加，势单力薄。如果拳打脚踢齐相加是在身攻的状态下完成的，便是周身一家功夫之体现，乃真攻防功夫也！步载身手而进，凡以定用手、以重击中之诸法的实施，一定步要过人，才能有"站其位，拔其根"的催人立跌之效用，而自己有"过人之步"法为保护，可不自失。此法微妙，能用与不能用，艺境高低即分；效与不效，施出胜败立见。由此可知，拳之发与心意、身、步全体动静变化顺序及全体到位是分不开的，论说时文字连篇，运用时一瞬而过。修炼传统拳术攻防之道者能于此四法中明之，攻防艺境升华指日可待矣！

前腿似跪，后腿似添，乃描述步法的前脚微内横，膝踝垂直；后腿与前脚平行顺脚，后足跟蹬劲，后腿劲意崩直的"弓箭步"法。首要仰起，即收领、百会领而顶起，莫要低头，因为低头则神塌身懒而涣散；胸要现起，即胸部自然舒展，以利内气之入扶，如腰曲、背驼、凹胸，身必不直，下盘弓箭步没有着落。而将胸要现起理解为挺胸则不对了。挺胸必气结在胸腔前部，动转不方便、不灵活，久之必弩胸结气，气不能入丹田中而身浮无根；腰要长起，腰下松沉下泛，腰上拔背而起，腰要竖直，腰助攻击手法则气可催手！因为腰为一身上下动转变化之枢纽，长腰则上下一气贯通，长起，非硬挺；"丹田要运气"一句，将前后文一气贯串。上边言形架，舒展松静为主，有利于气沉丹田，又利于丹田之气贯通全身。形架站好，自顶至足还要一气相贯通，即"精神贯注于空隙之骨节间"。

自古有论："两兵相遇勇者胜。"习拳较技，胆战心寒，如何能取胜呢？此乃不战自败；习武练拳，胆壮包身，心细如发，无所畏惧，勇往直前，此乃精神不衰之相。唯此，似嫌不足。还要能战，技艺精熟；还要善战，察言观色，便能审敌料事如神。如口吐狂言，言过其实，必外强中干之人；色厉声嚎，眉蹙而面严，此必暴戾之人，出手用招必然心狠手恶；身形魁梧，必是仗力势猛之人；外形朴实，神态安详，动作敏捷，丹田气足，语言不卑不亢，此乃身怀绝技之人，

六、杂谈

凡此种种，不一而足。与人较技，能察言观色，已识人者，必于动手较技之中防人在先，之所以无败，因其善知人矣！谁说习拳练艺只是打拳而已，前贤有言："拳术体万物而不遗。"

　　传统拳术攻防较技有先动手和后动手之分别。能先动手者，成竹在胸，起手上步攻其必救之所，对手还招用势，顺随其势以击之，其必败；或上手就攻其要害之所，不容对手变势还招，迎击而败。此乃久经较技杀场之上等攻防技艺。上手进步一击必中，神手矣！后动者，待对手出招用手，顺其势上手用招一击而能胜对手者，亦为上等攻防手法艺境之人。然而先动与后动两者比较而言，先动者为师父，后动者为弟子，两者之艺境高低，前贤早有明论。然要说明的是：先动而上手进步用招，并非生打硬要之说法，亦是顺随用招为法则。因其技高一筹，善于察言观色，未动之前，料及对手之全身弊病在于何处，出手用招迅雷不及掩耳，动于无形如风行之势，一击不中，二击疾出，必是顺势随机而发，哪有不中之理。此先动之法，也是贯彻"要想伤人，必定借人力"的法则而行之。此上法之先动、借法之后动与前面所论"静以待动，有上法；动中处静，有借法"，是从不同角度分别论述上法、借法；先动、后动之用，如以先动的上手法、后动的上手法来论述，静以待动，乃后动的上手法；那先动的上手法是后文强调的用手先动的方法。此法也是借对手之势而用招的。前面说的"借法容易上法难，还是上法最为先"，乃言静以待动的上法是后动的上法。而此文说的是防人的先动之机势也是对手已露动势迹象而出之，故此，"先动为师"的说法，也含静以待动有上法的艺境在内。一句话概括，即意在人先。能意在人先者，是为先动；不能意在人先者，是为后动。故先动者为师，后动者为弟，此言不谬！

　　动手较技，能进者易胜，能退者不败！前贤之明论。后人对于进退已有口诀："进半步赢人，退半步不输"。平时练艺多思考进法，则必能精通进击法，也要精通退守法。但在动手较技中，能教一思进，莫要一思退，乃指闪展、趋避、腾挪、吞吐、伸缩等法中，"中"应与展趋腾吐伸诸法随而进之，是为思进不思退之法，后人总结为"让，中不让"。

　　虽然能明进退之法，但在进退诸法之中，上中下、根中梢三节各处的占位落点要不偏不倚、不先不后、无过不及，内劲、外形阴阳刚柔之势均匀，即形用半，劲用对五，中土不离位，不多亦不少，恰到好处。同时还要做到鼻尖、手尖、足尖的三尖相照，血、骨、筋、肉四梢要齐发，即发欲冲冠，舌抵前齿，齿欲断筋，甲欲透骨，才能发挥自身最佳功能，俗称整劲或劲整。用拳能达此艺境，实施"以定用手，以重击中"的方法就颇具威猛之势，克敌制胜就可轻而易举了。这是一种功夫艺境，非力大猛快所能比。

在传统拳术攻防较技中，明白了天地人三才、上中下三节的道理；明白了根中梢三节的"梢节领，中节随，根节摧"的动变机制；明白了顺发时，中节不逆根节，梢节不逆中节；逆收时，中节不逆梢节，根节不逆中节；明白了天地人三才部位的上下、左右、前后、内外相合的机制等内容和各种拳势的攻防之用法，就可以达到心不贪、意不歉的势正招圆、圆机活法、伏机待动之艺境，就能使各种攻防招法的起落进退有无穷的变化。

每个攻防招法都是手法、身法、步法按照"三才""三节""三极"机制回旋往复而成的"立体九宫"式拳势，即"三圆同心"所成之拳势，总要一心为主宰。

一心者，在全身乃言"本心"，即理心、道心；在身形，乃虚中；在四肢，腰为手足上下相随之中心；在内气，丹田为内气上升、下降、外涨、内渺、左旋、右转之中心；头为诸阳之首，内藏元神，一身内气、外形合一而用之中心。虚中，下有精户，中有丹田气海，上有神舍，本是人身动静变化之中枢；肚脐到命门穴为顺轴；两胯尖上之连线为横轴。这样，虚中之竖轴、横轴、顺轴，三轴连结之点，是名"天枢"，又名"太极之点"。谚云："冬至子时半，天心无改移"，传统拳术中此"天枢"又名"天心"；而在传统拳术中，灵神、内气、外形，三者浑化合一之拳势的内在机制，即法身道体，是为"心"，又名"中枢"。这就是"以天心为体，以元神为用"中，体用一元的说法。有了此"心"为主宰，便能统一自身内外五行合一而用，就能运使自身中内气、外形合一而有拳势的束收、展放等各种攻防拳式招法之至用。每天都要时时操练演示，早晨的露水功夫和晚上的熬灯油功夫，即为"朝夕"功夫。

传统拳术攻防功夫的修炼，一开始盘招打势时，都是很生疏的，这时要勉励自己，坚持时日，便会熟而生巧，巧便得妙，妙心通神，神明便得自然之道。前贤有云："习拳练武，持之以恒，便有圣功之获。"就是这个道理。然而，通观现今习拳练武之人，能做到此者，万不及一也，故艺能大成者，凤毛麟角，实不为怪。

诚者，天道；诚之者，人道。通篇所论交手的方法、准则、规矩、规律，乃诚心之所言，字字如珠玑，句句明至理。修炼传统拳术攻防之道者，逐字逐句通篇精心阅读细心品味，自明传统拳术攻防之道的修炼、建体、至用之真谛；自得传统拳术攻防之道的修炼、建体、至用之精髓；自达传统拳术攻防之道的上乘之虚灵妙境。拳学一道，千古圣传，吾岂敢虚语妄言哉！

所以说，惊蛇健舞的攻防技法功夫内容亦不过如此耳！与传统拳术攻防之道的技法功夫，没有什么区别之处；如果说有什么区别的话，就是论述的语言、理论的角度不一样而已。

六、杂谈

注：

❶此式仍须依浑元一气涨渺的球形之"形曲力直"的法则，仍须不失身如钢铸、体似灌铅、毛发如戟、肌肉若一的四如之境界。然具体攻防技法则运用起、顿、吞、吐、撑、抱、悠、扬之能力。此式之运行与白鹤式相同，仍需利用曲蓄部位所出之弹性力而发起、顿、吞、吐、撑、抱、悠、扬之劲势以制胜。

❷运行时若出左足则起左臂，自内向外划弧，同时右臂在左臂下自外向内划弧。进右足，右臂向外划弧，同时左臂在右臂下划弧。运行时根据不同之假想、假借，曲蓄之弹性劲势可以起、顿、吞、吐之形式爆发为炸力之劲势，亦为撑、抱、悠、扬之形式爆发为炸力之劲势。前后左右互换无穷，其形象宛似惊蛇乍走，左右迂回刀光闪烁。

❸所谓钻、裹、践三拳，就是手法、身法、步法三者合一之拳势也，亦即"三回九转是一势"的意思也。在这一拳势之中藏有三根棍的方法，所谓三棍就是肩头棍、胸前棍、脑后棍，皆从此式中化出，厉害无比也。此乃用中而得中之用的妙法也。

三根棍： 就是自身六面一体的三根中轴，百会到会阴的竖轴；肚脐到命门的纵（顺）轴；两胯尖上过前两轴交接点的连线为横轴。拳打三根棍，说的是这三根轴棍。前后俯仰之脑后棍、胸前棍为竖轴，左右旋转肩头棍为横轴，左右折叠打之棍为纵（顺）轴。这样拳势的三根棍法就清楚了。此乃运用融化法融化所得来的"用中而得中之用"的法则也；正所谓"枢得环中，应变无穷"之意思也。

然而，三根棍在形意拳门中尚另有一番解释，录之如下，以资对照：

三根棍精义解

二总：三拳三棍为二总（三拳是天地人生法无穷，三棍是天地人生生不已）。三毒：三拳、三棍精熟即为三毒。五恶：得其五精即为五恶。六猛：六合练成，即为六猛。六方：内外合一家为六方。

——摘自《形意拳述真》

阐释：

二总：三拳三棍为二总。三拳，是指天、地、人三才能生万法之无穷尽的拳法；三棍，是指天、地、人三才犹如三条棒，相互为用则生生不已也。三毒者：三拳、三棍法式精熟了即为三毒。五恶：二总、三毒得之其为五精，即为五恶。六猛：神、意、气、劲、形、中六合一统修炼成功，即为六猛。六方：内而精气神，外而筋骨皮，内外合为一家乃是为六合一体之立方体也。

❹白鹤、惊蛇二式皆系利用弹性劲势以得技击制胜之效应。故修炼演习时需

掌握劲势的回缩量与劲势的伸展量，回以蓄劲，伸以发力。将欲伸之，则必回之；将欲回之，故必伸之；劲势缩回伸展须致遍体似弹簧。此种弹性劲势遇物即须爆发为炸力。故白鹤、惊蛇二式亦系蓄弹惊炸之运用的法式也。

❺修炼演习白鹤、惊蛇二式又须知白鹤蓄弹惊炸能制横劲也，惊蛇蓄弹惊炸可夹纵劲。对方双手劲势齐出，我则拧裹其力，使之旋转而拔根；对方独身猛进之势，我则顺势尽放其势，令彼力尽而前俯。此即横则裹其力，纵则放其势之法也。

点评：
拳打三根棍

拳谚云："习武练拳者，尚德不尚力；恃德者昌，恃力者亡；修德养性"。老子在《道德经》中说："孔德之容，唯道适从。"上述所引用的"德"之概念，是内功法修炼到一定功夫水平的产物。拳谚云："气沉丹田德润身。"就说明了"德"是练功夫到了一定水平的产物，即健之体、乾阳之德、性刚、纯粹之精。而"阳德"这种物质是可以滋润身体四肢百骸、五脏六腑、气血津液、经络气机，起到根本上改换变化气质，强身健体的作用，而使外形脱拙换灵、脱壳外相，外形成为"顺之体"，具备镇静厚载，柔和顺从之德。由于功夫修炼到内、外具备了"德"的性能，就已经明白了传统拳术攻防之道是尚德体之用，即"柔化刚发"的"以柔用刚"技术方法运用能力的体现。不在于力量的大小、速度之快慢。恃德者，拳术攻防功夫的艺境就会不断地提高而昌盛；恃力者，不单拳术攻防功夫不长进，进一步还会使自己的身体受到伤害，百身之病，甚至危及性命，引发早亡。

老子曰："含德之厚，比于赤子。骨弱筋柔而握固。"就阐明了"德"之厚的益处和作用。然何者为德？在拳诀"气沉丹田的润身"这句话中，就提出了德即太和之气。就是"健顺和之至，太和一气。道也，万物之通理，名之曰：'太极'"。拳谚曰："十年练拳，十年养气。"就明确地指出是养此健顺和之至的太和一气。就是攻防功夫修炼到"虚其形质，以气势为用"的艺境界。就是"恃德者昌"的正确修炼道路。所以，修炼传统拳术攻防之道者要使身体符合自然法则存在，符合自然规律的运作，是为修练传统拳术攻防之道的建体，能为用拳以攻防。换句话说：就是外遵天道自然法则，内顺自身内外各部位器官的性情，以为修炼、至用的宗旨。运用前贤的话说："直养自然先天的听探之良知、顺化之良能的能力，在神为非人力也。无害生机之自然者，去其害生机者也。"就修炼、建体、至用而言，皆是"唯道适从"才能获得真正的攻防功夫。即直养中和之气，是为有德，有德者得之，即此！

还有诀云"拳打三根棍"的说法，修炼传统拳术攻防之道者不能不知，此乃

六、杂谈

传统拳术中"用中而得中之用"的典型说法之内容，亦属于三才理法核心内容之一。下面论述之。

所谓的三根棍，就是人身六合一体之中的"三个虚中之轴"。我在《无极·太极篇》一文中就谈道："百会到会阴为竖轴；肚脐到命门穴乃顺轴；左右两胯尖上过天枢者为横轴。"有的修炼传统拳术攻防之道者将此三个决定三维动变的中枢之轴，称为三根棍来喻之。而将身法的左右、前后、旋转或折叠的攻防法式，称为运用此三根棍来打人，具有一定的整体性能之威力和效果，则名之为"拳打三根棍"了。

如果，更深一步认识，这个讲法是施招用手、施手用招运用的"进中找"法则之体现。可以认为一切攻防招法的具体实施，都是这三根中轴发挥枢机作用的根本效果，而形成了"拳打三根棍"之说法。这是以融化法融化的高度概括而得出的真传秘诀之言。

总之，上述两种对"拳打三根棍"总结的认识都是正确的。但是，确有前者认识之浅显，后者认识之深邃的区别。这对于修炼传统拳术攻防之道者来说，对传统拳术攻防之道中的修炼、建体、至用及攻防功夫艺境的升华亦应有如是认知。这都是由浅显到精邃的过程。这是符合认识论法则的。首先要明白如何与人交手较技的"交盘口诀"，才能将自身功夫技法发挥运用得更好。

交盘口诀

> 夫凡交盘之法，先固自己，再应他人。内外用力彼不知上来下去，左来右去之妙。第一不犯破，第二不犯交架❶。或寒鸡步进，或压步进，或颠狂步进，或梅花步进，或之字步进，或玄字步进，或回龙勾步进。总要配合身法，手不可过眉，胸不可挺，肋不可开，臀不可露，不可迟滞，不可警畏。着着在人空处血道边，必无轻放，手为规、足为矩，规矩成则百法备矣❷！

交盘口诀，就是交手较技盘拳过手（招）的秘传诀窍。大凡交手较技，又名打手，是知人功夫。动静固是知人，仍是问己。自己要安排得好，先为不可胜，然后再说接应他人。内劲、外形相互为用，彼不知其从上来则我自由下而去，其从左来而我必右去的顺势借力之妙。即"人一挨我，我不动彼丝毫，趁势而入，接定彼劲，彼自跌出"的"无为"法之式。

阐释：

❶既知交手较技是知人的功夫，还要做到第一不犯破，即自己有不得力处，便是双重未悟未化；还有形破体；力出尖；皆为犯破。要于内气、外形的阴阳开

合中求之，阳攻阴守之精义明之。能"偏沉于己，柔以化之；偏沉于彼，刚以逼之，此为懂劲"。只有懂劲后，方能自不犯破矣！

做到第二不犯交架：立如枰准，活似车轮，施手用招、施招用手，全是见境生情，不撄人之力，触之则圆转自如，随机应变的避实击虚，无不得力，才能顺从以为进退的引进落空，四两拨千斤；或逆力以为揭献的偏接其势，借力打人。自能制人而不为人所制矣！不能与对手顶抗而成搭架子的呆滞之架势，即"重对重，两无用"的架势，此亦属双重未化之病拳也。

❷如何才能"左来右去之妙。第一不犯破，第二不犯交架"呢？故因施手用招全凭步法转进，或鸡步进，压步进，颠狂步进，蛇行之字步进，或之字回旋的玄字步进。或梅花步进，回龙勾步进，不管运用什么步法，都要配合身法方能进得去，退得出。手法不可过眉，以防胸腹空虚被击。胸不可前努挺出而不得变化，要"前空后丰"的攻防机制为佳。肋胁不可开张而切断气机。臀不可努后外露而不能逼胯以坚膝了。周身一家，势势相承节节连，不可迟滞而自断。不可惊慌而产生畏惧心理，要自信能"不撄人之力"。招招在对手空虚之处或血道边处重击。手法周中规，步法折中矩，身法方圆变化，自能圆化方发，曲中求直，自身规矩成，则攻防诸法齐备矣！

此"交盘口诀"语言不多，处处精微至妙，应反复精熟之，方可至用。别无他途。

再看头击一法之妙用：

靠与头击之法

铁拐李·头戴金刚串

缩身方后接❶掀起，扑开左右肩头❷撞。
抽压肩撞丢脚❸剜，肩撞添加步❹躲影。
左进勾冲一般同❺，夹攻连剜复❻推剜。
囤围双❼劈砍无妨，金刚串儿显明光❽。

注：

❶手抄本为六言七句，肯定是传抄者的意思，非原作的面貌。原作皆为七言八句的律诗体格式。为恢复原作面貌，故而用加字法以全之。此"接"字就是所加的。是根据歌诀的"由缩而伸带靠人"一句之旨义而加上的。

❷加"头"字的根据在于前有"八面肩头"之论述，以说明用肩的方法，而此处正是论肩头之用的，故而加之无误了；而且含有"头击"一法。

六、杂谈

❸加"脚"字的根据,就在于醉拳歌诀第八节中有"也须要脚管肩掀"一句之说法,故坦然加之无误了。这句中的"剜"字,就有拦绊的意思,说明本经谱运用"剜"字是有一定的含义的。

❹加"添"和"步"二字。添者,凡运用肩靠之法必以步法到位为先,故用"添加"二字强调步法的重要作用;步者,五步躲影法,便是加"步"字的缘由。故而加之乃必然的了。此句后面还有"右进一样转身,双剜连肩砍进"两句。以七言八句律诗格体论,因属赘句,故而去掉了。

❺此处传抄本原句为"勾冲左进一般",按良谱的歌诀习惯为例,前半阕四句为右进法式。此第五句方说明"左进的法式",而后半阕的三句作为总结说明,故而如此地作了语句的调整。

❻此处传抄本原句为"夹攻连剜推剜",故而加"复"字作为连剜推剜中间技术动作的连词。可使描绘之攻防的技术动作生动起来。

❼既然前面有"夹攻连剜复推剜"了,肯定是战四方的双劈双砍的法式了,故而加个"双"字,就是正确的。

❽此处传抄本原句为"金刚串儿明晃,光显周围四方"的六言格律式语句。故而成七言律诗时,将两句并为"金刚串儿显明光"一句言出其精义了。 此亦言明头击一法在内。

此歌诀是论述"铁拐李·头戴金刚串"的攻防招法之精旨妙义的;又是进一步阐明醉八仙拳歌诀中"铁拐李,酒醉仙。头戴的,金刚圈。左投右撞随他便,随他便。"一句诀言之具体运用头击、肩靠,前后的推勾、採捋、扳挽法和双手披砍、撩冲、扑推的攻防技法内容。

双方当场比武较技,任凭对方起手双拳左右依次出招打来。我自缩步窝挪闪身化解过后,在其左拳抢打进击的瞬间,我自进右步右进身,起左手接手将其左手臂托而掀起,交于右手再掀托,左手掌乘势扑面击去,打开其防守的门户,左右肩头靠法、头之撞去,其必跌翻矣!

然而,正当我自起右手接手将其左手臂再托而掀起,左手掌扑面击去之瞬间,其以右手披法硬披我左手臂化解,我自然急抽左手而回同时偷进右步,左足蹬劲以右肩靠击其身,以剪摔法跌之,其必跌翻矣!

以上两段的攻防技法之论述也就是歌诀中的"缩身方后接掀起,扑开左右肩头撞。抽压肩撞丢脚剜,肩撞添加步躲影。"四句诀言的精旨妙义。

至于"缩身方后接掀起"和"抽压肩撞丢脚剜"的续接靠法的攻防技法模式,并非此歌诀独有之论。其早在"千金秘诀·问答歌诀"中就论述过了。录之如下,以资对照:

问曰：下盘胜上盘，何也？

答曰：在伸缩虚实。

　　由缩而伸带靠人，以实击虚易为力。
　　下盘两足管在斯，撑拳托掌谁能敌。

从歌诀中清楚地知道上身缩身、下足偷步，由缩而伸的运用靠法胜人。乃是以实击虚的最容易实施而有效之法式，又是极为省力的攻防模式。习拳者知道了这一点，修炼、运用自然就有了明确的目标。现在可以解释后四句歌诀攻防技法之精义了。

任凭对方起手双拳左右依次出招打来。我自缩步窝挪闪身化解过后，在其右拳抢打进击的瞬间，我进左步，左进身起右手接手将其右手臂托而掀起，交于左手再掀托，右手掌乘势扑面击去，打开其防守的门户，左右肩头靠法撞去，其必跌翻矣！

然而，正当我自起左手接手将其右手臂再托而掀起，左手掌扑面击去之瞬间，其以左手披法硬披我右手臂化解，我自然急抽右手而回同时偷进左步，右足蹬劲以左肩靠击其身，以剪摔法跌之，其必跌翻矣！这就是歌诀中的"左进勾冲一般同，夹攻连剡复推剡"两句诀言运用双手攻防破门的技法，继以靠法胜人之精旨妙义所在。

如果应战四面围困之众人，接手用招并非只限于托掀法的法式。就是运左右双手的劈砍循环的手法，只要把对方的门户打开，就是最良好的技法，这是无妨的。因为，只有将其门户打开才能最佳地实施靠法以胜之。攻防较技之中能运用靠法胜人者，必定是"泼皮胆大功夫纯"的善斗之人。只有这种攻防功夫艺境精纯的人，才能将靠法、头击之法的精妙所在展示在人们面前。这就是歌诀中的"囤围双劈砍无妨，金刚串儿显明光"两句诀言运用的双手劈砍轮番攻防破门的技法，继以靠法胜人之精旨妙义所在。

千金秘诀

问曰：掌起可以百响，何也？

答曰：阴阳幻化。

　　阴变阳兮阳变阴，反拖顺托不容情。
　　手外缠来怀中出❶，两手搬开奔身靠❷。

注：

❶缠，《易经》纯卦的坎卦，上六爻辞说："系用微缠，寘于丛棘。"此

六、杂谈

"系"是缚;"微"是三股绳;"缠"是两股的系绳。可知"缠"字是指内气、外形两股势力缠绕往来而形成的拳势。由于内气、外形两股势力缠绕往来的法式不同,就产生了两种基本的法式:顺缠、逆缠。由此顺逆缠法的相互交替转化而产生了无穷的拳势变化。陈氏太极拳的"八对缠丝法"的说法,赵堡太极拳的"背丝扣"的说法,都是缠法。就是"以融化法融化"而得出的基本攻防技法。

❷奔身靠:存在各种靠法及头击之法内。

阐释:

攻防拳法施出,守则无懈可击,攻则用必打犯,百用百应而有效用,是什么原因?蕴藏着什么道理?这里面有什么奥妙吗?

答:非常简单,在于内劲、外形的刚柔相错,拳势的阳攻阴守的虚实变化,尚意不尚力,顺其势、借其力,避实击虚、避向击背及时到位。而拳势的开门闭户是以"听探运用顺化"的动静互为其根的无形机制,阴形阳劲迭神其用变化无穷。所以百用百响而有此效用。

所谓"阴阳",此处乃明言阳攻阴守的拳势;而暗说自身阳气、阴形,柔外刚中匹配如一的攻防机体、机制。即泛指的"体、用"内容说的。所言"幻化",是说自身攻防机制的攻防变化之无形无象,又无穷无尽而不可捉摸之意。即拳形如水不容易揣度;同时亦表明攻防拳势的无定之意不容易琢磨。因攻防招法的实施,乃含形随应至变,皆从他力取法。本是见景生情之用,又不撄人之力。自然"人不知我,我独知人",故对手总觉得无法琢磨、揣度。将此两者的集中表现称为"幻化"。

自身拳势的阳攻变化为阴守,阴守变化为阳攻,皆是顺对手之拳势的阳攻、阴守而变化的。自然会产生无形无象又无穷的效果。故攻守的收发之势皆是顺随对手的变化过程中来完成施招用手、施手用招的,如对方出拳掌击来,则一手持其腕,一手敷其肘臂部位,顺势用拖捋的手法以捋带法而兼采之,其必跌。如对手欲夺回,则顺其势搓而扑击之,或托而掀之,对手无不应击而跌出。如施拖捋以採击时,对手乘势俯肩以海底针势靠击而来,则顺随其势侧闪,以敷肘之手臂弯曲,用横肘侧击其肩背处;或随势侧闪,垂前手臂以肩靠法侧击之,此两法施出,皆可击败对手于顷刻间。此乃"阴变阳兮阳变阴,反拖顺托不容情"两句歌诀揭示的精义。说明双方较技施招用手,顺随为法,在于抓住机势,坚决果断,间不容隙,方可奏效。发放之机,稍纵即逝,失之则不能打矣!如欲强打,有反被对手击败的可能。故施招用手当机立断,不能思误,不能犹豫,更不能允许存有各种情绪而贻误战机。这就是以听探用顺化,顺化中亦听探的"静动互为其根,阴阳迭神其用"的先天之神为"体、用"之法式,才是施招用手具有百用百应的百响之根本保障之一。主要说明在神为非人力也。再有就是出手的顺逆方法，也是制胜的保障之一，习拳者亦不容忽视之。

健舞之阴阳·顺逆缠手解

意拳、大成拳的健舞之双手回环缠绕时，出手用顺缠法，回手用逆缠法。双手交替出击回守，从手法上看，两手一顺一逆；从身法上看，左右亦是一顺一逆；从腿法上看，双腿也是一顺缠一逆缠。故一身上下从足腿至身至手臂，皆呈现出左右（或右左）之一顺缠一逆缠同时存在的现象，以此顺逆缠法出手用招，便是前贤所言"手面上明白两下子"之精义，也就是明白攻防拳势的"阴阳变化"之要领了。顺缠者，为出手、为阳出，可手心朝上，则阳中有阴；逆缠者，为收手、为阴收，可手背朝上，则阴中有阳。从中可见阴阳互为根之理，阴阳迭神其用之妙。其理及妙用何在？以手而论，出手顺缠，欲出之手，在胯边、肋边、胸前的预备式是以手心向下为准，出手时手心向内、向上旋转，直至出手到位，手心向上，手背向下，此名"顺缠出手"法。顺缠出手法的精妙处，在于以此拳法出手攻敌，不管手法触及对手的哪个部位，劲势皆是直指对手之脊中一线位置的。回手逆缠，已出之手欲回，回手时手臂以手心为准，向内、向下旋转，直至回手到位，手心向下，手背向上。此名"逆缠回手"法。以此拳法回守防护之精妙，在于不管对手手法触及我手臂哪个部位，可顺其势自然地将对手攻击的劲势引向自身之左右侧而化解，亦可便于进身击打对手。

双手以一顺一逆的缠法领带全身，自然形成了左右（或右左）顺攻逆守同时存在的景象。此乃顺从自身内外各部位器官性情的、自然而然的、阴阳变化无穷的攻防之拳法。再有自身内劲为主宰一而贯之，自然就不会产生攻防拳势自身存在有抽扯游离，牵扯吊挂的现象了。拳法自然，此"顺逆攻守"为一自然之法也。以此法统一协调自身，乃法治之身。得此法者，施招用手、施手用招方有攻守用精妙，变化无穷之趣味。以此法勤而修之，便会自然升华而成攻守的太极之"虚灵妙境"，即"寂感遂通"的自动化艺境。当然，这还需要施招用手、施手用招的"含形随应至变，皆从他力取法"方可能时至神知，继而神明。

试以分析，如以掌法而论，将自身手指、手臂、身之胸腹、大小腿部位，皆横断面切开，每一个剖视横断面都会以"太极阴阳两仪图"的画面展现在眼前，只不过"太极阴阳两仪图"的"两仪"所展示的方位角度不一而已，但是由手至足，由足至手的连系而观之，又是旋转连贯而无间隔错位的。如以拧裹而论，顺逆缠法，又是由身法之有序拧转裹合而完成的。是由外形、内劲的"阴出阳回，阴回阳出"的阴阳逆从，劲形反蓄而共同完成的。这就证明了拳势的阳攻阴守，是由"形用半，劲用对五，阴阳逆从、劲形反蓄、中土不离位、六合一体、三才顺逆，四象法则"诸法汇融统一而完成的。但必三点相照、三点一线方具有阳攻阴守的威慑力量。此即本拳经所说的"自顶至足，节转轮防"之精义耳。自身一太极，太极即自身，两仪攻守自分明。而此拳法中的"体、用"之精义。用"阴阳幻化"一句，就表达得淋漓尽致了，即阳攻防守的阴阳变化是由不可见到的内在的"内气、外形"的阴阳机制所决定的。故就将不可见到的内容以"幻化"二字来言之。自然比"变化"二字的含义深刻得多了。

手向外发的顺缠出之，必从另一手的洞口出之；手从外回收的逆缠，必回至胸、腹、胯边手窝之处。如双手一顺一逆将对手的两手臂用搬拦法打开了，就疾速进身靠击，可立跌对手。如对方将我两手搬拦分开，亦要疾步进身靠击。此乃"手外缠来怀中出，两手搬开奔身靠"之精义。立刻体现出短打拳法的顺势借力破门入身之法，击敌之要妙处，可谓之精矣！意拳、大成拳拳法亦不过是如此攻防用招施法的。故成歌诀二首以赞之：

（一）

揭透此点即光明，得到此传是真功。
千门百派皆无差，艺到此境谓正宗。

（二）

千古圣传本一不二，万法虽殊平易无奇。
妙语天机真谛泄透，棒喝惊醒世人痴迷。

（六）论意拳之哲理根据

关于意拳之哲理根据，我不想多用笔墨，只以哲学命题之形式提出，彼此对照，自不难看出意拳之真正面貌也[①]。

庄子曰："物物者非物。"意即使物质成为物质，并非物质。意拳主张一切力量都是精神之集合，亦可谓力者非力也。换言之，使力成为力者并非力，乃精神也，意念也。此即意拳所以名为意拳之实质所在[②]。

老子曰："无为而无不为。"意拳则主张"有为之为出于无为"，"不动之动乃生生不已之动"。所谓"无为"与"不动"意拳则为桩功，所谓"有为"与"动"则为试力与发力。意拳重视桩功，故亦系"无为"之义。昔日有人赠意拳是"古道家之静功"，此非贬词也[③]。

老子曰："反者道之动。"意拳则主张"力生有两，两则能一"，即作用力与反作用力之对立统一。所谓"矛盾错综须统一也"④。

佛门禅宗有云:"万法皆空,即为实象",又云:"不思善,不思恶,还我父母未生时之面目来。"父母未生时之面目即"空也、无也"。意拳则主张"各项力量都由浑元扩大空洞无我产生出来。"因此教人"虚无求切实,运用在虚空"⑤。

禅宗又云:"无法无执。"意拳则又主张"一法不立,无执破执"。技击时"我无执令对方亦无执",不仅抗劲用力为有执,使用招术方法亦有执。以无执破有执,破执而无执也⑥。

明氏学者王守仁提出"致良知"之说,意拳则主张"发挥良能"之论。王守仁说:"实如水流湿,火就燥。"其势然也⑦。

【题名解】

传统拳术攻防之道的修炼、建体、至用及攻防功夫艺境升华的系列方法、系统内容的最终体现,乃是哲学的理法之统一;意拳、大成拳的修炼、建体、至用及攻防功夫艺境升华的系列方法、系统工程内容的最终体现亦同样是这个道理。

故而,王芗斋先生才有"论意拳之哲理根据"一文的论述。而这些哲理内容无非就是三皇圣道的"人心惟危,道心惟微。惟精惟一,允执厥中"的"自天子以至于庶人,壹是皆以修身为本"的独善其身之修炼观念。具体来说包括"道家"老庄的"为道是从"的清静无为之观念理法,"佛家"的"明心见性"的"勿自杀生"的观念理法及"儒家"的"独善其身"的观念理法。详细内容,就要看文章中的具体内容了。

勿自杀生解

修炼传统拳术攻防之道,本是养生之事为重。勿要修炼方法、理念不得当而戕害自己的生命机制。这一理念就是修炼传统拳术攻防之道"勿自杀生"之意思。有关这方面的内容,前贤已经有明确的论述了,录之如下,以资对照:

> 故曰:放之弥六合,卷之藏于密,直养即勿妄勿助,直养自然先天之能力,在神为非人力也。无害者乃顺生机之自然,去其害生机者也。养至真息圆满,百慧从生,永生无灭。小可经纶,大可赞誉天地,故曰则塞于天地之间。
>
> 夫勿妄者,非具刚决武火之力,安能常于若存?勿助者,非有攸柔文火之功,安得依行不偃?果能明道不计其功,是无为之为神为也。能庸行无息武火之力,固少顽空昏沉之偏。至若乐行不期报,亦非人力之有为,以其呼

六、杂谈

用略照吸用。全妄者,文火之功,岂更有着相燥妄之失,故内而静功、外而武学者,皆当准乎文武火候。

故戕贼成者,终难深造乎道。绵长者久必显达。过急则锐,恐多退速之虞;太缓则疏,未免作辍之情。然二夫准期何在?诗云:

(一)

休遑欢来歇力行,免将过役倦容生。
中庸万古传心法,中以庸行戒律清。

(二)

气欲足兮精为本,神光无滞天地春。
四肢鼓荡皆符道,力量增加要日新。

这段论述,清楚地说明了修炼传统拳术攻防之道本是"直养自然先天之能力,在神为非人力也。无害者乃顺生机之自然,去其害生机者也"的事业。所以,只有本着"中庸"之道,外遵天道理法,内顺从自身内外各部位器官性能的修炼,才能实现"打拳原为保身之计"的设想。故而,修炼传统拳术攻防之道"勿自杀生"的精义明矣!这就是王芗斋先生所说"意拳则主张'发挥良能'之论"句的精义。

注解:
①关于意拳的哲学理法根据,我不想过多地运用笔墨来阐发,只以哲学命题的方式提了出来,与具体修炼方法、功夫艺境彼此对照,就不难看出意拳乃运用无形法身道体之真正面目了。这正是"有形练到无形处,练到无形是真功"的精义也。正如王芗斋先生所言:"有形有质都是幻,功到无形始见奇。"
②庄子所说的"物物者非物",是针对无形法身道体这个物而说的。意,即能使无形道体成为一个东西,而这个东西并非是"物质"的。意拳主张一切"力量"都是听探之良知、顺化之良能之集合。亦可谓"力者非力"也。换言之,使有形之能力成为无形道体的能力者并非有形之力者而是能力也,乃以"天心为体,元神为用"之"体用一元"者也;意念为驱使者也。此就是意拳所以名为意拳之实质的所在。

物物者非物:物,是个东西,是个物,但其不是"物质"。道是物者但并不是有形的"物质"。第一个物字,是指无形的"道";第二个"物"字,是指"东西",就是老子所说"有物混成"之"物"的意思,这个物是实验室试验不出来的，因其无形也；第三个"物"字，乃指有形"物质"，物质不管多小都可以从实验室试验出来。如"心物一元"的说法，就是自身有形之物质和无形之天心的集合体。

③老子所说的"无为"，乃是"不先物为"之为的意思；而"无不为"，说的是"因物而为"则无不能为者也。所以，意拳则主张"有所作为之为出于不先物为之无为"法也；形静气动的"不动之动乃生生不已之动"的法式。所谓不先物为之清静"无为"与外形安静而"不动"，在意拳中则为桩功；所谓清静无为的"有作为"与"动"则为试力与发力的内容。修炼意拳重视桩功道体内景象的变化，故亦系清静"无为"之义也。昔日有人赠意拳是"古道家之静功"，此非贬词也！乃揭示意拳的修炼、至用之精旨妙谛者也。

④老子所说"反者道之动"，就是从相反的方面求得正面攻防技法的运用。意拳则主张对立、主从统一的"力生有两，两则能一"的法式，即作用力与反作用力之对立、主从统一的法式。所谓"矛盾错综须统一也"。也就是"健顺和之至，太和一气，道也"的攻防机制。此即"有无两不立"的概念之说法。

正如前贤所说的：

动静互为其根　阴阳迭神其用

浑则静，以逸待劳；玄则元，驭静以动，动中亦静。则正奇进退之机，迟速幻转之妙，悉出于无心，系自然之运用。因时致变，因力制人。至于方圆立体发用之妙，件件原委之于自然之神，统蓄以先天寸绵之力，为无为无不为也。以动静互为其根，阴阳迭神其用。非浑于始，奚得其元之玄；非元之大，无以显其浑之德。是浑元者，其即无生妙有也。

——摘自《浑元剑经·剑髓千言》

阐释：

神、气、形的天才、地才、人才之三才浑合一之法身道体，乃通过"静练法"而修得，是"以逸待劳"的方法。浑合如一之道体"静"，静则无不应，即听探的良知功能极佳，可测知彼之动变分毫不差，较技中有此极佳的听探之良知，可免去许多妄动之劳苦，故"浑之体"以静为用。故曰："以逸待劳。"

元之玄机，即"玄则元"，驭静以动，即以听探之良知，驾驭顺化之良能。动中亦静，是说在顺化的动变之过程，亦随时也听探着对方的变化。只有以自身的听探之良知，驾驭顺化之良能。则自己法身道"体"之正，方能有出奇制胜之用。才能有自己法身道体的元之玄的出奇进退之机，迟速奇正的幻转之妙，全部出于无心，系自然之运用。即达到有感而应、应物自然的自动化运用，便是出于无心。有感而应、应物自然，是修炼出来的听探顺化相互为用的功夫艺境，此存在体内和中枢中。

只有自身的攻防机制，精熟到有感而应、应物自然的自动化功夫艺境时才能达到因时致变、因力制人、出奇制胜之功夫艺境。因时致变，因力制人的功夫，乃出于不撄人之力的顺其势，借其力；让力头，打力尾的顺随之法的修炼、以柔用刚之技术方法运用过程中的积累。只不过这样的用法，达到了有感而应、应物自然的自动化艺境时，就是"出于无心自然之运用"的功夫艺境了，即"惟精惟一、允执厥中"之三皇圣道所传之法。

至于方圆立体发用之妙，件件原委之于自然之神。这里提出了两个问题，一是"方圆立体发用之妙"中的"方圆立体"指何而言？二是"自然之神"指何而言？

首先说"方圆立体发用之妙"中的"方圆立体"是指何说？如按"神、气、形"三者的本体而言，则"神"，即自身的自然之神，也就是"灵神"，乃是"圆融"无形无象之体。有论为证："养神者，外养全体之神以合气。"乃言全体之神是圆融之体的意思。神不圆融则不灵。内气像天乾，故内气的本体亦是圆融之体；外形像地坤，故外形的本体自是方正之体。此本于古认识论的"天圆地方"说，自有其理存焉！此乃以"体"而论的。传统手战之道以此而论之。

如以用而论。神与意合，神圆意方，内气体圆又自有方之用。外形体方，亦自有圆之用，因坤从乾以显其德。故外形从主于内气。自然可知神、内气、外形三者浑合如一之法身道"体"乃外圆内方之存在，也自然有立体方圆变化之妙用。此乃"万象不出一圆一方，拳之万象亦不出此一圆一方"之论断的精义。

而在传统手战之道中的攻防变化之运用，皆本"曲化直发"的法则。曲化者，圆曲走化；直发者，方正直击而发。曲化者为静，从本"体"而论；直发者为动，从至"用"而论。故有"曲直变化"之妙的论说，即"以柔用刚"的方圆变化之法。

而此方圆立体发用之妙，乃言内气外形"方圆立体"的发用之妙。最重要的一点，此"方圆之立体"非形也，乃超出象外的"法身"之立体方圆，即神、气、形三者浑合为一的道"体"所成之方圆。而此方圆立体发用之妙，件件原委之于自然之神，统蓄以先天寸绵之力，为无为无不为也。也是说自己的道体"法身"之方圆的。

自然之神，乃自身与生俱来的听探之良知和顺化之良能的综合之最佳功能，谓之自然之神。《易》说"神明"，道家言"灵神"。皆是此自身内综合功能的最佳状态，是通过系统修炼而得的。

什么是"为无为无不为也"？无为者，不先物为之义也。传统手战之道的练、用，皆本"无争之争为争"，即遵依"道"的顺随为法便是法。无不为者，是因物之所为也，即不撄人之力的顺其势、借其力，以柔用刚，粘走相生，化打合一，以此为法，可以达到无不能为之艺境。

所以，传统手战之道，不管是以内气、外形来论，还是以神、气、形三者浑合如一的浑元法立论；或是以听探的良知和顺化的良能相互为用；外柔内刚的"以柔用刚"之二元合一法立论；甚至是以"动，静动，动"的三元合一法立论。皆以内外的动静互为其根为"伏机"，阴阳迭神其用。此中阴阳迭神之"神"，即前面所说的"阴阳互蒂之神"，也就是"自然之神"，就是"生之制者之神也"。

非神、气、形三者浑合如一，似万物的原始之初，即无形无象之"道"体的状态。如何能得其元之玄机妙用。又，非有浑合如一的初始之修，又如何能得元玄之妙用。此乃是对"浑合之极，元始为尊"句的解说。

非元之大，无所不能包容，无以显浑合如一之道"体"之德。此德乃上德，正是"上德不德，是以有德。因上德无为而无以为"。

所以说："浑元者，其即无生妙有也。"神、气、形三者浑合如一，如万物原始之初始，即无形无象，无状之状，乃道体本"无"。只有从此"无"中才能生出元之玄机妙用来。此正是"无生妙有"之精义，有无相生之至用。

此乃遵从老子所论的"有从无处生"，"无"乃万物之大祖的意思，而论传统手战之道的修炼、建体、至用之基本法则及其概念的。此乃传统拳学之特点。

这里要论一论"玄"。何为"玄"？老子在《道德经》首章中说："无，名天地之始。有，名万物之母。故常无，欲以观其妙；常有，欲以观其徼。此两者，同出而异名，同谓之玄。"

此文中"无有同出，同谓之玄"表明了什么意思呢？不好以理而言说以论之，只好举例而言了，如用瓷土做个茶杯，当有瓷土时，没有茶杯。当茶杯做成了，没有瓷土了。谁也不会将瓷土叫茶杯；谁也不会将茶杯叫瓷土。有了瓷土，无茶杯；有了茶杯，无瓷土。当我们以瓷土做茶杯，在整个制作过程中，瓷土是由有化无，茶杯是从无到有。故老子说："此两者即'有无'同出而异名，同谓之'玄'"。老子在这里表明了："对待世间任何事物及其变化都要用这种'有无同出'的观点去认识对待，就能把握成功。这样以有无同出的'顺逆'观点认识、看待事物变化的始终过程之法则、规律，是名玄观，研究用玄观的方法观察认识事物变化过程的、内在本质规律的学问名'玄学'。故知'玄学不玄，认识最全'。"

而《浑元剑经》基本上就是用这个玄观的方法来认识传统手战之道的修炼、建体、至用之一切内容的。故知，其之所论，皆是真实的学问，修之可以证验，故是真实。

　　玄学的基本观点认为修炼皆应起于万物之初始的状态，即"道"体的存在状态。求得万有，再能回归到道体的状态。修炼传统手战之道"静"的功法，乃是复归本真于道体存在的状态，再求攻防变化之万有的招法。虽已生万有，然最终修炼还要回到这个道体的存在状态上来。是名"能与道合"。能与道合，方明至用。

　　故修炼传统手战之道，初始从无到有，是无中生有的造化过程。有到极限，又由有化无，是以有入无的神化过程。能修炼到以有入无的境界，便是"无为无不为"的无上之道境了，即"寂感遂通"的应物自然之神明艺境。功到此时，可谓"绝学无忧"矣之绝学了。传统手战之道的练用之学问，即此也。

　　⑤佛门禅宗有云："万法皆空，即为实象"，又云："不思善，不思恶，还我父母未生时之面目来。"父母未生时之面目即"空也、无也"之妙有也。意拳则主张"各项力量都由浑元扩大空洞无我产生出来。"即"道本虚无生一气"中生化出来的。因此教人"虚无求切实，运用在虚空"。这乃是遵从《阴符经》中"宇宙在乎手，万化生乎身"理法概念的说法。

　　万法皆空，即为实象：万法皆空，乃是说万般攻防技法都是由空无之法身道体演化生成的；明心见性，一片虚无透空的景象，乃是无形道体存在的景象，而这乃是"空而不空"的无形法身道体的景象，是谓之："无中妙有。"将这无形的法身道体，称为"实相"。故而，佛家有"实相般若"的体用智慧之说法。

　　虚无求切实，运用在虚空：虚无求切实，说的是内功修练，在虚无之中生化成切实存在的"先天真一之气"；运用在虚空，运用于攻防较技的时候，要运用无争为争"避实击虚"的技法。

　　不思善，不思恶：禅宗六祖慧能大师法悟后说：

　　"何期自性本自清净，何期自性本不生灭，何期自性本自俱足，何期自性本无动摇，何期自性能生万法。" ——摘自《传统内功源流论》

　　这是对"性体"最具体的描述，也就是对自己无形法身"道体"的描述。此"性体"，或曰"道体"，尚未分阴阳，为阴阳之所从出。所以说是"阴阳之祖"；从无形无象而言，相当于"无极"；从无中之妙有而言，名之曰"太极"。这就是《太极拳论》开篇"太极者，无极所生，阴阳之母，动静之机"的说法之因由。自然是无极，太极，阴阳两仪的系列关系。

　　此论说明无形道体乃不善不恶之物也。

　　⑥禅宗又云："无法无执。"意拳则又主张"一法不立，无执破执"。技击时"我无执之善变无形又无穷的能力能做到令对方亦无所执"也。不仅抗劲用力为有执，使用招术方法亦存在有执的现象，而是存在"顶扁丢抗"之用法四病和

"双重"的身法九种病拳现象。攻防较技的施手用招、施招用手以无执拙心的态势必然能破有执拙之病拳，只要能破有执拙之病拳的人之功夫景象而其所表现的就是无执的清静"无为"之攻防功夫艺境也。

无法无执：无法，不是没有法，而是遵从不先物为的"无为"法而作为；无执，就是没有"执着心"，才能随缘铸法，就是才能见境生情，随机应变以制胜。

一法不立，无执破执：一法不立，是说"一切有为法都不能立"，崇尚清静无为法式，才能做到见境生情、随机应变的左右逢源而立于不败之境地。正如太极拳经所说："无定有定，在人自用"的意思；无执破执，执者僵拙的表象，故而"无执"。只有处于"无执"的状态，才能见境生情、随机而变地战胜有执者矣！就是"有无两不立"才是无执及"无执破执"的真正意思。感而遂通，应物自然，就是一法不立，无执破执的精义。

⑦明朝的儒家学者王守仁提出"致良知"之说法，就是"听探顺化相互为用"的极佳状态。意拳则主张"发挥良知、良能相互为用"的能力。王守仁说："实如水流湿，火就燥。"就是"同气相求"之气势使然也，也就是清静无为的法式也。

【点评】

由此"论意拳之哲理根据"一文的论述，可以看出王芗斋先生遵从的是传统文化中"知行合一"的理法；修行是与生俱来的"听探之良知、顺化之良能及其相互为用的自动化"能力。有关这方面的内容，历代前贤皆有众多明确的论述，择其优者录并解之如下，以资对照：

固有分明法

盖人生降之初，目能视，耳能听，鼻能闻，口能食，体能触。颜色、声音、香臭、五味、冷热轻沉，皆天然知觉固有之良❶；其手舞足蹈与四肢之能，皆天然运动之良❷。思及此，是人孰无？因人性近习远，失迷固有❸。要想还我固有，非乃武无以寻运动之根由，非乃文无以得知觉之本源。是乃运动而知觉也❹。

夫运而知，动而觉；不运不觉，不动不知❺。运极则为动，觉盛则为知❻。动知者易，运觉者难❼。先求自己知觉运动得之于身，自能知人❽；要先求知人，恐失于自己。不可不知此理也。夫而后懂劲然也❾。

此文以精练的语言，细致地申明了"人身固有之良"的具体内容，及良知、良能相互为用之关系；又进一步精辟地论述如何才是正确修炼太极拳术攻防之道的方法、准则及进功的先后顺序。此篇文章论述之精义，可同时参考《浑元剑经·剑髓千言》中所云："人为万物之灵，其即仰观天以执行，俯察地以建极，居覆载之中，首出庶物者也。仰人何谓乎先？涵养之以静以蕴其继，灵妙之以动以畅其用。体非无以立其大本，用非无以彻其元功。离之中坤其静基也，《易》之卑法地者此也。然静则功力绵绵不息，其体至柔至刚。非柔则原委难于无间；非柔中刚，未免有作辍之时。柔者静之体，刚者则又柔之体也。坎之中乾其动机也，《易》之崇效天者此也。非无则空灵犹恐障蔽；非无中生有，奚以见变应之奇？"这段论述的精义，基本上就概括了太极拳之练、体、用的基本内容之宗旨，与本文论述的宗旨有异曲同工、相互印证之妙。

【注解】

❶与生俱来眼目之视觉能视物辨色识远近，耳朵之听觉能听声音分辨旋律、位置，鼻之嗅觉能知香臭腥膻，舌之味觉能分酸甜苦辛咸之五味，身体触觉能辨物体之轻沉冷热，皆天然生成的固有之良知的能力。

❷手舞足蹈及身体四肢所有能做到的种种能力，皆天然生成的固有之良能。

❸想到人的听探之良知、顺化之良能及其相互为用的能力，又有哪一个人不具备呢？因为，人在与生俱来的听探之良知、顺化之良能的本性这一点上是完全相同的；由于认识观念的不同，修炼方法的不同，是否能正确地运用自身之听探的良知、顺化的良能及其相互为用的功能，就有了明显的差异。有的人反倒在修炼太极拳术攻防之道中迷失了固有的听探的良知、顺化的良能及其相互为用的功能。这个意思乃从《三字经》的"人之初，性本善。性乃近，习相远"的意思脱化应用而来。

❹修炼太极拳术攻防之道的文建体、武用精乃返本还原之道。就是恢复我固有之良知、良能及其相互为用之功能的最有效方法。因为，武用精神可以寻觅到顺化之良能的运动根由在于良知；文建道之体可以寻觅得听探之优良觉知的本源。这就是听探之良知、顺化之良能相互为用的运动而能觉知的道理。

❺只有通过内功心法的修炼，气逐心到，心逐气穿，心能普照，气自周全。此乃运而知的精义；只有通过外功不断的实践，才能获得觉知的功能，此即运而觉的精义。然而，觉知的敏捷之良能乃是通过内功心法的修炼从根本上获得的，这就是不运不觉的精义；不通过较技实践的活动，就不能够知道听探之良知、顺化之良能及其相互为用之功能、作用、价值，此乃不动不知的精义。

❻内气运行而导致外形的运动，这个过程则为动，就是运极则为动的精义；

而关于觉盛者，内容相当丰富。如有眼直者，审视有先之明，知其未发之招，悉其将发之意。又有一眼罩三关的功夫。上视眉间，中视齐项，下视脐带，此为三关。上关胜负之机，强弱邪正、善恶奸诈之所从出，招所由变，欲左者虚其右，欲上者虚其下，约之前后、进退、起伏、攻守、刚弱、奇正皆如之，盖人通病，能融化者乃入妙矣。中关看其横斜、曲直、扭跨、腰腿、动止、手肘、起伏之枢，下关看其引诳之变，跳跃之机也。还有人一触我皮毛，我之内劲已入其骨里，如皮燃火、如泉涌出，丝毫无差地将人跌出，此谓之临皮静的功夫。以上乃为觉盛则为知的精义。

❼太极拳术攻防运动知道自己而能由己的功夫，容易获得，此乃动知者易的精义；在攻防运动过程中凭着觉知的功夫而能随屈就伸，无过不及，做到人刚我柔谓之走，我顺人背谓之黏的黏走相生，化打合一的艺境，可就难了，此即运觉者难的精义。

❽所以，修炼太极拳术攻防之道的功夫，先求自身的听探之良知、顺化之良能及其相互为用的功能于自身，乃是先求自己知觉运动得之于身的精义；在以顺从的方法而求得知人，功弥久自能知人。

❾如果修炼太极拳术攻防之道不先求知己而要先求知人，恐怕就会失去自己的听探之良知、顺化之良能及其相互为用的功能之本来面目。所以，修炼太极拳术攻防之道者不可不知道"先求自己知觉运动得之于身，自能知人"这个简单的道理吧！能知人者，而后自能懂劲，这是修炼的必然规律。

由此"论意拳哲理之根据"的内容和与《清·杨氏传钞老谱（一）·固有分明法》一文内容的对比可以看出，王芗斋先生所论述的意拳、大成拳的修炼、建体、至用及攻防功夫艺境升华的系列方法、系统内容，从整体上说理、法、术、功、形、意、体、用，闪展、腾挪、拿、打、踢、摔等理论、功法内容都没有本质上的区别。

图书在版编目（CIP）数据

《意拳论》注解点评 / 王芗斋著；马国兴注解点评. -- 北京：人民体育出版社，2021 (2025.11重印)
（中华武术文库）
ISBN 978-7-5009-5526-9

Ⅰ.①意… Ⅱ.①王… ②马… Ⅲ.①意拳—研究 Ⅳ.①G852.14

中国版本图书馆CIP数据核字(2019)第023167号

《意拳论》注解点评

王芗斋　著　马国兴　注解点评
出版发行：人民体育出版社
印　　装：北京明达祥瑞文化传媒有限责任公司

开　本：787×1092　16开本　印　张：20.25　字　数：391千字
版　次：2021年5月第1版　印　次：2025年11月第2次印刷
书　号：ISBN 978-7-5009-5526-9
印　数：3,001—4,000册
定　价：70.00元

版权所有·侵权必究
购买本社图书，如遇有缺损页可与发行与市场营销部联系
联系电话：（010）67151482
社　　址：北京市东城区体育馆路8号（100061）
网　　址：https://books.sports.cn/